ספר

ידיד נפשי

מרבותינו הקדושים

הכולל

מכתבי צי"ע אדמו"ר הרב יהודה צבי ברנדוויין זיעוכי"א

שכתבם

ליבלחטו"א אדמו"ר הרב שרגא פיביל ברג שליט"א

ומאמרים ואמרות קודש

ממ"ע צי"ע מרן קוה"ק הרב יהודה הלוי אשלג זיעוכי"א

וצי"ע אדמו"ר הרב יהודה צבי ברנדוויין זיעוכי"א

בצירוף ביאור "אהובי נצח"

מאת

הרב מיכאל ברג

מחבר ספר משכני אחריך נרוצה, פירוש העולה בסולם לתיקוני הזהר,

ספר אשרי העם הם לומדיך, ספר הלכתא בעי צלותא,

וקונטרס מתחילה למגמר והדר על ספר תלמוד עשר הספירות

בן אדמו"ר הרב שרגא פיביל ברג שליט"א

כרך א

הוצאת ישיבת קול יהודה

ראש הישיבה הרב שרגא פיביל ברג שליט"א

©

כל הזכויות כולל העתקה, צילום, הדפסה וכדומה
שמורות להוצאת ישיבת קול יהודה
ראש הישיבה
המקובל הרב הגאון שרגא פיביל ברג שליט"א
ללימודי הנגלה והנסתר בעיה"ק ירושלים תובב"א
לפי דין תורה ולהבדיל החוק הבינלאומי

The press of the "Yeshivat Kol Yehuda"
Dean Rabbi Shraga P. Berg
for the dissemination of the Study of Kabbalah
P.O. Box 14168
The Old City, Jerusalem

כרך א - מהדורה ראשונה
שנת תשנ"ז

ISBN:1-57189-040-8

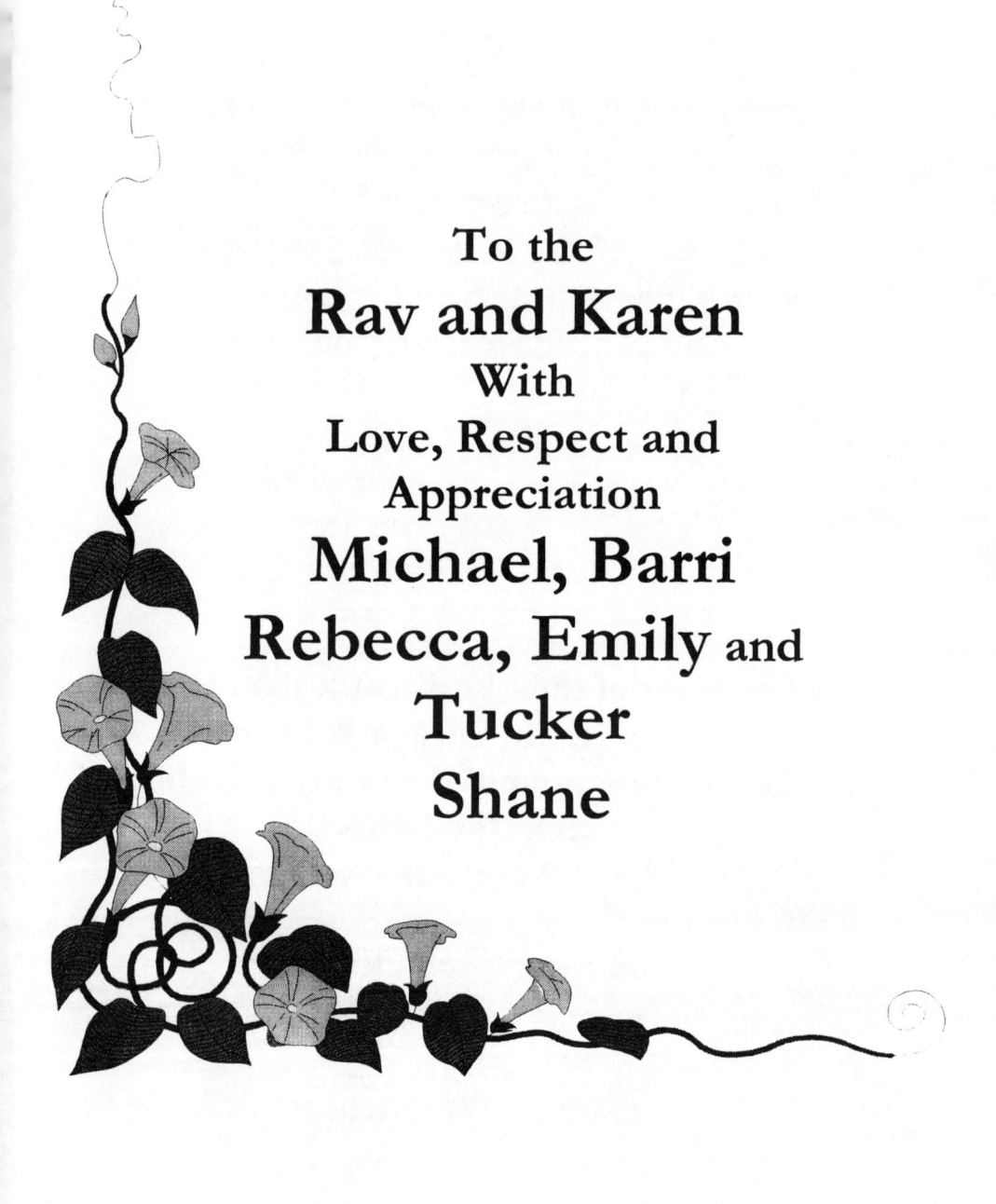

To the
Rav and Karen
With
Love, Respect and
Appreciation
Michael, Barri
Rebecca, Emily and
Tucker
Shane

תוכן הענינים

כרך א

מבוא מאת העורך ומחבר ביאור אהובי נצח	12
הקדמת אדמו"ר הרב שרגא פיביל ברג שליט"א	20
קורות חייו של מ"ע צי"ע מרן קוה"ק הרב יהודה הלוי אשלג בעל הסולם זיעוכי"א	84
קורות חייו של צי"ע אדמו"ר הרב יהודה צבי ברנדוויין זיעוכי"א	103
תוכן המכתבים	116
תוכן ביאור אהובי נצח	127

חלק ראשון - מכתבים חלק א

מכתב ה"סמיכה" שבו מסמיך צי"ע אדמו"ר הרב יהודה צבי ברנדוויין זיעוכי"א את יבלחטו"א אדמו"ר הרב שרגא פיביל ברג שליט"א		213
צילום מקורי של מכתב ה"סמיכה"		214
מכתב א	יום ו עש"ק פרשת קרח ב לחודש תמוז תשכ"ד	215
	ביאור אהובי נצח למכתב א	225
מכתב ב	נר ג דחנוכה (כז כסלו) תשכ"ה	249
	ביאור אהובי נצח למכתב ב	251
מכתב ג	יום כח כסלו ד דחנוכה תשכ"ה	259
	ביאור אהובי נצח למכתב ג	263
מכתב ד	יא שבט תשכ"ה	266
	ביאור אהובי נצח למכתב ד	273
מכתב ה	יום א כח שבט תשכ"ה	287
	ביאור אהובי נצח למכתב ה	292
מכתב ו	מוצש"ק פרשת זכור אור לי' אדר ב תשכ"ה	310
	ביאור אהובי נצח למכתב ו	316
מכתב ז	יום שושן פורים טו אדר ב תשכ"ה	328
	ביאור אהובי נצח למכתב ז	332

4

תוכן הענינים

מכתב ח	כה אדר שני תשכ"ה	342
	ביאור אהובי נצח למכתב ח	347

כרך ב

המשך מחלק ראשון - מכתבים חלק א'

מכתב ט	ו ניסן תשכ"ה	48
	ביאור אהובי נצח למכתב ט	54
מכתב י	יום גמליאל בן פדהצור[1] תשכ"ה	67
	ביאור אהובי נצח למכתב י	72
מכתב יא	יג ניסן תשכ"ה	101
	ביאור אהובי נצח למכתב יא	107
מכתב יב	כד ניסן תשכ"ה	118
	ביאור אהובי נצח למכתב יב	125
מכתב יג	א ר"ח אייר טו למטמונים תשכ"ה	143
	ביאור אהובי נצח למכתב יג	154
מכתב יד	כד למב"י ט אייר תשכ"ה	191
	ביאור אהובי נצח למכתב יד	195
מכתב טו	זך למטמונים יב אייר תשכ"ה	210
	ביאור אהובי נצח למכתב טו	215
מכתב טז	יום ג כג אייר לח למב"י תשכ"ה	228
	ביאור אהובי נצח למכתב טז	235
מכתב יז	זך סיון תשכ"ה	256
	ביאור אהובי נצח למכתב יז	260
מכתב יח	אור ליום ו עש"ק פנחס אור לכג תמוז תשכ"ה	261
	ביאור אהובי נצח למכתב יח	270
מכתב יט	יום ד כח תמוז תשכ"ה	305

1 ח ניסן.

5

תוכן הענינים

	ביאור אהובי נצח למכתב יט	311
מכתב כ	ז אב תשכ"ה	332
	ביאור אהובי נצח למכתב כ	335
מכתב כא	טו באב תשכ"ה	393
	ביאור אהובי נצח למכתב כא	344

כרך ג

המשך מחלק ראשון - מכתבים חלק א

מכתב כב	טו באב תשכ"ה	40
	ביאור אהובי נצח למכתב כב	48
מכתב כג	א אלול תשכ"ה	61
	ביאור אהובי נצח למכתב כג	66
מכתב כד	ב אלול תשכ"ה	73
	ביאור אהובי נצח למכתב כד	77
מכתב כה	יום א כו חשון תשכ"ו	80
	ביאור אהובי נצח למכתב כה	82
מכתב כו	ר"ח טבת נר ששי חנוכה תשכ"ו	83
	ביאור אהובי נצח למכתב כו	87
מכתב כז	ועש"ק כב טבת תשכ"ו	90
	ביאור אהובי נצח למכתב כז	96
מכתב כח	ה שבט תשכ"ז	117
	ביאור אהובי נצח למכתב כח	119
מכתב כט	כה תמוז תשכ"ז	120
	ביאור אהובי נצח למכתב כט	126
מכתב ל	יב לחודש שבט תשכ"ח	134
	ביאור אהובי נצח למכתב ל	136
מכתב לא	מוצש"ק שקלים אור לכו שבט תשכ"ח	137

6

תוכן הענינים

	ביאור אהובי נצח למכתב לא	141
מכתב לב	יב אדר תשכ"ח	147
	ביאור אהובי נצח למכתב לב	151
מכתב לג	יג אדר תשכ"ח	158
	ביאור אהובי נצח למכתב לג	165
מכתב לד	כה תמוז תשכ"ח	188
	ביאור אהובי נצח למכתב לד	192
מכתב לה	ועש"ק טו אב תשכ"ח	206
	ביאור אהובי נצח למכתב לה	211
מכתב לו	ג אלול תשכ"ח	213
	ביאור אהובי נצח למכתב לו	218
מכתב לז	אור ליב אדר תשכ"ט	223
	ביאור אהובי נצח למכתב לז	229

חלק שני - מכתבים חלק ב

מכתב א	יום ה' כסליו תשכ"ה	246
מכתב ב	יום ג' טו"ב בטבת תשכ"ה	247
מכתב ג.	יום ו' ערב שבת קודש כ' טבת תשכ"ה	248
מכתב ד	יום א' לחודש שבט תשכ"ה	249
מכתב ה	יום י"א לחודש שבט תשכ"ה	250
מכתב ו	יום י"א שבט תשכ"ה	252
מכתב ז	מוצאי שבת קודש פרשת בשלח אור לי"ד שבט תשכ"ה	253
מכתב ח	יום ו' ערב שבת קודש א' דראש חודש אדר שני תשכ"ה	254
מכתב ט	יום כ"ה אייר מ' למנין בני ישראל תשכ"ה	255
מכתב י	יום ח' לחודש תמוז שנת תשכ"ה	256
מכתב יא	יום ט"ו תמוז יום הילולת האור החיים הקדוש זיע"א, תשכ"ה	257
מכתב יב	יום כ"א לחודש תמוז תשכ"ה	258
מכתב יג	יום ו' ערב שבת קודש ח' מנחם אב תשכ"ה	259

7

תוכן הענינים

מכתב יד	יום כ"א לחודש מנחם אב תשכ"ה	260
מכתב טו	יום ו' כ"ב מנחם אב תשכ"ה	261
מכתב טז	עשרה בטבת תשכ"ו	262
מכתב יז	ט"ו מנחם אב תשכ"ז	263
מכתב יח	יום י"א אייר יום הלולא של הסבא מסטרעטין זצ"ל כ"ו למטמונים תשכ"ח	264
מכתב יט	יום א' ז"ך סיון תשכ"ח	265
מכתב כ	יום א' יח' תמוז תשכ"ח	266
מכתב כא	יום כ"ו תמוז תשכ"ח	267
מכתב כב	מוצאי שבת קודש פרשת ויצא [2]תשכ"ט	268
מכתב כג	יום י' כסליו תשכ"ט	269

חלק שלישי - **מאמרי אדמו"ר זיעוכי"א**

מאמר א הקדמת **אדמו"ר** להשמטות הזהר, 272

כולל מכתב מ"ע **צי"ע** מרן קוה"ק הרב יהודה הלוי **אשלג בעל הסולם** זיעוכי"א, וביאור הרב יוסף ווינשטאק זצ"ל למכתב הנ"ל 275

מאמר ב קריאה מהנהלת הישיבה "קול יהודה" וביאור לקריאה מאת אדמו"ר 280

מאמר ג הקדמת **אדמו"ר** לתיקוני הזהר 287

מאמר ד רעיון העבודה - ואהבת לרעך כמוך מאת **אדמו"ר** 293

חלק רביעי - **אמרות קודש, ומאמרים**

קל"ד אמרות קודש מפי מ"ע **צי"ע** מרן קוה"ק הרב יהודה הלוי **אשלג בעל הסולם** זיעוכי"א שנכתבו ע"י תלמידו הרב יוסף ווינשטאק זצ"ל 303

מאמר א הזהר הקדוש להצלת נשמות בני ישראל מאת הרב יוסף ווינשטאק זצ"ל 320

מאמר ב בענין לימוד הקבלה מאת הרב יוסף ווינשטאק זצ"ל 326

מכתב מהרב יוסף ווינשטאק זצ"ל ליבלחטו"א **אדמו"ר** הרב

2 אור ליום י' כסליו.

8

תוכן הענינים

שרגא פיביל ברג שליט"א		328
המכתב המקורי בכתב יד הרב יוסף ווינשטאק זצ"ל		329

חלק חמישי - המכתבים מחלק א' בכתב יד קודשו של אדמו"ר זיעוכי"א

מכתב א	יום ו עש"ק פרשת קרח ב לחודש תמוז תשכ"ד	333
מכתב ב	נר ג דחנוכה תשכ"ה	336
מכתב ג	יום כח כסלו ד דחנוכה תשכ"ה	337
מכתב ד	יא שבט תשכ"ה	338
מכתב ה	יום א כח שבט תשכ"ה	339
מכתב ו	מוצש"ק פרשת זכור תשכ"ה	340
מכתב ז	יום שושן פורים תשכ"ה	341
מכתב ח	כה אדר שני תשכ"ה	342
מכתב ט	ו ניסן תשכ"ה	343
מכתב י	יום גמליאל בן פדהצור	344
מכתב יא	יג ניסן	345
מכתב יב	כד ניסן	346
מכתב יג	א דר"ח אייר	347
מכתב יד	כד למב"י	348
מכתב טו	זך למטמונים	349
מכתב טז	יום ג כג אייר לח למב"י	350
מכתב יז	זך סיון	351
מכתב יח	אור ליום ועש"ק פנחס	352
מכתב יט	יום ד כח תמוז	353
מכתב כ	ז אב	354
מכתב כא	טו באב	355
מכתב כב	טו באב	356
מכתב כג	א אלול	357
מכתב כד	ב אלול	358

9

תוכן העניינים

מכתב כה	יום א כו חשון תשכ"ו	359
מכתב כו	ר"ח טבת נר ו חנוכה	360
מכתב כז	ועש"ק כב טבת תשכ"ו	361
מכתב כח	ה שבט תשכ"ז	352
מכתב כט	כה תמוז תשכ"ז	363
מכתב ל	יב לחודש שבט תשכ"ח	364
מכתב לא	מוצש"ק שקלים תשכ"ח	365
מכתב לב	יב אדר	366
מכתב לג	יג אדר תשכ"ח	367
מכתב לד	כה תמוז תשכ"ח	368
מכתב לה	ועש"ק טו אב תשכ"ח	369
מכתב לו	ג אלול תשכ"ח	370
מכתב לז	אור ליב אדר תשכ"ט	371

חלק ששי - תמונות

תמונת	הדרת זיו פני מ"ע צי"ע מרן קוה"ק הרב יהודה הלוי אשלג בעל הסולם זיעוכי"א	374
תמונת	הדרת זיו פני צי"ע אדמו"ר הרב יהודה צבי ברנדוויין זיעוכי"א	375
תמונת	צי"ע אדמו"ר הרב יהודה צבי ברנדוויין זיעוכי"א עם יבלחטו"א אדמו"ר הרב שרגא פייבל ברג שליט"א	378
תמונת	ציון קברו של מ"ע צי"ע מרן קוה"ק הרב יהודה הלוי אשלג בעל הסולם זיעוכי"א	379
נוסח	המצבה שעל קברו של מ"ע צי"ע מרן קוה"ק הרב יהודה הלוי אשלג בעל הסולם זיעוכי"א	380
תמונת	ציון קברו של צי"ע אדמו"ר הרב יהודה צבי ברנדוויין זיעוכי"א	381

תוכן העניינים

נוסח המצבה שעל קברו של צי"ע אדמו"ר הרב יהודה צבי
ברנדוויין זיעוכי"א   382

מפתחות   383

מבוא
מאת
העורך ומחבר
ביאור אהובי נצח

תוכן מבוא מאת העורך ומחבר ביאור אהובי נצח

על הספר | 14
איך ללמוד מהספר | 16
הכרת הטוב | 17

על הספר

ספר זה בעיקרו מביא מתורתם של רבותינו הקדושים, החל ממ"ע צי"ע מרן קוה"ק הרב יהודה הלוי אשלג בעל הסולם זיעוכי"א דרך צי"ע אדמו"ר הרב יהודה צבי ברנדוויין זיעוכי"א ועד ליבלחטו"א אדמו"ר אבי שליט"א, "והחוט המשולש לא במהרה ינתק" (קהלת ד, יב).

קראנו לספר **ידיד נפשי**, משום שבלשון זה קורא אדמו"ר ליבלחטו"א אדמו"ר אבי שליט"א, ובעיקר משום שמאמר זה מכיל את מהות הקשר בין שלשת רבותינו, שאהבה עזה שררה בין בעל הסולם לאדמו"ר, ושלשלת האהבה ממשיכה בין אדמו"ר ליבלחטו"א אדמו"ר אבי שליט"א.

ויהי רצון שדרך ספר זה יועבר ללומד לא רק הלימוד מרבותינו אלא גם הרגשת האהבה העזה ששררה בין רבותינו.

הספר מחולק לו' חלקים.

חלק ראשון כולל ל"ז מכתבים שצי"ע אדמו"ר הרב יהודה צבי ברנדוויין זיעוכי"א שלח ליבלחט"א אדמו"ר אבי שליט"א, הכוללים דברי תורה; ועליהם ביאור אהובי נצח ובהם מובאים במלואם מראי מקומות שמבארים את דברי אדמו"ר, וכמו כן ביאורים בדברי אדמו"ר, יש מקומות שבהם היתה שאלה ולא כתבתיה והיא מתורצת על ידי המקור שהבאתי, ועיני הקורא תחזינה מישרים.

אף על פי שניסתי להמעיט בדברי עצמי, מכל מקום ישנם כמה מקומות שכתבתי דברים מדעתי, וכל אלו המקומות הם אך ורק בגדר אפשר, וודאי אינם מוכרחות.

חלק שני כולל כ"ג מכתבים שעוסקים בכללם בדברי עולם הזה, כגון כספים ושקים וכו', וכמו כן עוסקים בתוכניות של אדמו"ר בכל מיני נושאים כמבואר בהם. והנה הבאנו מכתבים אלו מב' סיבות, א' כדי ללמוד מהם מהו קשר אמיתי בין תלמיד לרב - שהתקשרותו של אדמו"ר אבי שליט"א לאדמו"ר לא היתה רק בדברי תורה, אלא שגם במילי דעלמא, בעולם המעשה, הוא היה קשור בו בכל נפשו ומאודו. והסיבה הב' מבוארת בגמרא סוכה כא, ע"ב: "תניא א"ר שמעון, משיחתו (לשון שיחת חולין ושמחה) של רבן גמליאל למדנו שני דברים, למדנו שעבדים פטורים מן הסוכה, ולמדנו שהישן תחת המטה לא יצא ידי חובתו. ולימא מדבריו של ר"ג, מילתא אגב אורחיה קמ"ל (...דאי אמרת מדבריו לא שמעינן מינה

שתהא שיחת חולין צריכה ליתן לב ללומדה, אבל השתא אשמעינן דצריך להטות אוזן אף לשיחתן שאף היא סופה להבין בה דבר תורה מדבריו. משמע דברי תורה שהוא מתכוין ללמדן לתלמידים) כי הא דאמר רב אחא בר אדא, ואמרי לה אמר רב אחא בר אדא אמר רב המנונא אמר רב, מנין שאפילו שיחת חולין של ת"ח צריכה לימוד (צריך לשומעם שיתנו להן לב), שנאמר: ועלהו (דבר קל שבו) לא יבול". וכן בגמרא ע"ז (יט, ע"ב) "ועלהו לא יבול", אמר רב אחא בר אדא אמר רב, ואמרי לה אמר רב אחא בר אבא אמר רב המנונא אמר רב, שאפילו שיחת חולין של ת"ח צריכה תלמוד (כדי להתלמד לדבר בלשונם שהוא בלשון נקיה ועושר ומרפא - רש"י שם. צריך לשומעם שיתנו להן לב - רש"י סוכה כא, ע"ב) שנאמר: "ועלהו לא יבול" (הוי דבר קל שבאילן, וכתיב: "לא יבול", כלומר לא ילך לאיבוד).

חלק שלישי כולל ד מאמרים מאדמו"ר:

א - מהקדמתו להשמטות הזהר, ומצורף שם מכתב מ"ע צי"ע מרן קוה"ק הרב יהודה הלוי אשלג בעל הסולם זיעוכ"א, וכן הבאנו את פירוש הרב יוסף ווינשטאק זצ"ל למכתב הנ"ל.

ב - קריאה מהנהלת ישיבת קול יהודה שמודפסת בכתבי האר"י שאדמו"ר הדפים ושנכתבה על ידו.

ג - הקדמת אדמו"ר לפירושו לתיקוני הזהר.

ד - מאמר רעיון העבודה.

חלק רביעי כולל קל"ח אימרות קודש מפי מ"ע צי"ע מרן קוה"ק הרב יהודה הלוי אשלג בעל הסולם זיעוכי"א שנכתבו על ידי תלמידו הרב יוסף ווינשטאק זצ"ל, והבאנום כאן מב' טעמים: טעם הא' מחיבת הקודש שהם דברים נפלאים ואין להם מספיק תפוצה. והב', שהרבה מדברי אדמו"ר הם ממש דברי מ"ע צי"ע מרן קוה"ק הרב יהודה הלוי אשלג בעל הסולם זיעוכי"א כמו שהם מובאים ב"ווילקט יוסף", ונמצאנו למדים שדברי אדמו"ר הם אך ורק ממה שקיבל בקדושה מרבו מ"ע צי"ע מרן קוה"ק הרב יהודה הלוי אשלג בעל הסולם זיעוכי"א. וכן הבאנו ב' מאמרים מהרב יוסף ווינשטאק זצ"ל:

א - דבריו המופיעים בתחילת הזהר שהביא לדפוס.

ב - מאמר הרב יוסף ווינשטאק זצ"ל בענין לימוד הקבלה הזהר הקדוש להצלת נשמות בני ישראל, המופיע בזהר שהביא לדפוס.

ועוד הבאנו מכתב שכתב לאדמו"ר אבי שליט"א.

חלק חמישי כולל את המכתבים המקוריים של חלק א' בכתב יד קודשו של **אדמו"ר זיעוכי"א**. בחלק מהמכתבים מחקנו שמות האנשים המופיעים, וזאת כדי לא לעבור על איסור לשון הרע.

חלק שישי כולל: א - תמונת הדרת זיו פני **מ"ע צי"ע** מרן קוה"ק הרב **יהודה הלוי אשלג בעל הסולם זיעוכי"א**. ב - תמונת הדרת זיו פני **צי"ע אדמו"ר** הרב **יהודה צבי ברנדוויין זיעוכי"א**. ג - תמונות **צי"ע אדמו"ר** הרב **יהודה צבי ברנדוויין זיעוכי"א** עם **יבלחטו"א אדמו"ר** הרב **שרגא פיביל ברג שליט"א**. ד - תמונת ציון קברו של **מ"ע צי"ע** מרן קוה"ק הרב **יהודה הלוי אשלג בעל הסולם זיעוכי"א**, ונוסח המצבה שעל קברו. ה - תמונת ציון קברו של **צי"ע אדמו"ר** הרב **יהודה צבי ברנדוויין זיעוכי"א**, ונוסח המצבה שעל קברו.

והנה בדברי אדמו"ר וכן בדברי כל הספרים שהבאנו בביאור אהובי נצח לא תיקנו ולא שינינו מדבריהם אפילו אם היה ברור שיש טעות, שלא רצינו לשנות את דבריהם.

ידע הקורא שכל פעם שמופיע אדמו"ר סתם, הכוונה **לצי"ע אדמו"ר** הרב **יהודה צבי ברנדוויין זיעוכי"א**.

ועל מנת להקל על הקורא, הבאנו בביאור אהובי נצח בריש כל עמוד האות אשר מופיעה באותו עמוד.

וכן כל פעם שהבאנו מהזוהר הקדש הדגשנו את הארמית וחילקנו את ביאור "הסולם" לשני טורים כך שהקורא ידע בדיוק עד היכן נמשך הארמית ועד היכן נמשך "הסולם".

איך ללמוד מהספר

חז"ל אמרו "תפסת מרובה לא תפסת" (ר"ה ד, ע"ב), לכן אשתדל במעט מילים להסביר ענין חשוב מאוד לפני שמתחילים ללמוד מדברי רבותינו הקדושים.

הנה דבריהם לא נאמרו לחדש חידושי תורה או לפלפל בעלמא, אלא להדריך ולהראות את הדרך בעבודת השם, ולכן אם רוצים לקבל מדבריהם את ההדרכה שלשמה כתבום, צריך להעמיק בדבריהם מאד. ידע הקורא שאפשר לעבור על הספר בקריאה אחת וכמעט שלא לקבל ממנו דבר, וודאי שלא להבין את כוונת

ורצון רבותינו הקדושים בכתבם את הדברים האלו. והנה אדמו"ר כותב ענין זה בכמה מהמכתבים, עיי"ש, ונביא בכאן מההקדמה לספר פנים מאירות ומסבירות סוף אות ט': "ואין להאשימנו על הקיצור לשון הנוהג בחיבורי, להיות זה מותאם ומוכשר לכל אוהבי חכמה, כי ריבוי הקנקנים מפיגין טעם היין, ויוכבד המושג על המעיין: ואין אנו אחראין לשמיני הלב, בשעדיין לא נברא הלשון להועילם, ובכל מקום שנותנים עיניהם, מזומן להם חפץ הכסילות, וכללא נקוט, שמאותו מקום שהחכם שואב מקורי חכמתו שואב משם הכסיל מקור אולתו: ובכלל אני עומד בראש ספרי ומזהיר שלא טרחתי כלל, לכל אותם האוהבים להסתכל בארובות, זולת לאותם שדבר ה' יקר להם, והולכים ומתגעגעים לנהור אחר ה' וטובו, בכדי להשלים המטרה שבשבילה נבראו, כי יתקיים בהם ברצות ה' הכתוב כל משחרי ימצאונני וכו'", עכלה"ק.

והנה אדמו"ר כותב **לאדמו"ר אבי שליט"א** שהוא צריך לעבור על כל המכתב לפחות ג' פעמים ולראות מה הוא יכול להוציא משם לעבודת ה' הפרטית שלו, ואנחנו על אחת כמה וכמה, לכן אנא אל נבוזו את האפשרות והמתנה העצומה שהנחילו לנו רבותינו הקדושים, וכל פעם כשתקראו מהספר, התבוננו לראות מה אתם יכולים להוציא לעבודת ה' הפרטית שלכם.

והנה אני לא זכיתי להכיר את מ"ע צי"ע מרן קוה"ק הרב יהודה הלוי **אשלג בעל הסולם זיעוכי"א** ולא את צי"ע **אדמו"ר הרב יהודה צבי ברנדוויין זיעוכי"א**, אולם מדברי **אדמו"ר אבי שליט"א**, וכן בלומדי מדבריהם הקדושים, נגלה לי מעט מזעיר מחכמתם, גדולתם ועוצם קדושתם, וודאי שאינו אלא כטיפה מהים, לכן ברצוני להזכיר שכל אות ומלה ומשפט שהם כתבו או אמרו, נכללים בה ודאי אוצרות גנוזים, וכדי לזכות לדלות מעט מדבריהם אנו צריכים לשקידה גדולה, וה' יהיה בעזרנו ויזכנו.

הכרת הטוב

הרב יוסף ווינשטאק זצ"ל כתב: "מי כמונו תלמידיו (של בעל הסולם) נחקק בזכרוננו השמחה הגדולה העוברת כל גבול שהיה לרבנה"ק בעת שנגמר הדפסת ספר הזהר עם פירוש הסולם, ביום ל"ג בעומר, בשנת תשי"ג, ערך סעודה גדולה בכפר "מירון" ובתוך הסעודה צוה לנגן "ניגון בלי מלים" והטעים בדברי קדשו

בזה"ל, "היות ואין בפי דיבורים לשבח ולהודות להשי"ת על שזיכני לחבר הפירוש על הזהר לכן אני מצוה לנגן ניגון בלי מלים". ולהבדיל אלפי הבדלות לא אוכל להתחיל להודות להקב"ה על שעלה בידי הזכות להשתדל בכתבי אדמו"ר ולהוציאם לאור עולם שהקב"ה יודע את רב עוונותי, חסדי ה' כי לא תמנו כי לא כלו רחמיו.

וברצוני להודות לשלושה נדיבי עם, מר מיכאל בנימין בן טוביה שיין הי"ו, מר יצחק בן שלום הלוי שפירא הי"ו, ומר צבי בן שלמה דודל הי"ו שנדבה רוחם אותם לנדב להדפסת ספרים אלו. וכך כתב הגאון מהרח"א איסטרולה בספרו "בן-אברהם" פרשת וישלח דף ר"ג, ע"ב: "המדפיס ספרים מממונו להוציא לאור תורה זוכה ויושב במחיצת הת"ח מחברי הספרים שהרי ע"י יצא החיבור לעולם ותרבה הדעת בכל עת ואילו היה גנוז למקצועות המשכן בירכתיים לא היו לומדים בו והנה אמרו חז"ל במסכת יבמות דף צז, ע"א שפתותיו דובבות וכו', כדאיתא שם. ולפי זה הגורם שיהיה החכם חי אחרי מותו, גם הוא זוכה ויושב במחיצתו, שהרי הוא גרם להחיותו. ואין ספק כשהוא בא לעולם הבא, החכם בעצמו עם סיעת מרחמוי היא יוצאין לקראתו לקבל פניו".

יהי רצון שיקויים בהם בחייהם בע"ה, ויהי חלקנו עמהם.

וכן ברצוני להודות למרים שטורכן שעזרה רבות בהבאת ספר זה לדפוס וכן בעוד ספרים רבים אחרים שייצאו לאור בקרוב, בע"ה.

וכן ברצוני להודות לאחי הרב יהודה נ"י שמשחר נעורינו אנחנו יחד ובפרט בשנים האחרונות אנחנו לומדים סדרים קבועים כמעט כל יום יחדיו, והוא לי חברותא וחבר, ויתן ה' שנמשיך בדרכי הורינו ורבותינו להפיץ את חכמת הקבלה ולקרב את קץ הגאולה, ביחד, אמן.

ואחרונים אחרונים חביבים, אין מילים בפי להודות לאדמו"ר אבי שליט"א ולאמי מורתי על כל אהבתם, הדרכתם והשתדלותם עמי. ברור לי שזכיתי לקבל מהורי את שלא זכו רבים, ואביא בכאן סיפור שאדמו"ר אבי שליט"א סיפר לי: "בסעודה לכבוד יום הולדתו של מלך אחד עמדו כל הנכבדים וכל אחד בתורו שיבח את המלך, זה שיבח את חכמת המלך, וזה את גבורתו וכו', אחד מהחשובים עמד וקרא "למלך אף עקום", וכשמוע המשרתים אותו מחרף את המלך מיד תפסוהו ושמוהו בבית הסהר, לאחר המסיבה ציוה המלך להביא אותו לפניו ושאלו "יודע

אני ששנים אתה עבד נאמן ומסור אלי ולמלכותי, ולכן איני מבין מדוע באמצע שמחתי חרפת אותי". ויען האיש "חס וחלילה, לא זאת היתה כוונתי אלא כששמעתי שכל אחד משבח את המלך, זה בדבר זה, וזה בדבר אחר, והיה נראה מכל אחד מהאנשים שרק זה (כלומר מה שהוא בחר לשבח), גדולת המלך, ואני רציתי להודיע שהמלך הוא כליל המעלות לא רק חכמה אלא גם גבורה וכו', לכן אמרתי שלמלך יש אף עקום, וכוונתי שזהו הפגם היחיד שיש למלך אבל בכל הדברים האחרים המלך מושלם". והנה לא אשבח את אבי מורי שליט"א ואמי מורתי תחי' רק אומר שגם כדברי השר ההוא לא אוכל לומר, ואם אוסיף אגרע.

הרב מיכאל ברג

מחבר ספר משכני אחריך נרוצה, פירוש העולה בסולם לתיקוני הזהר,
ספר אשרי העם הם לומדיך, ספר הלכתא בעי צלותא,
וקונטרס מתחילה למגמר והדר על ספר תלמוד עשר הספירות
בן אדמו"ר הרב שרגא פיביל ברג שליט"א

הקדמת אדמו"ר הרב שרגא פיביל ברג שליט"א

תוכן הקדמת אדמו"ר הרב שרגא פיביל ברג שליט"א

23	"להודות מעומק לבי ..."
23	"הוא לא רב הוא מקובל ..."
25	"לחפש תמיד את הנקודה הפנימית ..."
27	"נמשכתי לספרי הקבלה כמו למגנט ..."
29	"השטן נמצא דווקא במקום שיש ניצוצות ..."
30	"אם כולם אוהבים אותך סימן שלא פעלת כלום ..."
32	"כולם הקשיבו בתשומת לב ובהתלהבות ..."
33	"אף אחד במשך אלפיים שנה לפניו לא עשה ..."
35	"כך המחשבה קובע ומוציא לפועל ..."
36	"לכוון שאני מתפלל בבית המקדש ואצל יוסף הצדיק ..."
39	"ראיתי את פניו של אדמו"ר מורי זצ"ל מאירים כמו זהר הרקיע ..."
41	"יגיע מישהו שיסביר את הספרים שלו ..."
43	"טבילה במקום קדוש, כמו המעיין של האר"י ..."
45	"מצאתי את המורה שלי לחיים ..."
46	"נראה ששנאת חינם קיימת רק אצל יהודים ..."
48	"יהודי אף פעם לא מחפש פנימה, מה לא בסדר אצלו ..."
50	"איך נדע מי באמת יהודי ומי לא יהודי ..."
52	"צריך להביא את הקבלה להבנת פשוטי העם ..."
55	"גילה לי סוד גדול וכולל במקוה ..."
57	"לשלם מראש כלפי איזה חוב עתידי ..."
58	"בקש ממנו שלא לשכוח שהוא בחר לשרת את הציבור ..."
59	"כסף נחשב רק עם הוא משרת את הציבור ..."
61	"כל הכסף כבר נמצא באוצרות של ר' שמעון ..."
62	"לעיתים מלווה התהליך בצרות ובעיות לרוב ..."
65	"הספרדים מוכרחים להחזיק ולחזק את המסורת שלהם ..."
66	"לא לשכוח את הטוב שבן אדם עשה לך ..."
68	"אם יהודי לא זוכר את הגלגולים הקודמים שלו ..."
69	"רק טיפש ירביץ למקל ולא למי שאוחז בו ..."
71	"חבל שלא נתנו לי מנה כפולה של מכות או פי שלש ..."

21

תוכן הקדמת אדמו"ר הרב שרגא פיביל ברג שליט"א

73	"אדמו"ר מורי זצ"ל אמר שלא כדאי לשחק עם אורו יתברך ..."
74	"אלה שהיו קרובים אליו הרגישו משהו ..."
76	"מה שקרה עד היום הוא כטיפה בים לעומת מה שיקרה ..."
77	"שהקבלה רוצה להביא את האדם לעלות מעל הזמן ..."
79	"אורו יתברך מתנהג אתנו כמו שאנחנו מתנהגים כלפי הזולת ..."
80	"לא יודעים על המתנה החשובה של סעודה שלישית ..."
81	"דברנו על דברים שבעתיד, שאף פעם לא שמעתי מפיו ..."
83	"אדם אחד, מקובל, שינה את המדינה ..."

"להודות מעומק לבי..."

יתברך הבורא וישתבח היוצר, אודה ה' בכל לבב שזכינו אחרי שלשים שנה להוציא לאור את המכתבים של מורנו ורבנו, הגאון צדיק יסוד עולם, המקובל הק' הרב יהודה צבי ברנדוויין זצוקללה"ה זיעוכי"א, אשר שלח להבלחטו"א אלי.

וכאן המקום אתי להודות מעומק לבי לבני, הרב הגאון מיכאל ברג שליט"א, אשר טרח בכל מאמץ להוציא לאור את המכתבים הנ"ל עם ביאור, הגהות ומראה מקומות, ואני מברך את בני ידידי וחביבי הרב הגאון מיכאל שליט"א המוסר נפשו וגופו להכנים תורה ויר"ש בלב הנדחים מעם ישראל. גם עתה, בעזה"י יעוררו הדברים את לבות בני ישראל בפרט לאותם שזכו להתבסם מאור תורתו.

אני מברך בזה את בני ידידי שליט"א אשר הכל עשה יפה בעתו ובעטו עט סופר, ויהי רצון שהקב"ה יהיה עמו להפיץ מעיינותיו חוצה מתוך נחת, שלוה והשקט, בבריאות ונהורא מעליא. יהיה שמו כשם הגדולים אשר בארץ לגאון ולתפארת.

אודה גם לבני ידידי וחביבי הרב יהודה ברג שליט"א, שהואיל לעבור על המכתבים והעיר כיד ה' הטובה עליו.

יזכו שניהם ללכת בדרכיו של הבוצינא קדישא מורם של כל בני ישראל התנא האלקי רבן שמעון בר יוחאי זצוקללה"ה והאר"י הקדוש ז"ל להפיץ תורת הקבלה והזהר הקדוש לכל העולם בכלל ולכל בני ישראל בפרט, בבריאות, הצלחה וכל טוב, צדקתם עומדת לעד ויזכו שניהם הרב מיכאל שליט"א עם זוגתו רחל תחי' והרב יהודה שליט"א עם זוגתו מיכל תחי' לראות בנים ובני בנים עוסקים בתורה ובמצוות, ולהרביץ תורה לכל העולם.

ולא אחסוך פי מלברך את נות ביתי, עקרת הבית ועזרתי בחיים, מרת קרן תחי', מנשים באוהל תבורך, אשר לרוב מסירותה והשגחתה הגענו עד הלום. במשך כשנתיים, בעת ההריון של בנינו, יהודה ומיכאל, הלכה כל ערב שבת וכל שבת בבוקר, בחורף ובקיץ, לכפר הערבי סילוואן בירושלים לטבול במעיין של ר' ישמעאל כהן גדול, זאת בנוסף לנסיעה כל ערב ראש חודש למקוה של האר"י הקדוש בצפת תובב"א.

"הוא לא רב, הוא מקובל..."

אדמו"ר זיע"א האיר לארץ ולדרים עליה, והתחיל את התנועה לקרב הרחוקים

שעזבו לא רק את דתנו, אלא כבר הלכו לדתות זרות, משום שהם פשוט לא הרגישו את פנימיות נשמת כלל ישראל.

בעת שאדמו"ר מורי זצ"ל קבל את כתר הרבנות של ההסתדרות, החל הממסד הדתי בארץ להתנגד לאדמו"ר מורי זצ"ל ולהתנגש בו בטענה שהוא מכשיר את החילונים. הם סברו שאם יהודים אלו לא מחפשים את הדת בצורתה הקיימת, ואם הרחוקים לא מעונינים להיכנס לבית הכנסת כפי שהוא, אין כל סיבה ללכת אחריהם. הדעה הרווחת היתה שהחילונים מוכרחים לקבל את המסורת כמו שהיא, ואם לא, זו בעיה שלהם.

כבר בהקדמה לספרו "השמטות הזהר", כתב אדמו"ר על המצב הרוחני בין היהודים בכלל, ועל המצב בארץ בפרט. הוא ראה שרוב היהודים לא משתתפים בשבתות וחגים, וזה כאב לו. לא מפני שנראה היה שהם לא מסכימים עם הממסד המסורתי, או שהאגו נפגם ח"ו. אלא אדמו"ר מורי זצ"ל הרגיש בלבו שהם לא נהנים מן הטוב שמוכן לפניהם ולכן כאב לו.

אני זוכר כיצד אדמו"ר מורנו זצ"ל, עשה את השבת בחיפה. תוך טיול רגלי פגש אדמו"ר את ראש העיר, מר אבא חושי ז"ל, מעשן סיגריה. אדמו"ר מורי זצ"ל שאל על שלום ראש העיר, ובתום השיחה נפרד מראש העיר בברכת "שבת שלום". לאחר אותה השבת הלכתי עם אדמו"ר מורי זצ"ל לבקר את ראש העיר בחיפה. מר אבא חושי סיפר לאדמו"ר מורי זצ"ל, שמאז שהוא פגש את אדמו"ר הוא הפסיק לעשן בשבת.

אדמו"ר מורי זצ"ל לא ענה כרב רגיל "אני שמח לשמוע שאתה כבר הפסקת לעשן בשבת" אלא שאל: "מדוע?" וראש העיר ענה: "ראיתי שלכבוד הרב כואב שאני מעשן בשבת, אבל לא בגלל שזה מפריע לכבוד הרב, אלא פשוט מפני הדאגה שלו עלי, שאפשר שזה לא טוב בשבילי שאני מעשן".

פעם אחרת הלכתי לבקר את מר יהושע לוי, מזכיר ההסתדרות דאז, שהיה חילוני לגמרי. שאלתי אותו שאלה פשוטה: למה בחר את אדמו"ר להיות הרב הראשי של ההסתדרות? הרי אדמו"ר מורי זצ"ל נראה כמו רבי חסידי, ובאמת קוראים לו "האדמו"ר מסטרטין". וההסתדרות רחוקה מאד מכל ניצוץ של דת, עד כדי כך שבחרו לעשות את הריקוד והמשתה השנתי דוקא בליל יום כיפור. ונוסף לזה, היה ברור לי שהם מכירים הרבה רבנים מודרניים או אפילו רפורמים שמתאימים יותר

הקדמת אדמו"ר הרב שרגא פיביל ברג שליט"א

להיות בתפקיד הרב של החילונים, ומדוע נבחר אדמו"ר מורי זצ"ל? מר לוי, ירושלמי מזה שבע דורות, ממשפחת חרדים מ"מאה שערים" בירושלים, ענה מבלי לחשוב אפילו לרגע, שהשאלה שלי אינה שאלה. הרי "הרב ברנדוויין" לא סתם רב, אלא הוא מקובל, וזה שונה לגמרי. אני מוכרח להתוודות שאז לא הבנתי את התשובה. מה ההבדל? וזה היה בשנת תשכ"ד (1964).
למרות ששניהם היו רחוקים מאד בדעותיהם, בכל אופן הם היו ידידים נאמנים. צריך להבין, שאני בא מסביבה מאוד דתית, מתוך מסגרת של ישיבות דתיות. אף פעם לא פגשתי בן אדם כמו מר יהושע לוי, ואף פעם לא נתקלתי בתשובה כמו שלו.

"לחפש תמיד את הנקודה הפנימית..."

פעם אחרת נסענו לקיבוץ בעין גדי, ואדמו"ר מורי זצ"ל סיפר לי שאותו קיבוץ רחוק מאוד מהיהדות. כשהגענו, בא מזכיר הקבוץ לקראתנו. באתי מארצות הברית, ואף פעם לא הייתי במשק. מזכיר הקבוץ נראה לי מאוד פרימיטיבי, ולא יכולתי להבין איך רב דתי יכול להיות בקשר עם אותו בן אדם.
נדהמתי בעת שהסתכלתי על החיבוק והאחיזה. באיזו אהבה אחז וחיבק המזכיר את אדמו"ר מורי זצ"ל. מימי לא ראיתי דבר כזה. איזה קשר יש בין שני בני אדם אלו? הם באים ממשפחות שונות, דעות שונות ואפשר להגיד מנקודות מבט הפוכות.
ועם זה לא הופתעתי, מה להגיד על הסיבה של הביקור של אדמו"ר מורי זצ"ל. במו אזני שמעתי מהפה של המזכיר, שהוא פעל לפי כל ההוראות שאדמו"ר מורי זצ"ל נתן לו בכדי להכשיר את המטבח בלי להחסיר אפילו הוראה קטנה שאדמו"ר מורי זצ"ל נתן לו. דבר זה הפתיע אותי לחלוטין. קשה לתאר את השמחה שהיתה על פניו של מזכיר המשק כשאדמו"ר מורי זצ"ל בא לבדוק אם בקיבוץ באמת מילאו אחר כל התנאים שהעמיד להם.
זה היה הכח של אדמו"ר מורי זצ"ל. בזכות הקבלה והתנהגות לפי הקבלה אדמו"ר מורי זצ"ל יכול היה להתקרב לכל אדם. מפני שהוא למד מהמורה שלו, מ"**ע צי"ע** מרן קוה"ק הרב יהודה הלוי אשלג בעל הסולם זיעוכי"א, ש"**אין כפיה ברוחני**". לכן אין אנו יכולים לכפות דעה על שום בן אדם, אפילו אם אנחנו חושבים שכך צריך להיות או שזה טוב בשביל השני. אנחנו לא השוטרים של הבורא.

25

אדמו"ר מורי זצ"ל ראה בכל אחד את האדם שבו. הוא לא שנא שום אדם. להיפך, הוא העניק דאגה, ורגש ומעל הכל אהבה. אדמו"ר מורי זצ"ל היה מחלק צדקה בכל יום חמישי מהקרן של ההסתדרות. פעם, כשהייתי אצלו אני זוכר שנכנס רב אחד וביקש תרומה. אחרי שהוא קיבל את הסכום, יצא ודיבר לא כל כך יפה על אדמו"ר מורי זצ"ל, בטענה שהוא לא קיבל את הסכום שביקש, וזאת לא הפעם הראשונה. נכנסתי לחדר של אדמו"ר מורי זצ"ל ושאלתי: "מדוע הוא ממשיך לתת לו תרומה למרות שאותו רב ממשיך לדבר לא טוב עליו?" והתשובה של אדמו"ר מורי זצ"ל הייתה כל כך פשוטה: "אני לא מבין מדוע הוא מדבר עלי, הרי לא עשיתי לו כל כך טוב שהוא ידבר עלי רע".

אדמו"ר מורי זצ"ל טען שמה שחסר בעולם זה "אהבת הזולת". להעביר אהבה בלי תנאים ונגיעות, ועם התנהגות כזאת "אפשר לקנות כל אדם".

פעם נסענו ליוקנעם, למפעל של ההסתדרות. באותו מפעל עבדו 21,000 פועלים. במפעל זה, כביתר המפעלים של ההסתדרות, המטבח לא היה כשר. היחסים בין מנהל המפעל ואדמו"ר מורי זצ"ל היו בלתי רגילים, לפחות לפי אמות המידה שאני הייתי רגיל ביחסים בין דתיים וחילונים. הם אהבו אחד את השני. פתאום שואל אדמו"ר מורי זצ"ל, על קבוצה של פועלים שישבו בפינה נפרדת משאר הפועלים בחדר האוכל, מדוע הם יושבים לחוד? המנהל ענה שזוהי קבוצה של דתיים אשר אוכלים אוכל כשר, ובכדי לכבד את הפועלים הדתיים ולשמור על הכשרות שלהם הוא סידר להם מקום מיוחד כדי שלא יקרה איזה מכשול שהאוכל שלהם יתערב עם אוכל לא כשר.

אדמו"ר מורי זצ"ל לימד אותי לא לחשוב על יהודי חילוני לפי החיצוניות, אלא לחפש תמיד את הנקודה הפנימית שלו. הוא היה אומר תמיד "אל תסתכל בקנקן אלא מה שבתוכו".

אדמו"ר מורי זצ"ל ראה שהמנהל הוא אדם טוב מאד ולמרות שהוא בעצמו לא אוכל כשר הוא דואג לאחרים. בשביל אדמו"ר מורי זצ"ל היה זה הפתח לשאול את המנהל שאלה: "אני רואה שאתה דואג לשני, ואם אפשר לשאול: 'מה שקורה בינתים זה מצב של הפרדה בין דתיים וחילונים, הם הרי מוכרחים לאכול לחוד. במקום להתקרב אחד לשני, לשבת ולדבר, הם יושבים בנפרד בעת הפסקת הצהרים. אבל אם כל המטבח היה כשר, אז כולם היו יכולים לאכול יחד. והרי זאת

באמת המטרה של ההסתדרות - לקרב פועלים אחד לשני. אני מוכן לתת מן התקציב של המחלקה לעזור להכשיר את המטבח". המנהל קבל את דברי אדמו"ר מורי זצ"ל. וכך התחילו 21,000 פועלים לאכול כשר.

"נמשכתי לספרי קבלה כמו מגנט..."

זו הדרך שאדמו"ר מורי זצ"ל למד מהרב שלו "בעל הסולם", וכך למדתי אני מאדמו"ר מורי זצ"ל. כששואלים אותי איך המכון שלנו הגיע להצלחה רבה בזמן קצר כל כך, אני עונה כך: "תן לאנשים מקום לנשום, תשמע ותקשיב מה שיש לשני להגיד, ותכבד את כולם בלי להסתכל בחיצוניות, ומעל לכל תן מקום בתוך הלב שלך לאהוב את השני, בלי לחשוב מה אני יכול לקבל בחזרה". אבל רובם לא מאמינים לי. זה נראה להם יותר מדי פשוט. כלם חושבים שצריכה להיות סיבה אחרת להצלחה ושאותה אני לא רוצה לפרסם...

אבל זאת היתה ההצלחה של אדמו"ר מורי זצ"ל. למרות שהיו לו מתנגדים רבים ולמרות שספג לא מעט בזיון מאנשים מכובדים, המשיך אדמו"ר מורי זצ"ל לפעול למען המטרה הקדושה שלו, להביא שלום בין אנשים בכל העולם. פעם הלכתי עמו לבקר את ראש הממשלה המנוח מר לוי אשכול. קבלת הפנים שערך לנו ראש הממשלה היתה חמה באופן יוצא מן הכלל! מר לוי אשכול כיבד את אדמו"ר מורי זצ"ל, וראה בזה כבוד גדול עבורו שהמקובל בא לבקר אותו. ולא עוד, אלא שראש הממשלה התייעץ עם האדמו"ר אדמו"ר מורי זצ"ל הרבה פעמים, ביקש ממנו את דעתו על דברים מאד חשובים וסמך על החלטתו בעניני נהול המדינה.

פגישתי הראשונה עם אדמו"ר מורי זצ"ל היתה בשנת התשכ"ב (1962), ואני מוכרח להתוודות שאז לא ידעתי כלום על קבלה, או על לימודי הקבלה.

בישיבות בהן למדתי, כמובן שלא דברנו כלל על הזהר. ידענו שאנחנו לא מוכנים להתעסק בלמוד הזהר הקדוש. בישיבתנו, "תורה ודעת", קבלנו ברמיזה שגמרא ותלמוד חשובים יותר מקבלה, ולכן צריך לתת יותר זמן ללימוד הנגלה מאשר ללימוד הנסתר. נוסף לזה, באחת מפגישותי עם הרב משה פיינשטיין זצ"ל בשנת 1967, שאלתי אותו מדוע לא לומדים את ספר הזהר בישיבתו למרות שיש לו את הזהר בביתו? תשובתו היתה פשוטה. הוא חשב שיותר טוב שבני הישיבה ילמדו תלמוד בזמן הקצר שיש להם. לדעתו פשוט אין זמן ללימוד הנסתר והזהר.

שאלות כאלו שאלתי את אדמו"ר מורי זצ"ל, ואז התחילו עיני להפתח לקראת

התשובות שקבלתי. ראיתי שאדמו"ר מורי זצ"ל היה בקי בש"ס ובפוסקים, יותר מהרבה ראשי ישיבות שפגשתי לאורך השנים שלמדתי בישיבות. התחלנו ביחד ללמוד את הספר "תלמוד עשר ספירות" שכתב מרן "בעל הסולם" זצ"ל, ותיכף הרגשתי והבנתי שבתוך לימוד הקבלה כלולה הפנימיות שחפשתי כל החיים, וכלול הטעם שלא מצאתי בתוך לימוד הנגלה. פתאום לא יכולתי להפרד מספרי הקבלה, נמשכתי אליהם כמו מגנט.

הקירבה ביני ובין אדמו"ר מורי זצ"ל גדלה עד כדי כך שבעת שחזרתי לארצות הברית אחת לחודשיים, הרגשתי ריקנות. התגעגעתי לאדמו"ר מורי זצ"ל עד שהחלטתי לטלפן כל יום כדי לדבר עמו. בעת שהיינו ביחד בארץ, לא עזבתי את אדמו"ר מורי זצ"ל אפילו לרגע, היינו ביחד עשרים וארבעה שעות ביממה, ובשבילי היתה זו פליאה, כי מטבעי אני רגיל להיות עצמאי, לא תלוי בשום אדם. לא כך היה עם אדמו"ר מורי זצ"ל. הרגשתי שאני רוצה להיות במחיצתו כל הזמן. היה ברור לי, שאם ח"ו יגיע כדור רובה לעבר אדמו"ר מורי זצ"ל אני אעמוד בין הכדור לאדמו"ר מורי זצ"ל. אף פעם לא הרגשתי דבר כזה לבן אדם אחר.

ודבר נוסף, שלא הרגשתי את פנימיות האור של הקב"ה כמו שהרגשתי את זה מאדמו"ר מורי זצ"ל. אז הבנתי: זה הוא הכח של הקבלה, זאת המטרה של הקבלה.

הקבלה יכולה לעזור לנו לקרב את עצמנו לאור, ולהיות כמו האור, ולמלא את כל מהותנו. אז נרגיש כולנו את המנוחה והשלווה שבאים יחד עם הדביקות באור. וזה היה הסוד של אדמו"ר מורי זצ"ל.

כל מי שפגש את אדמו"ר מורי זצ"ל הרגיש מיד משהו, אפילו בלי להבין מה הטוב שהוא הרגיש. כל בני האדם מרגישים את הלחץ שקיים היום בעולם, ורוצים לברוח מזה. רוצים לעבור למקום אחר, לארץ אחרת או סתם לצאת לחופש, אבל הבעיה שבכל מקום לשם אנחנו באים בשביל מנוחה קיים אותו הלחץ מפנימיותנו. הלחץ הפנימי הולך יחד אתנו לכל מקום שבו אנו נמצאים.

לכן אלו שהכירו את אדמו"ר מורי זצ"ל אהבו אותו בגלל שהרגישו את האור הפנימי שלו שהיה נקי מהלחץ הרגיל. הוא משך אליו אנשים. גם אני הייתי מאלו שזכו להכיר את אדמו"ר מורי זצ"ל, ורק אז התחלתי להבין מדוע שנאו אותו אפילו אנשים אשר לא הכירוהו או שאדמו"ר מורי זצ"ל אף פעם לא דיבר אתם או לא

פגש אותם. כך הכרתי את המחלה היהודית הקרויה **שנאת חינם. שנאה בתכלית השנאה.**

"השטן נמצא דווקא במקום שיש נצוצות..."

הבנתי מה שרש"י הביא בפרשת וישלח [פרק לג פסוק ד]: "אמר ר' שמעון בן יוחאי הלכה היא בידוע שעשו שונא ליעקב, אלא שנכמרו רחמיו באותה שעה ונשקו בכל לבו".

יש כמה שאלות על המאמר של ר' שמעון. ראשית, מה המלה "הלכה" עושה כאן? נראה לפי הפסוק שעשו מקיים את ההלכה כביכול או את המצוה שבאה אליו לשנא את יעקב, מדוע?

שנית, שנאה מביאה לתוצאות חמורות עד כדי כך שבית המקדש נחרב אך ורק בגלל שנאת חינם, ולא משום סיבה אחרת. אם כך, מדוע מותר, ואפילו "מצוה", לשנא בחנם את יעקב, אבל ליהודי אסור לשנא את השני.

שלישית, מה קרה שבסוף "נכמרו לעשו רחמיו באותה שעה ונשקו בכל לבו"?

אדמו"ר מורי זצ"ל למד מהמורה שלו, שיש מטרה בשבילה היהודי קיים בעולם. על היהודים רובצת האחריות להביא את אורו יתברך לעולם שלנו. רק היהודים יכולים למלא את התפקיד שהוא להכנים אור בתוכנו בכדי להסיר את הרע שקיים בעולם. אי אפשר לסלק את החושך באמצעות מלחמות נגד מדינות רעות. מה שכן יכול להסיר את החרב, הכהות והחושך הוא האור.

בעת שהיהודים שונאים זה את זה, הם מרחיקים את האור. מכיון שבטבע ובפנימיות של האור יש אחדות בלי שום הפרדה. אין שום השתוות בין השטן לאור. השטן מחפש מחלוקת, שנאה ועוד מיני מצבים, בכדי שהאור לא יוכל לעזור להביא שלום בעולם.

לכן בהיסטוריה של היהודים המקום המועד לעורר ריב, היה בדרך כלל בתוך בית הכנסת. המחלוקת היתה מי יקבל עליה לתורה או מי יהיה החזן.

הנקודה שלמדתי מאדמו"ר מורי זצ"ל, היא שהשטן נמצא דווקא במקום שיש בו ניצוצות. הרי בבית הכנסת מתפללים וקוראים בתורה, וכך מושכים את אורו יתברך. כל פעם שיש ריב - השטן יונק את הניצוצות וכוחו מתחזק. הוא משפיע לא רק בבית הכנסת אלא בכל מקום, בגלל האחדות האמיתית שקיימת בעולם. זאת העבודה של השטן. ובמקום שהשטן נמצא שם נקרא המקום "ריק", למרות שאורו

יתברך נמצא בכל מקום, ככתוב: "מלוא כל הארץ כבודו". כמו האטומים של השולחן הכלואים בתוך השולחן, כך האור, בעת שהוא שבוי בתוך ההגבלה של מקום ריקני רוחנית, הוא פועל להפריע לסביבה.

ולכן אדמו"ר מורי זצ"ל היה כל כך מקפיד על אהבה ושלום, מפני שאדמו"ר מורי זצ"ל ידע טוב מאד, שאיפה שיהיה ריב שם מתחזק השטן שגורם לחורבן ותוהו. ובגלל זה, לא שנא אדמו"ר מורי זצ"ל אפילו את אלו שהתנגדו לו או ששנאו אותו. אדמו"ר מורי זצ"ל ידע שכך יגרום ח"ו עוד פירוד ועוד כיסוי על האור. זאת לא אומרת שכולם היו קרובים לאדמו"ר מורי זצ"ל, אבל הוא לא שנא או התנהג ברוגז עם אף אחד. זאת היתה ההצלחה שלו.

כל פעם שבאתי לארץ, היינו, אדמו"ר מורי זצ"ל ואני, ביחד עשרים וארבעה שעות ביממה, שבעה ימים בשבוע. ישנתי אצלו בבית. רק ככה למדתי מי היה אדמו"ר מורי זצ"ל. במשך שבע השנים שהייתי אצלו, לא ראיתי, **אף לא פעם אחת**, התנהגות של גאות או גאווה.

"אם כולם אוהבים אותך - סימן שלא פעלת כלום..."

אדמו"ר מורי זצ"ל ידע שעבודת הפצת לימוד הקבלה היא התקוה היחידה להביא לביאת גואל המשיח, לסיום כל המלחמות ובטול השטן עם כל הבעיות של מחלות, חוסר פרנסה ויתר הבעיות שמעכבות את השלום הנצחי. הלימוד הראשון שקבלתי מאדמו"ר מורי זצ"ל היה שהפצת הלימוד של חכמת הקבלה תגרום בהכרח שיהיו מתנגדים לעבודת הקודש שלנו. ועלינו לדעת שלא לחפש הכרת תודה. להיפך, עבודת הקודש של הפצת לימוד הזהר והקבלה תביא שנאה בדרגה שאי אפשר יהיה להאמין. בזיונות ורדיפות שיהיה קשה להבין מדוע אנשים מתנהגים בצורה רעה כל כך. וגם תדע, הוסיף אדמו"ר מורי זצ"ל, שאחר 190 שנים, כשבאים למעלה שואלים איך היו היחסים בינינו ובין אנשים אחרים. אם התשובה היא שהאדם היה טוב עם כולם, אותו אדם יקבל כרטיס ישר לגהינום. מדוע? מפני שאם כולם אהבו אותו, סימן שהוא לא פעל כלום בעולם שלנו.

ולכן הרביצו למ"ע צי"ע מרן קוה"ק הרב יהודה הלוי אשלג בעל הסולם זיעוכי"א בתוך בית הכנסת, ורדפו אותו. אדמו"ר מורי זצ"ל סיפר לי שבגיל 20, הוא התחיל ללמוד עם המורה שלו, מ"ע צי"ע מרן קוה"ק הרב יהודה הלוי אשלג בעל הסולם זיעוכי"א. באותה התקופה היה מ"ע צי"ע מרן קוה"ק הרב יהודה

הלוי אשלג בעל הסולם זיעוכי"א גר בגבעת שאול, ואדמו"ר מורי זצ"ל היה גר בעיר העתיקה בירושלים. המתנגדים סדרו עם נהגי האוטובוסים בין העיר העתיקה לגבעת שאול שלא לאפשר לאדמו"ר מורי זצ"ל לנסוע למ"ע צי"ע מרן קוה"ק הרב יהודה הלוי אשלג בעל הסולם זיעוכי"א, והוא הלך כל פעם שעתיים ברגל בכדי ללמוד קבלה. זה היה המחיר למי שמוכן להפיץ את לימוד הקבלה.

ב"ה, גם אני סובל כמו המורה שלי זצ"ל, וכמו המורה שלו זצ"ל. אבל זאת למדתי: מי שלא עבר סבל בהפצת לימוד הקבלה, סימן שלא פעל כלום. בזמן ימות המשיח מכיר השטן טוב מאד מה יכול לגמור אותו. והשטן משתמש בכל מיני דרכים ואנשים בכדי לעכב איזה התקדמות להגיע למטרה של הקבלה - שלום בלי הפרעות.

פעם כשלמדנו באמצע הלילה, אמר לי פתאום אדמו"ר מורי זצ"ל שאנחנו נוסעים לירושלים לקבר רחל. שאלתי אותו: "אבל קבר רחל אמנו סגור בגלל שיפוצים שעושים במקום". אדמו"ר מורי זצ"ל לא ענה שום דבר, אלא חזר עוד פעם ואמר שאנחנו נוסעים לרחל אמנו. ואכן כאשר הגענו לבית לחם מצאנו את השער סגור לרגל שיפוצים. ישבנו בחוץ, כשלפתע התקרב אלינו השומר הערבי ושאל אם אנחנו רוצים להכנס פנימה? כמובן ענינו ש"כן". לצערי, לא שאלתי את אדמו"ר מורי זצ"ל לסיבה עבורה נסענו באמצע הלילה לרחל אמנו.

מיד אחרי מלחמת ששת הימים, הגיע ערבי מירושלים בשם ג'ברין עם ארגז של אשכוליות. קורן מאושר הוא סיפר לאדמו"ר מורי זצ"ל שקרוב לעשרים שנים הוא חכה ליום שהוא יוכל עוד פעם להפגש עם אדמו"ר מורי זצ"ל. הם חבקו ונשקו איש את רעהו. בשביל מי שבא מארצות הברית, זאת היתה פליאה גדולה. אף פעם לא ראיתי אהבה כזו בין יהודי ללא יהודי.

אדמו"ר מורי זצ"ל סיפר לי שבשנת 1936 היה בארץ מצב כלכלי מאוד גרוע, כמו בכל העולם, ממש לא היה כסף לקנות לחם. אדמו"ר מורי זצ"ל עבד כפועל בנין. פעם בא ג'ברין וביקש מאדמו"ר מורי זצ"ל להשיג עבודה עבורו מפני שיש לו משפחה עם תשעה ילדים, ואין להם מה לאכול. בזמן ההוא היה חוק בהסתדרות הפועלים לתת עבודה אך ורק ליהודים. אבל אדמו"ר מורי זצ"ל הסתכל על כל בן אדם כבריאה של הקב"ה ואין שום הבדל אם הוא יהודי או ערבי.

בכדי לכסות על הענין נתנו לג'ברין את השם "יצחק", [הערבים לא נותנים את

השם יצחק, אלא ישמעאל, כדי לציין שהם מכירים בעובדה שרק ישמעאל היה בנו האמיתי של אברהם, ולא יצחק]. כמובן שהפועלים היו צריכים עשירי למנין בזמן תפילת מנחה, הם חפשו את יצחק, אבל הוא ידע להעלם מהם בזמן החיפושים למנין.

"כולם הקשיבו בתשומת לב ובהתלהבות..."

לקראת חג השבועות, אחרי מלחמת ששת הימים, החליט אדמו"ר מורי זצ"ל שאנחנו צריכים להיות בעיר העתיקה בירושלים, למרות שלא היו מקומות מסודרים. בעזרת הקשרים שלו בההסתדרות, קיבל אדמו"ר מורי זצ"ל בנין הרוס שכמה פועלים של ההסתדרות סדרו. נכנסנו לעיר העתיקה כתושבים הראשונים שחזרו לעיר העתיקה.

תפילת החג עם אדמו"ר מורי זצ"ל היתה התעלות רוחנית מעל כל תפילה שהתפללתי, ובפרט בחג השבועות. אין מילים להסביר את הכח שהיה סביבנו. הרגשתי שאנחנו באמת עומדים על הר סיני ושומעים את עשרת הדברות. מאותה תקופה הרגשתי שהתחיל משהו חדש, שלא היה אף פעם בהיסטוריה של העולם בכלל, או בהיסטוריה של ישיבת קול יהודה בפרט. לא היה שום סימן לאן האור יוביל אותנו ואיך להגיע לשם. אבל זאת ידעתי, שהקבלה ולימוד הקבלה יהיה שונה ממה שהיה.

בחנוכה, הזמינה ההסתדרות את אדמו"ר מורי זצ"ל למסיבת חנוכה. הלכתי יחד עם אדמו"ר מורי זצ"ל לראות מה יכול אדמו"ר מורי זצ"ל לעשות בחנוכה עם חילונים, שבאותה תקופה אפילו יום כיפור, היום הנורא, לא ענין אותם. המסיבה התקיימה באולם הבימה בתל אביב. מה היתה הכוונה של אדמו"ר מורי זצ"ל כשהחליט להפגש עם יהודים שכמעט לא מאמינים בכלום, לא ידעתי.

הגענו לאולם הגדול של הבימה, ובעת שנכנסנו לאולם עמדו כולם ופתחו במחיאות כפיים בכמה דקות. גם קבלת הפנים מצד ההנהלה של ההסתדרות לא היתה מובנת לי כלל. אדמו"ר מורי זצ"ל נכנס וקבלו אותו כמו את פני המשיח שכבר מחפשים אותו שנים. והמזכיר, מר יהושע לוי, ביקש מאדמו"ר מורי זצ"ל לדבר לפני הדלקת הנרות.

אדמו"ר מורי זצ"ל התחיל לדבר, ובאולם שרר שקט כזה, שאפשר היה לשמוע מחט נופלת. אדמו"ר מורי זצ"ל דיבר על עניני חנוכה, אבל לא בצורה שאני הייתי

הקדמת אדמו"ר הרב שרגא פיביל ברג שליט"א

רגיל אליה בחוגים דתיים. אדמו"ר מורי זצ"ל דיבר על הפנימיות של חנוכה וכולם הקשיבו בתשומת לב ובהתלהבות שלא ראיתי מימי. באותו הרגע קבלתי תשובה לשאלה שהפריעה לי מגיל שלוש עשרה: "איך אני יכול להאמין שיבוא משיח בעת שאני מסתכל מסביב ורואה שהיהודים מפורדים לקבוצות שונות - דתיים, חילוניים, מתנגדים וחסידים, בעלזער וסטמאר, רפורמים, קונסרבטיביים, צעירים, זקנים וכו'. זכרתי את הזהר בפרשת שמות האומר, שאפילו בעת שמשיח יגיע, יהיו מלחמות בין יהודים וגם נגד המשיח עצמו".

אבל באותו ערב קבלתי את התשובה לשאלה. פנימיות התורה, כלומר הקבלה, יכולה להכנס לתוך כל יהודי ולנגוע בנשמתו. מתחת לכל הקליפות ובתוך כל הגופים השונים קיימת הנשמה, שהיא חלק אלוקי ממעל והנשמה של כולנו נמצאת באחדות.

אז הבנתי את המטרה של אדמו"ר מורי זצ"ל, בעת שהוא קיבל את הרבנות בהסתדרות. הרבנים טענו שהוא מכשיר את ההתנהגות של ההסתדרות בעת שהוא מסכים להיות הרב שלהם. הם הדמו והשוו את קבלת כתר הרבנות שלו לרב חרדי שיקבל כתר הרבנות בבית כנסת רפורמי. הרעש והצעקה מהקהילות האורתודוקסיות נשמעו בכל עיר ועיר ברחבי העולם. כולם הזכירו את חילול ליל יום הכיפורים של ההסתדרות ויתר ביזיוני הדת. נוסף לענין ליל יום כיפורים, פעם היתה ההסתדרות בעלים של מסעדה בשם "שובע", במרכז ירושלים. המסעדה היתה מפורסמת בכל הארץ ב"זכות" הבשר ה"לבן" שמכרו שם. אנשים באו מחיפה ואילת ומכל הארץ לקנות בה.

"אף אחד במשך אלפיים שנה לפניו לא עשה..."

ולכן, באורח מחשבה של הדת - אז והיום - אף אחד לא הבין איך אדמו"ר מורי זצ"ל יכול להיכנס להסתדרות ולקבל את כתר הרבנות על כל מליון החברים בה. אבל זהו החזון של אדמו"ר מורי זצ"ל, מקובל עם לב טהור שחזה וכתב בהקדמתו לכתבי האר"י ז"ל:

"בתוקף אמונתינו בדברי רבותינו נ"ע שעתידה חכמה זו להתגלות באחרית הימים, ואנו רואים שמבפנים ומבחוץ תקפו עלינו הצרות. מבפנים כיצד? הדור הצעיר הולך מאתנו. מבחוץ כיצד? בכל אלפי שנות גלותינו לא היה עוד זמן נורא כזה אשר בזמן אחד תקפה שנאה כבושה את כל עמנו, בכל המקומות שהם נחותים

33

שמה. מצב נורא כזה דורש מאתנו לקחת חשבון הנפש, ולעשות "אתערותא דלתתא" (התעוררות מלמטה) בכדי לקרב קץ גלויותינו, ולעשות השתדלות שתתרבה הדעת בקרב ישראל. וכל העם מקצה יעבדו את ה' וימלא אחרי כל חוקיו ומצותיו", עכ"ל.

זו היתה עת צרה. המצב לחץ על אדמו"ר מורי זצ"ל להחליט לעשות משהו שאף אחד במשך אלפיים השנים לפניו לא עשה, או לא רצה לעשות - להביא את לימוד הקבלה, שהייתה סגורה בכספת עתיקה, לקהל הרחב ולפשוטי העם.

אדמו"ר מורי זצ"ל כתב: "והנה ידוע הוא, כי הגורם לכל היסורים הנוראים של עניות וחרב, ביזה והרג ר"ל, הוא מפאת חוסר השתדלות בלימוד חכמת הקבלה. אלפי מאמרים המפוזרים בזהר הקדוש ובשאר ספרים, אשר כולם כאחד רואים בעיני קדשם, שכל עיכוב גאולתינו, שכל הרע המסובב על ידי הגלות הגדול הזה, וכל ההזנחה הגדולה המתהוה בדורנו זה, האחרון - הוא אך ורק מחוסר לימוד קדוש זה - כל אלה הניעו אותנו לקחת עלינו את המעמסה הקדושה הזאת, להשתדל בעזה"י להרבות ולהפיץ את חכמת האמת.

ואל יאמר האומר מי יודע עומק הדברים ומי יכול לעמוד לפני האר"י ז"ל להבין עמקי סודותיו, כי בחמלת ה' עלינו שלח לנו משמי מעונה עיר וקדיש ממנו יתד ממנו פנה הוא האיר עינינו באור גדול אור הפנים, אור פני מלך חיים, פנים מאירות ופנים מסבירות, מורינו ורבינו המקובל כקש"ת ר' יהודה הלוי אשלג זיע"א, שבדורנו זה זכינו לחבוריו הגדולים המבארים את החכמה עפ"י השכל העיוני הפשוט שכל מעיין בינוני יכול להבינה וללמדה ולהתקן על ידה. ובכן שמחו צדיקים והרנינו כל ישרי לב כי סתרי תורה אשר היו טמונים ונסתרים מעיני הקדמונים והראשונים יצאו ונגלו באלו הזמנים".

וגם אדמו"ר מורי זצ"ל סמך הרבה על לשון החכם הגאון מהר"ר יעקב צמח נרו בהקדמת ספרו "רנו ליעקב", וזה לשונו: "כי גלוי חכמה זאת עתה בדורות גרועות הוא, כדי שיהיה לו מגן עתה, לאחוז בלבב שלם, באבינו שבשמים. כי באותן הדורות הרוב היו אנשי מעשה וחסידים, והמעשים הטובים היו מצילין אותן מפני המקטרגים.

ועתה, רחוקים משורש העליון, כמו השמרים בתוך החביות, מי יגן עלינו, אם לא קריאתנו בחכמה הזאת, הנפלאה והעמוקה. ובפרט ע"ד שכתב הרב ז"ל,

שהנסתרות נעשו עתה כמו נגלות, כי בדור הזה מושל הזנות, ומלשינות ולשון הרע ושנאה שבלב. ונתפשטו הקליפות באופן שמתבייש האדם לנהוג דברי חסידות. וה' יגן עלינו וימחול לעונינו, אכי"ר". עכ"ל.

ולכן, למרות ההתנגדות לכוונת אדמו"ר מורי זצ"ל, מכל הצדדים, הבין אדמו"ר מורי זצ"ל שהגיע הזמן "ועת לעשות הפרו תורתיך", וכל אחד מבני ישראל צריך להתחיל עם לימודי הקבלה. וגם לפי התהליך של הממסד הדתי, לא היתה שום תקוה לשנות את המצב הגרוע שיורד יותר ביותר, בלי הפסק.

ובאמת אך ורק "אהבת זולתו" הביאה אותו להחלטה להביא את חכמת הקבלה לקהל רב.

ועם אהבת הזולת סידר אדמו"ר מורי זצ"ל בזמן קצר שההסתדרות תפסיק לעשות את המשתה השנתי בליל יום כיפורים. נוסף לכך, ליויתי את אדמו"ר מורי זצ"ל כשהלכנו למסעדת "שובע" בירושלים ואכלנו מאכלים כשרים. יחד אתנו הסבו לשלחן הבעלים שהיו שמחים שהרב שלהם בא לבקר את המסעדה שלהם.

"כח המחשבה קובע ומוציא לפועל..."

בשנת תשכ"ז, חל ל"ג בעומר, יומא דהילולא של התנא האלוקי ר' שמעון בר יוחאי, במוצאי שבת, פרשת בחוקותי. אדמו"ר מורי זצ"ל החליט שאנחנו נוסעים לטבריה לשבת, ובמוצאי שבת אנחנו ניסע למירון. שאלתי את אדמו"ר מורי זצ"ל איך אפשר להגיע למירון בעת שכבר יצאה פקודה צבאית האוסרת לנסוע בדרך עם אורות. כולם כבר ידעו שמלחמה עם הערבים (מלחמת ששת הימים) עומדת להתחיל כל רגע. אבל זאת ידעתי, שבעת שאדמו"ר מורי זצ"ל החליט לנסוע, אפילו אם היו אצלי שאלות, מכל מקום, אדמו"ר מורי זצ"ל ידע מה שצריכים לעשות.

אחרי שבת, סיפר לי אדמו"ר מורי זצ"ל שהוא הציל את כל טבריה, ועכשיו אנחנו צריכים לנסוע למירון. נסענו עם נהג המונית של אדמו"ר מורי זצ"ל, שגם הוא לא שאל איך אנחנו נגיע למירון ללא אורות. אותו הלילה הלבנה היתה כל כך בהירה שהגענו למירון רק תוך שעתיים נסיעה. זה היה נס בפני עצמו. להפתעתנו הגדולה לא היה במקום אפילו איש אחד. מאז ועד היום הזה לא הרגשתי את השקט והמנוחה שהרגשתי באותו ל"ג בעומר.

כל הלילה למדנו אצל ר' שמעון, וחזרנו לטבריה בבוקר. באותו הלילה למדנו ביחד

מהרבה מקומות שונים, ואף פעם לא שאלתי את אדמו"ר מורי זצ"ל מדוע אנחנו קוראים פה או שמה. אבל זאת ידעתי, שאדמו"ר מורי זצ"ל רצה לסדר את המלחמה שצריכה לבוא. כשפרצה מלחמת "ששת הימים", היה ברור לי שבאמת אדמו"ר מורי זצ"ל עם עזרתו של ר' שמעון והמורה של אדמו"ר מורי זצ"ל, מ"ע צי"ע מרן קוה"ק הרב יהודה הלוי אשלג בעל הסולם זיעוכי"א, ניהלו את כל התהליך ויצאנו בנס גדול.

בעת שפרצה המלחמה, ישבנו ביחד ולמדנו במקומות שונים, ואדמו"ר מורי זצ"ל אמר לי, שכך צריך לנהל מלחמה. אני צריך להודות שלא הבנתי בדיוק את הכוונה של אדמו"ר מורי זצ"ל. האמת, רק במשך השנים האחרונות התחלתי להבין בדיוק למה אדמו"ר מורי זצ"ל כיוון עם המילים שלו.

היום, ב"ה, אדמו"ר מורי זצ"ל מחנך אותי כל יום, וכל מה שלמדנו שבע שנים אלו שהיינו דבקים זה לזה, מתחיל לפרוח כמו פרחים. וגם היום אני מבין את הזכות שהיה ויש לי היום להפגש עם אדמו"ר מורי זצ"ל.

ברגע שקבלנו את החדשות שקבר רחל חזר לרשות היהודים, סיפר לי אדמו"ר מורי זצ"ל שאנחנו נוסעים לבית לחם, לקבר רחל, למרות שהמלחמה עוד נמשכה. מכיוון שהדרך היתה מלאה במכוניות צבאיות, איך נגיע אנחנו לקבר רחל בלי שיעצרו אותנו? עד היום אין לי שום הסבר, אבל גם זה היה לימוד, שכח המחשבה קובע וממשיך את פעולתו עד שהמחשבה יוצאת לפועל. הסיבה היחידה לזה שאנחנו בדרך כלל לא מגיעים לכך שהמחשבה תצא לפועל, היא בגלל שבאמצע הדרך אנחנו לא מאמינים במאה אחוז שהמחשבה יכולה לצאת לפועל.

במשך כל הזמן של מלחמת ששת הימים, חזר אדמו"ר מורי זצ"ל על הנקודה, שבעזרת לימוד הקבלה, והידע באיזה חלק של הקבלה צריך לקרוא, אנחנו נזכה להיות בשליטה על דברים שקורים בסביבתנו. פה, איפה שאנחנו יושבים ונמצאים, מתנהלת המלחמה, ולא בקרב עצמו. בשבילי, זה היה אחד מהלימודים הכי קשים להבנה, למרות שידעתי שכל דבר גשמי נמשך מדבר רוחני. דברים כאלו לא שמעתי אף פעם מהמורים ומראשי הישיבות שלי.

"לכוון שאני מתפלל בבית המקדש ואצל יוסף הצדיק..."

ברגע שהסתיימה המלחמה החליט אדמו"ר מורי זצ"ל שעלינו לעבור לגור בעיר העתיקה בירושלים. שאלתי את אדמו"ר מורי זצ"ל מדוע יש צורך להכנס לעיר

הקדמת אדמו"ר הרב שרגא פיביל ברג שליט"א

העתיקה בעת שבתוך העיר יש אנשים ודתות שונות, ומה זה יתן. אדמו"ר מורי זצ"ל דיבר בינתיים עם כמה חברים מההסתדרות על זה שהוא מחפש מקום בשביל ישיבת "קול יהודה", וגם מקום לגור בבנין הישיבה. בתוך זמן קצר, קבלנו בנין מההסתדרות, ובתוך שנה נכנס אדמו"ר מורי זצ"ל לעיר העתיקה, ואני לא הבנתי מדוע.

נוסף לזה אדמו"ר מורי זצ"ל גר שם פחות משנה, ושאלתי את עצמי, מה רצה אדמו"ר מורי זצ"ל, בעוברו מתל אביב לירושלים. כמעט מיד אחרי פטירת אדמו"ר מורי זצ"ל, מכרה ... את הבנין לרב מנחם הכהן, ממלא המקום של אדמו"ר מורי זצ"ל בהסתדרות. גם הרב מנחם הכהן עצמו כמעט ולא ביקר את הבנין ולא השתמש בו, למרות שהוא קנה את הבנין לטובת ההסתדרות.

דבר זה הפריע לי מאוד. אם הכוונה של אדמו"ר מורי זצ"ל היתה להקים ישיבה בעיר העתיקה, מדוע גלגל את הבנין כמעט תיכף אחר פטירתו, עד שגם ההסתדרות מכרה את הבנין, שעד היום לא משתמשים בו כלל. כל פעם שמישהו קיבל את הבנין, לא עבר הרבה זמן והשימוש בו עבר למישהו אחר.

כמעט 27 שנים עברו מאז פטירתו של אדמו"ר מורי זצ"ל והבנין עדיין ריק ללא שום שימוש. רק בזמן האחרון הבנתי את הכוונה והמחשבה של אדמו"ר מורי זצ"ל, מדוע קרה כל הגלגול שקרה עם הבנין. אדמו"ר מורי זצ"ל היה התושב הראשון בעיר העתיקה. בזמן הקצר מהכניסה לבנין ועד לפטירתו, הרגשתי, בעת שאנחנו התפללנו, מה שאף פעם לא הרגשתי בתפילה כל השנים לפני שפגשתי את אדמו"ר מורי זצ"ל. ואדמו"ר מורי זצ"ל ביקש ממני בעת שאני אתפלל בעתיד, אני צריך לכוון לפני כל תפילה שאני נמצא בתוך בית הכנסת של אותו הבנין.

ומאז ועד היום אני מתפלל כל יום, כל שבת, וכל חג בתוך הבנין יחד עם אדמו"ר מורי זצ"ל ועם כל המקובלים שאדמו"ר מורי זצ"ל אמר לי לכוון עליהם, שגם הם נמצאים יחד אתנו.

אדמו"ר מורי זצ"ל הראה לי אז את המקורות לכוון שבכל פעם שאני מתפלל, אני צריך להתפלל בארץ ובפרט בבנין שלנו שנמצא ע"י בנין בית המקדש או אצל יוסף הצדיק זיע"א, בשכם.

כתוב במסכת כתובות דף ק"י, ע"ב "שכל הדר בארץ ישראל דומה כמי שיש לו אלוק, וכל הדר בחוצה לארץ דומה כמי שאין לו אלוק". ואגדות מהרש"א מתמיה

ע"ש. אבל מ"ש הדר בחו"ל לא יתכן בו לומר שדומה כאילו אין לו אלוק כיון שנקרא ג"כ אלקי העולם. בספרי פ' עקב כתוב על הפסוק "ואבדתם מהרה", אע"פ שאני מגלה אתכם מן הארץ לחוצה לארץ היו מצויינים במצוות, שכשאתם חוזרים לא יהיו לכם חדשים.

וגם רש"י בדברים י"א, פ' "ושמתם את דברי" אף לאחר שתגלו היו מצויינים במצוות הניחו תפילין עשו מזוזות כדי שלא יהיו לכם חדשים כשתחזרו. וגם ברמב"ן בפ' אחרי מות פרק יח פ' כ"ח מביא את הספרי. ומה שיצא מכל אלו, שמי שמקיים מצוות או שמתפלל מחוץ לארץ ישראל אין תפילתו תפילה והמקיים מצוות מחוצה לארץ כאילו לא קיים אותם, בגלל מה שכתוב בגמרא.

הסיבה לעשותם מחוצה לארץ היא אך ורק בשביל העתיד. בעת שהיהודים יחזרו לארץ, התפילה והמצוות לא יהיו כבדים וקשים לעשותם, מפני שהם יהיו כבר רגילים להניח תפילין ורגילים לעשות את המצוות. כפי שבחור בר מצוה, בעת שהוא מתחיל להניח תפילין, לוקח לו הרבה זמן להתרגל ואחרי כמה שנים זה מאד קל.

זאת היתה הכוונה של אדמו"ר מורי זצ"ל. פעם אמרתי לאדמו"ר מורי זצ"ל שאני רוצה להיות יחד עמו בכל ליל שבת בעת שאדמו"ר מורי זצ"ל עושה קידוש. הבעיה שאלתי, שבארצות הברית שבת נכנסת בעת שאדמו"ר מורי זצ"ל כמעט מוכן לקום משנתו, ובוודאי אדמו"ר מורי זצ"ל כבר עשה קידוש. והשיב לי אדמו"ר מורי זצ"ל לכוון, בעת שאני עושה קידוש בארצות הברית שאני נמצא יחד עם אדמו"ר מורי זצ"ל, למרות שאדמו"ר מורי זצ"ל כבר עשה קידוש. הרי בדרגה יותר גבוהה, מעל העולם הגשמי, כבר לא קיים ההבדל בזמן ובעת שאני עושה קידוש אני עושה הקידוש יחד עם אדמו"ר מורי זצ"ל.

עכשיו, כשאני נזכר בדבריו, אני רואה איך אדמו"ר מורי זצ"ל חשב על דברים כמעט עשרים שנה לפני כל המדענים. ולכן בעת שאדמו"ר מורי זצ"ל בא אלי בערך לפני חמש שנים ומסר לי להתחיל להכנים בכל סניף של המכון תמונות של מקומות של צדיקים ומקובלים, הבנתי מדוע לפני כמעט שלושים שנה ביקש ממני אדמו"ר מורי זצ"ל להתפלל בבנין ישיבתנו - ישיבת "קול יהודה".

במשך כל זמן נדודי בגלות היתה לי זכות להתפלל כל יום תפילה נכונה בגלל שאני התפללתי בארץ ישראל.

הקדמת אדמו"ר הרב שרגא פיביל ברג שליט"א

היום, בזכותו של אדמו"ר מורי זצ"ל, עשרות אלפי רבבות יהודים מתפללים בארץ איפה שנמצא אלוק למרות שהם גרים בחוץ לארץ. ככל שאני חושב יותר על הרעיון של אדמו"ר מורי זצ"ל, אני מתפלא מדוע אחרים לא חשבו על זה, על דבר פשוט כל כך.

הרעיון, שלהיות בארץ ישראל במחשבה פועל וגורם שהאדם באמת נמצא שם, התחיל להתפשט בין המדענים לפני עשר שנים, בעוד שאדמו"ר מורי זצ"ל כבר דיבר והסביר לי את זה כמעט לפני שלושים שנה.

חקרתי וחפשתי מקורות אחרים לתפיסה, שבעת שאנחנו מתפללים או מקיימים מצוות, אם אנחנו חושבים להיות בארץ ישראל, המחשבה פועלת שאנחנו ממש נמצאים שם, אבל לא מצאתי שום מקורות לזה חוץ מאדמו"ר מורי זצ"ל. אחרי שהשגתי את הרעיון הזה הבנתי מדוע בעת שהיהודים התפללו במחנות בגרמניה או פולין, הבורא לא שם לב לצעקות של היהודים הנשברים. המקום לעשות קשר עם אלוקינו קיים רק בארץ ישראל.

"ראיתי את פניו של אדמו"ר מורי זצ"ל מאירים כמו זהר הרקיע..."

עוד לימוד גדול יצא מדבר הבנין שלנו בעיר העתיקה. בעת שמכרו את הבנין, הייתי מאוד מרוגז. איך אפשר למכור את הבנין של רבנו זצ"ל? הסיבה שמכרו היתה אך ורק בשביל כסף, כדי לקנות דירה פרטית. אחרי שמכרו את הבנין, אני המשכתי להתפלל כל יום בבנין שלנו (המכון בארצות הברית נתן את הכסף לשפץ את הבנין). ומאז, כל פעם שמישהו רוצה להשתמש בבנין, לא מצליחים. האמת, שהבנין של אדמו"ר מורי זצ"ל נשאר ריק גם אחרי שלושים שנה. ראיתי כמה חזק כח המחשבה. למרות המרחק בין ארצות הברית לעיר העתיקה בירושלים, יכול כח המחשבה להסיר את האשליה של זמן, תנועה ומקום.

לימודים אלו של אדמו"ר מורי זצ"ל, הכלולים בכל יתר הלימודים שאדמו"ר מורי זצ"ל מלמד אותי כל יום, עוזרים למאות אלפי אנשים לשפר את החיים שלהם. אדמו"ר מורי זצ"ל חי היום בשביל כולנו.

המכון היום מתפשט לכל תפוצות העולם. ואני יכול להגיד שבלי העזרה של אדמו"ר מורי זצ"ל זיע"א ומוריו זצ"ל זיע"א, ההצלחה שאנחנו רואים, בלי עין הרע, לא יכלה לצאת באותה צורה. שניהם זיע"א פועלים כל רגע וכל יום בשבילנו, ואסור לנו לשכוח זאת אפילו לרגע.

אדמו"ר מורי זצ"ל הסביר באחד מלימודינו שאם אני רוצה לדעת אם מה שאני עושה באמת נכון ולשם שמים, צריך להסתכל ולראות אם יש לי מתנגדים. אם זכינו ויש, אז אפשר לדעת שאכן אנחנו פועלים במשהו.

הסיפור של הדפסת "תלמוד עשר הספירות", שהיום אנו זוכים ללמוד בו, היה כרוך בקשיים רבים, בעיות וסבל רב שעבר על אדמו"ר מורי זצ"ל.

מורנו ורבנו המקובל הקדוש והטהור מ"ע צי"ע מרן קוה"ק הרב יהודה הלוי אשלג בעל הסולם זיעוכי"א השאיר את כתב היד של "תלמוד עשר הספירות". אדמו"ר מורי זצ"ל ראה שבעתיד יהיה הלימוד של תע"ס, עם ההסבר המכוון לכל נפש ולכל מי שמוכן ורוצה ללמוד, הלימוד היחיד שיוכל להביא בחזרה אותם תשעים וחמישה אחוז של יהודים שעזבו את הדת. אדמו"ר מורי זצ"ל התחיל לעבוד על הכתבים ורצה להתחיל להדפיס את ששה עשר הכרכים של תע"ס. אז נכנס השטן, שהבין את גדולתם של הכתבים, במטרה להפריע.

אחד המקורבים של המחבר זצ"ל, לא הסכים שאדמו"ר מורי זצ"ל ידפיס את התע"ס. כמובן, אדמו"ר מורי זצ"ל הי' תלמיד מובהק של הקדוש מ"ע צי"ע מרן קוה"ק הרב יהודה הלוי אשלג בעל הסולם זיעוכי"א, ורק הוא יכול היה לסדר את ששה עשר החלקים לדפוס. אדמו"ר מורי זצ"ל סיפר לי שהיו מקורבים של "בעל הסולם" שביקשו מבעל הסולם זצ"ל ללמד אותם כמו שבעל הסולם זצ"ל למד עם אדמו"ר מורי זצ"ל. "בעל הסולם" זצ"ל ענה לילדיו שהם מוכרחים ללמוד מאדמו"ר מורי זצ"ל. התשובה הזאת מזכירה לי, שפעם האלשיך זצ"ל ביקש מהאר"י הקדוש זצ"ל שהאר"י הקדוש ילמד אותו. והאר"י הקדוש ענה לאלשיך זצ"ל שהאלשיך זצ"ל מוכרח ללמוד מרבי חיים וויטל זצ"ל.

המקורב של "בעל הסולם" תבע את אדמו"ר אדמו"ר מורי זצ"ל לדין בבית משפט בתל אביב. בזמן המשפט אדמו"ר מורי זצ"ל רצה לדבר, אבל השופט ציוה על אדמו"ר מורי זצ"ל לשבת. השופט נתן פסק דין נגד אדמו"ר מורי זצ"ל, שלא להדפיס את התע"ס. אדמו"ר מורי זצ"ל סיפר לי שבעת שהשופט צוה על אדמו"ר מורי זצ"ל לשבת, ולא נתן לו את האפשרות לדבר, דיבר אדמו"ר מורי זצ"ל בלבו ואמר: "השופט ..., עכשיו אני מוכרח לשבת, אבל יגיע הזמן שאתה גם כן תשב". ואני זוכר, שיום אחד קראנו בעיתון, שהמשטרה תפסה את השופט ... בפרדס פרטי של תפוחי זהב והאשימה אותו בגנבת תפוחי זהב מהעצים. נוסף לזה התגלו עוד

דברים שגרמו לביזיון נורא, ואדמו"ר מורי זצ"ל ראה את הדברים מראש.

בסופו של דבר, סיכם אדמו"ר מורי זצ"ל עם המקורב שאדמו"ר מורי זצ"ל ידפיס את התע"ס ויתן להם את כל ההדפסה. וב"ה התע"ס לא עבר את הגורל של הרבה מכתבי מ"ע צי"ע מרן קוה"ק הרב יהודה הלוי **אשלג בעל הסולם זיעוכי"א**, שלא ראו אור יום ונשארו במחסן, ורובם התקלקלו.

פעם הגעתי ללימוד עם אדמו"ר מורי זצ"ל באמצע הלילה, וראיתי את פניו של אדמו"ר מורי זצ"ל מאירים כמו זהר הרקיע. שאלתי את אדמו"ר מורי זצ"ל מה קרה? ואדמו"ר מורי זצ"ל כשחיוך גדול על פניו, סיפר לי שהערב אדמו"ר מורי זצ"ל גמר את הכרך הששה עשר של התע"ס. באותו לילה בא מ"ע צי"ע מרן קוה"ק הרב יהודה הלוי **אשלג בעל הסולם זיעוכי"א** אל אדמו"ר מורי זצ"ל בשנתו ונשק אותו. באותו לילה חלמתי גם אני ובאתי לספר את חלומי לאדמו"ר מורי זצ"ל. לפני שיכולתי לספר את חלומי, סיפר לי אדמו"ר מורי זצ"ל את חלומו, ואז סיפרתי שחלמתי שמ"ע צי"ע מרן קוה"ק הרב יהודה הלוי **אשלג בעל הסולם זיעוכי"א** סיפר לי שהאדמו"ר אדמו"ר מורי זצ"ל היה גלגול של ר' משה חיים לוצאטו. שנינו שמחנו שמחה העולה מעבר למה שמילים יכולות להביע ולהסביר.

"יגיע מישהו שיסביר את הספרים שלו..."

הלימוד של תלמוד עשר ספירות, שקיבלתי מאדמו"ר מורי זצ"ל, היה בלי הפירושים שנתתי כאשר התחלתי אני ללמד תע"ס. הלימוד של אדמו"ר מורי זצ"ל היה עניני, מקושר לרעיון המופשט, בלי משלים או דוגמאות לפרש או להסביר את הענין. בעת שאני התחלתי לתת את השיעורים לא הבנתי מאיפה הגיעו ההסברים. בלימוד של התע"ס אף פעם לא הכנתי את השיעורים וגם היום לא. אחרי זמן רב שלמדתי ושמעתי את אדמו"ר מורי זצ"ל, ראיתי איך אדמו"ר מורי זצ"ל מכנים את כל השיעור בתוך המוח והפה שלי. הרבה פעמים שאלתי מדוע אני? מדוע המורה בחר בי, או בכלל מדוע אני קבלתי את העול והסבל להפיץ את הלימוד של חכמת הקבלה לפשוטי העם?

אבל דבר אחד ברור לי, בזכות הדביקות שאני הרגשתי והתנהגתי עם אדמו"ר מורי זצ"ל אף פעם לא חשבתי על עצמי בכל מה שהיה נוגע לאדמו"ר מורי זצ"ל. בזכות שאני הייתי עבד נאמן לאדמו"ר מורי זצ"ל, והרגשתי את הזכות להיות עבד לאדמו"ר מורי זצ"ל, אדמו"ר מורי זצ"ל בשום פנים ואופן לא עזב אותי, ומעת

פטירתו עד היום הרגשתי את אדמו"ר מורי זצ"ל עומד לצידי ובתוכי. אבל אני צריך להתוודות שהרבה פעמים, כשהבעיות והסבל היו במצב הכי גרוע, נפלתי לתוך מודעות של ספק ואי וודאות. אבל ברגע שחזרתי לוודאות שאדמו"ר מורי זצ"ל נמצא על ידי, ידעתי שהצרות והסבל היו רק קליפות של שטן ותיכף הם יעלמו.

מעט אחרי פטירת אדמו"ר מורי זצ"ל, היה לי מאוד קשה להתרגל לעבודת הקבלה ולהרגיש מה שהרגשתי בעת מציאותו הגשמית של אדמו"ר מורי זצ"ל בהיותו בחיים. לאט לאט, חזרה הוודאות שהרגשתי בעת שאדמו"ר מורי זצ"ל היה במציאות הגשמית, ואז גם הבנתי מדוע אדמו"ר מורי זצ"ל עזבני אחרי שבע שנים שהכרתי אותו. מורי זצ"ל כבר ידע את התפקיד והמטרה שלי.

תפקידו של מ"ע צי"ע מרן קוה"ק הרב יהודה הלוי אשלג בעל הסולם זיעוכי"א היה להביא את הקבלה והזהר להבנת פשוטי העם. אדמו"ר מורי זצ"ל היה צריך לגמור מה שמורו זצ"ל לא גמר בחייו. שניהם זיע"א ביחד הוציאו לאור במה עבור פשוטי העם כדי שכולם יוכלו להשתתף בהבאת משיח, בכדי להגיע ל"אשרי" של התנא האלקי ר' שמעון בר יוחאי זצ"ל ולהפסיק את התהליך של אלפיים שנים של "אוי" (ראה מאמר ביאת משיח, זהר, שמות).

זאת ידעתי, ששניהם זצ"ל זיע"א ידעו שרובו של עם ישראל לא ימשיך ביהדות כמו קודם. לצערינו, גם היום יש שעדיין מחכים לאיזה ישועה או שינוי שיחזיר את תשעים וחמישה האחוזים מן היהודים שעזבו הדת. לא מובן לי מדוע, במשך כל השנים האלו, לא היה אכפת להם מספיק העזיבה והיציאה הגדולה של היהודים לדתות אחרות. נוסף לזה, אם ר' שמעון, משה רבנו וכל המקובלים כבר כתבו שאך ורק הקבלה יכולה להציל את עם ישראל, מדוע הם לא מכניסים את תשעים וחמישה האחוזים, שארית הפליטה, בתוך קהילת ישראל. ולהיפך, יש כאלו שמוסיפים להפריע להפצת הקבלה וכותבים דברים שקריים בכדי למנוע את שארית הפליטה לחזור ליהדות.

אבל אדמו"ר מורי זצ"ל, ומוריו זצ"ל ידעו שכבר הגיעה התקופה בה כל היהודים יעזבו את היהדות, אלא אם יקרה איזה נס שיהפוך את תהליך הירידה. והנס והתרופה, היא הקבלה. מ"ע צי"ע מרן קוה"ק הרב יהודה הלוי אשלג בעל הסולם זיעוכי"א כתב שיגיע מישהו שיסביר את הספרים שלו בכדי למשוך את

היהודים בחזרה. אדמו"ר מורי זצ"ל סיפר לי שזה יהיה התפקיד שלי, קיבלתי את הזכות. וב"ה במשך שלשים השנים, יחד עם נות ביתי עקרת הבית ועזרתי בחיים מרת קרן תחי' מנשים באהל תבורך, אשר לרוב מסירותה והשגחתה הגעתי עד הלום, שיותר מ 300,000 יהודים חזרו באיזה צורה לשורש שלהם, אחרי שהם כבר עזבו את היהדות.

וזאת רק ההתחלה. יש לנו כבר את המודעות איך להחזיר את כל היהודים ליהדות. אדמו"ר מורי זצ"ל סיפר לי, שכל ההבדל בין תקופתינו ולדורות הקודמים, שבדור שלנו כל פשוטי העם ישתתפו בהבאת המשיח. זה שונה מהדורות הקודמים, שהיה חסר להם מה שהזהר כתב: "עתידים דורות האחרונים שיבואו, שהתורה תשתכח מביניהם, וחכמי לב יתאספו למקומם, ולא ימצא מי שיסגור ויפתח בתורה, אוי לאותו הדור, ומכאן ולהלאה, לא יהיה כדור הזה עד הדור שיבא המשיח. והדעת תתעורר בעולם, שכתוב כי כולם ידעו אותי למקטנם ועד גדולם".

"טבילה במקום קדוש כמו המעיין של האר"י..."

עוד לימוד גדול למדתי מאדמו"ר מורי זצ"ל, מה ששייך לכסף הקדש. ראש העיר תל אביב ביקש פעם מאדמו"ר מורי זצ"ל שהוא ישתתף במועצה הדתית של תל אביב. יום אחד קם הרב איסר אונטרמן, אז הרב הראשי של תל אביב, ושאל שאלה את כל חברי הועדה. הרב אונטרמן רצה לדעת מדוע התקציב של המועצה נחלק ל-90% הוצאות אדמיניסטרציה, ועשרה אחוז לסיפוק צורכי הדת. לעומת זאת בקופה של אדמו"ר מורי זצ"ל, שמקבל את תקציבו מההסתדרות, 90 אחוז נחלק לסיפוק צורכי הדת ועשרה אחוז לאדמיניסטרציה?

אדמו"ר מורי זצ"ל ענה על השאלה, בסיפור מהתורה, על הפך הקטן שיעקב השאיר מצידו השני של הנהר, וחזר ועבר את הנהר בכדי לקחת את הפך. למדנו מיעקב, סיפר אדמו"ר מורי זצ"ל, שאפילו בפך קטן יש ניצוצות של אור, ויעקב החשיב את הפך אפילו בשביל מעט ניצוצות הקדושה שהיו בתוכו. הוא לא רצה לזלזל באור של הבורא יתברך. ולכן, המשיך אדמו"ר מורי זצ"ל, בתוך הכסף של התקציב כלולים ניצוצות דקדושה, ואיך מותר לזלזל באור של הבורא?

תיכף אחרי מלחמת ששת הימים, רצה אדמו"ר מורי זצ"ל ללכת לטבול במעין של דוד המלך בעין גדי. דוד המלך התחבא שם בעת שהוא ברח משאול המלך. היום כבר לא קיים המקוה בגלל שהעבירו את המים לקיבוצים לצורך השקיית השדות.

כשהגענו למעין של דוד המלך היו שם המון אנשים. שאלתי את אדמו"ר מורי זצ"ל מה נעשה עכשיו? בלי לחשוב הרבה, הוריד אדמו"ר מורי זצ"ל את המעיל והכובע ואמר לי להוריד את כל הבגדים חוץ מהתחתונים וטבלנו ביחד במקוה. יצאנו מהמקוה, וכל הגברים התחילו להוריד את בגדיהם ונכנסו לתוך המים. איזה לימוד. ראשית, בעת שמחליטים איזה דבר טוב, לא צריך בכלל להתיחס לשום דבר אחר שיכול לגרום הפיעה במחשבה. שנית, בשנת תשל"א (1971) כשפתחנו את דלת הקבלה לכל מי שרצה לטעום מהמעין של עץ החיים, עשינו טיולים רוחניים בשביל כל קהל התלמידים. הוספנו לתוכנית טבילה במקום קדוש כמו המקוה של האר"י הקדוש או המעין של ר' ישמעאל כהן גדול בכפר השילוח בירושלים.

ועד היום אלפי רבבות נשים הולכות היום למקוה, בזכות שהן קבלו מאתנו את ההסבר הרוחני מדוע חשוב ללכת למקוה, ומה המטרה של הטבילה במקוה.

אדמו"ר מורי זצ"ל סיפר לי על ה"מלחמה" שפרצה בירושלים בעת שבנו את מלון "הנשיא", ורצו לבנות בריכת שחיה במלון. באותה תקופה לא היתה שום בריכה בכל העיר ירושלים. הרבנים עשו חרם על בעלי המלון ויצאו להפגנות בסביבת האתר שבו מוקם המלון. בזכות הראיה והחזון שבאו מצד הקבלה, הרגיש אדמו"ר מורי זצ"ל שהרבנים עוד לא רוצים להכיר שפשוטי העם כבר עזבו את הדת. פעולות של חרם והפגנות לא ישנו שום דבר, להיפך, דברים כאלו יכולים רק להרחיק מהתורה את פשוטי העם יותר ויותר.

אדמו"ר מורי זצ"ל רצה לתת דוגמא אישית. הדרך לקרב את היהודים פשוטי העם, העושים דברים נגד הדעות של רבנים, בחזרה ליהדות, היא דרך של אהבה ולא של כעס. אבל אנחנו רואים היום את התוצאות של התהליך שיש רבנים, המנסים להחזיר את היהודים לשורשיהם בלי אהבה ודאגה, אלא בדרך של כפיה.

ולכן שנאו את אדמו"ר מורי זצ"ל, ודברו עליו כל מיני שקרים, אך ורק בגלל שהם קנאו באדמו"ר מורי זצ"ל. ובאמת זה בדיוק מה שהמכון שלנו עובר בזמן הזה. לא רוצים לדעת על ההצלחה שלנו לקרב אנשים לבורא, אלא רוצים שכולם ימשיכו בדרך שלהם, של אלפיים שנים, למרות שכל שנה ושנה רואים נפילות על גבי נפילות.

אדמו"ר מורי זצ"ל שמח מאוד על בניית הבריכה במלון "הנשיא", בגלל שבירושלים לא היה שום מקוה טבעי של מים, כמו הים בתל אביב ולחילונים אין

שום אפשרות לטבול, אפילו אם אין בכוונתם לטבול. אדמו"ר מורי זצ"ל ידע שהטבילה בבריכה נחשבת כטבילה. זו דרכו של מקובל, לדאוג קודם לטובת השני ולא רק "אבל אני רוצה שהם (החילוניים) יעשו הטבילה איך שאני רוצה".

"מצאתי את המורה שלי לחיים..."

במשך שבע השנים שהייתי עם אדמו"ר מורי זצ"ל הבנתי בדיוק מה היתה הכוונה של הגמרא שכתבה במס' ברכות דף ז, ע"ב "גדולה שמושה של תורה יותר מלמודה". לשמש את אדמו"ר מורי זצ"ל עם כל המחשבה, הזמן, הגוף והנשמה היתה זכות גדולה שפשוט אני לא מבין איך ומדוע הגיעה דווקא אלי. אבל לקחתי את ההזדמנות ולא זלזלתי בזכות. ובגלל שלא נתתי לשכל שלי אף פעם להשפיע על הנשמה שלי, וידעתי מי הוא אדמו"ר מורי זצ"ל, הצלחתי להגיע להבין את החשיבות העליונה שבן אדם צריך לכבד את השני. למדתי הרבה שנים בישיבות, מגיל שלש, אבל אני חייב להודות שלא הגעתי לאותה המודעות של ענין "אהבת הזולת ולדאוג לשני" עד שפגשתי את אדמו"ר מורי זצ"ל.

תמיד הבנתי שצריך לדאוג ולהתייחס לשני, בפרט להורים, למשפחה, לחברים ולעוד אנשים קרובים. אבל לחשוב על אנשים רחוקים, זרים או על אנשים שאף פעם לא פגשתי, מושג זה לא עלה בדעתי. מודעות כזאת קבלתי מאדמו"ר מורי זצ"ל. אך ורק בשימוש של אדמו"ר מורי זצ"ל זכיתי להגיע למודעות שבדרך כלל אנשים לא יכולים להשיג, וזה לא בגלל שהמושג הוא כל כך עמוק או קשה להבנה. זה נכנס בנשמתי על ידי ששימשתי את אדמו"ר מורי זצ"ל.

כל החיים חפשתי מורה שיכול להדריך אותי בדרגה יותר רוחנית, ועד שפגשתי את אדמו"ר מורי זצ"ל, היו הרבה רבנים ואדמו"רים שחשבתי שמצאתי בהם מה שאני מחפש. ברגע הראשון, בפגישה עם אדמו"ר מורי זצ"ל כבר ידעתי בוודאות שמצאתי את המורה שלי לחיים. מאז לא עזבתי אפילו לרגע את אדמו"ר מורי זצ"ל.

עוד לימוד גדול שקבלתי מאדמו"ר מורי זצ"ל היה בנוגע ליחסים בין אדם לחברו. בעת שאדמו"ר מורי זצ"ל קיבל את כתר הרבנות בהסתדרות, זה גרם מהפיכה בין הרבנים בארץ. כולם היו בדעה אחת: איך ומדוע קיבל אדמו"ר מורי זצ"ל את כתר הרבנות, הרי זה יגרום מכשול גדול ליהודים הדתיים החברים בהסתדרות. עד היום, רבנים זקנים שזוכרים את הענין של קבלת הרבנות בהסתדרות, למרות

שכבר עברו קרוב לארבעים שנים, מתרגזים על אדמו"ר מורי זצ"ל איך הוא קיבל את הרבנות ונכנס להסתדרות.

כעסם של אנשים מסויימים ואי הסכמתם היה כה גדול, עד שחלק קטן מהם סדרו שבכל שבת אחרי הצהרים יצלצל הטלפון בביתו של אדמו"ר מורי זצ"ל בכדי להפריע לו. הם חשבו והחליטו שזו עת רצון, ומוכרחים למנוע את העוולה הגדולה שאדמו"ר מורי זצ"ל גורם. אחרי שעברו כמה שבתות כשהיה ברור שמטלפנים דווקא בשבת בכדי להפריע לו, ניתק אדמו"ר מורי זצ"ל לפני השבת את חוט הטלפון. פעם הלך אדמו"ר מורי זצ"ל ברחוב, ובא נגדו בן אדם ושאל את אדמו"ר מורי זצ"ל מדוע הוא לא עונה לטלפון. "לא יכול להיות", אמר אותו אדם, "שכל שבת ושבת אדמו"ר מורי זצ"ל לא נמצא בבית ..."

פעם היתה ברית במשפחה של אדמו"ר מורי זצ"ל, ולא הזמינו את אדמו"ר מורי זצ"ל, למרות שאדמו"ר מורי זצ"ל היה ה... של הילד. עשרים דקות לפני הברית טלפנו לאדמו"ר מורי זצ"ל להזמין אותו לברית. אדמו"ר מורי זצ"ל לא עבר שום נסיון של כעס או רוגז אלא תיכף טלפן לנהג שלו והגיע בזמן. כמובן שכולם בברית היו בהלם, אבל אדמו"ר מורי זצ"ל לא היה מושפע מדברים כאלו. אדמו"ר מורי זצ"ל היה מעל כל השטויות האלו, למרות שכאב לאדמו"ר מורי זצ"ל על האנשים שמתנהגים ככה.

"נראה ששנאת חינם קיימת רק אצל יהודים..."

אדמו"ר מורי זצ"ל הזכיר הרבה פעמים את הסיפור על עשרים וארבעה אלף תלמידי ר' עקיבא שעברו מיתה משונה, והתלמוד מסביר את הסיבה למותם בסבל נורא רק בגלל "שלא נהגו בכבוד זה עם זה". אדמו"ר מורי זצ"ל שאל כל פעם איך יכול לצאת דבר כל כך נורא דווקא אצל תלמידי ר' עקיבא. אם תלמידי ר' עקיבא יכולים להתנהג ככה, מה רוצים מהרבנים שנוהגים באותה צורה. מה רוצים מפשוטי העם שנוהגים ביחסי אדם לאדם יותר גרוע מחיות בטבע. הן לפחות מתנהגות לפי חוקי הטבע, ולא הורגות או מזיקות זו לזו בלי סיבה. רק בן אדם יכול להזיק לזולתו בגלל שנאת חינם, בלי סיבה.

זאת, טען אדמו"ר מורי זצ"ל, היא הסיבה העיקרית לכל הצרות והבעיות שקיימות בעולם. עוד לא למדנו מה זה "כוח התנגדות", עוד לא למדנו לרסן את מערכת התגובה שלנו. בעת שמישהו פועל נגדנו, הטבע של האדם מפעיל אותנו להיות

בתגובה, להחזיר מכה חזרה. הרעיון לעצור רגע ולחשוב: 'מדוע זה קרה דווקא לי' בדרך כלל לא נכנס לתוך המודעות שלנו. תלמידי ר' עקיבא לא ריסנו את הטבע שלהם, ולכן קרה מה שקרה. היום, טען אדמו"ר מורי זצ"ל, מורה הדרך הרוחני צריך להראות את הדרך לפעול בצורת כח התנגדות, ואז העולם יכול להשתפר. הדרך היחידה שיכולה לעזור לנו הינה אך ורק בלימוד ספר הזהר, שיש בו את הכח להשפיע על בני האדם להשתנות ולהפוך את דרך הטבע שלנו, להתנהגות של 'להרגיש את השני'.

פעם הגיע בן אדם עיור וביקש מאדמו"ר מורי זצ"ל לרפא אותו, שיוכל שוב לראות. אדמו"ר מורי זצ"ל הסכים לנסות אבל בתנאי אחד, שהבן אדם יבטיח לאדמו"ר מורי זצ"ל שאם באמת אדמו"ר מורי זצ"ל ירפא אותו שהוא לא ישנא את אדמו"ר מורי זצ"ל. אותו אדם היה בהלם. איך יכול אדמו"ר מורי זצ"ל אפילו לחשוב שהוא יכול לשנוא אותו אחרי שאדמו"ר מורי זצ"ל עשה לו כל כך טוב. "טוב שאי אפשר לשלם בשביל זה, אין כסף בעולם שיכול לשלם בשביל נס גדול כזה", טען אותו אדם.

אבל אדמו"ר מורי זצ"ל כבר למד מחורבן בית המקדש, שיהודים בדרך כלל לא מתיחסים לחוק הבריאה המכונה "לחם בזיון". בית המקדש חרב רק בגלל שנאת חינם, המשיך אדמו"ר מורי זצ"ל. מה ההסבר של שנאת חינם? מדוע לשנוא את השני ללא שום סיבה? ברור שאם אחד גורם הפסד או עגמת נפש לזולתו אפשר להבין את התגובה של הנפגע. אבל שנאת חינם, מה זה?

דבר נוסף, נראה ששנאת חינם קיימת רק אצל יהודים, או אפשר להגיד שהמחלה של שנאת חנם היא הכי חזקה אצל היהודים, יותר משאר אומות העולם.

אדמו"ר מורי זצ"ל הסביר שה"רצון לקבל" אצל יהודים הוא הכי חזק מכל אומות העולם, ולכן הרצון לקבל הזה הוא חרב פפיות. מצד אחד אם היהודי מצליח להפוך את הרצון לקבל לרצון גם להשפיע, אז האור שיכנס אצל היהודי יותר חזק מכולם, בגלל הכלי הרוחני שלו. אבל אם ח"ו היהודי נשאר רק עם הרצון לקבל כמו שעם ישראל מתנהג במשך אלפי שנים, אז השנאה לשני מתגברת, מפני שהרצון לקבל שלו רוצה לבלוע את הכל. מפריע ליהודי מדוע יש גם לשני, למרות שלא חסר אצלו מה שהוא רואה בשני. אין גבולות לרצון לקבל את מה שהיהודי רואה אצל השני.

וזאת הסיבה לכל הצרות שקרו ליהודים במשך אלפי שנים. שנאת חינם, היא הסיבה לחורבן בית המקדש, כפי שכתוב בתלמוד. דבר זה בא ללמד אותנו שבעת החורבן, שנאת חינם גרמה להסתלקות האור, מפני שהאור הינו רצון לתת ונמצא במצב הפוך לכלי של רצון לקבל לעצמו. ככה בכל דור ודור, אם היהודי חי רק עם הרצון לקבל לעצמו בלבד, אז היהודי גורם בכך שהאור יסתלק ואז הרג וחורבן קיימים בעולם.

ומדוע דווקא אנחנו היהודים מקבלים את כל החורבן יותר מכל האומות שבעולם? בגלל שהכלי הרוחני של היהודי הוא הגדול ביותר ויכול להכיל את המדה הכי גדולה של האור. ואם אנחנו משתמשים רק עם הרצון לקבל שלנו, אז אנחנו גורמים שהאור לא יכול להתפשט בעולם, וזה גורם חשך, צרות ובעיות לכל אומה בעולם. ולכן כל אומות העולם שונאים אותנו.

המודעות הפנימית של ה'לא יהודי' יודעת את כל זה, ולכן שונאי יהודים מספרים ומדברים דברים נוראים על יהודים, ואנחנו היהודים לא מבינים את המניע שלהם. אין הגיון בדבריהם שיהודים אינם בני אדם, שיהודים חושבים לשלוט על כל העולם (למרות שלפי מספר היהודים בעולם דבר כזה אינו אפשרי), ושאנחנו רוצים את הדם של לא יהודים בשביל המצות של פסח ועוד ועוד.

אדמו"ר מורי זצ"ל שאל מאיפה באו הסיפורים האלו? והתשובה של אדמו"ר מורי זצ"ל היתה שיש משמעות בכל סיפור ודיבור של לא יהודים. בגלל הרצון לקבל הבלתי מרוסן, מושכים היהודים את הדם של היהודי השני. האמת אם היה אפשר, היהודי היה מוכן לשלוט על כל העולם. עם הרצון לקבל שלנו אנו מוכנים לבלוע את השני, לא כמו חיות השדה שרוצים לבלוע אך ורק כשהם צריכים אוכל. שנאת חינם אצל היהודי זה לבלוע את השני אפילו אם לא חסר דבר.

"יהודי אף פעם לא מחפש פנימה, מה לא בסדר אצלו..."

אדמו"ר מורי זצ"ל המשיך להסביר שטענת שונאי היהודים שהם רוצים לשלוט על כל העולם, באמת נכונה, בגלל שהכלי הרוחני של היהודים והאור שלהם יכול להשפיע ולתת שפע, ברכות, סדר, וודאות לכל הלא יהודים. וגם להיפך, בעת שאנו היהודים גורמים שיסתלק האור בעולם, זה גורם אי סדר, ספק, מחלות, הרג וחרב בכל העולם וכל בני האדם בעולם סובלים מכך. סך הכל, שנאת חינם של יהודי אחד לשני נמשכת מאז החורבן ושולטת עד היום, ולכן הכח שיכול לגרום

הקדמת אדמו"ר הרב שרגא פיביל ברג שליט"א

לעולם להיות חפשי מכל הבעיות תלוי בהתנהגות של היהודים. כל הבעיה של היהודי היא, שכל פעם הוא מחפש את התשובה לצרות שלו מבחוץ. היהודי לא היה מוכן אף פעם לחפש אצלו פנימה. הוא מחפש מה לא בסדר אצל השני. יותר קל לאמר שהנאצים גרמו את כל הצרות שהגיעו ליהודים באירופה. בכל תקופה במשך ההיסטוריה של העם היהודי, תמיד מצאנו מישהו אחר שנוכל להגיד עליו שהוא אשם. אבל למרות שהיהודי מצא מישהו להאשים, לא חל שום שנוי ביחסים בין יהודים ללא יהודים. היהודי נשאר הקרבן, הנרצח או הנפגע.

אדמו"ר מורי זצ"ל אמר, שכל זה בגלל שהיהודי לא חפש ולא מצא את הדרך להתחיל לזכך את עצמו. זה הסיכוי היחיד, שהיהודי יתחיל לחפש קודם מה לא בסדר **אצלו** ולנקות את עצמו, לפני שהוא יחפש מה לא בסדר אצל השני. הדרך היחידה שיכולה לעזור ליהודי, הינה דרך לימוד הקבלה, בגלל ש"האור שבה מחזיר למוטב". אין דרך אחרת להסיר את "המחלה היהודית" הקרויה שנאת חינם. ברגע שהיהודי יגיע להיות בשלמות עם עצמו, אז הוא ישפיע בצורה חיובית על כל העולם ועל כל בני אומות העולם. ואין שאלה, שאז יתחילו שונאי ישראל מבני אומות העולם, לאהוב את היהודי.

כמובן, בעת ששמעתי את ההסבר הנ"ל מאדמו"ר מורי זצ"ל, נכנסתי להלם. פעם ראשונה שקבלתי תשובה מדוע הלא יהודים שונאים את היהודים. ואם זה לא היה מספיק, אדמו"ר מורי זצ"ל נתן את הפתרון הראשון ששמעתי איך להפוך את שנאת אומות העולם כלפי היהודים לאהבה. השנאה שהתחילה עם שנאת קין להבל נמשכת יותר מחמשת אלפים שנים. היו הרבה הצעות איך לסלק מודעות של שנאה מהאדם. ניסו פתרונות לרוב, אבל אנחנו רואים שעד היום, לא היה פתרון שהחזיק מעמד.

אדמו"ר מורי זצ"ל הציע פעולה פשוטה: רק להדליק את האור והשנאה תעלם, כמו כל סוגי החושך של השטן. רעיון זה היה הבסיס לפירוש של אדמו"ר מורי זצ"ל לגבי פירוש רש"י, הקשה מאד להבנה, בפרשת וישלח.

בספר בראשית פרק לג, פסוק ד, כתב רש"י: "אמר ר' שמעון בן יוחאי, הלכה היא בידוע שעשו שונא ליעקב אלא שנכמרו רחמיו באותה שעה ונשקו בכל לבו (ב"ר)". יש כמה דברים שנראים קשים להבנה. ראשית, מה המשמעות של המלה

49

"הלכה". נראה לכאורה שעשו מקיים איזה מצוה בעת שהוא שונא את יעקב? שנית איך יצא בסוף "שנכמרו רחמיו (של עשו) באותה שעה ונשקו בכל לבו". מה קרה עם "ההלכה" של שנאת עשו? ושלישית, מה גרם שעשו חזר לאהוב את יעקב?

אדמו"ר מורי זצ"ל הסביר שלפי הפירוש הנ"ל המלה "הלכה" מציינת "תהליך". רבי שמעון רצה להראות לנו שלפי התהליך (הלכה) העולם, כל אומות העולם מחכים ומצפים לשפע רוחני שיבוא מהיהודים. אם השפע לא מגיע אליהם, אין שאלה שהתגובה של אומות העולם מוכרחה להיות, ולצאת לפועל בצורה של שנאה ליהודים. הבנה זו גם מתאימה למה שהזהר כותב על הקרבנות שהיהודים מביאים בחג הסוכות. בכל יום משבעת ימי הסוכות הביאו היהודים קרבנות לע' (70) אומות העולם. ביום הראשון מקריבים קרבנות עבור שלוש עשרה אומות העולם, ביום השני שתים עשרה וכו' עד היום השביעי לשבע אומות העולם. ברור שר' שמעון הולך לפי שיטתו שהיהודי הינו הסיבה למה שקורה אצל אומות העולם, והם תלויים בשפע שהיהודים צריכים להעביר להם.

ולכן בעת שעשו פגש את יעקב, עשו הרגיש את השפע והאור שעצמותו של יעקב השפיעה, ולכן ר' שמעון סבר שאפילו יש הלכה (תהליך טבעי) שעשו שונא ליעקב, מכל מקום היהודי יכול לשנות את הלב של הלא יהודים עד כדי להפוך אותו שהלא יהודי יאהב אותנו.

ולכן, אמר אדמו"ר מורי זצ"ל לאותו עיוור, ששנאת חינם היא מחלה יהודית, ואפילו אם אדמו"ר מורי זצ"ל יעזור לרפא אותו, מכל מקום זה יגמר בכך שהוא ישנא את אדמו"ר מורי זצ"ל. בסופו של דבר אדמו"ר מורי זצ"ל עזר לעיור וראית עיניו חזרה אליו.

אני הבנתי מאדמו"ר מורי זצ"ל שרצה לתת התראה מראש בכדי לעורר ולשנות את המודעות אצל העיור לגבי מה שיכול לקרות לו אחרי שיחזור לו מאור עיניו. אדמו"ר מורי זצ"ל פחד, שאם אדמו"ר מורי זצ"ל לא היה מעורר אצל העיור את המודעות לגבי מה שיכול לקרות, זה יכול לעכב את הרפואה.

"איך נדע מי באמת יהודי ומי לא יהודי..."

אדמו"ר מורי זצ"ל סיפר לי שבאה אליו קבוצה של גרים יפנים, הם בקשו שאדמו"ר מורי זצ"ל יגיע ליפן להיות המורה שלהם. אדמו"ר מורי זצ"ל ענה שהוא לא יכול

הקדמת אדמו"ר הרב שרגא פיביל ברג שליט"א

לעזוב את עבודתו בארץ. הגרים היפנים טענו שבלי קבלה הם לא מרגישים את היהדות, ושאלו אם יש לאדמו"ר מורי זצ"ל מישהו לשלוח להיות המורה שלהם. לצערנו באותו תקופה אדמו"ר מורי זצ"ל היה לבד, למרות שהיתה ישיבתו ללימוד קבלה, אבל ביניהם לא היה אף אחד שרצה לעזוב את הארץ.

נזכרתי היום בסיפור הזה, עם היפנים, ואנחנו עובדים על זה, ליצור קשרים. פעם שאלתי את אדמו"ר מורי זצ"ל, בעת שאנו מדפיסים ספרים ומוכרים אותם בשוק, איך נדע שמא מישהו לא יהודי יקנה את הספרים. הרי בכדי להפיץ את הספרים של הקבלה בקנה מדה גדול, אנחנו מוכרחים להודיע לעולם שיש ספרים על קבלה כדי שהקהל היהודי יכול לקנות. אבל עם אותם פירסומים גם הלא יהודי ידע על זה, ואפשר שגם הוא ירצה לקנות.

תשובתו של אדמו"ר מורי זצ"ל היתה, שראשית, אחרי חורבן בית המקדש עשרת השבטים נתפזרו ולא יודעים איפה הם. איך אפשר לדעת מי באמת יהודי ומי לא יהודי. גם בתלמוד כתוב שרק אליהו הנביא, בזמן ימות המשיח, יוכל להבחין מי יהודי. למרות שאנו מכירים לפי ההלכה, רק באלו הידועים בחזקת יהודי, מכל מקום זה ברור שיש יותר יהודים לא מוכרים מיהודים מוכרים. ושנית, אף על פי שאנחנו לא רוצים ולא מחפשים את הלא יהודים ללימוד הקבלה, אבל למנוע מיהודים את האפשרות לשמוע ולהכיר את הקבלה, בגלל החשש שהלא יהודים גם כן יקנו ספרים, זה, אמר אדמו"ר מורי זצ"ל, כבר לא עסק שלנו.

אדמו"ר מורי זצ"ל הזכיר את מה שנכתב בהקדמה שלו (של אדמו"ר מורי זצ"ל) בכתבי האר"י: "עלינו לגלות את החכמה הקדושה הלזו, וכמו"ש הגאון הק' הר' אברהם אזולאי ז"ל בהקדמת ספרו 'אור החמה': "כת הג' מאמינים בחכמת הקבלה ויודעים שיש להם חסרון בהעדרה של חכמת הקבלה, אלא שחושבים שאין בזמן הזה מי שיבין בה, מחמת עומק המושג, וכנגד הכת הזאת כתב הרשב"י (פרשת קדושים): ועכ"ד מיבעי לי לבר נש למילף מילי דאורייתא מכל בר נש אפילו ממאן דלא ידע, בגין דעל דא יתער באורייתא באורח קשוט וכו'. (תרגום): שלמדנו שחייב אדם ללמוד מכל אדם, אפילו ממי שאינו יודע. (וממשיך רבי אברהם אזולאי): 'ומצאתי כתוב מה שנגזר למעלה שלא יתעסקו בחכמת האמת בגלוי הי' לזמן קצוב עד תשלום שנת ה' אלפים ר"נ (1490) ומשם ואילך יקרא דרא בתראה והותרה הגזירה והרשות נתונה להתעסק בספר הזהר. ומשנת ה' אלפים ג' מאות

51

ליצירה (1540) מן המובחר שיתעסקו ברבים גדולים וקטנים כדאיתא ברע"מ. ואחר שבזכות זה עתיד לבא מלך משיח, ולא בזכות אחר. אין ראוי להתרשל", עכ"ל.

שאלתי את אדמו"ר מורי זצ"ל, איך יכול להיות שעברו ארבע מאות שנים ולא רק שהמוני העם לא למדו את הקבלה, אלא להיפך, הרבנים היו נגד הלימוד, חוץ מתקופה מסוימת שספרדים בצפון אפריקה כן למדו קבלה? אדמו"ר מורי זצ"ל ענה שהוא כתב ב"קריאה מהנהלת ישיבת קול יהודה" את מה שמובא בתיקוני זהר, תקון ל': "היא (השכינה) אומרת מה אקרא 'כל הבשר חציר (ישעיה מ, ו) כלא אינון כבהמות נדמו האוכלים חציר וכל חסדו כציץ השדה' כל חסד שעושים, לעצמם הם עושים, ואפילו כל אינון דמשתדלין באורייתא כל חסד דעבדין לגרמייהו עבדין, דאלין אנון דעבדין לאורייתא יבשה ולא בעאן לאשתדלא בחכמה דקבלה, אוי להם שגורמים בזה עניות וחרב וביזה והרג ואבדן לעולם. ע"כ. הרי שסיבת הגברת הרע בגשמיות היא בגלל אי העבודה ושקידה על הלימוד של חכמת הקבלה, כי בלימוד התורה הנגלית בנפרד לא יוצאים ידי חובה. וכמ"ש שם (תיקון מ"ט) אוי להם לבני אדם סתומי עין, עליהם נאמר עינים להם ולא יראו באור התורה, בהמות המה שאינם מסתכלים ואינם יודעים אלא בתבן של תורה שהיא כמו קליפה וחיצונית החכמה וכו', עכ"ל. ופי' הגר"א ז"ל: 'החכמה הפנימית (קבלה) נקרא קדש, ותבן הוא לימוד הפשוט הנקרא תבנא דאורייתא, ומוץ הוא דקדוק המלות שהוא קליפה אחרונה של התורה, לא להבין הענין רק שימושי תיבות ודקדוקן. אע"ג שהכל הוא קדושת התורה, מכל מקום נגד חכמת הקבלה המה קליפין". עכ"ל.

"צריך להביא את הקבלה להבנת פשוטי העם..."

שאלתי את אדמו"ר מורי זצ"ל שאלה יותר חמורה. מה שנכתב מקודם כל כך ברור עד שכמעט כולם מסכימים שהפתרון לכל הצרות והבעיות של היהודים בפרט, וכל העולם בכלל נמצא אך ורק בלימוד הקבלה. אם כן מדוע בקהילות אשכנז לא הציעו הרבנים ללמוד קבלה? עד כדי כך שמ"ע צי"ע מרן קוה"ק הרב יהודה הלוי אשלג בעל הסולם זיעוכי"א יצא בקול קורא שאם היהודים לא ילמדו קבלה, יגיע חורבן גדול ליהודים באירופה, ולא רצו לשמוע, וקרה מה שקרה.

לחצתי עוד על אדמו"ר מורי זצ"ל לענות לי, עם כל זה, מדוע הרבנים יחד עם בני

קהילותיהם מתנגדים, עד היום, ללימוד הקבלה. ואדמו"ר מורי זצ"ל הוסיף שהתשובות שרבנים נותנים לענין לימוד הקבלה כמו "אנחנו לא ראויים לזה, או מי יכול לדעת בעומק הדברים". כבר גדולים מאתנו כתבו שזו לא הסיבה. גם בעת שאדמו"ר מורי זצ"ל התחיל ללמוד קבלה היו הרבה מתנגדים שלא נתנו שום סיבה אלא אמרו "אסור" ואדמו"ר מורי זצ"ל הזכיר לי את תקוני הזהר "שכל מה שהם (לומדי חיצוניות התורה) עושים, זה רק לעצמם, ולא חושבים לטובת הכלל".

שאלתי את אדמו"ר מורי זצ"ל מה ניתן לעשות כדי לשנות את התהליך בכדי להסיר את החרב והביזה שקיימים בעולם? אדמו"ר מורי זצ"ל ענה שצריך להביא את הקבלה להבנת פשוטי העם, בגלל שצריך להכנים את כל עם ישראל לעולם הקבלה. הגיע הזמן שאלו הרחוקים יחזרו ליהדות, ואין דרך אחרת לעשות זאת חוץ מדרך הקבלה. ולכן עבדנו יחד (אדמו"ר מורי זצ"ל ואנכי) להוציא את חלק א' של תלמוד עשר הספירות באנגלית. (אני קורא את התרגום באנגלית, ותרגום לאידיש). ואדמו"ר מורי זצ"ל הדגיש שיש עלינו חוב לתרגם ולפרש בכל צורה אפשרית ולהפיץ את חכמת הקבלה. למרות שההתנגדות תתחזק במשך הזמן, המשיך אדמו"ר מורי זצ"ל, ויגיעו אליך כל מיני לשון הרע מהמימסד, תדע שרבי שמעון נמצא אתך. אל תפחד, אמר לי אדמו"ר מורי זצ"ל, ותדע גם שהכסף של כל העולם נמצא באוצרות של רבי שמעון בר יוחאי והוא ידאג לנו.

בשנת תשל"ד (1974) הוצאנו לאור את התרגום לאנגלית של הקדמה לספר הזהר והקדמה לעץ החיים מאת מ"ע צי"ע מרן קוה"ק הרב יהודה הלוי אשלג בעל הסולם זיעוכי"א. בעל בית הדפוס קיבל את ההזמנה, ובעת שיצאנו מהדפוס, הסתכלנו אני ואשתי הרבנית קרן תחי' זה אל זה ושאלנו, מאיפה יגיע הכסף לשלם? בעל הדפוס סמך עלינו שאנחנו נשלם בעד הספרים, אבל באותו רגע פשוט לא ידענו מאיפה יבוא הכסף. אבל ברגע שבעל בית הדפוס גמר את העבודה, הכסף היה מוכן. וכך המשכנו במשך השנים, חשבנו רק על ההתחייבות להפיץ את הקבלה ככל שאפשר, ולא דאגנו מאיפה יגיע הכסף. הכסף הגיע, כמובן, מתי שהדפוס גמר להדפיס את הספרים.

במה שנוגע לעיכובים שנמשכים כבר מזמנו של ר' אברהם אזולאי זצ"ל עד היום. כבר הגאון הקדוש החסיד המקובל האלוקי רבנו משה קורדוברו זיע"א הביא

בספרו "אור נערב" את הזהר שכתב: "וכך מי שגורם שתסתלק חכמת הקבלה וחכמה הפנימית מתורה שבעל פה ומתורה שבכתב, וגורם שלא יעסקו בהם ואומרים שאין בתורה ובתלמוד אלא פשט, הרי הוא כאלו מסלק הנביעה מאותו הנהר שהוא ז"א, ומאותו הגן שהוא מלכות, אוי לו, טוב לו שלא היה נברא בעולם, ולא היה לומד אותה התורה שבכתב ותורה שבע"פ. שחשב עליו כי החזיר העולם לתהו ובהו, וגרם עניות בעולם ואורך הגלות". (הגהות ומ"מ וביאורים מאדמו"ר מורי זצ"ל).

אדמו"ר מורי זצ"ל הראה לי את הזהר (בראשית כה, ע"ב) "הגבורים, הם מין הג' של הערב רב, שנתערב בישראל, עליהם נאמר המה גבורים אשר מעולם אנשי השם, והם נמשכים מצד אלו שנאמר עליהם, הבה נבנה לנו עיר ונעשה לנו שם, דהיינו מצד דור הפלגה . . . . . והם, דהיינו, מין הזה דערב רב, בונים בתי כנסת ומדרשות, ונותנים בהם ספר תורה ועטרה . . . . . ואינם מתכונים לשם ה', אלא לעשות לעצמם שם ונעשה לנו שם. ובני הסטרא אחרא מתגברים על ישראל שנתברכו להיות כעפר הארץ, וגוזלים אותם, והעבודה נשברת ונחרבת, דהיינו בהכ"נ ומדרשות שעשו. ועליהם נאמר והמים גברו מאד מאד על הארץ, דהיינו הקליפות והס"א הנקראות מים". עכ"ל.

זאת התשובה, אמר אדמו"ר מורי זצ"ל, לצערינו אלו הם הערב רב, והם מאוד רעים. הם יודעים שהם גורמים חורבן לכלל ישראל ולמרות זאת ממשיכים במודעות הרעה להזיק. אבל, הבטיח לי אדמו"ר מורי זצ"ל, הם חזקים אך ורק באותה המדה שאנחנו מתרשלים. אם אנחנו ממשיכים עם המטרה שלנו להפיץ את האור ואת הזהר, אז הבורא ידאג לנו, בגלל שאנחנו דואגים שהאור יצא ויתפשט לכלל ישראל.

אדמו"ר מורי זצ"ל הוסיף שהמטרה של הערב רב, כבר מזמנו של משה רבינו, זה לעכב את הפצת חכמת הקבלה, לכן ההתנהגות שלהם לא מובנת. אבל זאת המטרה שלהם: לעזור לשטן, להפריע לעולם. ורק לימוד חכמת הקבלה יכול להציל את עם ישראל ואת כל העולם, כמו שכתב הזהר על הענין של בתי כנסת ומדרשות. אני יודע מתוך נסיון, אמר אדמו"ר מורי זצ"ל, שלא לשים לב לשום מתנגדים ושונאי לימוד חכמת הקבלה, כי הם דור בא ודור הולך, כמו הקוצים, היום קיימים ומחר כבר אינם.

"גילה לי סוד גדול וכולל במקוה..."

כשהתחלתי ללמוד תלמוד עשר ספירות עם אדמו"ר מורי זצ"ל, הוא ביקש שאני אלך לרבי ...., אחד מתלמידי מ"ע צי"ע מרן קוה"ק הרב יהודה הלוי **אשלג** בעל הסולם זיעוכי"**א**. לא ידעתי וגם לא שאלתי לסיבה מדוע שלח אותי אדמו"ר מורי זצ"ל לרבי .... במשך השיחה בינינו, רבי ... שאל אם למדתי כבר את החלק החמישי של התע"ס. עניתי שעדיין אני לומד חלק ב' של התע"ס. רבי ... הציע שכדאי שאני אדלג על החלק החמישי של התע"ס בגלל שהוא מאוד קשה ורובם פשוט לא לומדים אותו.

כאשר חזרתי לאדמו"ר מורי זצ"ל וספרתי לו מה שרבי ... הציע לי על חלק ה' של התע"ס, הודיע לי אדמו"ר מורי זצ"ל שזה נכון, שחלק ה' מאוד קשה. אבל מי שידלג על חלק ה' לא יוכל להגיע להבנת הקבלה לפי השיטה של מ"ע צי"ע מרן קוה"ק הרב יהודה הלוי **אשלג** בעל הסולם זיעוכי"**א**. ולכן הזהיר אותי אדמו"ר מורי זצ"ל שאני מוכרח ללמוד חלק ה' של תע"ס "מטי ולא מטי", מפני ששמה יתגלו סודי סודות במשך הלימוד. ואדמו"ר מורי זצ"ל הוסיף שטוב שאני אלמד את חלק ה' של תע"ס ברבים, מכיון שלימוד ברבים יעזור לי בגלל שתי סיבות. א' שהלימוד עם הרבים נותן יותר הבנה למלמד מאשר אם לומדים ביחידות. וב' הלימוד ברבים משפיע על כל תפוצות הרבים ויעזור לגילוי אור וסודות הנסתר.

בשנת התשנ"ד (1994) התחלתי, בפעם הראשונה מאז שאדמו"ר מורי זצ"ל סידר והדפיס את התע"ס, ללמד את הרבים את חלק ה'. הלימוד נמשך עד היום ואני מקוה לסיים את חלק ה' בשנת התשנ"ו. למוד זה הביא להבנה רבה של הקבלה בכלל, ולהבנת המציאות בפרט. בכל פעם היו אנשי המדע מתחילים לדבר ולכתוב על אותם ענינים שהיינו מגלים בזמן הלימוד כמה שבועות קודם לכן. אני יכול להגיד שהלימוד של חלק ה' עזר לנו להחזיר בתשובה אלף אלפים רבבות יהודים ליהדות. ובפרט לפי מה שהבינו מתע"ס לגבי הענין של טבילה במקוה, היום אלף אלפים רבבות נשים מחפשות דרך ללכת למקוה. מדובר בנשים שבכלל לא הלכו או אפילו שנמאס להן ללכת למקוה.

אני זוכר שאדמו"ר מורי זצ"ל הראה לי מכתב סתום ששלח מ"ע צי"ע מרן קוה"ק הרב יהודה הלוי **אשלג** בעל הסולם זיעוכי"**א** לדודו והשאיר אצלו העתקה בכתי"ק, וזה לשונו: "מורי ז"ל גילה לי סוד גדול וכולל במקוה שנמדד ונמצא חסר

ושמחתי עלתה למעלה ראש כמובן". אז לא הבנתי את העמקות של המכתב אבל במשך הזמן הבנתי את הענין של המקוה בצורה אחרת, לא במובן של דת או מנהג אבותינו בידינו, להיפך. המקוה כולל סודות של כל הבנת החיים, כל הסודות של מחלת הסרטן, מדוע סרטן קיים ואיך המקוה עוזר לתהליך הרפוי.

אני זוכר שפעם גרנו בסביבה של שבע מאות משפחות דתיות ורק שלוש משפחות השתמשו במקוה. הבנתי יותר את הסיפור שאדמו"ר מורי זצ"ל סיפר על בריכת השחיה במלון הנשיא. אני מקוה שמלאתי את הכוונות של אדמו"ר מורי זצ"ל שאמר שמישהו יגיע, שמבין את התע"ס ויגלה סודי סודות בצורה כל כך פשוטה עד שהקהל יקבל מחדש את התורה ומצותיה. אני מקוה שעבודת הקודש שבה התחלנו עם אשתי הרבנית קרן תחי', תמשיך להחזיר את כל הרחוקים.

אדמו"ר מורי זצ"ל היה הראשון שהלך נגד המודעות של הזרם הדתי לפיה מי שלא מעונין בתהליך ילך למקום אחר, ואם אתה לא שבע רצון, זה מה שיש. דבר נוסף, אני חושב שאדמו"ר מורי זצ"ל סבר שהסיבה העיקרית לגישה שלהם היא שפשוט לא היה נוח להם להיות עם חילונים. אנשים בדרך כלל אוהבים להיות עם אנשים שדומים להם. אדמו"ר מורי זצ"ל, עם הזקן, הפיאות, הלבוש של אדמו"ר והתנהגות שונה מההתנהגות של חילונים, בוודאי הרגיש מאוד לא נוח לשבת עם אנשים שהיו לא רק רחוקים אלא גם שונאי דת.

אבל זה אף פעם לא הפריע לאדמו"ר מורי זצ"ל. אדמו"ר מורי זצ"ל בכלל לא חשב על הנוחיות שלו. המודעות של אדמו"ר מורי זצ"ל היתה איך לעזור לשני, ועוד יותר מזה, איך להפיץ את המושג של "ואהבת". בדרך כלל לא שומעים יהודים מדברים זה עם זה על הענין של "ואהבת". אדמו"ר מורי זצ"ל ידע את התיקון והמטרה שלו בחיים. הסיבה היחידה שהגלות נמשכת היא רק שנאת חינם, שהתחילה מקין והבל ונמשכת עד היום. ודווקא לזה לא נותנים היהודים שום תשומת לב. אדמו"ר מורי זצ"ל חזר ואמר כמה פעמים שבאמת קל להחזיר יהודים ליהדות - אם רק יהיו כמו אדמו"ר מורי זצ"ל, ללא עיסוק בשלושה "כפין" - כעסו, כיסו וכסאו, יוכלו לראות ולהבין סוף סוף את האמת.

כולם ראו את האמת של אדמו"ר מורי זצ"ל, אבל הרבה שנאו אותו שנאת חינם אך ורק מתוך קנאה בו. המתנגדים של אדמו"ר מורי זצ"ל לא יכלו לסבול שהרחוקים אוהבים אותו, למרות שאדמו"ר מורי זצ"ל אף פעם לא שינה את הדרך

שלו ולא הפך להיות כמו הרחוקים. בכל מקום כולם הרגישו את האהבה שאדמו"ר מורי זצ"ל חילק עם כל אדם, חילונים, רחוקים ודתיים.

עד כמה שאני ירשתי מאדמו"ר מורי זצ"ל, הן בנסתר והן בנגלה, ברור לי שירשתי את ההתנהגות של אדמו"ר מורי זצ"ל, ואיך אני יודע? מפני שקרבנו אלף אלפים רבבות יהודים. ואלו ששונאים אותי הם רק אלו שעוד דואגים על "כעסו, כיסו וכסאו". בהבדל אחד, שאדמו"ר מורי זצ"ל היה לבד עם העבודה שלו. בזכות אדמו"ר מורי זצ"ל יש לנו קהילה גדולה, בין לאומית, ואלו ששונאים אותנו כבר נחלש כוחם. אני מוכרח להודות לאדמו"ר מורי זצ"ל שכל ההצלחה שיש לנו ובע"ה יהיה עמנו, הכל הגיע מאדמו"ר מורי זצ"ל. ללא עזרת אדמו"ר מורי זצ"ל, ובוודאי יחד עם עזרת מ"ע צי"ע מרן קוה"ק הרב יהודה הלוי אשלג בעל הסולם זיעוכי"א, לא היה לנו דבר.

"לשלם מראש כלפי איזה חוב עתידי..."

פעם, כשהלכנו לקברי צדיקים בצפת ומרון, סיפר לי מורי זצ"ל שלאביו היה בית בצפת ולא היה לו כסף, אביו לוה כסף במשכנתא על הבית ולא שילם את החוב לפני פטירתו. ואביו בא לאדמו"ר מורי זצ"ל [בחלום] להגיד שיש לו חוב ובקש מאדמו"ר מורי זצ"ל לפדות את החוב. הלכנו לבן של בעל המשכנתא וביררנו מה הסכום של החוב. אדמו"ר מורי זצ"ל ביקש ממני לפדות את החוב, והנכס יעבור אלי. כמובן ששלמתי את החוב וקבלתי את הנכס.

מה שלא הבנתי, מדוע החוב נשאר, אם אביו של אדמו"ר מורי זצ"ל שיעבד את הנכס? שאלתי את אדמו"ר מורי זצ"ל אם היה איזה קשר ביני והחוב של אביו של אדמו"ר מורי זצ"ל, שההזדמנות הגיעה דווקא אלי לשלם את החוב? אדמו"ר מורי זצ"ל ענה שיגיע הזמן שאני אבין מדוע נפלה עלי האחריות לשלם את החוב ולא מישהו אחר.

אני כבר הבנתי, שבאיזו צורה, למרות שלא הכרתי את אביו של אדמו"ר מורי זצ"ל, אני משלם את החוב שלי ולא רק החוב של אביו של אדמו"ר מורי זצ"ל. זאת כבר למדתי מאדמו"ר מורי זצ"ל, שכל מקרה שקורה לאדם קשור לאיזה דבר. לפעמים, סיפר לי אדמו"ר מורי זצ"ל, ניתנת לאדם הזדמנות מהשמים לעשות משהו טוב ובכך לשלם מראש כלפי איזה חוב. בעת שמגיע הזמן שהבן אדם צריך לשלם חוב מהגלגול הקודם, אז כבר החוב משולם.

הבנתי מהמלים הללו, שהסיבה בגללה נבחרתי אני לשלם את החוב, היא בעתיד. יגיע הזמן שאני אהיה מחוייב לשלם איזה חוב. ומפני שכבר שלמתי את החוב מראש, אהיה פטור מלשלם את החוב שידרש אז. בעת ששלמתי את החוב לא הבנתי ולא ידעתי מדוע קרה כל הענין, מה עוד שהנכס עצמו הוא שטח אדמה קטן והבית שפעם היה במקום מוזנח והרוס.

אבל כמו כל סיפור ומקרה שקרה ביני ובין אדמו"ר מורי זצ"ל, מה שלא הבנתי בעת המעשה, התברר בסופו של דבר, ואחרי שנים רבות הבנתי מדוע אדמו"ר מורי זצ"ל הציע מה שהציע. אדמו"ר מורי זצ"ל הסביר שמי שלוה כסף ושיעבד הנכס שלו למלוה כבטחון להחזר ההלואה, צריך לדעת שהמלוה מחכה שהכסף יחזור ולא הנכס המשועבד. ולכן אם הלוה קיבל כסף, יש חוב לשלם בחזרה את הכסף. בעת שאני שלמתי את החוב, המצוה שקיימתי היתה חסד של אמת בגלל שהנפטר כבר לא יכול להגיד "תודה רבה". אדמו"ר מורי זצ"ל ראה לעתיד את מה שקרה בחיים שלי עם בני משפחתי, ודאג שכבר שלמתי מראש את החוב.

"ביקש ממנו לא לשכוח שהוא נבחר לשרת את הציבור..."

אדמו"ר מורי זצ"ל סיפר לי שפעם היה בצפת רק רב ראשי אשכנזי בשביל כל הקהילה בצפת. הרב האשכנזי שרת את האשכנזים ואת התושבים הספרדים כאחד. פעם הגיעה קבוצת ספרדים מהעיר צפת לאדמו"ר מורי זצ"ל בבקשה שיעזור להם ליסד את הרבנות הספרדית לקהילת הספרדים בעיר. הם טענו שהרב האשכנזי, למרות שהוא היה בן אדם טוב, מכל מקום הוא לא מרגיש את הלב והצרכים של הספרדים בעיר. לפני שהחסידים האשכנזים נכנסו לגור בעיר צפת תובב"א, היו רוב התושבים בעיר ספרדים. מאז שהערבים עזבו את צפת בזמן מלחמת השחרור.

התושבים הספרדים ידעו שהסיבה שקשה להם להשיג רב ספרדי, היא בגלל פוליטיקה. האשכנזים, כמו בכל המדינה, משלו על הכל. מפעם לפעם נתנו עצם לספרדים לאכול כדי להשתיק אותם. בדרך כלל המועצה הדתית של כל עיר בארץ נוסדה על ידי המפלגה הדתית באותה עיר, מאנשים נבחרים בעיריה וגם קבוצה של המפלגה שבחר ראש הממשלה. ובגלל שהנציגים של קהילת הספרדים בצפת הכירו את אדמו"ר מורי זצ"ל, כבן אדם שאוהב לעשות טוב, לכן הם פנו אליו. לאדמו"ר מורי זצ"ל היתה השיטה שונה ומיוחדת. אדמו"ר מורי זצ"ל התייחס לכל

בקשה שהגיעה אליו, בצורה של מדוע **לא**, במקום מדוע כן לעשות את הטובה. הספרדים המליצו על רב בשם הרב דיין, ובקשו שאדמו"ר מורי זצ"ל יעזור לסדר את כסא הרבנות הספרדי בצפת. אדמו"ר מורי זצ"ל הבטיח להם שהוא יתערב בכל כוחו וגם ישתמש בכל החברים והמכירים שלו בהסתדרות כדי לראות מה הוא יכול לעשות. כמובן ששני שליש של חברי המועצות הדתיות כמעט בכל הארץ היו מקושרים למפא"י, המפלגה בשלטון. כולם, מההסתדרות והממשלה ידעו שאם אדמו"ר מורי זצ"ל מציע משהו, כדאי לשמוע לו באוזן קשבת, מכיון שאדמו"ר מורי זצ"ל חושב כל פעם רק על טובת הציבור, ואין שום פניה אישית או חשבון של אדמו"ר מורי זצ"ל.

אדמו"ר מורי זצ"ל ידע שבמאמץ גדול יצליח לשבור את חומת הברזל ולהכנים את כסא הרבנות הספרדי, דבר ששנים רבות היה בלתי אפשרי בצפת. אדמו"ר מורי זצ"ל בקש מהקבוצה מצפת ומהרב דיין, שהיה אז צעיר מאוד לא לשכוח אף פעם שהוא נבחר לכסא הרבנות אך ורק לשרת את הציבור הספרדי ולעזוב את עניני הפוליטיקה. על הרב דיין להקדיש את זמנו וכוחו רק לשירות הציבור.

אדמו"ר מורי זצ"ל הזכיר להם את השיחה שהיתה לו עם השר ישראל ישעיהו בעת שהוא נבחר להיות שר התקשורת, אדמו"ר מורי זצ"ל ביקש שהוא לא יקבל את התפקיד בצורת "בקשיש", ושלא ירגיש מחויב ללכת רק בקו של המפלגה. וכמובן, שרוב הפקידים בממשלה בחלונות הגבוהים הם אשכנזים, שלא רוצים לשנות. וזה היה המסר שאדמו"ר מורי זצ"ל מסר לרב הצעיר.

אחרי זמן קצר, אדמו"ר מורי זצ"ל הצליח לכונן את כסא הרבנות הספרדי בצפת למרות שהפעולה היתה קשה כקריעת ים סוף. הרבה לחץ טלפוני היה על אדמו"ר מורי זצ"ל שלא להתערב ומדוע הוא בכלל טורח בשביל הקהילה הספרדית בצפת. הם שאלו את אדמו"ר מורי זצ"ל אם באמת הוא רב אשכנזי?

"כסף נחשב רק אם הוא משרת את הציבור..."

אחד מן הדברים שאדמו"ר מורי זצ"ל חידש ברבנות של ההסתדרות היה להכשיר, איפה שאפשר, את כל המטבחים של מפעלי ההסתדרות. אחרי שאדמו"ר מורי זצ"ל הצליח להכשיר מפעל גדול של ההסתדרות בחולון, טלפן האדמו"ר מ. . . לאדמו"ר מורי זצ"ל שהוא יתערב לעשות מאמץ שהמפעל יקבל אותו, האדמו"ר, כרב המכשיר. אדמו"ר מורי זצ"ל כתב תשובתו להאדמו"ר שהמטרה והעבודה של

אדמו"ר מורי זצ"ל בתוך ההסתדרות היא להחזיר יהודים לאכול כשר. אדמו"ר מורי זצ"ל הבטיח לאדמו"ר מ... שאין לו (לאדמו"ר מורי זצ"ל) שום חשבון להרוויח מהענין של הכשרת מטבחים. התפקיד והמטרה של אדמו"ר מורי זצ"ל היא לעזור לכל מפעל, הן בכסף והן בכח אדם להכשיר מטבחים. לאדמו"ר מורי זצ"ל לא היה שום אינטרס אישי במה שקורה אחר כך, מי יהיה הרב משגיח הכשרות בהמשך.
האדמו"ר מ... לא הבין את אדמו"ר מורי זצ"ל. מדוע אדמו"ר מורי זצ"ל, בתור רב, לא בקש או חפש להמשיך להיות הרב המכשיר ולהרוויח, בפרט שאדמו"ר מורי זצ"ל בעצמו הביא מאות אלפי יהודים בחזרה לאכול כשר. אבל מי שהכיר את אדמו"ר מורי זצ"ל כבר יודע שכסף לאדמו"ר מורי זצ"ל היה נחשב רק בתור כח להפעיל ולשפר את צורכי הציבור, או בשביל הציבור. אדמו"ר מורי זצ"ל היה מדקדק על הכסף של הציבור עד כדי כך שבעת שאדמו"ר מורי זצ"ל ביקש מהקרן של ההסתדרות, שאדמו"ר מורי זצ"ל היה האפוטרופוס שלה, סכום כסף להדפיס את ספרו "השמטות הזהר" הוא הלך למנהלים של ההסתדרות שהם יחליטו אם אדמו"ר מורי זצ"ל יכול לקחת את סכום הכסף שצריך בשביל הדפסת הספר.
אדמו"ר מורי זצ"ל קיבל מהנהלת ההסתדרות 1,000,000 ל"י לחלק על פי הבנתו. אף פעם לא חקרו ולא שאלו איך מחלק אדמו"ר מורי זצ"ל את הכסף. בשנת 1960 היה סכום של 1,000,000 ל"י כמו 30,000,000 $ היום. ובכל אופן אדמו"ר מורי זצ"ל בחר שלא לקחת לצרכיו הוא שום סכום, וזאת למרות שלא היה ולא יהיה מישהו שיתנגד אם אדמו"ר מורי זצ"ל יקח סכום כלשהו להדפסת ספרו. ונוסף לזה, הסכום שאדמו"ר מורי זצ"ל ביקש היה רק 3,000 ל"י, סכום באמת קטן. אבל כמו שספרתי קודם כיצד דיקדק אדמו"ר מורי זצ"ל על כסף ציבורי, כך התנהג אדמו"ר מורי זצ"ל בעת שהענין היה נוגע לאדמו"ר מורי זצ"ל. לצערינו, אנחנו כמעט לא מוצאים אנשים שמרגישים אחריות להתנהג עם כסף ציבורי כפי שהם מתנהגים עם כספם שלהם. וזאת הסיבה שכולם אהבו את אדמו"ר מורי זצ"ל. לא היו לאדמו"ר מורי זצ"ל שתי אמות מידה, אחת כלפי הקהל ואחת לעצמו.
ולכן האדמו"ר מ... לא הבין איך אדמו"ר מורי זצ"ל לא היה מעוניין במה שקורה אחר שאדמו"ר מורי זצ"ל הכשיר איזה מקום. המטרה בחיים של אדמו"ר מורי זצ"ל היתה להפיץ את הלימוד של חכמת הקבלה, ולהחזיר הרחוקים מהיהדות לטעום את הפנימיות של התורה. כסף, בשביל אדמו"ר מורי זצ"ל היה אמצעי להפיץ את

הלימוד של חכמת הקבלה ולא מטרה בפני עצמה.

"כל הכסף כבר נמצא באוצרות של ר' שמעון..."

אדמו"ר מורי זצ"ל הזכיר לי בכל פעם, שאלו שמקדישים את כל החיים אך ורק להפצת הלימוד של חכמת הקבלה, תמיד יהיה להם חסרון בכסף. זאת אומרת, שלמרות שכל הכסף שלהם עומד לטובת המטרה, טבעי שישאלו את עצמם, מדוע הקב"ה לא עוזר יותר. המקובל מבין שהשאלה הזאת לא באה בחשבון, בגלל החיזיון בהיקף, יש חשבון מדוע אין חשבון.

אנו מוצאים בהרבה כתבים שהמקובלים דברו על חיסרון כים. ר' שמואל וויטל זיע"א כתב על כך, מ"ע צי"ע מרן קוה"ק הרב יהודה הלוי **אשלג** בעל הסולם זיעוכי"א רצה להוציא מילון לכל המלים והמושגים של הקבלה, אך בגלל חיסרון כים המילון לא ראה אור עד היום. אדמו"ר מורי זצ"ל הבטיח לי, שבעת שאהיה מוכן להדפים איזה ספר על הקבלה אני כן אזכה, והכסף יגיע אלי על מנת לשלם לבית הדפוס.

אני זוכר שבשנת תשל"ג (1973) החלטנו להדפים באנגלית שתי הקדמות של מ"ע צי"ע מרן קוה"ק הרב יהודה הלוי **אשלג** בעל הסולם זיעוכי"א, ולא היה שום כסף לשלם לבעל הדפוס. רק מפני שבעל בית הדפוס סמך על המילה שלנו, הוא התחיל להדפים, בלי לקבל מקדמה של כסף. בעת שיצאנו מהדפוס, שאלתי את הרבנית קרן אשתי תחי' מאיפה יגיע הכסף, ואיך אנחנו נשלם עבור ההדפסה? והיא הזכירה לי שאדמו"ר מורי זצ"ל הבטיח לי שמתי שיהיה צורך לשלם עבור הדפסת ספרי קבלה, הכסף יגיע, מפני שכל הכסף כבר מוכן ונמצא באוצרות של ר' שמעון, והאוצרות של ר' שמעון בר יוחאי מלאים עם כסף.

וכך באמת החלטנו להתחיל להדפים את כל הספרים של המכון וישיבת קול יהודה. לא חשבנו ולא שמנו לב לשאלה "מאיפה יגיע הכסף לתשלומים". התחלנו להדפים כל ספר שבא לידינו, ובי"ה, תודה לא-ל, לא קרה אף פעם שלא שלמנו לבית הדפוס בזמן שהבטחנו לשלם, עד היום, בלי עין הרע.

הספר הראשון שאדמו"ר מורי זצ"ל ואני הדפסנו ביחד היה החלק הראשון של התע"ס באנגלית, וגם "לקוטי תורה", חלק י"ב של כתבי רבינו האר"י ז"ל. ובאמת לא חשבנו בכלל מאיפה יגיע הכסף. אבל ב"ה כל פעם הגיע הכסף בזמן. באותה תקופה סיפר לי אדמו"ר מורי זצ"ל שיש תלמיד של האדמו"ר בעל הסולם ("הרבי"

הקדמת אדמו"ר הרב שרגא פיביל ברג שליט"א

קרא אדמו"ר מורי זצ"ל לבעל הסולם זצ"ל) שהדפיס את כל 21 הכרכים של הזהר ע"פ הסולם ב-10 כרכים ובגודל קטן, שכל בן אדם יכול לקחת כרך אחד בתוך הכיס שלו. השם של התלמיד היה ר' יוסף ווינשטוק ע"ה. ר' יוסף כתב מכתב לאדמו"ר מורי זצ"ל שיעזור לו באיזה צורה, בגלל שהוא הדפיס 1,000 סטים של הזהר ולא יכול למכור אותם, ההדפסה נעשתה ע"י ר' יוסף ע"ה בלונדון.

אדמו"ר מורי זצ"ל הזמין מיד 50 כרכים עבור ההסתדרות, ואדמו"ר מורי זצ"ל ביקש ממני שאני אזמין 700 סטים לארצות הברית ובקש ממני לשלם בשביל כולם בארצות הברית. כך עשיתי, לקחתי רשימות של כל הרבנים בארצות הברית והחלטנו אז למכור כל סט זהר של 10 כרכים בעשרים דולר. למרות שאפילו בשנת 1965 עלה מחיר הדפוס לחמישים דולר. ב"ה, זו היתה הפעם הראשונה שהתחילו את הפצת הקבלה בארצות הברית בצורה יותר מורחבת.

באותה תקופה גם קבלנו מאדמו"ר מורי זצ"ל את השמטות הזהר, שאדמו"ר מורי זצ"ל כתב להם תרגום ופרוש. בארץ, באותו זמן, לא רצו לקנות את הספרים של אדמו"ר מורי זצ"ל. לקחנו את כל אלף הכרכים שאדמו"ר מורי זצ"ל הדפיס ובסופו של דבר מכרנו והפצנו אותם בכל רחבי ארצות הברית, וזאת למרות שמעט מהקונים יכלו לקרוא בזהר. אז לא הבנתי מה יקרה בעתיד ולא ראיתי את היקף הראיה של אדמו"ר מורי זצ"ל. 20 שנים אחר כך, אחרי שניסינו למכור את השמטות הזהר של אדמו"ר מורי זצ"ל, התחלנו להדפיס את הזהר ע"פ הסולם בצורה מאוד מפוארת ובכמויות גדולות של 25,000 סדרות בבת אחת.

"לעיתים מלווה התהליך בצרות ובעיות לרוב..."

הברכה שאדמו"ר מורי זצ"ל הכנים בשנת תשכ"ה (1965) בתוך עבודת הקודש שלנו, המשיכה 20 שנים בצורה מאוד איטית. בשנת תשמ"ה (1985) פתאום, בלי עין הרע, המכון והישיבה שלנו התרחבו והתפשטו בכל תפוצות העולם בצורה בלתי רגילה, בלי עין הרע. אדמו"ר מורי זצ"ל לימד אותי שאם האדם מכוון על הטוב, הבעיות והצרות בין ההתחלה והסוף לא ישפיעו עליו אף פעם, והוא יכול להיות בטוח שהדבר הטוב יצא לפועל. צריך לזכור, הוסיף אדמו"ר מורי זצ"ל, שאין שום שאלה. שהאור יתברך ויתעלה רוצה ומחפש שיהיה רק טוב לכל אדם. לעיתים מלווה התהליך בצרות ובעיות לרוב כדי שהאדם יוכל לראות אם יש לו בטחון, מאה אחוז, בהבורא יתברך ובכדי לעזור לו להסיר את הספק שמא ח"ו

62

הבורא עזב אותו.

למרות שעברו הרבה שנים בלי לראות את הפירות מהעבודה שלנו, אף פעם לא שכחתי את המלים של אדמו"ר מורי זצ"ל, שלא להתייחס למה שקורה באמצע התהליך, ולכן ברור שיצאו התוצאות שרואים היום. וכן שמעתי סיפורים שונים על הענין "שצריך להגיע הזמן", ואז קורה מה שצריך. אדמו"ר מורי זצ"ל הדפיס את כתבי האר"י ז"ל באלף עותקים בשנת 1960 ובמשך חמש שנים מכרו מהם אולי כמאה סטים. אדמו"ר מורי זצ"ל ביקש שאני אקח את כל יתר כתבי האר"י ז"ל להפיץ אותם, במחיר הכי נמוך, בכל העולם. כמובן שהמכון בארצות הברית קנה אותם ומכרנו אותם בהפסדים, במחירים הכי נמוכים בכדי לקיים את המילים של אדמו"ר מורי זצ"ל, שצריך להפיץ אותם הכי מהר, אבל **לא** בחינם.

צריך לזכור שבשנות ה-60, וה-70 אנשים בעולם לא שמעו בכלל על קבלה, ובפרט על ספרים מיוחדים כמו כתבי האר"י ז"ל. אבל הצלחנו להפיץ את כל הזהרים הקטנים של ר' יוסף ווינשטוק זצ"ל, השמטות ותיקוני הזהר ע"פ מעלות הסולם מאדמו"ר מורי זצ"ל וכל כתבי האר"י ז"ל. ועוד לא הבנתי את עמקות המחשבה של אדמו"ר מורי זצ"ל חוץ מזה שכדאי להפיץ את הלימוד והספרים של הקבלה.

אדמו"ר מורי זצ"ל הציע גם שאנחנו נתחיל להדפיס את חלק י"ב של כתבי האר"י ז"ל, וגם את ספרי הזהר הקטנים.

כמה חודשים לפני פטירת אדמו"ר מורי זצ"ל סיימנו את החוזה להדפסת כתבי האר"י ז"ל. גם את זה לא הבנתי בדיוק, מדוע רצה אדמו"ר מורי זצ"ל להתחיל עם הדפסת כתבי האר"י ז"ל בפרט שאנחנו מתחילים רק עם חלק י"ב. אבל בשנת 1983, כמעט שלש עשרה שנים אחרי פטירתו של אדמו"ר מורי זצ"ל, קבלנו מסר שאנחנו צריכים להדפיס את כתבי האר"י, שמונה עשר חלקים. פחדתי קצת, כי זכרתי שאדמו"ר מורי זצ"ל הדפיס רק אלף סטים בשנת 1962 ולא גמרנו למכור את כולם עד שנת 1980, כמעט עשרים שנה.

רציתי להתחיל להדפיס את חלק א' וכל פעם להוסיף חלק נוסף, אבל הרבנית קרן תחי' החליטה שאם אנחנו כבר מדפיסים, צריך לגמור את כל הסדרה של שמונה עשר חלקים. הרבנית קרן תחי' הרגישה שאדמו"ר מורי זצ"ל כבר ידאג שאנשים יקנו את כתבי האר"י זצ"ל בגלל שכבר הגיע הזמן. וכך עשינו. ב"ה אדמו"ר מורי

זצ"ל, עם הפעולה של התחלת ההדפסה של חלק י"ב גרם שאנחנו כבר הדפסנו קרוב לשלש מאות אלף כתבי האר"י זצ"ל, וכך עם הזהר, עד היום הדפסנו מחדש קרוב למיליון וחמש מאות אלף כרכים של הזהר עם פירוש הסולם ומעלות הסולם. בהיסטוריה של ההדפסה, עוד לא יצאו, אפילו אצל הלא יהודים, כמות גדולה כל כך של ספרים בכריכה קשה כמו הזהר. וזאת היתה הכוונה של אדמו"ר מורי זצ"ל, עם התחלתו להדפיס לפני פטירתו את הזהר וכתבי האר"י ז"ל, פשוט לעזור בעתיד למה שיצא, בלי עין הרע.

אנחנו הדפסנו רק חמשה כרכים של הזהר הקטן כולל רק בראשית ושמות. הפסקנו ולא גמרנו את יתר החלקים מפני שראינו שאנשים דורשים דפוס יותר גדול, אבל, זאת ללא שאלה, שבגלל הכנסת הכח של אדמו"ר מורי זצ"ל בהתחלת ההדפסה, יצאה ההפצה הגדולה, בלי עין הרע, שאנחנו רואים היום. הפירסום של הקבלה, ובפרט הדפסת הזהר וכתבי האר"י ז"ל כבר הגיע למליוני אנשים בעולם. לפני עשר שנים בלבד, המלה "קבלה" וספרי הקבלה לא היו מוכרים להם כלל. וכל ההצלחה מקושרת אך ורק להשתדלות של אדמו"ר מורי זצ"ל.

אדמו"ר מורי זצ"ל הציע לי פעם להשתתף, יחד עם ההסתדרות, לעזור לרב עדין שטיינזלץ להתחיל לתרגם את ה"תלמוד" לעברית. בלי עזרת התקציב שאדמו"ר מורי זצ"ל רצה לבקש מהקרן שלו בהסתדרות לא היתה יכולת להתחיל את התרגום. אבל היה משהו שלא הבנתי בבקשה של אדמו"ר מורי זצ"ל שאני גם כן אשתתף כחלק מהקרן בארצות הברית לעזור להפיץ את התלמוד. הרי אני שמעתי מאדמו"ר מורי זצ"ל כמה פעמים את הזהר המפורסם בפרשת נשא, שאך ורק בדרך עץ החיים, שהוא ספר הזהר, תבוא הגאולה. ועוד שאלתי שידוע שיש הרבה אנשים שמשתתפים בהפצת התלמוד ולימוד הגמרא, אבל מעט מאוד עוזרים להפצת לימוד הקבלה או הדפסת והפצת ספרי קבלה, אם כך האם לא היה כדאי להשתמש בכסף לצורכי הקבלה?.

התשובה של אדמו"ר מורי זצ"ל היתה תשובה שרק מקובל יכול לענות. אדמו"ר מורי זצ"ל ראה בהיקף המודעות שלו, שהרחוקים מיהדות לא מתקרבים כלל. אדמו"ר מורי זצ"ל רצה, באיזה צורה, לתת יד לכל דבר שיכול לעזור לקרב את הרחוקים. אמנם אדמו"ר מורי זצ"ל ראה וידע שבעקבתא דמשיחא, הזהר הינו הדרך היחידה והחזקה ביותר מכל דרך אחרת לקרב את הרחוקים מהיהדות.

אדמו"ר מורי זצ"ל לא חשב שמכיון שהוא עוסק בקבלה לכן לא יתן יד להפצת התלמוד. אדרבא, אדמו"ר מורי זצ"ל רצה לעזור.

"הספרדים מוכרחים להחזיק ולחזק את המסורת שלהם..."

הסניף הראשון של "ישיבת קול יהודה" היה בעיירה אופקים, מושב של עולי טונים שהגיעו אחרי מלחמת השחרור. פעם שאלתי את אדמו"ר מורי זצ"ל מדוע התחילו את הפצת לימוד הקבלה במקום רחוק מתל אביב, והאם לא היה ישוב קרוב יותר, בכדי שאדמו"ר מורי זצ"ל לא יצטרך לנסוע שעתיים לכל כיוון. שאלה נוספת, מדוע דווקא במושב של עולי טונים ולא בישוב של עדה אחרת מארצות המזרח.

התשובה של אדמו"ר מורי זצ"ל הפליאה אותי. אדמו"ר מורי זצ"ל הזכיר לי את הסיפור שסיפר לי בנוגע לשר ישראל ישעיהו, ממשרד התקשורת, ועל הענין שהספרדים מוכרחים להחזיק ולחזק את המסורת שלהם, ולא להרגיש שהם מוכרחים לעזוב את המקור שלהם ולהיות כמו האשכנזים. מה עוד, שהעדה הספרדית היא היחידה שמחזיקה את הפנימיות של התורה, הקבלה, ולא האשכנזים. נכון שהספרדים לא הגיעו ממדינות שבהם היתה התפתחות טכנולוגית כמו בארצות המערב, מכל מקום הכח הפנימי שיש להם, ולא לעדות אשכנז, יביא להם בעתיד התפתחות רוחנית אמיתית הרבה לפני היהודים מארצות המערב.

לצערי הרב, הרבנים הספרדים עזבו את מסורתם והלכו אחרי האויר הריקני של הרבנים האשכנזים. וזה היה ה"קול קורא" של מ"ע צי"ע מרן קוה"ק הרב יהודה הלוי אשלג בעל הסולם זיעוכי"א בשנת התרצ"ו (1936), שאם לא יתחילו ללמוד את הקבלה כמו שנהוג אצל עדות המזרח, ענן של חושך יגיע למדינות אירופה. כך קרה החורבן הגדול לקהילת האשכנזים, שלא היה כמוהו בהיסטוריה של היהודים.

ולכן, המשיך אדמו"ר מורי זצ"ל, העובדה שהרבנים הספרדים, שרצו להיות כמו הרבנים האשכנזים, לא המשיכו עם המסורת של הקבלה והזהר, גרמה לחורבן הרוחני של עדות המזרח שהגיעו לארץ. הקשר בין הקהילה והרבנים היה לפי מסורת עדות המזרח מאוד חזק, ולמרות זאת הרבנים המרוקאים בארץ היו הראשונים לעזוב מסורת בת אלפיים שנים. מה שהעדה לא הרגישה, ואפשר גם לא הבינה, שבלי הקבלה והזהר הם יתחילו לנתק את הקשר לשורש שלהם.

מסיבה כל שהיא (ולא שאלתי את אדמו"ר מורי זצ"ל מה הסיבה) הרבנים של

העדה הטוניסאית המשיכו בקריאת הזהר ולימוד הקבלה עם הקהילה שלהם, ולא היו מושפעים מהרבנים האשכנזים. ולהיפך, הרבנים המרוקאים, בגלל הרצון והמחשבה להיות כמו הרבנים האשכנזים שלא היו רגילים ללמוד זהר, כמעט הכריחו את הקהילה שלהם להפסיק את הקריאה בזהר. אותה תשובה עזרה לי להבין את האזהרה לרב דיין ע"ה בצפת. הלחץ על הספרדים היה מאד חזק והשפיע עליהם להפסיק ללמוד קבלה. וכמובן שזה גרם שהדרגה של הרוחניות בארץ אחרי הקמת המדינה ירדה עד כדי כך, שרואים את השנאה הגדולה בין היהודים בארץ בכלל, ובין ספרדים ואשכנזים בפרט.

אדמו"ר מורי זצ"ל כתב שהשנאה בין היהודים תגרום להמון צרות, בעיות, מחלות ותאונות בארץ, ובפרט תגרום שנאה בלתי מובנת ובלתי רגילה מצד הלא יהודים. צריך רק להסתכל מה קורה בכנסת של המדינה, כדי לראות שנאה מהי ואיך איש מוכן להרוג את זולתו, אם היה מותר לפי החוק. וזאת הנקודה היחידה והמטרה האמיתית של לימוד הקבלה - להפסיק את התהליך של שנאת חינם.

ידוע שלמוד שעה אחת בסודות התורה שקול לזכוך הנפש כנגד למוד שנה של פשט. בטוח שכל ספרי הקבלה יסייעו מאד מאד לכל הלומדים בהם להזדככות הנפש, עד שנזכה לגאולה השלמה. כמו כן, במצב שהיהודים נמצאים היום כבר לא נשארה שאלה אם צריך ללמוד קבלה, או אפשר לעבור את החיים רק עם לימוד הפשט. חיי היום יום מראים שאין ברירה ואנחנו מוכרחים ללמוד קבלה. אם לא, כל יהודי שלא עסק בקבלה יאכל את היהודי השני ואז גם הלא יהודים יתחילו לאכול ח"ו, את היהודים.

ועוד הוסיף אדמו"ר מורי זצ"ל, שההתנהגות בין יהודי לרעהו גורמת וקובעת כיצד הלא יהודים יתנהגו כלפי היהודים. בעת חורבן הבית הראשון והשני, כל העולם סבל מהחורבן וכבר לא היה שלום בעולם, וזאת הבעיה. אנחנו היהודים לא רוצים לקבל את ההתחייבות והאחריות לאזן את העולם. לכן, הוסיף אדמו"ר מורי זצ"ל, היהודים זה "עם סגולה", שהנקודה בסגול מאזנת את שתי נקודות. אם אנחנו לא יכולים להסתדר עם היהודי השני, איך אנחנו חושבים לעשות שלום עם הערבים או הנוצרים?

"לא לשכוח את הטוב שבן-אדם עשה לך..."

הענין איך קיבל אדמו"ר מורי זצ"ל את כתר הרבנות בהסתדרות, הוא פרשה בפני

עצמה. יום אחד נכנס אדם לאדמו"ר מורי זצ"ל וביקש לדבר עמו על ענין מאד חרשני. הוא התחיל לספר על עצמו שהוא ירושלמי דור שביעי, מבית דתי, למרות שהיום הוא רחוק מאוד מאיזו נקודה של דת. אדמו"ר מורי זצ"ל הכיר את המשפחה טוב מאד, וגם את האיש שהוא עיתונאי ידוע מאחד העיתונים הגדולים בארץ. הוא גם הוסיף שהוא לא כל כך אוהב את הדתיים, אבל הוא חשב שהפועלים הדתיים בהסתדרות צריכים רב. ואדמו"ר מורי זצ"ל שאל אותו מדוע פתאום צריכים רב בהסתדרות בעת שעד היום לא היה צריך? ומה יגידו אנשי הרבנות הראשית במדינה אשר הם קובעים בדרך כלל את הרבנים והיכן ישרתו. אדמו"ר מורי זצ"ל ראה מראש שהרבנות בהסתדרות תגרום מחלוקת, ומפלגת הפועל המזרחי לא תסכים לזה, ואדמו"ר מורי זצ"ל מאד דאג למנוע מחלוקת או לכל הפחות להרחיק את עצמו ממחלוקת.

שאלתי את אדמו"ר מורי זצ"ל איך ומדוע החליט לקבל את כתר הרבנות של ההסתדרות? אדמו"ר מורי זצ"ל הפליא אותי עם תשובתו. אותו העיתונאי ידע איך "לגמור אנשים". בהיותו מקושר לעיתון הגדול בארץ, הוא היה כותב על הרבה אנשים. לפעמים היה כותב הרבה מאמרים על אותו אדם תחת שמות פיקטיביים, ופתאום האדם שכותבים עליו הרבה מאמרים (פיקטיביים) מתחיל לפחד לדבר.

כך חשב העיתונאי, שאם הרבנות תתחיל לדבר רע על אדמו"ר מורי זצ"ל ולשאול מדוע קיבל אדמו"ר מורי זצ"ל את כתר הרבנות של ההסתדות, אז הוא, העיתונאי, ישקיט את הענין בצורה שהוא הסביר. אדמו"ר מורי זצ"ל החליט שהוא יקבל את כסא הרבנות בהסתדרות באופן שלא תצא מחלוקת בפומבי, ברבים. אדמו"ר מורי זצ"ל שם לו למטרה להביא אחדות בתוך עם ישראל, ולא ח"ו לגרום מחלוקת, שאדמו"ר מורי זצ"ל כל החיים ברח ממנה. אדמו"ר מורי זצ"ל ראה פה שעל ידי כסא הרבנות, דווקא בין החילונים, הוא יכול לקרב הרבה יהודים לשורש שלהם, וכידוע כך היה.

ובתוך אותו סיפור ועובדה, אדמו"ר מורי זצ"ל לימד אותי לימוד שעד היום אני מתנהג לפיו בכל כחי. אדמו"ר מורי זצ"ל אמר, שלמרות שאותו עיתונאי מתנהג בצורה שצריך לכבדהו וחשדהו, אבל אף פעם לא לשכוח את הטוב שהאדם עשה. בדרך כלל, המשיך אדמו"ר מורי זצ"ל, מצד הטבע של רוב בני האדם, אנחנו מרגישים מה השני עושה היום בשבילנו ולא מה שפעם הוא עשה. אם השני עשה

לי טובה פעם, בודאי שאסור לשכוח את הטובה.

ולכן, סיים אדמו"ר מורי זצ"ל, במשך הזמן יהיו הרבה אנשים שיעשו לנו טובות, ולמרות שגם בלי הטובה הדברים ימשיכו, בכל אופן צריך לזכור את הטוב. וגם אם יהיו דברים שבקשנו מהם ולא קבלנו או שהאדם יהפוך את פניו מאתנו וכבר לא יהיה קרוב אלינו או אפילו לפעמים נגדנו צריך לא לשכוח את הטובה. לפעמים זה מאוד קשה אבל מי שרוצה להיות מקובל או רוצה להיות מקושר לקבלה, צריך להתנהג עם כוח התנגדות ולא להיות בתגובה, וזה מה שחסר בעולם, ובפרט בין יהודים.

"אם יהודי לא זוכר את הגלגולים הקודמים שלו..."

את הלימוד הזה זכרתי כמה שנים אחרי פטירת אדמו"ר מורי זצ"ל, בנוגע להדפסת שער הגלגולים של כתבי האר"י ז"ל. בסוף שנות ה-70 כבר נגמר מלאי כתבי האר"י ז"ל והעם התחיל מאוד להתענין בגלגולי הנשמות. אני זוכר שאפילו פעם אחד הזמנתי את הרב הראשי הספרדי מתל אביב, הרב חיים דוד הלוי לתת הרצאה על גלגול נשמות. הרב הלוי הקדיש הרבה זמן ללימוד הנושא של גלגול נשמות למרות שכל הרבנים עשו צחוק מהנושא. הרב יעקב זהר ז"ל, רב במועצה הדתית של תל אביב, סיפר לי שהרב הלוי פעם נתן שיעור על גלגולי נשמות לרבנים של תל אביב. באמצע השיעור כולם התחילו לצחוק בקול רם, כך היתה ההתיחסות בנוגע לנושא של גלגול נשמות.

אבל פתאום הכל השתנה. בארץ, חילוניים ודתיים התחילו להתענין בגלגול נשמות. פה ראיתי פעם נוספת שאם אני או כל אדם אחר דבק במטרה, לא אהיה מושפע ממה שכל או רוב האנשים חושבים, אז אין שאלה, הדגיש אדמו"ר מורי זצ"ל, נגיע למטרה שנקבעה מראש.

היה מקובל שגלגול נשמות נמצא מחוץ למסגרת היהדות. היו כאלה שחשבו שהנושא בא מהנוצרים. למרות שגם הזהר וגם האר"י ז"ל כתבו על גלגולי נשמות, בכל אופן היו תשובות שונות מדוע אסור ללמוד נושא חשוב זה. תופעה זו היתה בשבילי דבר הפוך מן ההגיון. זה היה לימוד נוסף שלימדני אדמו"ר מורי זצ"ל, ההפכיות של הדברים. אם כולם אומרים משהו מסויים, צריך לחשוד במה שהם אומרים. ועוד דבר מאוד חשוב, אם איזה מצוה לא כל כך מקובלת אצל היהודים, זה סימן מאד חזק שהמצוה מאוד חשובה.

נקח לדוגמא את לימוד הקבלה. לפני מ"ע צי"ע מרן קוה"ק הרב יהודה הלוי **אשלג בעל הסולם זיעוכי"א**, היהודים בכלל והדתיים בפרט, לא ידעו ולא שמעו בכלל שמותר ואפשר ללמוד קבלה. וכמובן, ההתנגדות ללימוד הקבלה היתה בלתי הגיונית עד כדי כך שהרביצו למ"ע צי"ע מרן קוה"ק הרב יהודה הלוי **אשלג בעל הסולם זיעוכי"א** מכות. אז האדמו"ר ואדמו"ר מורי זצ"ל, ולהבדיל בין חיים לחיים גם אני, ידענו שהקבלה זה הלימוד הכי חשוב מכל יתר הלימודים. זאת לא אומרת שכבר לא צריך ללמוד תלמוד, הלכה ועוד. ושוב, זה הפרדוקס של ההפכיות.

ולכן כתב האר"י ז"ל שאם יהודי לא בודק את הגלגולים הקודמים שלו ולא יודע מה הוא צריך לתקן, הוא מוכרח לחזור בגלגול עוד פעם. ואף על פי כן רוב היהודים נמנעים מהלימוד של גלגולי נשמות.

יש עוד דברים שאדמו"ר מורי זצ"ל הראה לי על הנושא של הפכיות. למשל אם יהודי חושב שדבר מסויים מאוד חשוב, סימן שזה לא כל כך חשוב. ולהיפך, אם יהודי חושב שהדבר לא כל כך חשוב, סימן שזה באמת חשוב. אבל אני רוצה לחזור לענין הדפסת הספר שער הגלגולים של האר"י ז"ל, ואחר כך אתן עוד דוגמאות.

קבלתי מאדמו"ר מורי זצ"ל שצריך להפיץ ולפרסם כל נקודה של הקבלה ולימוד הקבלה, וגם קבלתי עלי, במאה אחוז, שאפילו יהיה מצב שעבודת הקודש של הפצת הקבלה, יכולה ח"ו לגרום להפסדים הן בממון או נזק ח"ו, בדרך כלשהי, בפרט בכל מיני לשון הרע, אני לא אעשה שום פשרות במטרה שלנו. ולכן כל השנים שהייתי עסוק בהפצת הקבלה לא פחדתי אף פעם מפני שאדמו"ר מורי זצ"ל הבטיח לי שאם אמשיך בלי פחד ובלי ספקות ובלי פשרות, אז אני יכול להיות בטוח שאני אנצח.

"רק טיפש ירביץ למקל ולא למי שאוחז בו..."

ואדמו"ר מורי זצ"ל גם הזהיר אותי שהאמצעים בהם ינקטו האנשים על מנת לעצור אותי מהעבודה יהיו בלתי הגיוניים עד כדי כך שירצו להכניס אותי לכלא ושאני מוכרח לזכור את ההבטחות של אדמו"ר מורי זצ"ל שהיהודים שונאי יהודים לא יכולים להזיק. כל המטרה והפעולות שלהם יהיו אך ורק נסיון לראות אם באמת אני מאמין באורו יתברך, או שאני מתנהג כפי שבדרך כלל מתנהגים היהודים, כלומר מאמין בקב"ה רק כשזה נוח או כשדברים הולכים כשורה.

ועוד דבר, שככל שאני סובל מיהודים שונאי יהודים המטרה תתחזק, ולהיפך, כמה שהשונאים עושים דברים נוראיים יותר כנגדי, ההצלחה תהיה יותר גדולה. אדמו"ר מורי זצ"ל המשיך בצחוק, שאם היהודים שונאי יהודים ידעו עד כמה אני מתחזק מהפעולות שלהם נגדי, הם יפסיקו לעשות בעיות וצרות. וכמובן כששמעתי מילים אלו מפי אדמו"ר מורי זצ"ל, הבנתי בדיוק הפוך ממה שהייתי רגיל לחשוב לפני שנכנסתי לעולם של הקבלה. וגם זה טבוע בכל בן אדם, לחפש את הנוח ולהמנע מעמותים ומלחמות עם אותם האנשים שגורמים לכל הצרות.

אדמו"ר מורי זצ"ל לימד אותי להסתכל על השונאים ולהבין שהם רק המקל. שאם מישהו קיבל מכה מאיזה בן אדם ע"י מקל, האם תרביץ בחזרה למקל? אחרי הכל זה לא המקל שהכה אותך. כל בן אדם יבין שרק טיפש ירביץ למקל ולא למי שאוחז את המקל. כך צריך לחשוב על כל מי שחושב לעשות דבר רע לזולת, ובפרט בלי שום סיבה. לעשות דבר רע לשני, זאת שנאת חינם. צריך לדעת שיש שתי סיבות מדוע בן אדם עושה צרות לשני.

אחת - מקבל המכה צריך לקבל את המכה לצורך תיקון בכדי לנקות את עצמו ולכן המרביץ עושה את הפעולה רק בתור שליח. כמובן שהמרביץ יקבל את עונשו, הרי השליח יכול להמנע מלעשות רע ומישהו אחר כבר יבצע את פעולת ההכאה.

הסיבה השניה, נסיון. אורו יתברך רוצה לראות אם באמת אנחנו מאמינים בחוקים ובמשפטים של הבריאה. אורו יתברך נותן לנו הזדמנות להווכח האם אנחנו מוכנים לצמצם את עצמינו מלהיות בתגובה על כל דבר שנראה לא טוב. מי שהוא במצב של זכות או לכל הפחות רוצה להיות בזכות, אין בו שום דבר רע. כל מה שעל פניו נראה לא טוב יתהפך להיות טוב. ומה שנראה כרגע לא טוב, זה רק מזון לשטן בכדי שהוא (השטן) יקבל את שלו ואז הוא עוזב אותנו ונהנה מן החלק שלו. כמו כלב שרוצה לנשוך, נותנים לו לאכול, הכלב יקח את האוכל לפינה שלו.

ולכן לימד אותי אדמו"ר מורי זצ"ל לחשוב שכל בעיה או צרה זאת רק אשליה זמנית ודמיון חולף. אורו יתברך נותן הזדמנות לראות את התגובה שלי. אם אני אתנהג לפי חוקי היקום ואפעיל צמצום והתנגדות כמו שצריך, אז השטן יקבל את החלק שלו, יעזוב אותי, והדלת תהיה פתוחה לאור להכנס בלי שום הפרעה. מפני שהשטן נמצא בדרך כלל על יד כל פתח, במקום שהוא יכול לקבל את החלק שלו. לכן האור לא נכנס בקלות כמו שאנחנו דורשים או מחפשים. אבל ברגע שאנחנו

משתמשים עם הכח של הצמצום, אז הדלת פתוחה בלי עיכובים והאור יכול להכנס בשפע גדול.

ולכן, סיים אדמו"ר מורי זצ"ל, בעת שיש הרבה הפרעות מיהודים, תהיה מוכן לקבל יותר ויותר שפע ממה שאתה אפילו חושב. כך אני מתנהג עד היום וההבטחות של אדמו"ר מורי זצ"ל מתקיימות בכל פעם ופעם. ממש פלא, מה שנראה רע הופך להיות יותר טוב ממה שאני אפילו חושב שיכול לצאת. "לפתח חטאת רובץ" כתוב בבראשית, ולכן רוב היהודים ששונאים יהודים מרגישים שהם באמת עושים רע מפני שהמקבל רואה בזה "רע". וזה המזון שהשטן אוכל, וגורם לרשע להרגיש בפנימיות שלו שיש טעם למעשה הרע שהוא עושה. אבל לפי האמור אם מקבל המכה מפעיל התנגדות לתגובה, ולא מרגיש את ה"רע" מפני שהרע הוא כמו המקל, אז בוודאי המקבל יקבל יותר אור דווקא ע"י פעולת השליטה בתגובה.

ולכן, פתאום, אזל הספר "שער הגלגולים" והיינו מוכרחים להדפים מחדש בגלל הדרישה מהקהל. וזה ברור שבגלל האמונה השלימה בעבודה שלנו גרמנו שפתאום הקהל הרב מחפש את לימוד גלגולי הנשמות. אנשים רחוקים שהיו בכתות זרות חוזרים אלינו [ליהדות], ושמחים ללא שיעור, שהם מצאו את הלימודים האלו בתוך היהדות, בתוך הבית שלהם. ומה שבאמת כאב לנו יותר, זה ההתנהגות של היהודים שונאי היהודים. לצערינו שמעתי הרבה הרבה פעמים מיהודים דתיים וחילוניים שיותר טוב שהיהודים ילכו ללמוד גלגולי נשמות אפילו מנוצרים, שרוב הספרים על גלגולי נשמות שהיו קיימים עד היום נכתבו ע"י נוצרים. בלתי הגיוני ובלתי מובן, אבל לפעמים קשה להבין את שנאת החינם הקיימת אצל חלק מעמנו.

"חבל שלא נתנו לי מנה כפולה של מכות או פי שלש..."

עוד הוסיף אדמו"ר מורי זצ"ל על ענין כיצד להתנהג כשנראה שהמצב מאוד קשה או נראה שיש בעיות, הפרעות ואפילו מכות. יש סיפור נפלא בקשר לענין זה. ברוסיה היה אדון שהיה מושל על חלק מהמדינה, כפי שהיה מיוסד באותה תקופה. אצל כל אדון בדרך כלל היה יהודי אחד שקראו לו מושקה. פעם אמר האדון למפקח שלו שהוא צריך לנסוע לתקופה של שלשה שבועות והמפקח ידאג שהכל יהיה בסדר. ברגע שהאדון עזב התאספו כל הפועלים על מושקה והחליטו לתת לו מכות כל יום, ולכל הפחות עשר מכות ליום.

הקדמת אדמו"ר הרב שרגא פיביל ברג שליט"א

כל לילה חוזר מושקה לביתו עם כאבים ודמעות בעינים. אבל מה לעשות, אומרת אשתו, אנחנו צריכים פרנסה.

אחרי שלשה שבועות חזר האדון וראה שמושקה מוכה בכל גופו. שאל אותו האדון מה קרה, ומושקה סיפר לו מה שקרה לו אחרי שהאדון עזב את המקום. שכל יום הוא קיבל עשר מכות בלי שום סיבה. האדון בירר את הענין ומצא שדבריו של מושקה נכונים.

ציוה האדון על המפקח לתת למושקה רובל זהב, מהאוצר שלו, לכל מכה שמושקה קיבל בתקופה שהאדון לא היה. כמובן שעם סכום הכסף שקיבל מושקה כבר אינו צריך לעבוד לפרנסתו כל ימי חייו ויכול לעזוב את העבודה שלו עם האדון. כבר לא יהיה שום צרות או בעיות מהפועלים הלא יהודים.

אחרי שמושקה קיבל את הרובלים מהאדון הוא חזר הביתה בוכה עד דמעות. אשתו מסתכלת עליו ובלב שבור שואלת: "מושקה, קבלת היום עוד פעם מכות מהרשעים?" "לא", ענה מושקה, "להיפך! האדון חזר היום וראה אותי מוכה ושאל אותי מה קרה? ספרתי לו את כל הסיפור, והאדון הרגיש מאוד לא נוח וצוה את המשרת שלו ללכת לאוצר ולהוציא רובל זהב אחד לכל מכה שאני קבלתי, והנה כל הרובלים. יש מספיק בשביל כל חיינו כך שאני כבר לא צריך לעבוד".

שאלה אותו אשתו בתמיהה: "מושקה, מדוע אתה בוכה? אתה צריך להיות בשמחה גדולה". ענה לה מושקה בדמעות: "את לא מבינה, חבל שלא נתנו לי מנה כפולה של מכות או פי שלש אז האדון היה צריך לתת לי סכום כפול או משולש, ואני קיבלתי את הסכום רק לפי המכות שכבר נתנו לי".

כך צריך לחשוב כל מי שמחפש את הדרך הרוחנית. צרות או בעיות שנראה שהם מפריעים לנו הם אך ורק לטובתנו. וכמו מושקה, אם אנחנו יכולים לראות בשעת המעשה מה באמת קורה, אז בוודאי אנחנו נבקש יותר ויותר.

ולכן אני קבלתי את הלימוד החשוב הזה, וברור לי שכל ההבטחות של אדמו"ר מורי זצ"ל, שקבלנו במשך קרוב לשלושים שנים, היו מקושרות להתנהגות של להסתכל על כל דבר "שבאמת גם זו לטובה", בגלל שתי הסיבות שהזכרתי קודם. הרבנית קרן שתחי' קבלה מכה חזקה מאיזה אישה דתיה והיתה צריכה ללכת לבית חולים. אף פעם לא שאלנו את הקב"ה מדוע מגיע לנו? המלים של אדמו"ר מורי זצ"ל הדהדו באזנינו כל אלו השנים עד היום.

"אדמו"ר מורי זצ"ל אמר שלא כדאי "לשחק" עם אורו יתברך..."

אחרי שהדפסנו את "שער הגלגולים" הופיע מר ...‏, שעזר לאדמו"ר מורי זצ"ל להוציא לאור את כל כתבי האר"י ז"ל. הוא טען שכל הזכויות של הדפסת כתבי האר"י ז"ל שייכות לו. בררנו אצל עורך הדין שלנו ומצאנו שלמר ... אין כל זכויות. מר ... איים שהוא יקח אותנו לבית משפט ובקש שאנחנו נעביר לו את כל הדפוס של שער הגלגולים, אלף כרכים. למרות האיום, החלטנו להעביר את הספרים למר ... בלי שום תלונות או התנגדות. מדוע? בגלל מה שאדמו"ר מורי זצ"ל לימד אותנו.

אין שאלה שעזרתו של מר... לאדמו"ר מורי זצ"ל היתה חיונית. אדמו"ר מורי זצ"ל ראה את העיכובים בהוצאת כתבי האר"י ז"ל בפעם הראשונה. הבעיה הכספית עצרה את ההדפסה, ואם מר ... לא היה נותן את הכסף להדפיס את אלף הסטים, מי יודע מתי היו כתבי האר"י ז"ל יוצאים לאור. זכרתי את המלים של אדמו"ר מורי זצ"ל "לא לשכוח את הטובה שמישהו פעם עשה בשבילך". למרות שמר... עשה טובה לאדמו"ר מורי זצ"ל, בכל אופן הרגשתי שזאת היתה טובה גדולה גם אלי. למרות שאחר הדפסת כתבי האר"י ז"ל ע"י אדמו"ר מורי זצ"ל, מסר אדמו"ר מורי זצ"ל למר... את כל הספרים בשביל הכסף שמר... הלוה, ידעתי שאסור לי ללכת לבית משפט נגד מר ....

הזכרתי למר... שלא היו קונים לכתבי האר"י ז"ל, ואדמו"ר מורי זצ"ל ביקש ממני שהסניף בארה"ב יקנה את כל הסטים. וכך עשינו בגלל שמר...‏, היה פעם עשיר גדול וירד מנכסיו, ולא היה לו כסף. הזכרתי למר...‏, את הטובה הגדולה שעשינו לו. אבל הוא לא רצה לשמוע שום דבר, ובמלים שלו ענה שהוא כועס על הקב"ה על שהוא ירד מנכסיו, והוא יסגור את הספרים במחסן. בכל אופן אנחנו הסכמנו להעביר את כל הדפסת שער הגלגולים אליו, ונפרדנו כחברים.

לצערי, שנה אחר כך, בדיוק ביום שבו העברנו את ספרי שער הגלגולים, נפטר מר ... וזה כאב לי מאד, על כי מר...‏, שהיה תלמידו של אדמו"ר מורי זצ"ל, לא למד ממנו את העיקר. לכן עד היום אנחנו מוכנים בכל סכסוך עם מישהו לסדר את הענין ולא ללכת בשום פנים ואופן לבית משפט.

ובקשר לנושא של בית משפט, ראיתי שלא כדאי לעשות משפטים בנוגע לספרי קבלה. בין שני תלמידים של מ"ע צי"ע מרן קוה"ק הרב יהודה הלוי **אשלג** בעל

הסולם זיעוכי"א היה ויכוח בנוגע לזכויות על ספרי קבלה. הרבה שנים עברו בלי שהם יכלו לסדר את הענין ביניהם. אדמו"ר מורי זצ"ל טען, לפי שיטתו, שהדרך היחידה לסדר את הענין היא להסתדר ביניהם, ללא בית משפט, מפני שבית משפט אינו שייך לקבלה, אין וויכוחים עם האור. הקבלה היא עצמותו של האור, הקבלה היא הנשמה של התורה, והתלמוד וכל לימודי הנגלה הם הגוף של התורה. כמו אצל בן אדם שיש בו את הפנימיות - הנשמה, והגוף שהוא הכלי או כיסוי של הנשמה. כידוע הנשמה היא חלק אלוקי ממעל, אם כן גם הקבלה חלק אלוקי ממעל. ככתוב על מחבר ספר הזהר, רבי שמעון בר יוחאי ז"ל, "ספר הזהר על חמשה חומשי תורה מהתנא האלקי רבי שמעון בר יוחאי ז"ל" מכיון שר' שמעון גילה את סודות הקבלה, הוא מקושר להקב"ה.

ולכן שני התלמידים של מ"ע צי"ע מרן קוה"ק הרב יהודה הלוי אשלג בעל הסולם זיעוכי"א היו צריכים להגיע להסדר ביניהם מחוץ לכותלי בית המשפט. אולם מסיבה כלשהי תבע אחד מהם את השני לבית משפט. לצערינו נפטר אחד מהם באמצע הדיון המשפטי, והשני גם כן נפטר תוך שנה מפטירת הראשון. ברור היה לכולם, לאנשים המקושרים לקבלה ואלה שלא, שהפנייה לבית משפט היתה טעות, ושזה נגד חוקי הקבלה. לכן אדמו"ר מורי זצ"ל הזהיר אותי שלא כדאי לשחק עם אורו יתברך, ובפרט לא ללכת לבית משפט. צריך להמנע, עד כמה שניתן, מלהכנס למחלוקת. עדיף לברוח מהענין, ורק באם יש צורך להראות לזרים שאנחנו **לא** הפקר והם אינם יכולים לעשות כנגד הקבלה כל מה שעולה במחשבתם. צריך ללמד אותם, בצורה כלשהי, שיהודים ששונאים יהודים ובפרט שונאים קבלה, מוכרחים לשלם על התענוג של השנאה.

"אלה שהיו קרובים אליו הרגישו משהו..."

באחד מהמכתבים של אדמו"ר מורי זצ"ל אלי, מזהיר אותי אדמו"ר מורי זצ"ל לא לעבוד או ליצור קשר עם אחד מהתלמידים של מ"ע צי"ע מרן קוה"ק הרב יהודה הלוי אשלג בעל הסולם זיעוכי"א. זה היה בתחילת הקשר בין אדמו"ר מורי זצ"ל וביני. אני שמעתי רק דברים טובים על אדמו"ר מורי זצ"ל מהתלמיד הנ"ל, בפרט על העבודה הנפלאה שאדמו"ר מורי זצ"ל עושה בפירוש מעלות הסולם על השמטות הזהר ועל תקוני הזהר.

אותו תלמיד תרגם כמה ספרים, ובתוכם הוא כותב על אדמו"ר מורי זצ"ל ועל

הקדמת אדמו"ר הרב שרגא פיביל ברג שליט"א

הפעולות של אדמו"ר מורי זצ"ל, ואיך רק אדמו"ר מורי זצ"ל זכה להיות התלמיד המובהק של מ"ע צי"ע מרן קוה"ק הרב יהודה הלוי **אשלג** בעל הסולם זיעוכי"א. למרות שלמ"ע צי"ע מרן קוה"ק הרב יהודה הלוי **אשלג** בעל הסולם זיעוכי"א היו עוד בנים שהיו עוסקים בקבלה, לא היה ביכולתם להמשיך את העבודה של מ"ע צי"ע האדמו"ר זצ"ל על תקוני זהר, כתבי האר"י ז"ל וכן העבודה הכי חשובה של מ"ע צי"ע אדמו"ר זצ"ל - "תלמוד עשר ספירות". רק אדמו"ר מורי זצ"ל הבין מ"ע צי"ע אדמו"ר זצ"ל את כל הלימוד של תלמוד עשר הספירות, ולכן רק אדמו"ר מורי זצ"ל יכול היה להדפיס אותו. ובזה אני מודה מאוד להקב"ה שהיה לי זכות ללמוד באופן אישי את תלמוד עשר ספירות מאדמו"ר מורי זצ"ל.

לאור האמור, לא הבנתי מדוע כתב לי אדמו"ר מורי זצ"ל במכתב "שלא כדאי להיות בקשר עם אותו תלמיד של מ"ע צי"ע האדמו"ר זצ"ל". כידוע, חלק מהשנה הייתי מוכרח להיות בארה"ב לצורכי פרנסה וגם לתמוך בישיבה של אדמו"ר מורי זצ"ל, ופשוט לא חשבתי לשאול את אדמו"ר מורי זצ"ל, עוד פעם על אותו תלמיד, ומדוע חשב אדמו"ר מורי זצ"ל שלא כדאי להתחיל עמו דבר.

כך קרה שעבדתי ביחד עם אותו תלמיד על כמה תרגומים באנגלית. בתמורה קיבל התלמיד תמיכה מהסניף בניו יורק, שם הוא גר. התלמיד היה עני ואביון. דבר אחד ידעתי, שבמשך החיים הוא היה עסוק אך ורק בהפצת לימוד הקבלה, ואי אפשר להגיד שהוא הצליח מפני שמעט מאוד אנשים נמשכו לקבלה. חשבתי שעוד לא הגיע הזמן שהקבלה תהיה מפורסמת בקהל הרחב, כמו היום, בלי עין הרע. נוסף לזה, התלמיד היה לבד, כל ... לא היתה מקושרת כלל לקבלה. חייו היו מאוד מרים, ולמרות זאת הוא המשיך בעבודתו. הוא היה כל כך לבד, עד שבעת פטירתו לא היה אף אחד נוכח בהלוויתו, לא ילדיו, לא אשתו ולא חברים. אדמו"ר מורי זצ"ל, שכבר לא היה בקשר אישי עמו הרבה זמן עקב מעברו לארה"ב, טיפל בהליכי הלוויה וסידור החלקה. בזמן הקבורה היינו רק אדמו"ר מורי זצ"ל ואני. התלמיד חי לבד, ומת לבד.

אף פעם לא חזרתי אל המכתב של אדמו"ר מורי זצ"ל ומדוע הוא ביקש ממנו לא לעשות קשר עם התלמיד הנ"ל.

אדמו"ר מורי זצ"ל היה איש צנוע. ברור לי היום, שאף אחד לא מבין מי אדמו"ר

מורי זצ"ל. אני מוכרח להודות שגם אני לא הבנתי את כל ההיקף ואת דרגת הנשמה של אדמו"ר מורי זצ"ל. הוא התנהג כמו איש פשוט. אלו שהיו קרובים אליו הרגישו משהו, אבל אם הם הרגישו את הנשמה שלו לא יכולים להצטער על אדמו"ר מורי זצ"ל לא בחייו ולא לאחר פטירתו.

נחזור לענין התלמיד ומכתב אדמו"ר מורי זצ"ל. אחרי קרוב לשלושים שנה מאז שאדמו"ר מורי זצ"ל כתב לי את המכתב, בא בנו של התלמיד (שכלל לא ידעתי עליו והתלמיד אף פעם לא הזכיר שיש לו עוד בן), ולאחר קבלת צו מבית משפט שהוא יורש התלמיד הוא הגיש תלונה לבית משפט שאני גנבתי את הספרים של אביו, התלמיד המדובר.

עכשיו, ורק עכשיו הבנתי את כוונת אדמו"ר מורי זצ"ל. עכשיו מובן לי שאדמו"ר מורי זצ"ל ראה לפני שלושים שנים מה יכולה לגרום פעולת השטן, להכניס אותנו לבית משפט, ולבזבז את הזמן שלנו. אבל ב"ה, כמו שהכח של אדמו"ר מורי זצ"ל פעל לפני פטירתו, כך אחרי פטירתו. משך שלושים השנים ראיתי ניסים ונפלאות כמו שהיהודים ראו בים סוף ובמדבר. אדמו"ר מורי זצ"ל יודע את מחשבתי, וב"ה בלי עין הרע אדמו"ר מורי זצ"ל ומ"ע צי"ע מרן קוה"ק הרב יהודה הלוי **אשלג** בעל הסולם זיעוכי"**א** יודעים מה הכונות שלי בנוגע לעבודת הקודש שהם התחילו.

"מה שקרה עד היום הוא כטיפה בים לעומת מה שיקרה..."

כל העזרה שקבלתי במשך שלושים השנים מאדמו"ר מורי זצ"ל ומהאדמו"ר זצ"ל לא היתה הגיונית ולכן ידעתי כי זאת האמת. וגם ידעתי שבלי עזרתם של אדמו"ר מורי זצ"ל והאדמו"ר זצ"ל לא יכולות לצאת כל כך הרבה פעולות, בלי עין הרע. למרות מה שהשונאים שלי, שונאי היהודים, יכולים להגיד עלי, למרות כל האשמות והזבל שזורקו עלי, פעלנו דברים שאי אפשר להכחיש אותם, הם קיימים בפועל. נכון שהרבה אנשים הפועלים במסגרת היהדות גם כן יכולים להתפאר בפעולות שלהם, אבל אני מרגיש שמה שקבעו שאני אהי' הכלי המעביר של אדמו"ר מורי זצ"ל ומ"ע צי"ע מרן קוה"ק הרב יהודה הלוי **אשלג** בעל הסולם זיעוכי"**א**, כבר פעל ובעתיד הקרוב יצאו לפועל פעולות נוספות שלהם, שכל מה שקרה עד היום הוא כטיפה בים לעומת מה שיקרה.

מליוני אנשים היום שומעים את המלה קבלה. עשרות אלפי רבבות יהודים חזרו,

באיזו צורה ודרגה ליהדות. ואלף אלפי נשים וגברים היום הולכים לטבול במקוה. הזכות היא לא שלי, ואני לא כל כך עניו לכתוב זאת. בלי עזרתם של אדמו"ר מורי זצ"ל והאדמו"ר זצ"ל, שאחרי פטירתם עוזרים לי למטרת הפצת הקבלה יותר ויותר מבהיותם בחיים.

היום, בזכות אדמו"ר מורי זצ"ל, שהדריך אותי בכוונות ובזמני טבילת המקוה, אני כבר רואה את התוצאות בפועל על אנשים חולים. אני הלכתי למקוה כל יום לפני שהכרתי את אדמו"ר מורי זצ"ל, אבל אין מה להשוות את טבילת המקוה לפני ולאחרי שהכרתי את אדמו"ר מורי זצ"ל. וגם כל השמות הקדושים שפתאום אנחנו משתמשים בהם בעת הטבילה במקוה הגיעו אך ורק בהשתתפות והשתדלות האדמו"ר ואדמו"ר מורי זצ"ל. ולכן הגילוי של סודות הקבלה בזמנים האחרונים מהיר יותר ויותר ממה שקרה במשך אלפי שנים. הנסים שהיו בעבר נחלתם של המקובלים בלבד, ורק הם ידעו לבצעם, הפכו היום, בזכות אדמו"ר מורי זצ"ל ואדמו"ר זצ"ל, לנחלת הכלל. אנשים פשוטים לומדים וחיים קבלה ומתנסים בה בחייהם.

"שהקבלה רוצה להביא את האדם לעלות מעל הזמן..."

כשפגשתי את אדמו"ר מורי זצ"ל, היו לאדמו"ר מורי זצ"ל כמה תלמידים שלמדו אצלו, ביניהם גם קרובים של אדמו"ר מורי זצ"ל, אדם בשם . . . ועוד כמה. אף אחד מהם לא הי' ברעה ובמחשבה להגדיל ולהפיץ את לימוד הקבלה, בוודאי לא לכל העולם. הם היו מאוד קרובים לאדמו"ר מורי זצ"ל, אבל לא ראו וגם לא הבינו את ההיקף של אדמו"ר מורי זצ"ל. מי שהכיר את אדמו"ר מורי זצ"ל אז, נראה הי' לו כאילו לא הי' כלום בעולם הגשמי. אבל לפי המכתבים אפשר להבין ולראות את המחשבה הגדולה של אדמו"ר מורי זצ"ל.

אדמו"ר מורי זצ"ל סיפר לי כמה פעמים, שהעבודה היחידה שלי תהי' להפיץ את לימוד הקבלה לכל העולם. אבל אם מישהו, חוץ מאדמו"ר מורי זצ"ל, היה מדבר אתי, ולו לפני עשר שנים בלבד, על הפצת הקבלה בכל העולם, אני מוכרח להודות, שבדרך הטבע לא ראיתי איך זה יצא לפועל. אבל זאת למדתי מאדמו"ר מורי זצ"ל, שפעולות ודברים הקשורים בנצח, כמו עבודה בתוך האור והקבלה, יצאו לא בדרך הטבע ולא בצורת המחשבה הרגילה, אלא בדרך בלתי הגיונית. אבל, הזהיר אותי אדמו"ר מורי זצ"ל, אסור להסתכל על הזמן. בגלל שהקבלה

רוצה להביא את האדם לעלות מעל הזמן. ואם אני אשאל מדוע זה לוקח כל כך הרבה זמן, או מדוע לא רואים תוצאות למרות שאני עובד לצורך אורו יתברך, אז, אמר אדמו"ר מורי זצ"ל, אני נכנס לתוך מסגרת של הזמן, בה לא קיימים ניסים ונפלאות.

ועם הלימוד הזה אני חי. אף פעם לא שאלתי "מדוע זה לא יוצא כבר לפועל?" "אני עובד למען הקבלה ואיך זה שהמטרה עדיין לא הושגה?" אני זוכר שכמה פעמים עשינו דברים בלתי הגיונים בנוגע להדפסת ספרים. כאשר הסכמנו עם בעלי בית הדפוס להדפיס איזה ספר ועוד לא הי' לנו כסף לזה, אבל כל בעלי הדפוס, הן בארץ והן בחוץ לארץ, האמינו לנו בלי לשאול אפילו אם יש כסף לשלם להם.

ומה שקרה עם הקרובים הקודמים שהם התחילו לשנוא אותי בלי שום סיבה, אדמו"ר מורי זצ"ל לא שינה או הפסיק את הקשר עמהם, רק שהקשר בינינו (בין אדמו"ר מורי זצ"ל וביני) התחזק ואני התחלתי להוציא לפועל את מחשבת אדמו"ר מורי זצ"ל להפיץ את לימוד הקבלה ברבים. במקום שכל הספרים שאדמו"ר מורי זצ"ל חיבר ישארו במחסן, פתאום כל הספרים יצאו לקהל הרחב. איזה תענוג היה לאדמו"ר מורי זצ"ל. ויכול להיות שבגלל הניסיון שלי בעסקים לפני שנכנסתי עם "כל הראש" והזמן לעבודה של הפצת הקבלה, או מאיזה סיבה אחרת, קרתה ההצלחה. יתכן שפשוט הגיע הזמן שהאדמו"ר יראה את הפירות של חמישים שנות עבודה, וגם העבודה של אדמו"ר מורי זצ"ל בחיים שלו מראה את התוצאות הנפלאות בספרים שאדמו"ר מורי זצ"ל חיבר.

אנשים ראו את ההצלחה של אדמו"ר מורי זצ"ל, ובכל אופן שנאו אותו. שנאה בלי שום סיבה, ושנאת חינם זאת נמשכת עד היום למרות שזה כבר יותר משלושים שנה מאז שפגשתי את אדמו"ר מורי זצ"ל. ובנוסף לשנאת החינם שלהם, אני לא ראיתי או פגשתי את הקרובים האלו כבר יותר מעשרים וחמש שנים, וזה לא הגיוני. האם עשיתי להם רע או דבר מה שהפריע להם? התשובה האמיתית לשנאת החינם שלהם, ובזה אשמתי היחידה, הינה ההצלחה. בעזרתם של מ"ע צי"ע אדמו"ר זצ"ל ואדמו"ר מורי זצ"ל הצלחנו להפיץ את הזהר, ספרי הקבלה ולימוד הקבלה לכל העולם. היום אני מודה למ"ע צי"ע אדמו"ר זצ"ל ואדמו"ר מורי זצ"ל שהחזיקו אותי ונתנו לי את הכח להתעלות מעל השנאה של יהודים

שונאי יהודים. אין שאלה שזה היה מאד קשה לסבול ולראות איך אלו ששונאים ממשיכים שנאת חינם של אלפי שנים, כמו אלו היהודים שונאי יהודים שגרמו לחורבן בית המקדש וגורמים לכל הצרות שנופלות על היהודים מכל אומות העולם.

"אורו יתברך מתנהג אתנו כמו שאנחנו מתנהגים כלפי הזולת..."

גם היום, לא הערבים הם הבעיה שלנו, אלא **אנחנו** הבעיה שלנו, וליהודי קשה ללמוד מההיסטוריה ולשנות את הטבע של שנאה בלי שום סיבה.

אם יהודי ששונא יהודים לא יכול לשנות את הטבע שלו או שלה, גם הטבע בעצמו נשאר ללא שינוי, ללא נס. ולכן במשך אלפי שנים לא הגיעה תשובה מהקב"ה לאותם יהודים שמחפשים נס מהקב"ה. והסיבה היא רק בגלל שיהודי ששונא יהודי, לא יכול או לא רוצה לשנות את הטבע ולכן הגורל לא משתנה. כל הלימוד של אדמו"ר מורי זצ"ל עם חברי ההסתדרות היה אך ורק בנושא של אהבת הזולת. גם הקרובים של אדמו"ר מורי זצ"ל ידעו שהמטרה של אדמו"ר מורי זצ"ל הינה אהבת הזולת. נראה שהם לא למדו, שאין תקוה ליהודי ששונא יהודי להשתנות אלא ע"י קריאה בזהר. המטרה של התיקון שלנו היא לא הזהר אלא, כך לימד אדמו"ר מורי זצ"ל, כמו הסיפור של הלל הזקן והגר שבא להתגייר - **אהבת הזולת.**

לכן, למרות השנים הרבות שהקרובים היו במחיצת אדמו"ר מורי זצ"ל, הם לא למדו כלל את המחשבה העיקרית של אדמו"ר מורי זצ"ל, ולמרות השנים האלו, הם מדברים עלי בצורת שנאת חינם. אני יודע שאדמו"ר מורי זצ"ל מאד שמח שאני זוכר, גם היום, רק את הטוב שלהם, ולא את שנאת החינם שלהם. אדמו"ר מורי זצ"ל הדריך אותי איך לא להיות בתגובה, ואם אני נזהר משנאת חינם ולא נכנס למצב של תגובה, אז אורו יתברך יפעיל דברים נפלאים מעל ההגיון, דברים שאנו קוראים להם 'ניסים'.

הניסים שקרו לנו במשך שלושים השנים קשורים לאדמו"ר מורי זצ"ל ולהתנהגות שלמדתי מאדמו"ר מורי זצ"ל, לא לדאוג ולא לפחד משום אדם אם אתה מתנהג במחשבה של אהבת הזולת. ובלי עין הרע, ההבטחה של אדמו"ר מורי זצ"ל התקיימה עד היום ובע"ה גם בעתיד.

אני יודע מה למדתי מאדמו"ר מורי זצ"ל וב"ה לא סרתי מן הדרך של אדמו"ר מורי זצ"ל והמורה שלו זצ"ל. אותה השאלה, הדגיש אדמו"ר מורי זצ"ל, אפשר לשאול

על תלמידי רבי עקיבא "שלא נהגו כבוד זה עם זה". מאיפה למדו תלמידי רבי עקיבא שלא לנהוג בכבוד אחד כלפי השני? לא מרבי עקיבא?
לכן, המשיך אדמו"ר מורי זצ"ל, אסור לשכוח את המטרה שלנו ולהיות עסוקים הן במחשבה והן בזמן. לא להיות נמשכים אחרי השטן שעובד כל היום איך ליצור ריב בין יהודים בצורות שונות. אם מתנהגים ככה אז לא יכולים לבקש מאורו יתברך להשפיע רחמים, מכיון שהאור מתנהג לבן אדם באותה צורה שאנחנו מתנהגים עם השני, לפי הכלל: "מה הוא רחום אף אתה רחום". בסופו של דבר אותם הרשעים, היהודים ששונאים יהודים, מקבלים את מנת חלקם. הצרה היא שאלו היהודים הרשעים מקבלים את העונש לאחר זמן רב, והם אינם מקשרים בין העונש לעבירה שהם עשו.

"לא יודעים על המתנה החשובה של סעודה שלישית..."

כזכור, למדתי מאדמו"ר מורי זצ"ל שדווקא הדברים החשובים ביהדות מוזנחים, ומה שלא כל כך חשוב מדגישים. אדמו"ר מורי זצ"ל לימד שלפי הקבלה, התפילות אשר בדרך כלל נותנות יותר שפע וברכות הן קריאת התורה וסעודה שלישית. אנו רואים היום בבתי כנסת שכאשר מגיעים לקריאת התורה, רוב המתפללים מתחילים לדבר ביניהם, ויש כאלו שיוצאים החוצה. הם חושבים שזמן קריאת התורה זה זמן חופשי ואפשר לנוח קצת מהתפילות. בנוסף לזה רוב בתי הכנסת היום אינם דואגים שספר התורה יהיה כשר.

ספר הזהר ראה זאת מראש [פרוש הסולם, פרשת ויחי, סעיף שי"ז-שי"ח] ולכן הדגיש שבזמן ימות המשיח "עתידים בני העולם שיצעקו, ולא יהיה מי שישגיח עליהם, יחזרו ראשיהם לכל רוחות העולם למצוא איזה הצלה, ולא ישובו עם איזה רפואה לצרתם, אבל רפואה אחת מצאתי להם בעולם ולא יותר, במקום ההוא שימצאו עוסקים בתורה, ונמצא ביניהם ספר תורה, שאין בו פסול, כשיוציאו אותה, יתעוררו העליונים והתחתונים. וכל שכן אם כתוב בו השם הקדוש כראוי להיות".

"אוי לדור, שנגלה ביניהם ספר תורה (שטלטלו אותה לרחובה של עיר וכדומה כדי להתפלל) ולא נתעוררו עליה למעלה ולמטה (דהיינו שלא נתקבלה תפלתם למעלה משום שתפלתם היתה בלי תענית ובלי תשובה למטה).

ושואל מי יתעורר עליה להתפלל, בשעה שהעולם בצער רב והעולם צריך לגשמים,

צריכים להגלות ביותר את ספר התורה, מחמת הדוחק שבעולם".
אדמו"ר מורי זצ"ל הסביר לי גם את החשיבות של הליכה למקוה לפני מנחה בשבת וענין סעודה שלישית בשבת, שמעט מאוד יהודים נוהגים לקיים. עד שפגשתי את אדמו"ר מורי זצ"ל, מעולם לא שמעתי על החשיבות של הסעודה השלישית, שהיא מסוגלת לשמור על הבריאות. אדמו"ר מורי זצ"ל הוסיף על חשיבות הפיוט "ידיד נפש" ואיך המשפט "אל נא רפא נא לה" מוכיח את עניין הרפואה. מה עוד שהפסוק **א**ני **י**י **ר**ופאיך הוא ראשי התיבות של חודש אייר, בפרט שבאת"בש הפ' מתחלף ל'ו', והפ"ו מדגיש את חדש זיו - אייר. עם כל התפילות על רפואת הנפש והגוף, אין תפילה הדומה לתפילת "ידיד נפש" בזמן סעודה שלישית. לצערינו הרב, המשיך אדמו"ר מורי זצ"ל, היהודים כבר שכחו או לא יודעים על המתנה החשובה של סעודה שלישית.

"דברנו על דברים שבעתיד, שאף פעם לא שמעתי מפיו..."

כמנהגי, מאז שפגשתי את אדמו"ר מורי זצ"ל, הלכתי אליו כל ליל סדר כדי להיות עמו. באותה שנה של פטירת אדמו"ר מורי זצ"ל, סידר אדמו"ר מורי זצ"ל את ליל הסדר בעיר העתיקה. אדמו"ר מורי זצ"ל היה התושב הראשון בעיר העתיקה אחרי מלחמת ששת הימים.
בעת שדפקתי על דלת חדר האוכל, יצא אדמו"ר מורי זצ"ל החוצה לקראתי ובקשני שלא להיכנס. כמובן שהייתי בהלם. זו הפעם הראשונה מזה שבע שנים של הכרותנו, שאדמו"ר מורי זצ"ל אומר לי מלים כאלה. אדמו"ר מורי זצ"ל הסביר לי ש... מאד נגדנו, ואין לו הכח להלחם. ידעתי מזמן שהקנאה מצד ... על הדביקות שלנו קיימת, אבל לא חשבתי ולא הבנתי עד כמה השנאה עמוקה. בכינו, ונפרדנו עד יום י"ח בניסן, יום פטירתו של מורי זצ"ל.
למרות שאנחנו היינו בשמחת החג של פסח, נכנסתי לעצבות כפי שלא הרגשתי בחיי. ביום ראשון, ג' דחול המועד פסח, ח"י ניסן לא יכולתי לסבול יותר את הפרוד והחלטתי בכל אופן ללכת לאדמו"ר מורי זצ"ל. נכנסתי, ואדמו"ר מורי זצ"ל לא הרגיש טוב ושכב במיטה. התברר לי שאדמו"ר מורי זצ"ל, בגלל חשש חמץ, לא לקח את הכדורים שלו לטפול בלב. ישבתי קצת וראיתי ושמעתי איך ... צועקים בגלל שאני נמצא עם אדמו"ר מורי זצ"ל. אדמו"ר מורי זצ"ל לא ביקש שאני אצא מן הבית, אבל הרגשתי את הסבל של אדמו"ר מורי זצ"ל ואמרתי לאדמו"ר מורי

הקדמת אדמו"ר הרב שרגא פיביל ברג שליט"א

זצ"ל שאני רוצה ללכת לכותל ואני אחזור.
בדרך, פתאום עבר עלי פחד נורא שתהיה פצצה ברובע היהודי והתבלבלתי, ולא ידעתי מה לעשות. החלטתי לחזור לביתו של אדמו"ר מורי זצ"ל. בעת שנכנסתי ראיתי שאדמו"ר מורי זצ"ל במצב מאוד קשה. אף פעם לא ראיתיו במצב כזה. אדמו"ר מורי זצ"ל אמר שהוא לא מרגיש טוב אבל פניו של אדמו"ר מורי זצ"ל היו מוארות כאור החמה, בכל שנות הכרותי את אדמו"ר מורי זצ"ל לא ראיתיו מאיר כך.

הדיבור היה קשה על אדמו"ר מורי זצ"ל, אבל דברנו על דברים שבעתיד, דברים שאף פעם לא שמעתי מפיו של אדמו"ר מורי זצ"ל. בינתיים הרופא הגיע והציע שאדמו"ר מורי זצ"ל יועבר לבית חולים. ראיתי שאדמו"ר מורי זצ"ל סירב ללכת לבית חולים. בכל אופן טלפנו למגן דוד אדום. הרגשתי שאדמו"ר מורי זצ"ל כבר מחכה לצאת מהעולם שלנו. התחלתי לבכות ובקשתי מאדמו"ר מורי זצ"ל לא לעזוב אותי, ובפרט לקראת התקופה הקשה שאני עומד לפניה, אבל אדמו"ר מורי זצ"ל כבר החליט לעזוב את העולם שלנו, נשמתו של מאדמו"ר מורי זצ"ל יצאה כאשר על פניו ארשת של שמחה ודביקות. איזה בלבול קרה באותו רגע.

זה היה אחר הצהרים, באמצע חול המועד. בגלל שהפטירה היתה בירושלים, רצינו שהלוויה תהיה באותו יום או באותו הלילה. היתה לנו בעיה למצוא מקוה, מפני שהמקוה של החברא קדישא כבר היה סגור, והיה חוק האוסר על טבילת נפטרים במקוה רגיל. סוף סוף מצאנו מקוה פרטי שבו עשינו את הטבילה.

אז עלתה עוד שאלה, לאדמו"ר מורי זצ"ל היתה חלקת קבר בהר הזיתים, ולא ידענו אם לקבור את אדמו"ר מורי זצ"ל על יד מ"ע צי"ע מרן קוה"ק הרב יהודה הלוי אשלג בעל הסולם זיעוכי"א בהר המנוחות, או בהר הזיתים. אמרתי למשפחה שאני יודע שאדמו"ר מורי זצ"ל ביקש וחיפש להיות אצל המורה שלו, מ"ע צי"ע מרן קוה"ק הרב יהודה הלוי אשלג בעל הסולם זיעוכי"א, וברוך השם, המשפחה קיבלה את הצעתי.

בגלל הזמן הקצר שבין הפטירה ללוויה, לא היה זמן לפרסם את דבר הלוויה, למרות שביקשנו מרשות השידור להכריז על דבר הלוויה, אבל בזמן קצר כזה לא חשבנו שיהיו הרבה אנשים, קרובים ומכירים שישתתפו בהלוויה. כך אכן היה, רק המשפחה.

"אדם אחד, מקובל, שינה את המדינה..."

אדמו"ר מורי זצ"ל נפרד מהעולם שלנו כפי שהיה כל חייו, "איש עניו מאד", שלא חיפש בכלל כבוד כל חייו. כמו שאדמו"ר מורי זצ"ל חי בלי לחפש כבוד, כך בעת יציאת נשמתו, אדמו"ר מורי זצ"ל יצא בלי שום פרסום. כמובן, אחרי שנתפרסמה עובדת פטירתו של אדמו"ר מורי זצ"ל, כבר כתבו כל העיתונים על אדמו"ר מורי זצ"ל ועל מפעל חייו.

כידוע, שאחרי פטירת מ"ע צי"ע מרן קוה"ק הרב יהודה הלוי **אשלג בעל הסולם זיעוכי"א** לא הופיע, בתחום לימודי הקבלה, מקובל בעל שעור קומה כאדמו"ר מורי זצ"ל. הכתבים של אדמו"ר מורי זצ"ל מעידים על הידע של אדמו"ר מורי זצ"ל. כן הסביר לי אדמו"ר מורי זצ"ל בהרבה פעמים, שבוודאי יש עוד מקובלים בעולם, וגם אולי יותר צדיקים ממנו, אבל למעשה צריך לבדוק מה הם כתבו במשך החיים שלהם. יותר חשוב, צריך לבדוק מה היתה היציאה לפועל מהכתבים וההתנהגות שלהם.

התוצאות של אדמו"ר מורי זצ"ל ידועות לכל. אדם אחד, מקובל, שינה את צורת המדינה ללא כל פירסומים הנלוים בדרך כלל לפעולות נפלאות כאלה. וגם הירושה של הספרים של אדמו"ר מורי זצ"ל עזרו לי לשנות את צורת כל העולם. הפצת הקבלה בעולם כפי שהיא יוצאת לפועל בימים אלה, דבר שלא היה קיים בהיסטוריה של עם ישראל, לא היתה מתקיימת ללא עזרתו של אדמו"ר מורי זצ"ל. זכותו יגן עלינו ועל כל עם ישראל, אמן.

קורות חייו של מ"ע צי"ע מרן קוה"ק הרב יהודה הלוי אשלג בעל הסולם זיעוכי"א

תוכן קורות חייו של
מ"ע צי"ע מרן קוה"ק הרב יהודה הלוי אשלג בעל הסולם זיעוכי"א

ילדותו 87
מוריו 88
כשהתלמיד מוכן - המורה מופיע 88
ומיד שם פעמיו לעיר הקודש... 89
לפוצץ מחיצת הברזל 91
ראוי הוא להשתמש בכתרה של תורה... 93
האמת שצריך "יגיעה גדולה..." 94
להדליק נר, שיראה את האוצר... 95
אם זוכים - מבינים אותם... 96
כותב מדי יום שמונה עשרה שעות... 97
להשלים את מפעל חייו... 98
הפך את הרצון לקבל המוטבע בו... 99
לתת בפעם אחת, בכוח גדול... 100
רואה הנך את ההילולא שלי?..... 101

-"אם תזכו, אבוא ואלמדכם".
-"איך תבוא, אחר שאתה נפטר עתה מהעולם הזה"?
-"אין לך עסק בנסתרות, איך תהיה ביאתי לכם, אם בחלום, אם בהקיץ, אם במראה".

(דברי האר"י הקדוש לרבי יצחק הכהן, רגעים לפני מותו)

"ותדע נאמנה, שעדיין לא היה מזמן האר"י ז"ל עד היום הזה, מי שיבין שיטת האר"י ז"ל על שורשו וכו'. והנה ברצון עליון ית' זכיתי לעיבור נשמת האר"י ז"ל, לא מפני מעשי הטובים, אלא ברצון עליון, שנשגב גם ממני עצמי, למה נבחרתי אנכי לנשמה נפלאה זו, שלא זכה בה אדם מעת פטירתו עד היום. לא אוכל להאריך בענין זה מפני שאין דרכי בזה לדבר בנפלאות".

(מ"ע צי"ע מרן קוה"ק הרב יהודה הלוי אשלג בעל הסולם זיעוכי"א במכתב משנת תרפ"ז)

קורות חייו של
מ"ע צי"ע מרן קוה"ק הרב יהודה הלוי אשלג בעל הסולם זיעוכי"א

קרוב לארבע מאות שנים חלפו עד שנמצאה נשמה עצומה ונשגבה כל כך, שתהא ראויה להיות מרכבה לתורת האר"י ז"ל. זכה דורנו שנשמת האר"י הקדוש בחרה לבוא בעיבור בנשמת גדול מקובלי הדור, המקובל האלוקי, מאור עינינו צי"ע מרן קוה"ק הרב יהודה הלוי אשלג בעל הסולם זיעוכי"א.

נשמה מיוחדת שלח אלינו ה' מאוצר הנשמות. נשמה כזו יורדת לעולם אחת לחמש מאות שנה, והיא באה בשליחות מיוחדת - להאיר את עיני הדור ההולך בחושך. מ"ע בעל הסולם בא לעולם כדי לאפשר לאר"י הקדוש להגשים את הבטחתו שיבוא וילמד אותנו את נסתרי תורתו. מ"ע בעל הסולם בא לעולם כדי לפענח את צפונות חכמת הקבלה ולפתוח את שערי החכמה הזו לדורנו דור ימות המשיח.

ילדותו

מ"ע בעל הסולם נולד בה' בתשרי תרמ"ו (1886) בוורשא, פולין. בהיותו ילד בלטה השתוקקותו הרבה לדברי תורה ושקידתו והתמדתו, ימים כלילות, בלמודי תורה. בטרם מלאו לו י"ג שנים היה בקי בש"ס ותוספות. עוד בנעוריו בלטה דבקותו ומשיכתו לפנימיות התורה. בהיותו בן ט"ו שנים, הישגו הגדול יותר היה דבקותו במידת האמת עד כדי כך שלא יכול היה להוציא מפיו דבר שקר. לימים, יאמר לתלמידיו כי אדם אשר הוא מסוגל לרמות בן אדם אפילו רמיה כל שהיא אינו מסוגל להיות עובד ה'.

למודי התורה מלאו את נפשו עד שגדל ונתעלה. בגיל י"ט שנים הוסמך לרבנות על ידי גדולי רבני וורשא, שם שימש כדיין ומורה הוראה במשך שש עשרה שנים. כבר אז ידע את סוד הצמיחה הרוחנית וכדרכם של צדיקים החליט לערוך גלות. ביחד עם חבר ללמודים יצא לדרך. מלבד טלית ותפילין לא לקחו אתם מאומה. פרשה זו בחייו של מ"ע בעל הסולם אינה ברורה דיה כיוון שאדמו"ר מיעט לדבר עליה, אולם יודעים אנו תנאי אחד שהתנה עם עצמו: אם יזמין אותם מישהו לסעוד על שולחנו - מה טוב. ואם לאו - יסכימו שניהם לרעוב ללחם עד שיתעוררו רחמי שמים.

הכח לא עמד לו לחברו, שהיה מורגל לחיי רווחה. קשה היה לו לחזר על הפתחים ולאכול לחם חסד. על זה אמר לו מ"ע בעל הסולם לחברו: "תראה כמה קשה

87

קורות חייו של
מ"ע צי"ע מרן קוה"ק הרב יהודה הלוי אשלג בעל הסולם זיעוכי"א

לקבל לחם חסד מהזולת. כיצד זה מעיזים אנחנו ומוכנים לקבל לחם חסד מהקדוש ברוך הוא?".

מוריו

דבקותו באמת וחפושיו הבלתי נלאים להגיע לשלמות בעבודת השם הביאו אותו לדרכם של חסידות פשיסחא וקוצק. הוא היה מחסידי האדמו"ר מקאלושין, רבי מאיר שלום רבינוביץ זי"ע, נכדו של היהודי הקדוש. לאחר פטירתו נעשה תלמיד בנו, רבי יהושוע אשר מפוריסוב זצ"ל.

כדרכם של חסידי קוצק נהג האדמו"ר מפוריסוב לרחק את תלמידיו האמיתיים ולא לפנקם וללטפם. ככל שהתלמיד היה קרוב יותר דחהו עוד יותר. כשהיה מחלק מצלחתו ב"טיש" היה מדלג על מ"ע בעל הסולם באומרו: לך איני נותן. אותן שנים השיג השגות רוחניות גבוהות ביותר מתוך ששימש את רבו בגופו. כך נתעלה למדרגות גבוהות בעבודת השם.

כשהתלמיד מוכן - המורה מופיע

בצעירותו נמשך מ"ע בעל הסולם לתורת הנסתר ולכח הפנימי הטמון בתורה הקדושה. לימים יצא שמעו של מ"ע בעל הסולם ברחבי פולין כמי שיד לו בחכמת הנסתר. רבים תמהו מאין לו, מי האיש שלימדו תורה זו. אמת קבלית עתיקה אומרת: "כשהתלמיד מוכן - המורה מופיע".

על נסיבות הכרותו של מ"ע בעל הסולם עם עולמה המופלא של הקבלה אנו למדים ממכתב שכתב לקרוב משפחתו. ביום בהיר אחד פנה אליו אדם שלא הכירו מקודם לכן וכבר בראשית שיחתם ראה מ"ע בעל הסולם כי חכמת אלקים מפעמת בו. באותו מעמד הבטיח לגלות לו חכמת הקבלה במלואה ובמשך שלושה ירחים היו עוסקים בכל לילה אחר חצות ברזין עילאין.

"אמנם בכל פעם הפצרתי אותו לגלות לי איזה סוד מחכמת הקבלה והתחיל לומר ראשי דברים ושום פעם לא השלים לי, עד שפעם אחת אחרי הפצרה גדולה השלים לי סוד אחד.... וגילה לי סוד גדול וכולל במקווה שנמדד ונמצא חסר ושמחתי עלתה למעלה ראש כמובן.... ולמחרת בעשרה בניסן שבק (מורי) חיים לכל עלמא..... ולא נתן לי רשות לגלות את שמו".

קורות חייו של
מ"ע צי"ע מרן קוה"ק הרב יהודה הלוי אשלג בעל הסולם זיעוכי"א

יום אחד הגיעו שלושה אברכים לאדמו"ר מפוריסוב. לפי המסופר פנה האדמו"ר לשנים מהם ואמר: "אתם כבר סיימתם כבר את שליחותכם". לשלישי אמר: "לך יש עדיין תפקיד, אתה תמצא מה לעשות". עוד באותו חודש נפטרו השניים מן העולם ואילו השלישי, שלימים התפרסם כמ"ע בעל הסולם החל לרקום אז את תכניותיו בדבר העלייה לארץ ישראל.

ומיד שם פעמיו לעיר הקודש...

חורף 1920, ימים גורליים בתולדות אירופה. עוד לא עברו שנתיים מתום מלחמת העולם הראשונה. מ"ע בעל הסולם חזה ברוח קדשו את אשר צפוי להתרחש ליהודי אירופה והחליט לעזוב את וורשה בדרכו לארץ הקודש משאת נפשו.

באותם ימים הייתה ארץ ישראל חרבה ושוממה, ועז היה חפצו לעלות ארצה, יחד עם קבוצת חסידים. מ"ע בעל הסולם בא בדברים עם יהודים אמידים בעלי בתי עסק ובתי חרושת, והשפיע עליהם להעתיק עסקיהם לארץ ישראל, כדי שיוכלו העולים לפרנס אחרים ולהתפרנס בכבוד.

התכנית החלה להתגשם, למעלה מ-250 חסידים כבר עמדו הכן לקראת מימוש הרעיון, צריפים מיוחדים הוזמנו משבדיה לשמש כמקום מגורים. מ"ע בעל הסולם ציוה לשמור כל העניין בחשאי כי אין הברכה שרויה אלא בדבר הסמוי מן העין.

כמאה חמישים שנה קודם לכן, עלה הרה"ק רבי מנחם מנדל מויטבסק זי"ע לארץ ישראל והתייסר בה כשהוא מיטלטל ממקום אחד למשנהו. כשאמר לקבוע משכנו בכפר פקיעין ולכונן שם ישוב חדש נעמד מולו ואיים עליו (כפי שגילה רבי מנחם מנדל לתלמידיו), כי אם לא יעזבו תוכניתם ויעקרו מן המקום, ינטוש הוא - השטן, עולם ומלואו ולא יטפל אלא רק בהם.... ואכן - רבי מנחם מנדל מויטבסק עזב את פקיעין.

גם כאן השטן לא נח ולא שקט. סוף דבר, תוכניתו של מ"ע בעל הסולם לא יצאה אל הפועל כיון שהשמועה עשתה לה כנפיים ולמגנת הלב החל הספק מכרסם בליבות המשתתפים. אולם, מ"ע בעל הסולם לא נכנע. אף שזוגתו קרבו ימיה ללדת, משהחליט מ"ע בעל הסולם לנסוע - קם ועשה מעשה. על אם הדרך בצ'כוסלובקיה ילדה הרבנית בת ונתעכבה שם, בעוד מ"ע בעל הסולם ממשיך את

קורות חייו של
מ"ע צי"ע מרן קוה"ק הרב יהודה הלוי אשלג בעל הסולם זיעוכי"א

דרכו לארץ ישראל. כך הגיע מ"ע בעל הסולם עם ילדיו לנמל יפו בחג הסוכות תרפ"ב ומיד שם פעמיו לירושלים עיר הקודש.

את הדרך לירושלים מחוז חפצו עשה ימים אחדים רכוב על חמור. את מקום לימודיו קבע בישיבת "חיי עולם". בתחילה עלה במחשבתו להסתיר זהותו לחלוטין ולהתפרנס מיגיע כפיו בכדי לא להשתמש בכתרה של תורה, אולם השי"ת חפץ אחרת. אישיותו הכבירה נתגלתה עד מהרה, ולא חלף זמן מועט עד שנתגלה טיבו - שאין מקצוע בתורה שאין לו בקיאות עצומה בו, ועל כולם ידיעתו המבהילה בתורת הקבלה על כל מדוריה וחלקיה.

באותו זמן הפציר בו הרב יהושוע הורביץ זצ"ל שפגש שם, שיקבלו כתלמיד, ענה לו מ"ע בעל הסולם, שאם יאסוף חבורה של אנשים מתאימים ייסד שיעור, ואכן הפך ביתו מקום משכן למי שרוח ה' מפעמת בקרבו, ולאחר חצות היו מתכנסים בביתו תלמידיו, והיה מוסר להם שעוריו בתורת הקבלה ומשמיע להם דברים נפלאים עמוקים מדי יום, וניכר היה כי שכינה מדברת מתוך גרונו. ובכל לילה אחר חצות היו מסובין עמו והיה מתווה להם עיקרים ודרכים בסתרי הקבלה, בשיעורים שהתמשכו עד עלות השחר.

בשנת תרפ"ד עבר מ"ע בעל הסולם לגבעת שאול, ושימש כרב המקום וכמו"צ. כן הקים במקום כולל אברכים שנקרא בשם "עיטור רבנים". גם שיעוריו בנסתר שכבר היו לשם דבר, מנת חלקם לא נגרע.

תלמידיו הדבוקים בו היו הולכים לילה לילה מן העיר העתיקה עד גבעת שאול (!), בכדי להתיצב בתחילת השיעור אצלו, בשעה אחת לפנות בוקר. חבורה נפלאה של תלמידי חכמים עובדי ה' אלו שנתקבצו סביבו והסתופפו בצילו, היו מוכנים להקריב את כל חייהם במסירות נפש ובלבד שיוכלו להיות במחיצתו, ולהשכיל מפיו את הדרך העולה בית ה', הנהגתם דמתה להנהגת חבורות עובדי ה' שהיו בדורות קדמונים, בקוצק ובגור המקוריים. וכך היו יושבים לילה לילה עד הפציע אור הבוקר ואז היו יוצאים לביתם.

מאוחר יותר כאשר הוחל בהדפסת הספרים נדרש מאת התלמידים לשלם בעד כל שיעור בכדי לממן את הדפסת הספרים, רובם היו בדחקות ובעניות גדולה, אולם

קורות חייו של
מ"ע צי"ע מרן קוה"ק הרב יהודה הלוי אשלג בעל הסולם זיעוכי"א

גם דבר זה לא עיכב בעדם מלבוא לשעוריו תמידים כסידרם. וסיפר תלמידו הרה"ח ר' יצחק אגסי ז"ל שכשהיו יוצאים משיעור אצלו היו מביטים בכל העולם העוסק בעניני חול וגשמיות כעל תרנגולים המנקרים באשפה, ולא היו מסוגלים להבין היאך אפשר לו לעולם להתעסק בהבל.

ומסופר על חג סוכות אחד שהגיעו אליו תלמידיו בערב החג ונשארו בכל ימי החג ולא שבו לבתיהם, וזאת מפני שבכל לילה ערך את סעודת האושפיזין ודיבר עניני סודות התורה גבוהים מאד עד אור הבוקר, ובבוקר לאחר התפילה שוב התישב ודרש בעניני עבודת ה' וחכמת הקבלה בשיא עמקותם עד תפילת המנחה והם, תלמידיו, לא יכלו להתנתק מגילויים מופלאים אלו שיצאו מפיו, ושכחו את ביתם ואת כל משפחתם.

לפוצץ מחיצת הברזל

מ"ע בעל הסולם קיים הלכה למעשה את עצת חז"ל: "רצונך לראות את השכינה בעולם הזה, עסוק בתורה בארץ ישראל". וכך היה מ"ע בעל הסולם מסביר לתלמידיו: (הסיבה) מה שנקראת הקבלה בשם תורת הסוד זה דווקא בארץ העמים (מחוץ לארץ ישראל) אולם כאן בארץ הקודש הלא זהו התורה עצמה ואפשר לעסוק בה כבתורת הנגלה. בתקופה זו הוציא לאור את פירושו הראשון על כתבי האר"י ז"ל ספר "פנים מאירות ופנים מסבירות". לימים הסביר כי כשם שבארץ ישראל קשה העבודה כן מצד האחד היא קלה. לפי שהיו כאן נביאים ואם מגיעים למקום אשר היו שם קל יותר עבודת הבורא יתברך.

בעוד שרבים גרסו כי אל להם לפשוטי עם לעסוק בחכמה זו בהעלותם חששות שונים: למה לי לדעת כמה מלאכים בשמים וכיצד נקראים בשמותם? או הסיכון שמא יתפסו דברי קבלה במשמעותם החיצונית, התאזר מ"ע בעל הסולם עוז ותרץ את כל הספיקות והשאלות באופן מופלא אחת לאחת. בתשובתו המשתרעת על-פני עמודים רבים בהקדמתו לספר "תלמוד עשר הספירות" הוכיח וקבע במסמרות על יסוד דברי רבי חיים ויטאל זי"ע, כי העוסק בתלמוד בלא השגת סודות התורה וסתריה, הרי זה כמי שיושב בחושך ללא נר ה' המאיר בתוכו, ורק בדרך חכמת הקבלה אפשר להשיג את תכלית הבריאה.

מ"ע צי"ע מרן קוה"ק הרב יהודה הלוי אשלג בעל הסולם זיעוכי"א

מ"ע בעל הסולם מצביע שם - כמו בפעמים רבות בשיחותיו - על דבריו של הגר"א מוילנה ב"אבן שלמה" פי"א אשר גזר אומר כי "הגאולה לא תהיה אלא רק על ידי לימוד התורה ועיקר הגאולה תלוי בלימוד קבלה".

על השאלה השניה ניתן לומר ללא ספק כי עם הופעת מ"ע בעל הסולם ותורתו בעולם, סרה מאליה גם תלונה זו. וכפי שמעיד בעצמו להלן שם: "באמת הייתה חומה בצורה מסביב החכמה הזו עד היום, אשר רבים ניסו בלימוד ולא יכלו להמשיך מחסרון הבנה ומחמת הכינויים הגשמיים, אשר על כן טרחתי בביאור "פנים מאירות" ו"פנים מסבירות" לפרש את הספר הגדול "עץ חיים" מהאר"י ז"ל ולהפשיט הצורות הגשמיות ולהעמידן בחוקי הרוחניים למעלה ממקום וזמן באופן שיוכל כל מתחיל להבין הדברים בשכל בהיר לא פחות מכמו שמבינים גמרא על ידי פירוש רש"י."

תלמידיו אשר נקבצו ובאו, היו משמנה וסלתה של ירושלים. הם נקשרו אליו בעבותות אהבה. ראש וראשון בהם היה צי"ע אדמו"ר הרב יהודה צבי ברנדווין זיעוכי"א תלמידו הגדול וממשיך דרכו, הרה"ח רבי דוד מינצברג ז"ל, הרה"ח הרב יוסף ווינשטוק זצ"ל, הרה"ח ר' לוי יצחק קרקובסקי ז"ל, הרה"ח רבי בנימין סינקובסקי ז"ל, ורבים אחרים אשר מ"ע בעל הסולם השיב להם אהבה, היה להם כאב, וחלק עמהם את עומק מחשבותיו.

גודל דבקותם של תלמידיו בו אין לשער. מסופר על אמו של ר' יהושוע הורביץ שגזרה עליו שלא יקום לפנות בוקר ללמוד אצל מ"ע בעל הסולם וענה שהוא מוכרח שיהיה לו רבי, ואינו מכיר אלא שני גדולים בעולם, אחד בארץ ישראל הלא הוא מ"ע בעל הסולם והשני בחו"ל והוא הרבי מבעלז, ואם אינה מרשה לו ללכת אצל מ"ע בעל הסולם, אם כן מוכרח הוא לנסוע אל הרבי מבעלז לפולין אף על פי שהנסיעה כרוכה בקשיים עצומים. ותיכף שסיים דבריו התחיל לארוז חפציו על מנת לנסוע לפולין... נבהלה אמו ואמרה שכיון שרואה שממש מוסר נפשו על ענין זה הריהי מתירה לו ללכת לאדמו"ר זצ"ל.

אחד מתלמידיו, רבי משה יאיר וינשטוק זצ"ל אף מעיד ברבו כי היה בעל רוח הקודש. ומעשה שהיה בתקופת מ"ע בעל הסולם בגבעת שאול. רבי משה יאיר

קורות חייו של
מ"ע צי"ע מרן קוה"ק הרב יהודה הלוי אשלג בעל הסולם זיעוכי"א

וינשטוק שגר בבתי וורשה יצא לדרך באחת משבתות השנה בכדי לשבת בסעודה שלישית במחיצת רבו. בלכתו הרהר כל הזמן במושג הקבלי "אריך אנפין". ותיכף בהגיעו לבית מ"ע בעל הסולם הביט אליו ואמר "בוודאי חושבים אתם על ענייני אריך אנפין..." ופשוט נבהלתי, משמעו - מסיים רבי משה יאיר בהתפעלות - אף שהרבה פעמים הרגשתי שמרן קורא מחשבות שלי כקורא מתוך אגרת אבל אז היה פשוט יוצא מן הכלל".

ראוי הוא להשתמש בכתרה של תורה...

כל יקירי ירושלים העריצהו עד מאד, הרב יוסף חיים זוננפלד זצ"ל כתב אודותיו: "אחד מיקירי ירושלים וחכמיה, העוסק בתורה לשמה ומגלה צפוניה, האי גברא רבא ויקרא ידידי, הוא הקשור במוסרות לבבי, מאז בואו לקבוע דירתו בעיר קדשינו עד אתה לא זזתי מחבבו, עד שהוקרתיו לאח ואחות וצחצחות, כי אמר לחכמה אחותי את, ביראתו הקודמתו".

הגאון רבי חיים שאול דוויק הכהן זצ"ל שהיה ראש ואב לכל חכמי המקובלים דקהילות הספרדים בעיר הקודש כתב: "הן היום גדול נתכבדיתי ראות פני כבוד הרב הגאון המקובל האלקי כבוד קדושת אדמו"ר יהודה הלוי **אשלג שליט"א**... ויהי רצון שיפוצו מעינותיו חוצה, וכסא תורתו יגדל בהוד והדר, להוציא כל ספריו".

הרב אברהם יצחק הכהן קוק זצ"ל כתב: "זקן זה שקנה חכמה ודעת קדושים, והלוכו בקדושה ובטהרה, וראוי הוא להשתמש בכתרה של תורת אמת הגנוזה, בעבודה לשם גבוה". וידוע על הרה"צ כ"ק אדמו"ר ר' יואל מסאטמר זי"ע שהיה הוגה בספריו, ובארון הספרים שבחדרו בלטו ספרי מ"ע בעל הסולם, וכן ידוע על הרב אליהו דסלר זצ"ל (מח"ס מכתב מאליהו) שלמד בספרי מ"ע בעל הסולם רבות, ויסודות רבים מספריו הושתתו על דברי מ"ע בעל הסולם.

עוד מסופר על ידי נכדו של הרה"ג ר' אלי' לאפיין זצ"ל, שבתחילה למד קבלה אצל בעל "הלשם" אולם משיצאו ספרי מ"ע בעל הסולם לאויר העולם לא משה ידו מהם ולכל מקום שנסע לקח עמו ספרים אלו, ועוד רבים רבים נכבדים וגדולים

קורות חייו של
מ"ע צי"ע מרן קוה"ק הרב יהודה הלוי אשלג בעל הסולם זיעוכי"א

שדבקו בכל ליבם בתורת מ"ע בעל הסולם, ומפאת קוצר היריעה לא נוכל לפרטם.

רבים מבעלי הקבלה בימיו חפשו את קרבתו של מ"ע בעל הסולם. קשרי ידידות היו לו עם רבה של טבריא, הגרא"ז ורנר זצ"ל אשר התכתב עמו בענייני קבלה. מכתב ארוך בענייני קבלה עמוקים מופיע בספרו "בנערינו ובזקנינו" פרק כ"ד אל "הגאון המפורסם לשם ולתפארת כ"ק **אדמו"ר** מוהרי"ל **אשלג שליט"א**" שם מרחיב את דברי מ"ע בעל הסולם בספר "בית שער לכוונות". גדולי הדור שהכירוהו אמרו עליו: "מה שעשה ר' חיים מבריסק בנגלה, עשה מוהרי"ל אשלג בנסתר".

והנה למרות פרסומו הגדול נשאר מ"ע בעל הסולם ענוותן כהלל, לא סבל ולא הבין על מה רוצים בני אדם לכבדו.

תלמיד אחר מספר, כי יום אחד נודע כי מ"ע בעל הסולם מתעתד לבקר בטבריה. הלה שחפץ היה ביקרו, פרסם בראש חוצות על דבר בואו של הצדיק המקובל וגם הזמין את רבני העיר לשעה המשוערת מ"ע בעל הסולם יופיע כדי לשחר את פניו. עם בואו של מ"ע בעל הסולם לטבריה נודע לו מפי אותו תלמיד כי ארגן לכבודו קבלת פנים. משמשע זאת מ"ע בעל הסולם העיר לו "וכי מי ביקש זאת מידך?" והתלמיד ממשיך לספר: כבר היה לי "קבלת פנים..." ומה גדול היה צערי, והייתי מטכם עצות כיצד למנוע את עגמת הנפש ממ"ע בעל הסולם.

האמת שצריך "יגיעה גדולה..."

כאדמו"ר חסידי הלך מ"ע בעל הסולם בעקבות תורת הבעש"ט ותלמידיו שהפרידו את ה"יגעתי" מה"מצאתי" לשתי מחלקות. היגיעה בעבודת הבורא צריכה להיות בבחינת "כשור לעול וכחמור למשא", שכן ההשגה שהיא ה"מציאה" בהיסח הדעת היא באה.

וכך אמר מ"ע בעל הסולם לתלמידו רבי יוסף וינשטוק כי "מה שאין בני אדם מחשיבים את הרוחניות הוא מפני שהם חושבים שאין צריך ליתן יגיעה לזה ובכל זמן שירצה לעסוק ברוחניות יעלה בידם. אמנם האמת שצריך יגיעה גדולה". נקודה

קורות חייו של
מ"ע צי"ע מרן קוה"ק הרב יהודה הלוי אשלג בעל הסולם זיעוכי"א

זו מדגיש מ"ע בעל הסולם באמרו "כשאני קם בחצות לילה לעסוק בתורה יהא עיקר החשיבות אצלי היגיעה, לא ההשגה".

גם את יגיעת הגוף החשיב מאוד והיה מקיים זאת בגופו. כשהיה לומד עמד על רגליו שעות ארוכות, עד שנותיו האחרונות שהחל לסבול מיחושים ברגליו. לתלמידיו אמר כי "אם נדמה שבמצב של ישיבה השכל מיושב יותר אינו כן, אלא כל מה שמיגעים יותר את הגוף מצטלל יותר השכל שבמוח". בענין זה הוסיף מ"ע בעל הסולם: יותר טוב לעבוד בענין פרנסה עם הידים מלעבוד עם המוח כי סוף סוף המוח יותר קרוב אל השם יתברך מהידים. על מאמר חז"ל "מה אני בחינם - אף אתם בחינם" העיר בלשונו הצחה: על החינם הזה צריך עבודה גדולה.

להדליק נר, שיראה את האוצר...

כשהגיע זמן התפילה היה מ"ע בעל הסולם מתעטף בהילת דביקות ואור עליון היה נסוך על פניו כזוהר הרקיע. הוא לא היה גורם תנועות חיצוניות, וכך היה אמנם תפילתו בנעימת קול חרישי כשהוא מיחד יחודים וכוונות קדושות, אך המתבונן חש היטב את הסערה המתחוללת בקרבו ומעיו כי המו לבורא עולם עד כלות הנפש.

מ"ע בעל הסולם בטח בקדוש ברוך הוא בשלמות. על התפילה היה נוהג לאמר כי "נוסחת התפילה אף שמסודר בלשון בקשה אמנם הוא בבחינת בטחון". לתלמידיו יאמר: משל לאדם ששם אוצר בחדר חשוך והבן אשר יושב בחדר החשוך מה חסר לו, רק להדליק נר שיראה את האוצר.

מ"ע בעל הסולם ידע כי העבודה שבלב, השנוי הפנימי אותו נדרש כל אחד מאתנו לעשות בכל יום - קשה הוא. ברגעים של יאוש אומר האדם לעצמו: די, כבר עשיתי מספיק. על כך העיר פעם מ"ע בעל הסולם ואמר שאין לאדם להפסיק מעבודת השם יתברך ואמר משל על זה כי באם האדם עומד אצל הנר אפילו עשרים שנה כשילך ממנו - הנר לא יאיר. תלמידיו בקשו ממנו שיבהיר להם את הדרך הנכונה לעבודת הבורא. תשובתו של מ"ע בעל הסולם היתה מדהימה בפשטותה, עצמתה ועמקותה: "הקושי בעבודת הבורא יתברך הוא מפני שאין בו כללים".

קורות חייו של
מ"ע צי"ע מרן קוה"ק הרב יהודה הלוי אשלג בעל הסולם זיעוכי"א

אם זוכים - מבינים אותם...

זמנו של מ"ע בעל הסולם היה יקר מלהקדישו סתם כך לבאים לקנות ממנו ידע בעלמא, ולא היה מקרב כל אדם אלא למי שהרגיש בחושו המיוחד כי הוא מבקש להורות לו דרך להשתנות. גם בשולחנו הטהור שערך בשבתות לא ניתנה רשות להשתתף אלא למקורבים - תלמידיו המובהקים, אשר עמלו באמת להשליך את הרצון לקבל הטבוע בהם. לתלמידיו אמר בזה הלשון: לו הייתי יודע שהיגיעה שלי בשבילכם היה מועיל בשבילכם, יש בי כח לעבוד בשביל כולכם. אמנם לא כן הדבר, כי כל אחד ואחד מוכרח להתיגע בעצמו.

מ"ע בעל הסולם ידע שלא כל תלמיד מתלמידיו מבין את כוונותיו הנסתרות ואף על פי כן האיץ בהם להמשיך וללמוד בנסתר. הוא חזר ואמר להם שמה ששומעים מפי הרב, אף על פי שעכשיו אין מבינים אותם, אם זוכים מבינים אותם אפילו אחרי כמה שנים. למוד עצום ונורא מפיו היה בכל פעם שאמר בשם הבעש"ט זי"ע, כי לפעמים כשרואה היצר הרע שהאדם החליט ללמוד תורה במסירות נפש אז היצר הרע מסיתו שילמוד במקום שלא יצטרך.

באותה תקופה הגיע מפולין לירושלים גבאי האדמו"ר מפוריסוב ר' איצ'ע מאיר זצ"ל, ומאז היה מקורב אצל מ"ע בעל הסולם ובא להשתתף בשעוריו ואף שימש אותו. פעם שאלו מ"ע בעל הסולם איזה תשלום הוא רוצה עבור זה שהוא משמשו, וענה שרוצה לילך עמו למקוה. כשבאו, ראה ר' איצ'ע מאיר שמזמן כניסתו לחצר המקוה ועד יציאתו עברו שלש דקות בלבד. כששאלו מדוע ממהר כל כך ענה לו מ"ע בעל הסולם: במקוה אסור לחשוב בעניני קדושה, ואצלי דקה אחת לא לחשוב בדבר קדושה גרוע ממה שבאים לשחטני.

עם זאת היו מקרים שלבו הרחום לא יכול לשקוט והיה מחולל פלאים בברכותיו. ומעשה שהגיע אליו יהודי וביקש ברכה עבור אשתו החולה, מ"ע בעל הסולם בקשו כשיהא שינוי יבא לספר לו, בינתים הבריאה האישה והלה התמהמה מלבוא. מ"ע בעל הסולם שלח אחריו. הוא הגיע בדמעות שליש ופיו מלא תהילה על הנס שהתרחש, ואז גילה מ"ע בעל הסולם כי כל זמן שלא באים לספר לו הוא מתפלל ולכן יש להודיע לו מיד.

קורות חייו של
מ"ע צ"ע מרן קוה"ק הרב יהודה הלוי אשלג בעל הסולם זיעוכי"א

כותב מדי יום שמונה עשרה שעות...

בשנת תרפ"ו נסע מ"ע בעל הסולם ללונדון ושם כתב את פירושו הנפלא "פנים מאירות" ו"פנים מסבירות" על ספר "עץ חיים" להאר"י זצוק"ל. וכך סיפר יהודי אחד שזכה לשמשו שם: "מראהו כמלאך ה' צבאות. יושב היה בחדרו שקוע ללא הפסק בכתיבה, כותב מדי יום שמונה עשרה שעות ויותר. פרוש מכל עניני העולם ממש". כך ישב מ"ע בעל הסולם משך שנה וחצי וכתב, ולא יצא את חדרו זה עד שסיים כתיבת ביאורו. לימים יאמר: "בזה נכשלים הרבה עובדי השם יתברך, במה שנדמה להם שעובדים עד קצה גבול היכולת. האמת היא שהם יכולים לעבוד יותר".

בשנת תרפ"ז הודפס הספר "עץ החיים" עם ביאוריו הנ"ל, ובשנת תרפ"ח חזר לארץ ישראל. בשנת תרצ"ב עבר מירושלים ליפו. בשנת תרצ"ג הודפס ספר "מתן תורה", אוסף מאמרים שכתב מ"ע בעל הסולם ובו מבהיר את הצורך החיוני להפצת הלימוד של חכמת הקבלה. ספר זה מאיר בשפה פשוטה את עיקרי חכמת הקבלה ואת המהות האמיתית של המושג "ואהבת לרעך כמוך".

אז החל לחבר את חיבורו הענק הכולל לכל כתבי האר"י זצוק"ל, "תלמוד עשר הספירות". שם קיבץ קטעים מכל כתבי האר"י, לא לפי סדר או זמן כתיבתם אלא לפי סדר השתלשלות החכמה בדרך סיבה ומסובב, החל מן העולם הראשון הנקרא עולם "אין סוף" ועד העולם הזה. ט"ז חלקיו קובצו לשבעה כרכים נפלאים הנחשבים לעמוד השדרה של הבנת חכמת הקבלה.

העניות והדחקות בביתו היו עצומים, לא היתה פרוטה לפורטה, ותלמידיו היו מביאים מצרכי מזון, בכדי שיוכלו בני ביתו להחיות נפשם בדבר מה. אולם הוא לא שת ליבו לכל אלה, ונפשו היתה קשורה בקשר אמיץ ובל ימוט לבורא יתברך, כפי שמתבטא באחד ממכתביו: "... שלא לכבודי ולצרכי, חברתי את הספר, זולת למענו ית' ויתעלה בלבד" (תרפ"ז), ובכן כותב: "כי כבר שעבדתי את עצמי לשם יתברך לעבוד לפניו בכל אשר אמצא. אין עבודה כבדה שיבצר ממני למען כבוד שמו יתברך. אדרבא, אני אוהב תמיד, ומהדר אני אחר יגיעות גדולות לנחת רוח לו יתברך" (תרפ"ח).

קורות חייו של
מ"ע צי"ע מרן קוה"ק הרב יהודה הלוי אשלג בעל הסולם זיעוכי"א

להשלים את מפעל חייו...

בשנת תרצ"ד עבר מ"ע בעל הסולם להתגורר ברחוב בן פתחיה בבני ברק והקים שם בית מדרש. בבני ברק נתחבב על החזון איש זצ"ל שגר בשכנות אליו. הידידות ביניהם היתה רבה, כשנודע לחזון איש זצ"ל כי רבינו הקים תנור לאפיית מצות בביתו בא החזון איש זצ"ל בערב פסח עם שקית הקמח שהכין ואפה מצותיו בתנור זה.

באותה תקופה, החלו רבים משחרים לפתחו, אך מ"ע בעל הסולם גמר אומר להשלים את מפעל חייו בכתיבת ביאור מקיף על ספר הזוהר. הספרים שהוציא לאור קודם לכן, "פנים מאירות" ו"פנים מסבירות" על ה"עץ חיים" לא היו קלים להבנת כל מתחיל. גם "תלמוד עשר הספירות" שנכתב אחריהם בשפה צחה ופשוטה יותר או ספר "בית שער הכוונות" עם פירוש "אור פשוט" וכן ספר "האילן" הקדוש, כולם באו לבאר את כתבי האר"י ז"ל, ובזה לא שלמה עדיין המלאכה. מ"ע בעל הסולם שאף לתרגם ולפרש את ספר הזוהר הקדוש. מ"ע בעל הסולם רצה שספרו הקדוש של רבי שמעון בר יוחאי יהיה בהישג ידו של כל יהודי וכל משפחה מישראל.

בעיצומם של ימי מלחמת העולם השנייה, בשנת תש"ג, החל בחיבורו הענק: פרוש "הסולם" על ספר הזוהר הקדוש. מ"ע בעל הסולם השקיע את כל כולו בכתיבת חיבור זה, ועל אף דלקת פרקים קשה שהסבה לו יסורים גדולים היה יושב וכותב מעל שמונה עשרה שעות מדי יממה! לעיתים התנפחו ידיו מחמת הכתיבה, אולם הוא לא שעה לכל הדברים הללו, ובדבקות נפלאה כתב.

הרעיונות לא הוצרכו לעבור תהליכים של עריכה וטיוטה, הם נבעו הישר מתוך השגתו העצומה בעולמות הרוחניים אל תוך הדיו והניר שלפניו. כך יצאו מתחת ידו אלפי גליונות. כל הרואה את כמות החומר האין סופית שיצאה מתוך קולמוסו עומד משתאה ומשתומם, לנוכח תופעה על אנושית זו. קשיים רבים עמדו אז בפניו ובין השאר העניות והדלות האיומה שהיכתה בכל, ומחמת זאת היו קשיים גדולים להשיג כספים לצורך ההדפסה, עלות ההדפסה היתה יקרה אז מאד וכן עלות הניר, ובמקומות רבים כתב מ"ע בעל הסולם שרצה להאריך אולם מחמת עלות

קורות חייו של
מ"ע צי"ע מרן קוה"ק הרב יהודה הלוי אשלג בעל הסולם זיעוכי"א

הניר הריהו מקצר. בנוסף לכתיבתו, קיים גם את שעוריו בפני חבר תלמידיו שהגיעו מכל הארץ, ולא פסק פומיה מגרסיה כל היום וכל הלילה.

מ"ע בעל הסולם המשיל את ספרו לסולם ועליה, בנמקו בכך את קריאת שם הביאור "הסולם". וכה נשא משלו ואמר: "אם יש לך עליה מלאה כל טוב אינך חסר אלא סולם לעלות בו ואז כל טוב העולם בידך. אמנם אין הסולם מטרה בפני עצמו. אם תנוח בשלב מסוים ולא תכנס אל העליה לא תושלם כוונתך. כן הדבר בביאור שלי, כי לבאר עומקם של דברים עד תום עוד לא נברא הביטוי לזה, רק עשיתי דרך ומבוא לכל אדם שיוכל להעמיק ולהכנס לעליה - היא הזהר גופו....."

הפך את הרצון לקבל המוטבע בו...

בראש חודש אדר תשי"ג סיים כתיבת פירוש האדרא זוטא שבסוף ספר דברים. שמחתו של מ"ע בעל הסולם היתה לאין שיעור וחגג את השמחה בצפת תוך שירה וזמרה. מסיבת סיום ההדפסה וההוצאה לאור נחגגה בסעודת מצוה ברוב עם בל"ג בעומר במירון (רק ב' הכרכים האחרונים הודפסו אחר הסתלקותו). השמחה נמשכה שבעה ימים בסעודות מצוה שנערכו כל ערב בביתו שבת"א תוך שירה וריקודים.

שמחתו, שמחה דקדושה, היתה נסוכה על פניו בנהרה גדולה. הוא נשא אז שיחה עמוקה על ענין הדביקות בין האדם ליוצרו, שהיא התכלית הנרצית מכל עבודת האדם בתורה ומצוות, וכל תלמידיו שנכחו במקום הרגישו רוממות הקודש שאפפה אותו לעילא לעילא.

שמחת כולם פרצה כמעין שמימיו עלו על גדותיו, התלמידים פרצו בריקודים סוערים, ואחד מהם ר' אברהם אשכנזי הי"ו נטל את כל הכרכים על ראשו ורקד עימם עד כלות הנפש, "ומי שלא ראה שמחה זו לא ראה שמחה מימיו".

והנה ברצוננו להביא כאן מן המעט מתוך שיחתו הנפלאה שנשא במירון:

"ובזה אנו מבינים מה צדקו דברי חז"ל, שפירשו הכתוב "ולדבקה בו" שהוא הדביקות במדותיו: מה הוא רחום אף אתה רחום, מה הוא חנון אף אתה חנון. כי לא הוציאו הכתוב מפשוטו, אלא להיפך, שפירשו הכתוב לפי פשוטו בתכלית, כי

קורות חייו של
מ"ע צי"ע מרן קוה"ק הרב יהודה הלוי אשלג בעל הסולם זיעוכי"א

הדביקות הרוחנית לא תצוייר כלל בדרך אחרת אלא בהשואת הצורה. ולפיכך על ידי זה שאנו משוים צורתנו לצורת מדותיו יתברך, אנו נמצאים דבוקים בו.

וזה שאמרו חז"ל: מה הוא רחום וכו' כלומר, מה הוא יתברך כל מעשיו הם להשפיע ולהועיל לזולתו ולא לתועלת עצמו כלל. שהרי הוא יתברך אינו בעל חסרון שיהיה צריך להשלימו וכן אין לו ממי לקבל. אף אתה כל מעשיך יהיו להשפיע ולהועיל לזולתך, ובזה תשוה צורתך לצורת מדות הבורא יתברך, שזו הדביקות הרוחנית וכו'. ולפי זה מובנת מאליה מעלת האיש שזכה שוב להדבק בו, שפירושו שזוכה להשואת הצורה עם השם יתברך על ידי זה שבכח התורה והמצוות הפך את הרצון לקבל המוטבע בו, אשר הוא הוא שהפריד אותו מעצמותו ועשהו אותו לרצון להשפיע. וכל מעשיו הם רק להשפיע ולהועיל לזולתו, שהוא השוה את הצורה ליוצרה. נמצא ממש בדומה לאותו אבר שנחתך פעם מהגוף וחזר ונתחבר שוב עם הגוף, שחוזר לדעת מחשבותיו של כללות הגוף כמו שהיה יודע טרם שנפרד מהגוף.

אף הנשמה כך, אחר שקנתה השואה אליו יתברך, הנה היא חוזרת ויודעת מחשבותיו יתברך כמו שידעה מקודם שנפרדה ממנו בסיבת שינוי הצורה של הרצון לקבל ואז מקויים בו הכתוב, דע את אלוקי אביך, כי אז זוכה לדעת השלמה שהיא דעת אלוקית, וזוכה לכל סודות התורה, כי מחשבותיו יתברך הן סודות התורה".

לתת בפעם אחת, בכוח גדול...

מ"ע בעל הסולם שאף לגלות עוד ועוד מן השגותיו הרוחניות בכדי לקדם את העולם יותר ויותר לתכלית הנרצית, וסיפר פעם, שלו היה מפרש כל הזוהר הקדוש בהרכבה מספקת, היו יוצאים לכל הפחות מאתיים כרכים של הזוהר הקדוש! כמו כן חפץ לעשות חיבור על כל אגדות חז"ל שבש"ס ובמדרשים אלא שלא עלתה בידו. אולם יש לנו לשמוח ברכוש העצום שכן השאיר אחריו: עשרים כרכים של הזוהר הקדוש עם פירוש "הסולם", ז' כרכים של "תלמוד עשר ספירות", ספר "עץ חיים" עם ביאור "פנים מאירות ופנים מסבירות", ספר "מתן תורה", ספר "בית שער הכוונות", ועוד. בנוסף לשירים רבים שחיבר ברוח קדשו, כולם מלאי דבקות

קורות חייו של
מ"ע צי"ע מרן קוה"ק הרב יהודה הלוי אשלג בעל הסולם זיעוכי"א

ורוממות השם יתברך, אפופי סודות ורזין וגילויי מדרגות האלוקית על כל גווניהם המופלאים. כן חיבר נגונים רבים הנלקחים כולם מעולם העליון, ספוגים בגעגועים ובכסופים עד כלות הנפש לבוראו ית', ומלאי שמחה וגיל בהתגלות השי"ת אליו.

אלפי אלפים של גליונות כתובים יצאו מתחת ידו של מ"ע בעל הסולם, ים של נושאים מחשבות ומילים. והנה כל המביט במפעל חייו משתומם לנוכח גדלותו העצומה, ותמה איך זכה להשגות ומהלכים בעולמות הרוחניים, ובדבקות היותר נעלה שבמציאות הניתנת לבן אנוש, להדבק בהשי"ת. כיצד הגיע מ"ע בעל הסולם לזה? מהו אותו כח תמיר שנסוך היה ברוחו הכבירה? לכאורה דבר זה מפורש בקטע הראשון של מאמרינו, אשר נשמת האר"י זצוק"ל נתגלגלה בו.

התשובה האמיתית לכך מסתכמת בשתי תיבות: "הרצון להשפיע". יסוד גדול הוא במשנת מ"ע בעל הסולם ומופיע בכל כתביו אשר יסודה של הבריאה הוא "ברצון לקבל" המוטבע בכל נברא: דומם, צומח, חי, ומדבר, כל חד לפי ערכו.

מ"ע בעל הסולם ראה ברצון לקבל לעצמו את שורש הרע. "כל כך הרבה זמן אני מדבר שהרצון לקבל הוא קליפה ואינם מאמינים לי כי אם היו מאמינים לי בוודאי היו משליכים את הרצון לקבל". עיקר העבודה הרוחנית בעיני מ"ע בעל הסולם היתה השנוי הטבע המוטבע בנו והפיכתו להשפעה לזולת. על כך אמר כי "שעור העבודה שאדם מוכרח לתת, מוכרח לתיתו בפעם אחת, בכוח גדול". ואמר משל על זה, כי אם האדם רוצה לשבור חתיכת עץ מן השולחן, באגרופו, הוא מוכרח ליתן על זה כל הכח בפעם אחת, כי אם ידפוק לאט לאט לא ישבור לעולם.

לפי רום ערכו הגיע מ"ע בעל הסולם לכך שרק ה"רצון להשפיע" האדיר פעם בתוכו, והוא שגרם למ"ע בעל הסולם להשפיע ידע רב כל כך כמעיין המתגבר.

רואה הנך את ההילולא שלי?.....

בחג הסוכות תשי"ד, כשנה לפני יציאתו של מ"ע בעל הסולם מן העולם, תמהו ודאגו תלמידיו. פניו נהרו באור גדול. מ"ע בעל הסולם דיבר שלא כמנהגו דברים רבים על אודות מה שעבר בימי חייו. עשרה חדשים עברו. כבכל שנה ושנה, חיפשו תלמידיו אחר אתרוג מהודר כבר מר"ח אלול. אך בשנה זו, שנתו האחרונה, כאשר

קורות חייו של
מ"ע צי"ע מרן קוה"ק הרב יהודה הלוי אשלג בעל הסולם זיעוכי"א

חיפשו עבורו אתרוג, אמר להם: שנה זו אין אתם צריכים לחפש אתרוג עבורי מוטב שתחפשו עבור עצמכם אתרוג מהודר.

את חוליו האחרון עבר מ"ע בעל הסולם מתוך שלות נפש נפלאה. פיו לא פסק מלשנן דברי תורה. בערב יום הכיפורים תשט"ו ביקש ללבוש את בגדי החג המיוחדים לערב יום הכיפורים. מ"ע בעל הסולם קם ממטת חליו ועמד מספר דקות אחוז במחשבותיו הקדושות, ושוב חזר לשכב על מיטתו ופניו הטהורות זהרו באור מיוחד. באותו רגע נכנס הרופא המטפל, אשר בביקורו אצלו של היום הקודם קבע כי שעותיו ספורות. לכששמע שמ"ע בעל הסולם קם ממיטתו לאחר חודשיים שהיה רתוק למיטה, היה מלא השתאות, ואל מול מראה פניו המאירים של מ"ע בעל הסולם אמר בהתרגשות: כעת מוכרח אני להאמין כי יש נשמה רוחנית באדם.

בליל יום כיפור בעת התפילה שאל מ"ע בעל הסולם את שעמד לצידו, האם רואה הנך את ההילולא שלי? קהל המתפללים היו אחוזי חלחלה מפני הבאות. למחרת, ביום הכפורים שנת תשט"ו, ציוה להקדים את התפילה בשעתיים. כאשר הגיע החזן, ר' משה ברוך למברגער, לפסוק "אורך ימים אשביעהו ואראהו בישועתי", לא יכול היה להמשיך. הוא חזר על המילים כמה וכמה פעמים, עד שקראו לו לחדר של מ"ע בעל הסולם, שבמילים אלו "אורך ימים אשביעהו" יצאה נשמתו הקדושה והטהורה וחזרה ודבקה בכור מחצבתה, זכותו תגן עלינו ועל כל ישראל, אמן.

להקת יונים לבנות חגה מסביב לחדר בו יצאה נשמתו. נדמה היה כאילו השמש הסתתרה ואפילה ירדה לארץ. נגנז ארון האלקים, האור המופלא של מ"ע המקובל האלוקי מרן רבי יהודה הלוי אשלג זיעוכי"א. אך לא אלמן ישראל וה' ברחמיו והניח לנו את צי"ע אדמו"ר הרב יהודה צבי ברנדווין זיעוכי"א להמשיך את השלשלת, ואז החל אורו לזרוח בעולם.

קורות חייו של צי"ע אדמו"ר הרב יהודה צבי ברנדוויין זיעוכי"א

תוכן קורות חייו של צי"ע אדמו"ר הרב יהודה צבי ברנדוויין זיעוכי"א

"כלי גדול לקבלת אורה ..." 105
"מבעד לקפוטה מזדקרים מסמרי בנין ..." 106
"כל העני מחברו הרי זה משובח ..." 106
"אצלי חשוב הראש ולא הכיפה ..." 107
"אש גדולה של אהבת ישראל ..." 109
"מצוות שבין אדם לחברו קודמות ..." 110
"בית ספר לאהבת הזולת ..." 112
"לפעול בתוך קהל החופשיים ..." 113
"פסק לפעום הלב הטוב ..." 114

קורות חייו של צי"ע אדמו"ר הרב יהודה צבי ברנדוויין זיעוכי"א

"כלי גדול לקבלת אורה ..."

צי"ע אדמו"ר הרב יהודה צבי ברנדוויין זיעוכי"א, האדמו"ר מסטרטין, חושף צפונות הקבלה לפשוטי עם, נולד בי"ג אדר תרס"ג בעיר המקובלים, צפת.

הוא ידע יסורים רבים בימי חייו. במלחמת העולם הראשונה נאלץ לנדוד להונגריה והיה תלמיד בישיבה של הרבי מסטמאר, שם אכל לחם צר ומים לחץ ולמד תורה. כשחזר לארץ ישראל עבר יחד עם אביו לעיר העתיקה בירושלים. היה מטובי הלומדים של ישיבת החסידים "חיי עולם", ברחוב חברון בעיר העתיקה.

בגיל צעיר החל ללמוד קבלה ותורת הנסתר. הוא בחר לו כרב ומורה את גדול המקובלים, מ"ע צי"ע מרן קוה"ק הרב יהודה הלוי אשלג בעל הסולם זיעוכי"א, שנודע לימים כ"בעל פרוש הסולם לספר הזהר".

רבו זה אמר עליו, שהוא "כלי גדול לקבלת אורה". הוא נשא לאשה את בתו היחידה של המקובל המופלא רבי שלמה וכסלר, שילדה לו תאומים ומתה בצעירותה.

אלמן, ומטופל בפרנסת שני יתומים, קיבל עליו "בעל היסורים", כפי שקראו לו יושבי העיר העתיקה, עול מצוות עבודה. פעם, כשהפרוטה לא היתה מצוייה בכיסו יעצו לו ידידיו להגר לארצות הברית. "יש שם הרבה חסידי סטרטין" - שידלו אותו - "הם בוודאי יעזרו לך". אולם אדמו"ר דחה בתוקף את ההצעה. הוא לא נתן לעניני חומר להכתיב את חייו.

לימים, נשא לאשה את אחותה של אשת רבו והיה לא רק לתלמיד נאמן אלא גם לגיסו. רבו הפקיד בידיו את סידור כתביו ואת עריכת "פרוש הסולם" ויחד ראו את ספרי הזהר, מתורגמים, מפורשים ויוצאים לאור.

הוא לא רצה להתפרנס מכספי צדקה, הוא נטש את כס ההוראה בישיבה, הפשיל שרווליו, והפך לפועל בנין. בירושלים דיברו על כך בהשתאות: "רבי יהודה צבי, הנצר לבית סטראטין, המקובל והלמדן, עובד כטפסן?" אך הוא היה אומר: "כאשר אני חוגר לגופי את אבנט הטפסנים חש אני התעלות נשמה מאין כמוה". לא פעם פצע אצבעותיו בעת תקיעת מסמרים לקורותיו של בניין חדש. ידיו זבו דם, אבל הוא הוסיף לעמוד על הנדבכים ולעשות במלאכה, כשפניו זוהרות באור יקרות.

קורות חייו של צי"ע אדמו"ר הרב יהודה צבי ברנדוויין זיעוכי"א

"מבעד לקפוטה מזדקרים מסמרי בניין ..."

על נדבכי הבניינים הכיר את הפועלים וגילה כלפיהם שפע של אהבת ישראל. הם כיבדו אותו בראותם את מסירותו לעבודתו, והוא היה מספר להם סיפורי צדיקים כדי להרנין לבותיהם.

באוזני מלוויו לחש: "כאשר אני רואה את היהודים הללו ואת הזיעה הניגרת מהם בשעת העבודה, אני מקנא בהם ומאחל לעצמי אחד מששים של מאמץ זה בעבודת הבורא".

במו ידיו קיים את מאמר חכמינו ז"ל: "גדול הנהנה מיגיע כפיו יותר מירא שמים". התעמק בתורה מחד והיה פועל בנין מאידך.

"כיום עוד עומדים בירושלים - בתל ארזה, בשכונת הבוכרים ובשערי חסד - הרבה בתים על תילם שבניתי בזמנו", סיפר אדמו"ר בהנאה ניכרת, "במרוצת הזמן הייתי לטפסן סוג א'. השתכרתי אז עשרות גרושים ביום".

לאחר יום עבודה מפרך בבניין, היה ממהר להתעטף בקפוטת המשי החסידית שלו, חובש את כובע הקטיפה רחב השוליים, וממהר לבית המדרש. "בשעה ארבע וחצי עזבתי את הפיגום ובחמש כבר ישבתי בישיבה שלי ולימדתי שעור בזהר". פעם, גילו המתפללים כי מבעד לקפוטה שלו מזדקרים מסמרי בניין ארוכים, כי הוא לבש את הקפוטה מעל לחגורת הטפסנים עמוסת המסמרים.

הוא עבר לתל-אביב, וגם כאן עבד תחילה כפועל. אבל חבריו ותלמידיו לחצו עליו שיפתח לו בית מדרש. כמה מעריצים הקדישו לו בית ברחוב אהרונסון וכאן החל מקיים שיעורים קבועים בתורת הנגלה ובתורת הנסתר. חבורה של תלמידים מקשיבים דבקו בו והוא הראה גדולות בתורה וב"קבלה". מרחוב אהרונסון, שעל שפת הים, עבר לרחוב הלל הזקן שבקצה כרם התימנים. כאן, בין דלת העם, ביכר לשבת, ביתו נעשה פתוח לכל דל ולכל סובל. הוא הרבה לעשות מעשי חסד וקירב רחוקים אל המאור שבתורה.

"כל העני מחברו הרי זה משובח ..."

אדמו"ר היה דור ששה-עשר למגידות ואדמו"רות, בשולשלת המפוארת של תנועת החסידות, אותה יסד ר' ישראל בעל-שם-טוב. שורשיו נעוצים בגליציה המזרחית בעיירה "סטראטין", שם ישב ר' יהודה צבי, תלמידו הגדול של "השרף מסטרליסק", אבי השולשלת של חסידות סטראטין.

קורות חייו של צ"ע אדמו"ר הרב יהודה צבי ברנדוויין זיעוכי"א

חצר חסידית זו הלכה אחרי הפשטות והיתה מקום משיכה לפשוטי עם. מספרים על רבי יהודה צבי שקיבל פעם אחת מאחד מחסידיו יין בכוס מצופה זהב. קידש עליה הרבי, וכשטעם מן היין ראה את הכוס שהיא זהב. קרא לחסיד ואמר לו: למה בזבזת כספך לקנות כוס של זהב במקום לתת אותו לעניים? אמר החסיד: רבי, הכוס לא זהב אלא מצופה זהב. אמר הרבי: אם כן ודאי שלא עשית כהלכה, שהרי זו אחיזת עיניים, צביעות, ואין דבר מאוס מזה.

הלך ומזג את היין לכוס של בדיל, ואת הכוס המוזהבת נתן לעני שימכור אותה בשוק ויחיה מן הפדיון. אנשי סטראטין היו אומרים: כל העני מחברו הרי זה משובח.

הרבי מסטראטין ראה בתפילת "נשמת כל חי" את החשובה שבתפילות, משום שנאמר בה "שוועת עניים אתה תשמע, צעקת הדל תקשיב ותושיע". חסידי טשורטקוב השכנה התפארו ברבם שהוא אוכל מכלי זהב, ואנשי סטראטין סיפרו בגאוה שרבם אוכל מכלי בדיל ועץ.

כשני דורות לפני מלחמת העולם הראשונה הוכרחו חסידי סטראטין לעקור ממקומם, עלו לישראל והשתקעו בצפת עיר המקובלים. לשם עלה רבי אהר'לה, ואחרי הסתלקותו ניהל בה את החסידות של סטראטין בנו רבי אברהם זצ"ל.

נכדו אדמו"ר, בנו של רבי אברהם, הפך להיות האדמו"ר מסטראטין.

"אצלי חשוב הראש ולא הכיפה ..."

אלה אשר היו קרובים אליו, ואשר הכירוהו בחיי היום יום שלו, ידעו עד כמה איש חכם הוא. הוא היה פיקח מאד, מהיר תפיסה והבנה. הוא גם הכיר היטב את "עולם העשיה" וידע את כל נפתולי החיים הציבוריים. אבל, מעולם לא הפעיל את פיקחותו לאפיק זה. את כל מלוא עומק תבונתו כיוון אך ורק לדברים שברוח. הוא ידע להתעלות מעל זרם החיים. את משאבי חכמתו ניצל כדי לקרב רחוקים ועל מנת להטיב דרכם.

אפשר היה לראות אותו לא פעם במצבים עדינים. הוא נתקל עם "חכמים" אשר ניסו להוכיח לו עד כמה הם "כופרים" ומה עמוקה היא ה"אפיקורסות" שלהם והוא, בעדינות ובטוב טעם, פירק את דבריהם והוכיח להם, כי אין להם אפילו מושג "אפיקורסות" מהי. הוא לא דיבר בהרמת קול ולא ניסה לשכנע על ידי משפטים חתוכים ו"מפוצצים". קשה היה להוציא אותו משלוות רוחו. בעיניו

קורות חייו של צי"ע אדמו"ר הרב יהודה צבי ברנדוויין זיעוכי"א

הטובות והנוצצות הביט בפני איש שיחו ולאחר מכן אמר את דברו, בנעימות ובמלים פשוטות אבל מאד משכנעות.

הוא היה מטבעו מליץ יושר ואוהב ישראל, חיפש את הטוב - ובשום פנים לא רצה להשלים עם הגדרות שגבלו עם קיצוניות. כמי שעוסק ב"קבלה", חיפש והתאמץ לגלות את הניצוצות שבקדושה הנמצאים בפרט ובכלל.

היה בו קסם אישי לקרב לבבות ועשה מאמצים בלתי פוסקים לקרב רחוקים וקרובים.

כיצד נעשה ה"שידוך" בין האדמו"ר מסטראטין, שהיה לו בית כנסת משלו ברחוב הלל הזקן 10, לבין ההסתדרות? סיפר אדמו"ר: "באחד הימים, בא אלי לוי יצחק הירושלמי והציע לי לעמוד בראש מחלקה דתית בהסתדרות. כל הענין בא לי כהפתעה גדולה. לרגע היה נדמה לי, שכל מה שהתפללתי במשך שלושים שנה, - שכלל ישראל ישוב לדת, - יתמלא.

אמרתי: מסכים. אשרת אתכם במסירות נפש, רק בקשה אחת בפי: דת לשם דת - בלי פוליטיקה. אחר כך נפגשתי עם מזכיר ההסתדרות מר פנחס לבון, ובאנו לידי הסכם. דרך אגב, אבא של לבון השתתף, בקביעות בשעורי. יחסי עם לבון ידידותיים. לפני זמן מה היינו יחד באיזה מאורע שמח. לבון ישב כל הזמן כשכובעו על ראשו: "לא אוריד אותו, כל זמן שהרב ברנדוויין נמצא במקום" - אמר המזכיר הכללי של ההסתדרות. "עניתי לו" - סיפר אדמו"ר - שמבחינה דתית חשוב אצלי הראש ולאו דווקא הכיפה..."

בזמן חלוקת התקציבים בא לועד הפועל של ההסתדרות, וישב כמה שישב וייעץ למי לתת ראשון ולמי אחרון. רק דבר אחד ביקש: "תנו לי לעשות מה שאני צריך, ואל תערבבו פוליטיקה בדת. וזאת נתנו לי. כשבאים אלי יהודים אין אני שואל אותם, אם הם ממפא"י ואפילו לא אם הם מן ההסתדרות. אם אני יכול לעזור להם להקים בית כנסת, דייני.

כבר אמרו חכמים: אין ישראל נגאלים אלא על-ידי שייעשו אגודה אחת. דת היא לא פוליטיקה ובכל מה שעושים צריך לחפש את המאחד את ישראל כדי שיהיו אגודה אחת".

"אש גדולה של אהבת ישראל ..."

סיפר אדמו"ר: "כאשר באו אלי ואמרו לי: תהיה ראש המחלקה הדתית של הסתדרות העובדים, לא רציתי תחילה להאמין למה שאומרים לי. אחר כך אמרתי להם: אדרבה, אני חושב שתפילותי נתקבלו, שהרי תמיד התפללתי שיהודים בארץ-ישראל ישובו אל קונם.

אמרו לי: נקוב את משכורתך לתפקיד שאנחנו רוצים לתת לך. אמרתי להם: לו היה לי כסף, הייתי אני עוזר לכֶם - אני לא רוצה את כספכם". וכך נעשה לראש המחלקה לסיפוק צרכי הדת בהסתדרות.

הוא קיבל קהל אחרי הצהרים, אלא שהטרידו אותו כל היום. "וטוב שמטרידים אותי, שהרי בכך מקיים אני מצווה גדולה בקרב חברי ההסתדרות". כשדרש בחצור על אהבת ואחדות ישראל, אמרו לו החברים: "אתה מדבר בנוסח אחר". ענה: "שאר הרבנים מדברים על פוליטיקה. אני מתקדם לאט לאט ומשתדל לשכנע מתוך רצון טוב בקרב הפועלים".

שמח להצעה לקבל על עצמו את ראשות המחלקה לענייני דת של הסתדרות העובדים הכללית, מיד קבע לעצמו סיסמא - דרך: "ברוח של אהבת ישראל אפשר לפעול יותר מאשר בצעקות ובמחאות". ואכן, חש כל מי שנזדמן למחיצתו כי אש גדולה של אהבת ישראל בוערת בו.

הוא החל עוסק בהכשרת מטבחי הפועלים. הוא ביקר בישובים והתקין בהם מקוואות-טהרה. הוא שקד על אספקת צרכי קדושה וספרים לרבבות חברים. הכל עשה מתוך אווירה של חיבת הקודש. כנצר לרבי לוי יצחק מברדיצ'ב, רבי ליב שרהים ורבי מיכל'ה מזלוטשוב, אבות החסידות, ידע להוקיר גם את "הפשוט שבישראל" ולקרבו מתוך אהבת-אמת. בבית הוועד הפועל של ההסתדרות וברחבי תנועת העבודה, הכירו את יושר נפשו, את צניעותו ואת נאמנותו ודבקותו באמת שלו. רחשו לו כבוד עמוק והשיבו לו באהבה על מעיינות האהבה שפיכו ממנו ללא הפוגות.

חוגים מסויימים ירו לעברו חיצי רעל, ניסו לפגוע בכבודו, אך הוא לא הגיב. ככל שפעל יותר למען רבים, והצליח, רבו המקנאים. אדמו"ר נהג לאמר: "אינני איש מחלוקת ולא אצא למלחמה נגד מחרפי, אבל כלום בגלל כך מותר להם לעפר אותי בעפר? אני רואה את תפקידי כמלאכת קודש. אני לא מקבל ב"ה שום משכורת

קורות חייו של צי"ע אדמו"ר הרב יהודה צבי ברנדוויין זיעוכי"א

בשביל עבודתי, ובמה הם מקנאים בי?" והוסיף אדמו"ר: "קשה לדבר על זה, ובכלל נוהג אני שבכל לילה לפני שאני עולה על מיטתי אני מתפלל לה' יתברך שלא יאונה חלילה רעה לשום אדם בגללי".

אדמו"ר, שנודע בצניעות הליכותיו ובאורח דיבורו המתון, התבטא בכאב על קנאותם של החרדים הקיצוניים ודרך מלחמתם בענייני דת. "מלחמתם של הקנאים מפריעה לא במעט לקירוב לבבות לתורה ולשמירת מצוות. בכמה מעשיהם הם גורמים לחילול השם". המחלוקות שהיו בין דתיים לחילוניים כאבו לו, והיה מוכן לעשות הכל להביא לקירוב לבבות.

"מצוות שבין אדם לחברו קודמות ..."

פעם, בא אליו יהודי ואמר: אני לא דתי, אבל כאשר מעירים אותי באמצע הלילה לעשות טובה ליהודי, אני קם ועושה, השיב לו אדמו"ר ואמר: "מה שאתה אומר שאינך דתי, זה מחמת חסרון ידיעה. כי יהודי שקם בלילה לעזור לרעהו, הרי זו דת ישראל".

"כידוע, יש שני סוגי מצוות - בין אדם לחברו ובין אדם למקום. מצוות שבין אדם לחברו קודמות. ראשית, מפני שאין בהן הרגל. פעם אתה עוזר לעני, פעם אתה מצטרף למניין לתפילה, ומי שמתאמץ נותנות לו המצוות מה שהוא צריך".

"לא כן מצוות שבין אדם למקום. ודאי שהן חשובות מאד, אלא שיש בהן תמיד משום סכנה ליהפך למצוות אנשים מלומדה. אדם אומר יום יום את תפילתו, ויקרה חלילה שלא יהיה עוד משגיח במה שהוא אומר, ובודאי שלא יהיה נוהג לפי תפילתו. ואם נעמיק נראה, כי המקיימים מצוות שבין אדם לחברו אולי מקיימים הם יותר מצוות מן הבאים כאפוטרופסים של הדת, שלמעשה אינם משגיחים במצוות שבין אדם לחברו".

"אספר לך מעשה בענין זה. כאשר בא ר' איטשה ליב דיסקין מבריסק לירושלים, חיפש דבר רוחני ששרד מלפני חורבן הבית. מצא את הכותל המערבי, אבל אפילו הכותל המערבי אינו אלא אבנים, והיכן הדבר הרוחני? חיפש וחיפש עד שאמר: מצאתי, זו שנאת חינם שהחריבה את הבית. כי השטן יש לו חלק לא קטן בשנאת חינם. הוא מסית יהודי אחד ואומר לו: סע בשבת באוטובוס, לך למקומות שחרדים יושבים וחלל שבת בפרהסיה. אחר-כך לוחש השטן באוזנו של יהודי אחר

קורות חייו של צי"ע אדמו"ר הרב יהודה צבי ברנדוויין זיעוכי"א

צא לרחוב וצעק "שבת היום". השנים ניצים, השטן רואה את מלאכתו נעשית בידי אחרים, זו שנאת חינם.

השטן יתן לך לקיים את כל המצוות שאתה רוצה, ורק מצווה אחת לא ייתן לך לקיים, מצווה של אהבת ישראל, אהבת כל יהודי מישראל, מצוות "ואהבת לרעך כמוך". משמע, אם נקיים בשלמות מצוות שבין אדם לחברו נבוא גם לקיום שאר מצוות. אבל אם נתעקש ונרצה לכפות מצוות שבין אדם למקום על אלה שלא הוכשרו לכך, נימצא חס-ושלום עושים את מלאכתו של השטן.

זכורני, שלא היתה לי חגורת מסמרים כמו לשאר פועלי הבנין. תחבתי את המסמרים לכיס, והם נקבו אותו ונשרו... בעמל ובזיעה למדתי אז תורה חשובה: כשלוקחים חצץ ומחברים אותו עם מלט, הוא נעשה ללבנה. כשמחברים הרבה לבנים יחד, קם קיר, וכשמחברים קירות עם תקרה, קם בנין. וזאת למדתי: פירוד - פירושו חורבן, אחדות - פירושה בנין"...

ומן המשל - אל הנמשל. ביאר אדמו"ר: "ענין דת ישראל ואחדות ישראל הוא בעיני כשתי טיפות מים. כשאני חוזר מסיורי במושבים, בערים, בשכונות וקיבוצים, ואני מרגיש באוירת ההתעוררות ובאחדות ישראל הנוצרת בעקבותיה, אני סבור, כי הצלחתי במשהו".

"יש למחוק את המילים "דתי" ו"חילוני" מן הלקסיקון שלנו. יש מקסימום ויש מינימום בעבודת ה'. כל אחד עושה פשרות עם עצמו בתחום הדת. יש המקיימים מצוות בין אדם למקום, ויש המקיימים מצוות שבין אדם לחברו. אני שמח על כל יהודי המקיים מצווה, בין אם בין אדם למקום ובין אם בין אדם לחברו ..."

ל"שטיבל" של אדמו"ר לא נכנסו בגילוי ראש. עסקני ההסתדרות ופועלים סתם, הפוקדים את לשכת המחלקה הדתית, מוציאים כיפה מן הכיס ושמים אותה על ראשם. מחייך האדמו"ר, מחליק על זקנו הקצר ואומר: "אצלי חשוב מבחינה דתית הראש ולאו דווקא הכיפה ..."

עוד אמר: "בפעולתי היום יומית במשך שלוש השנים האחרונות, שהביאה אותי לכל חלקי הארץ, נוכחתי לדעת בדבר אחד: אי אפשר לומר שיש יהודי לא דתי. יש, 'הרבה' ויש 'פחות' אולם כולנו דתיים. אלה האומרים לי שאינם דתיים, אינני מאמין להם, בטוחני, כי ביום מן הימים, יתעורר גם אצלם זיק דתי ..."

111

"בית ספר לאהבת הזולת ..."

היו כמובן גם בעיות עדתיות. יש עדות שלכל מנין שבהן יש בית-כנסת משלו. בבית דגון, למשל, היו קיימים, בזמנו, 30 בתי כנסת המשוכנים בחדרים. הציע אדמו"ר: "חסלו את החדרים, ונעזור לכם לבנות בית-כנסת גדול ומשותף". כי זה חלומו ותשוקתו: להגיע לבית-כנסת משותף לכל...

היה לו לאדמו"ר חזון להקים בית ספר מסוג חדש, בית ספר שבו יחנכו את הילדים בדרך שהקו העיקרי יהיה - אהבת הזולת.

הוא אמר: "כולנו בנים לאב אחד. הבנים עצמם שונים זה מזה, אחד הולך בדרך זו ואחד בדרך אחרת. אך האב שומר אהבתו לכולם במידה שווה. אם מישהו מן הבנים הולך בדרך אחרת צריך להשתמש במקל-נועם - ולא במקל-חובלים - כדי להעלותו שוב על דרך האב".

"הגישה הפלגנית בחינוך - גישה גלותית היא וכרוכות בה סכנות רבות. אין לכנות ילדים בשם "פושעי ישראל" גם אם אינם דתיים. צריך לחנך אותם כדי לקרבם לדת ולמסורת. צריך לחנך את הבנים ברוח התורה, שלפיה כל יהודי הוא יהודי וצריך לאהוב אותו באשר הוא יהודי. בדרך של חינוך מפלגתי או עדתי אי אפשר להשרות רוח זו של אהבת כלל ישראל".

כשנשאל במה יהיה בית הספר הדתי מן הסוג החדש, שונה מן החינוך הממלכתי הדתי? - השיב. "היסוד בבתי הספר הדתיים החדשים, יהיה - רוח התורה והעבודה. הדגש יושם על טיפוח אהבת הזולת. המורים והמחנכים יצטרכו לשקוד על החדרת התודעה בקרב ליבו של כל ילד, שהוא חלק מכלל ישראל. בראש בתי ספר אלה יצטרכו לעמוד יהודים, המבינים שהתורה היא מעבר ומעל לכל".

משנכנס אלול מלאו ידי אדמו"ר עבודה. ישראל חוזרים בתשובה וגם בקרב רבים מחברי ההסתדרות מתעורר הניצוץ הדתי. הביקוש לתשמישי קדושה הלך וגבר, ואדמו"ר דאג לצאן מרעיתו. מכל קצווי הארץ - מקרית שמונה ועד אילת, - ממושבים, קיבוצים, מושבות שכונות וערים - מגיעות בקשות דחופות לספרי קודש, מחזורים, שופרות, טליתות, חזנים, מזוזות, ציציות וכו'.

כיצד דאג לנפשם של למעלה מחצי מיליון חברי ההסתדרות?

קורות חייו של צ"ע אדמו"ר הרב יהודה צבי ברנדוויין זיעוכי"א

לא באמצעות שידול וכפיה אלא רק מרצון. וכך סייר לו "האדמו"ר של הסתדרות" בליווי עוזריו בכל חלקי הארץ, פקד מושבים, קיבוצים, שכונות, פרברים, ערים ומקומות עבודה גדולים.

הוא התקבל על ידי מזכירי מועצות הפועלים, המושבים והקיבוצים. בבואו התאסף קהל רב והוא דרש על אהבת ישראל ואחדות ישראל, ובכל מקום "התעורר" משהו, לא פעם היו מפסיקים באמצע ועורכים תפילה בצוותא.

"לפעול בתוך קהל החופשיים ..."

המחלקה סייעה בהקמת כ-400 בתי כנסת בכל חלקי הארץ, הקימה עשרות מקוואות, הכשירה עשרות מטבחים, והיא תמכה בישיבות וקיימה למעלה מ-80 חוגים תורניים בעיר ובכפר. לפי בקשת המקומות סופקו על יד המחלקה 150 ספריות תורניות שלמות, יחד עם ארונות ספרים.

כמו כן הורגש ביקוש להכשרת המטבחים במקומות עבודה גדולים. מקודם לא אכלו הפועלים השומרים כשרות, יחד עם שאר חבריהם. אחרי שהכשירו את המטבח שררה רוח טובה במקום והרגשת שבת אחים גם יחד. פעם בשעת ההכשרה נכנס פועל, שלא ידע במה הענין, ושם נקניק על שולחן המיועד למאכלי חלב. רצו "לקרוע אותו לגזרים". כאן כשר! צעקו.

בסוכות נהג אדמו"ר לארח בסוכתו את ראשי ההסתדרות ומשלחות פועלים. באחת הפעמים הקים סוכה על גג בנין הועד הפועל ואירח כאלפיים חברי ההסתדרות. בשמחת-תורה נערכה אצלו הילולא שלמה, והיה יוצא עם עסקני ההסתדרות בריקודים, עם התורה.

עלה בידו להכשיר מטבחי פועלים של מפעלים גדולים ביותר. כמובן, שתמיד ניסו מנהלי המפעלים להצביע על הקשיים העומדים בפני האפשרות שהמטבח יהיה כשר. אך, הוא ידע להראות כי דווקא הכשרות היא שתקל על קיום המטבח והיא שתעלה את רמתו גם מבחינה תזונתית. לעתים נעזר בסיפור חסידי קצר וקולע. לפעמים טען כי "פשוט לא יתכן" שמטבח פועלים במפעל, שבו עובדים גם פועלים דתיים לא יהיה כשר. ומיד הוסיף והסביר כי הכשרות נחוצה גם לפועלים הלא דתיים. "אני בטוח כי פועל חש עצמו יותר טוב כאשר הוא יודע כי האוכל המוגש לו במטבח המפעל הוא כשר", אמר.

קורות חייו של צי"ע אדמו"ר הרב יהודה צבי ברנדוויין זיעוכי"א

הוא נדד ממקום למקום כדי להביא את אור היהדות. בא למושבי עובדים והגיע אל ריכוזי עולים. לפעילותו של אדמו"ר בקרב חברי ההסתדרות יצאו גם מוניטין מעבר לים.

היה זה מנהיגם של נטורי קרתא, האדמו"ר מסטמר, שאצלו שאב אדמו"ר תורה בתקופת מלחמת העולם הראשונה בהיותו צעיר לימים. כששמע ר' יואליש, הוא הרב מסטמר, על פעילותו של תלמידו לשעבר, העיר: "אני זוכר אותו כ"א גיט קעפאל" (מוח חריף), אולם פעילות זו, להיכנס לתוך קהל החפשיים ולפעול בתוכו - זאת לא למד ממני..."

היתה בו משיכה מיוחדת לחזור ולהשתקע בירושלים, עיר הקודש. אחרי מלחמת ששת הימים, עם שחרור הכותל המערבי, היה לרב היהודי הראשון שנכנס לעיר העתיקה. הוא לא פסק מלדבר על קדושת העיר ועל רצונו לקבוע לעצמו מגורים בעיר שבין החומות. כאן הוא רצה להעמיק עוד יותר ברזיה של "חכמת הקבלה".

"פסק לפעול הלב הטוב ..."

הוקצה לו בית צנוע בין בתי הרובע היהודי, שממנו צמח. במיוחד שש על ההזדמנות שניתנה לו להגשים את חלומו - להקים את ישיבת "קול יהודה" בעיר העתיקה.

לפתע, ביום ח"י ניסן ג' דחוה"מ פסח תשכ"ט נתבקש לישיבה של מעלה. בין חומותיה של ירושלים, שמהן יצא לפני שנים רבות ואליהן חזר זה מקרוב, השיב את נשמתו בטהרה לבוראה.

פסק לפעום הלב הטוב. נדם הקול המלטף, נעצמו לעולם העינים הנבונות הפיקחיות - שהרעיפו אהבת רעים נוחם וחסד.

ההטפה המתמדת שלו לקיים מצות "ואהבת לרעך כמוך" יסוד כל התורה לדברי בית-הלל, היתה תמצית ישותו ושורש נשמתו. לפי ההלכה: מזכירים מידות טובות של הנפטר. בן תורה מספידים אותו בשבח תורתו, בן אבות ובן תורה בשבח עצמו ואבותיו, חכם וחסיד מזכירים לו חכמתו וחסידותו.

אדמו"ר היה איש השלימות וכלל בתוכו את כל אותם הדברים והמידות הטובות שהאדם יכול להשתבח בהם.

הוא השאיר מפעל חיים הנמצא בתנופה וגדילה מתמדת בזכות הכוח המניע הגדול שלו: **אהבת הזולת.**

קורות חייו של צי"ע אדמו"ר הרב יהודה צבי ברנדווין זיעוכי"א

כמו כן השאיר לנו **אדמו"ר זיעוכי"א** את תלמידו ויד ימינו **יבלחטו"א אדמו"ר הרב שרגא פיביל ברג שליט"א** להמשיך את פעלו ולקרב את קץ הגאולה במהרה בימינו, אמן.

תוכן המכתבים

מכתב ה"סמיכה" שבו מסמיך צי"ע אדמו"ר הרב יהודה צבי ברנדוויין זיעוכי"א את יבלחטו"א אדמו"ר הרב שרגא פיביל ברג שליט"א

מכתב א יום ו עש"ק פרשת קרח ב לחודש תמוז תשכ"ד

- בענין הישיבה.
- הסבר תורה לשמה.
- ביאור פירוש רש"י שקרח לקח עצמו לצד אחד.
- ביאור שאלת קרח "טלית שכולה תכלת חייבת בציצית או פטורה ובית מלא ספרים צריך מזוזה או לא" ששאל מדוע צריך ללכת תמיד בב' הדרכים ידיעה ואמונה.
- תשובת משה היתה שגם בעל אמונה גדול צריך להשאיר מקום לידיעה וכן בעל חכמה חייב ללכת גם באמונה ורק בב' דרכים האלו ביחד אפשר להנצל מנפילה.
- ב' דרכים אלו הם כמו מים ואש והאדם הוא כמו כלי שעושה שלום ביניהם כמו כלי שמחזיק מים על אש ומחממם.

מכתב ב נר ג דחנוכה (כז כסלו) תשכ"ה

- ענין תומכי התורה בקצרה.

מכתב ג יום כח כסלו ד דחנוכה תשכ"ה

- מקשה למה קבעו הנס על השמן.
- התשובה היא כי שמן רומז לחכמה שהיא נר ה' נשמת אדם, ובני ישראל מסרו נפשם על קדושת השם יתברך ואמרו בלי התורה וקיום המצוות למה לנו חיים, ולכן אנו עושים הזכר על השמן דוקא הרומז על נר ה' נשמת אדם.
- עם הנ"ל מובן מה שנאמר בשער הכוונות כי בגימטריא של נר מרומז ג' יחודים שהם בגימטריא נר.

מכתב ד יא שבט תשכ"ה

- מקשה על הפסוק מה תצעק אלי מה יעשו אחרת בני ישראל בצרתם.
- יש טבע ברוחניות.
- ענין ה' צלך בשם הבעש"ט שכמו שהאדם עושה כן הקב"ה עושה.
- תפילה היא מדרכי הטבע הרוחניים.
- להמשיך נס צריך למעשה של מסירות נפש נגד טבע האדם, ולכן הקב"ה עושה נס נגד טבע העולם, ולכן לנס קריעת ים סוף היהודים היו צריכים למסור את נפשם.

מכתב ה יום א כח שבט תשכ"ה

- המשך ביאור על מכתב ד בענין קריעת ים סוף והמדרגה שזכו לה ישראל אז.
- יש ב' מיני דביקות: א) אדון עם עבדיו, ב) אדם עם מחשבתו.
- היהודים בקריעת ים סוף הגיעו למדרגה הב' בדביקות בה' משום מסירות הנפש שלהם.
- הדרכה בלימוד תורתינו הקדושה בקצרה.

מכתב ו מוצש"ק פרשת זכור אור לי' אדר ב תשכ"ה

- תשובות לשאלות **אדמו"ר הרב שרגא פיביל שליט"א** בד' בחינות שברצון.
- כל בחינה היא עולם בפני עצמה ומי שנמצא בעולם א' לא יודע מה שיש בעולם אחר.
- תירוץ לפי זה לקושית **אדמו"ר הרב שרגא פיביל שליט"א** "שהאור דחכמה היה כל הזמן בעת התפשטות זו".
- מה שבבחינה א' יש אור דחכמה שלא משפיע על המלכות.
- ביאור התעוררות המלכות מאור דחכמה.
- צריך לבקש מהקב"ה על החכמה.
- בענין הרכוש בצפת.

מכתב ז יום שושן פורים טו אדר ב תשכ"ה

- הסבר אין העדר ברוחני.
- הסבר אור וכלי.
- הסבר הד בחינות.
- אין לקבוע מסמרות בג' בחינות הראשונות.

מכתב ח כה אדר שני תשכ"ה

- דיוק בדברי האריז"ל שאמר שכל הנזהר ממשהו חמץ בפסח, מובטח לו שלא יחטא כל השנה.
- מבואר שצריך להזהר ממשהו חמץ בפסח אולם לאכול.
- חשיבות עשיית המצות בשמחה כמבואר בדברי האריז"ל.

מכתב ט ו ניסן תשכ"ה

- הסבר ההפרש בין אחדות הפשוטה שבאין סוף ברוך הוא לבין האחדות שלאחר הצמצום ושתתגלה לעתיד.
- שינוי צורה נחשב לדבר חדש.
- ביאור ד' הבחינות שברצון לקבל.
- הסבר מדוע בחינה ד' אינה כבחינה ב' אף על פי שהתעוררה להשוות צורתה ליוצרה.
- הסבר ההבדל בין המציאות שבאין סוף שהכל כלול שם והמציאות לאחר הצמצום שמתפשט בזה אחר זה כמשל אדם הבונה בנין.

מכתב י יום גמליאל בן פדהצור ח ניסן תשכ"ה

- אדמו"ר התפלל בשביל אדמו"ר הרב שרגא פיביל שליט"א על קברי צדיקים.
- המשך למכתב ח על השמחה ושהוא מהדברים העומדים ברומו של עולם.

מכתב יא יג ניסן תשכ"ה

- ענין ד הקושיות וד הכוסות וד הבנים.

תוכן המכתבים

- בין גולה לגאולה רק נוסף הא' שמורה על אלופו של עולם.
- ענין אין מקצת נוהג ברוחני.
- הסבר מדוע קוראים לליל הפסח "ליל הסדר".
- ביאור מחלוקת רב ושמואל בענין ההגדה אם להתחיל בעבדים היינו או בתחילה עובדי ע"ז היו אבותינו.
- משל מרבי שלום מפרוביטש במחלוקת שני אנשים על תרנגול.

מכתב יב כד ניסן תשכ"ה

- ביאור והמשך למכתב יא.
- מדוע אומרים "הא לחמא עניא די אכלו אבהתנא בארעא דמצרים" הלא אכלוהו במדבר.
- התירוץ שאכלוהו בארץ מצרים להראות אמונתם.
- ההבדל בין צדיק לרשע הוא שהצדיק מאמין בישועתו והרשע אינו מאמין.
- אנו קוראים לליל הפסח ליל הסדר להראות את אמונתנו שנצא מהגלות הזאת.
- ביאור האחדות הפשוטה.

מכתב יג א ר"ח אייר טו למטמונים תשכ"ה

- ביאור הפסוק "קדושים תהיו כי קדוש אני" עם דברי המדרש "קדושתי למעלה מקדושתכם".
- ביאור שכיון שאנו חלק מהקב"ה יש בתוכנו כח להתגבר על היצה"ר.
- אינו טוב לפרוש מכל עולם הזה כדרך הפילוסופים.
- סיפור מרבי אלימלך מליז'נסק שאמר לאחד שלימוד בלי הנאה לא רצוי הקב"ה.
- ביאור הדרך הנכונה להתנהג עם הרצון לקבל לעצמו.
- אסור ליפול לרגש.
- בקשה שאדמו"ר הרב שרגא פייביל שליט"א יתקשר עם הרבי מליובאוויטש.

119

תוכן המכתבים

מכתב יד כד למב"י ט אייר תשכ"ה
- הסבר מדוע הוסיף מילים למכתב יב.
- הסביר לאדמו"ר הרב שרגא פיביל שליט"א איך לנהוג עם המכתבים.

מכתב טו זך למטמונים יב אייר תשכ"ה
- ביאור דברי מ"ע צי"ע מרן קוה"ק הרב יהודה הלוי אשלג בעל הסולם זיעוכי"א בהקדמה לתלמוד עשר הספירות שצדיקים יכולים לקבל את האור הגנוז בעוה"ז.
- צריך לבקש חכמה ממי שהחכמה שלו.

מכתב טז יום ג כג אייר לח למב"י תשכ"ה
- ההקדמה לתלמוד עשר הספירות הוא עמוק מכל עמוק.
- הסבר הסיפור מרבי אלימלך מליז'נסק ממכתב יב.
- הסבר שהאדם מרמה את עצמו שכבר עושה לשמה.
- לימוד הקדמת תלמוד עשר הספירות הוא אחר לימוד התלמוד עשר הספירות.
- עיקר לימוד תלמוד עשר הספירות מתחיל מחלק ח.
- אדמו"ר התפלל על יבלחטו"א אדמו"ר הרב שרגא פיביל שליט"א במקומות הקדושים.

מכתב יז זך סיון תשכ"ה
- ביאור הפסוק "ויקח קרח" שלקח עצמו לצד אחד.
- בתורה יש שתי צדדים הסותרים זה את זה והם אמונה וידיעה, קורח רצה לאחוז באחת מהם בלבד.
- תשובת משה רבינו הייתה שחייבים לאחוז באמונה פשוטה אולם אם הקב"ה רוצה לגלות לנו ידיעות גם לזה אנו מוכנים.

תוכן המכתבים

מכתב יח אור ליום ו עש"ק אור לכג תמוז פנחס תשכ"ה
* ביאור המאמר "פנחס זה אליהו" מדוע תלו את המוקדם במאוחר.
* מדוע אליהו נקרא מלאך הברית ואומרים בתפילת המוהל הרי שלך לפניך הלא מצות ברית מילה ניתנה לאברהם.
* ביאור סתירות בדברי חז"ל שבמקום אחד נאמר שאליהו חייב לבוא לברית ובמקום אחר נאמר שאם לא מכינים לו כסא ומזמינים אותו בפה הוא לא בא.
* בברית נותנים חלק לסטרא אחרא ואליהו לא סובל תיקון זה ופועל להוציא אור זה מהקליפות.
* כל המשתתף בברית זוכה לכפרת עוונות.
* תשובה לשאלת אדמו"ר הרב שרגא פיביל שליט"א בענין התעבות אור הבינה.

מכתב יט יום ד כח תמוז תשכ"ה
* חשיבות לימוד התורה שהוא מזון הנשמה.

מכתב כ ז אב תשכ"ה
* בענין קבלת תרומות מגויים בצינעא או בפרהסיא.
* הצורך בהדפסת כל התלמוד עשר הספירות.
* חשיבות הסעודה בהילולת האריז"ל.

מכתב כא טו באב תשכ"ה
* ענין טעמי תורה על דרך הפסוקים "טעמו וראו כי טוב ה'" וכו', "וחיך אוכל יטעם" וכו' שמזמרים בסעודת שבת.
* פירוש הזמר "יגלה לן טעמי", שאדמו"ר אחד פירש בטעות שהכוונה בזמר הוא הבנת הסיבה. ועם זה מובנים העולמות העליונים.
* פירוש בענין "יהא רעוא קמיה דתשרי".

מכתב כב טו באב תשכ"ה

- ענין טו באב.
- הא דאיתא במשנה "שהיו בנות ישראל חולות בכרמים" וקשה מה שמחה היא זו.
- ביאור שבטו באב מאירים אורות של סליחה ומחילה, זדונות נהפכו לזכויות.
- משל על זה מיהודי שהיה נאמן בית אצל אדון אחד וכו'.
- ענין "כלים שאולים" מובן על ידי סיפור מרבי אלימלך מליז'נסק ששלח את בנו וכו'.
- האדם צריך להרגיש את עצמו שלם.
- עם זה מובן המשך הגמרא על מה שיהיה לעתיד לבא.

מכתב כג א אלול תשכ"ה

- תשובה לשאלת אדמו"ר הרב שרגא פיביל שליט"א בנוגע למכתב יח מדוע לא נותנים חלק לסטרא אחרא בברית מילה.
- השתוקקות אדמו"ר לביאת אדמו"ר הרב שרגא פיביל שליט"א.
- הסכמת אדמו"ר שאדמו"ר הרב שרגא פיביל שליט"א ילמד קבלה.
- עוד בענין צדקה מגויים (המשך ממכתב כ).
- אין לנו עסק בלבנה וגורמי השמים ולא בקבלה מעשית אלא בתפילה ותורה ובזה כוחנו עצום.

מכתב כד ב אלול תשכ"ה

- המשך למכתב כב בענין טו באב והמשנה בתענית (כו, ע"ב) "שהיו בנות ישראל וכו' ".
- בימים אלו (טו באב ויום הכפורים) נגמר הקידושין בין הקדוש ברוך הוא והשכינה.
- סוד הבנות במשנה הן ג סוגי בעלי תשובה.
- זדונות נהפכות לזכויות.
- ביאור המאמר "יהא רעוא קמי דתשרי" עיין במכתב כא.

תוכן המכתבים

מכתב כה יום א כו חשון תשכ"ו
- חשיבות תפילה למען הזולת.
- "המבקש על חבירו וצריך לאותו דבר הוא נענה תחילה".

מכתב כו ר"ח טבת נר ששי חנוכה תשכ"ו
- קושיית הבית יוסף למה מדליקים שמונה נרות בחנוכה.
- מחלוקת בית שמאי ובית הלל בענין הדלקת הנרות.
- אפשר לומר דאזלי לטעמייהו [שכל אחד הולך לשיטתו] במחלוקת בענין הגר שרצה לדעת את כל התורה על רגל אחת וכו'.
- ביאור מחלוקתם.
- ולפי הנ"ל מתורצת קושיית הבית יוסף שאנו רוצים שגם ביום הרביעי יהיה הבחן שאנו הולכים לפי בית הלל.

מכתב כז יום ששי עש"ק כב טבת תשכ"ו
- בענין שידוך שהציעו לאדמו"ר.
- ענין התכללות הספירות.
- יש פליאה בהתנהגותו של משה רבינו: בתחילה נתן עינו וליבו להיות מיצר על בני ישראל, אבל כאשר הקדוש ברוך הוא רצה לשלוח אותו להציל אותם הוא סירב.
- התשובה היא: שמשה רצה שהגאולה תהיה נצחית, ומכיון שבני ישראל לא הגיעו ל"ואהבת לרעך כמוך", היה זה בלתי אפשרי.
- לפי הנ"ל מובן מדוע התורה ניתנה לבני ישראל רק לאחר יציאת מצרים.

מכתב כח ה שבט תשכ"ז
- צריך להעמיק בדברי אדמו"ר.

מכתב כט כה תמוז תשכ"ז
- מדוע זכינו להיות בעלי בתים לארצינו בדור זה.

123

- יש לנו נשק סודי.
- קושיית הזהר הקדוש מדוע נקראת העקידה נסיונו של אברהם ולא של יצחק.
- אפשר לתרץ שיצחק כבר הסכים להעקד.
- היום שבחורי ישראל הלכו באחדות למסור נפשם על קדושתו של ישראל זכינו למה שלא זכו כל הדורות.
- בהנזכר לעיל מובן איך אליהו מכפר על בני ישראל, משום שהוא מסר את נפשו.

מכתב ל יב לחודש שבט תשכ"ח

- אין לדאוג על ענייני החומר אלא על ענייני התורה.

מכתב לא מוצש"ק שקלים אור לכו שבט תשכ"ח

- כתוב "זכור את אשר עשה לך עמלק" יש לפרש שה"לך" מרמז כח קליפת עמלק שהחדיר את ה'קבלה לעצמו' לתוך הכלל.
- ולפי זה מובן מדוע יתרו בא למשה רק אחרי מלחמת עמלק - ללמוד ממנו איך להכניע את קליפת עמלק.

מכתב לב יב אדר תשכ"ח

- דברים בשם הרוז'ינר - דקשה איך שאול אמר לשמואל שקיים את דבר ה' להרוג את כל עמלק כאשר לא הרג את אגג מלך עמלק.
- תירץ ששאול ראה בנבואה את פורים שיצא לפועל על ידי המן מזרע אגג.
- קשה אם כן מדוע נענש שאול.
- התירוץ הוא שיכל לשנות את הנבואה על ידי תפילה כמו שמצינו בחזקיה.

מכתב לג יג אדר תשכ"ח

- שיום כיפור נקרא יום כפורים שהוא כמו פורים.
- הטעם הוא ששני הימים מושכים אור דמחיית הרע.

- אבל ההבדל הוא שכל האורות דפורים נמשכים ומתגלים באותו יום אבל האורות שנמשכים ביום הכיפורים מתגלים לגמרי רק בסוכות.

מכתב לד כה תמוז תשכ"ח

- אדמו"ר מסביר לאדמו"ר הרב **שרגא פיביל שליט"א** מטרתה ויסודתה של ישיבת קול יהודה לאחר שקיבל על עצמו נשיאות הישיבה.
- הישיבה נוסדה על ידי קומץ אנשים שבראשם עמד **מ"ע צי"ע** מרן קוה"ק הרב יהודה הלוי **אשלג** בעל הסולם **זיעוכי"א** בהסכמת גדולי הדור.
- מטרת הישיבה לחנך צעירים להתבונן על עצמם על פי מה שאיתא בזהר חדש שיר השירים וכו'.
- כבר נדפסו מספר ספרים.
- כעת צריכים להדפיס הספרים ולהרים דגל התורה ולעשות חברות קדושות להחזיק בלימוד הקבלה בתור לימוד מאחד נגד הפילוג.

מכתב לה ו ערב שבת קודש טו אב תשכ"ח

- המפרשים מקשים על הא דאיתא "שכר מצוה בהאי עלמא ליכא" הלא כתוב "ביומו תתן שכרו" ומתרצים שכיון שהתורה ניתנה על ידי משה שהוא שליח אין על זה איסור דלא תלין.
- על "אנכי" "ולא יהיה לך" מקבלים שכר גם בעולם הזה.
- על הפסוק "ד' אלקי אבתיכם יוסף עליכם" קשה מדוע בירכם משה לאחר ברכת ה'.
- נראה שכיון שברכת ה' שורה רק כשיש אחדות לכן משה נתן להם ברכה לכשאינם באחדות חס ושלום.

מכתב לו ג אלול תשכ"ח

- חשוב ללמוד ולהתעמק בהקדמת ספר הזהר מן אות קצט עד אות רב.
- ביאור הפסוק "והיה עקב תשמעון" שרומז למה שכתוב "עקב ענוה יראת ה'" על פי מה שכתוב בזהר שצריך ללמוד מהאנשים שהעולם דש בעקביו.

* כן יש סתירה בש"ס שבנדרים כתוב שהקב"ה משרה שכינתו על "עניו" ובשבת כתוב על "בעל קומה".
* התירוץ הוא על פי דברי הזהר שמי שקטן כלומר עניו הוא גדול כלומר בעל קומה.

מכתב לז אור ליב אדר תשכ"ט
* ביאור המשנה "מגילה נקראת בי"א בי"ב בי"ג בי"ד בט"ו לא פחות ולא יותר".
* השלושים ימים של החודש מתחלקים לג קוים שמהם מקבלת הלבנה.
* הלבנה מתמעטת כדי לא לתת לחיצונים לינוק ממנה.
* לפי זה מובן לשון המשנה לא פחות ולא יותר שגילוי המלכות לא יתכן אלא כשיש בה העשר ספירות מן קו ימין וכתר דקו אמצעי ורק עד הטו לחודש שאז מתחיל יניקת החיצוניים.

תוכן ביאור אהובי נצח

מכתב א

הערה א

- מביא ומאריך על מארז"ל בפסחים "לעולם יעסוק אדם בתורה ומצות אף על פי שלא לשמה שמתוך שלא לשמה בא לשמה".
- מבאר גדרים בלימוד "שלא לשמה".
- מסיק דאם לימודו שלא לשמה הוא משום שלא זכה עדיין לאמונת השם יתברך ותורתו - הרי לא עליו אמרו שמתוך שלא לשמה יבוא לשמה, ולא עליו אמרו ש"המאור שבה מחזירו למוטב".
- ממשיך דעל ידי יגיעה בלימוד לשם מצות התורה זוכה שגם אמונתו תתחזק ותתגדל.
- מבאר עוד במארז"ל "ברא הקב"ה יצה"ר ברא לו תורה תבלין".

הערה ב

- מקשה בדברי אדמו"ר כאן דמשמע דמדריגת "לשמה" בלימוד התורה הוא כשהלומד מתכוון ורואה ומרגיש את אור החיים הגנוז בתורתנו הקדושה, ואילו מ"ע צי"ע מרן קוה"ק הרב יהודה הלוי אשלג בעל הסולם זיעוכי"א כותב בהקדמה לתלמוד עשר הספירות דגדר "לשמה" הוא לא להנאת עצמו אלא כדי להשפיע נחת רוח ליוצרו.
- ממשיך לפלפל בדברי בעל הסולם בכ"מ אודות הדרגות בלימוד התורה "לשמה" ו"שלא לשמה".
- עוד בפירוש מה שהתורה נקראת "תורת חיים".
- בפירוש מארז"ל "כל העוסק בתורה שלא לשמה תורתו נעשית לו סם המות".
- אחר זה מביא דברי הגר"ח מוואלאז'ין בספר נפש החיים בביאור מלת "לשמה" שמדייק במאמר רבי אלעזר ברבי צדוק במס' נדרים "עשה דברים לשם פעלן ודבר בהם לשמן" שמחלק בין לשמה בקיום המצות שצ"ל "לשם פעלן" ולשמה בלימוד התורה שצ"ל לשם התורה לידע ולהוסיף לקח ופלפול.
- שקו"ט אם הפירוש של בעל נפש החיים חולק על דברי אדמו"ר בפירוש "לשמה".

127

- מביא עוד מדברי נפש החיים בפירוש מארז"ל במדרש שוחר טוב שבקש דוד המלך ע"ה מלפניו יתברך שהעוסק בתהלים יחשב אצלו יתברך כאלו היה עוסק בנגעים ואהלות.

הערה ג

- מפרש לשון אדמו"ר כאן "כשהלומד רואה ומרגיש את האור החיים" - מהו ענין "ראיה" זו.
- מביא דברי מ"ע צי"ע מרן קוה"ק הרב יהודה הלוי **אשלג בעל הסולם** זיעוכי"א על מארז"ל "עולמך תראה בחייך כו'".
- ממשיך לבאר ענין "פקיחת עינים" בתורה הקדושה.
- במארז"ל במס' נדה אשר אפילו כל העולם יאמרו לך שצדיק אתה, תהיה "בעיניך" כרשע.

הערה ד

- מדייק בלשון אדמו"ר כאן שהלומד "מרגיש את אור החיים בתורתנו הקדושה" ומפרט שכדי לזכות להרגשה זו צריך לצאת מכל הנאות שבעולם הזה. ושאי אפשר לפסוח על שני הסעיפים וכל זמן שהאדם לא יצא מצואת עולם הזה לא יוכל באמת להרגיש את הרוחניות.
- מציין ל"שיחות מוסר" מהגר"ח שמואלביץ שמבאר ענין זה.

הערה ה

- מבאר לשון אדמו"ר כאן "אור החיים הגנוז בתורתנו הקדושה", ע"פ הביאור במארז"ל על פסוק "אכן אתה אל מסתתר", אשר הקב"ה מסתיר את עצמו בתורה הקדושה.
- ממשיך שהעוסקים בתורה צריכים להיזהר לא ליפול להסתר שמתחזק על ידי זה שעוסקים בתורה שלא לשמה.
- מבאר גם אשר בדרך כלל הלומד חושב שהרגשת הכובד באה מהסטרא אחרא, אולם כאן גילה לנו אדמו"ר שגם להיפך הרגשת הכובד האלו הם קריאות מהתורה לעזור לנו.
- מאריך בשם הבעש"ט בענין הכרוזין של הבת קול מה ענינם ומה מטרתם.
- מסיק שעד"ז הוא בהכרוזים האלו שעל ידי התורה.

תוכן ביאור אהובי נצח

הערה ו

- מביא שגירסת אדמו"ר כאן ברש"י ע"פ "ויקח קרח" הוא כפי גירסת הרמב"ן ברש"י. ומאריך ממפרשי התורה בענין זה.

הערה ז

- מביא לשון המדרש תנחומא בענין שאלות קרח למשה רבינו ע"ה.

הערה ח

- מביא מאביו שליט"א בשם אדמו"ר שבקריאת שמע צריך לכוין לקבל על עצמו עול מלכות שמים כשור לעול וכחמור למשא דוקא.

הערה ט

- מביא דברי אדמו"ר כאן שרצון הקב"ה הוא לעובדו לא רק באמונה כ"א גם לדעת ולהבין. ושואל מדוע באמת לא מספיק לעבוד את השם כעבד כל הזמן בעבודה אמיתית ובלי ידיעה והבנה.
- מבאר על פי דברי האריז"ל דהעולם נברא כדי להיטיב לנבראיו.

הערה י

- שקו"ט בלשון אדמו"ר כאן "סוכה מעובה פסולה". ומקשה ע"ז מהש"ס וראשונים שכתבו להיפך.
- מתרץ כוונת אדמו"ר בשני אופנים. ושקו"ט בזה בארוכה ובסוגיית הגמ' בסוכת גנב"ך וסוכת רקב"ש.
- מוסיף לפלפל בדברי הטור ונו"כ או"ח סימן תרל"א.
- אחרי זה חוזר לפרש דברי אדמו"ר.

הערה יא

- מביא דברי האריז"ל בשער הכוונות בסוד ענין הסוכה שהם ק' אורות דאימא הנמשכים תוך ז"א, כי סכך אור מקיף בגימט' מאה, ובענין שצריך להיות הכוכבים נראים מתוכה, שמתאימים לדברי אדמו"ר כאן שהאורות עוברים דרך הסכך להגיע אלינו.

129

הערה יב

- עומד על דברי אדמו"ר כאן "מזוזה הרומזת לאמונה". ומביא לשון רבינו בחיי בכד הקמח בענין מזוזה שהיא לקבוע בלב אמונה זו. וכל אריכות דבריו שממנו מבואר שהמזוזה באה לעורר אותנו לענין האמונה.

הערה יג

- מביא את ספרי תלמידי הבעש"ט שמבארים שע"י אמונה יוכל האדם לבטל את כל הגזירות רעות, שזה מתאים לדברי אדמו"ר כאן שהאמונה היא השומרת עלינו תמיד מכל המזיקים.

הערה יד

- מביא המקור לדברי אדמו"ר שכתב כאן "מזוזות אותיות זז מות" שהוא בתיקוני זהר תקונא עשיראה אות כ'.
- מביא באריכות מפירוש מעלות הסולם על התקו"ז שם - בסוד ענין המזוזה ובענין סוד שם "שד"י".

הערה טו

- מביא מספרי תלמידי הבעש"ט שהאדם אינו תמיד במצב אחד, כ"א לפעמים בבחי' קטנות ולפעמים בבחי' גדלות.
- בהמשך מצטט בארוכה מספר דגל מחנה אפרים בפירושו על הפסוק "ויצא יעקב מבאר שבע וילך חרנה".
- ביאור המשך הפסוקים בתחילת פרשת ויצא שם.
- לבסוף מסיק שעל האדם להתכונן בהימים של גדלות המוחין לימי הקטנות ולגדור גדרים בימי הגדלות כדי שבימי הקטנות לא יפול יותר חס ושלום.

הערה טז

- מבאר ענין "הסתר פנים" הרוחני שבאה לפעמים לאדם.
- מביא בארוכה מדברי בעל הסולם זי"ע בפירוש הפסוק "והסתרתי פני גו'", ופסוק "ואנכי הסתר אסתיר גו'" - שהם דרגות שונות בתפיסת ההשגחה הנסתרת המורגשת לבריות.

הערות יז-יח

- מבאר לשון אדמו"ר כאן ש"אף פעם אסור להאמין בעצמו". ומציין מקור הדברים במשנה במס' אבות.
- מאריך בפירוש המשנה שם - מספר "נוצר חסד" להגה"ק מקאמארנא.

הערה יט

- מציין בדברי אדמו"ר כאן ש"שתי דרכים אלו" ידיעה ואמונה "הם נקראים אש ומים". שלא ביאר אדמו"ר איזה דרך היא האש ואיזה מים.
- מבאר כאן בשני אופנים.

הערה כ

- מפרש המקור ללשון אדמו"ר שמביא מהגמרא הרואה קדרה בחלום יצפה לשלום. כי בהגמרא לא מופיע הלשון בדיוק כדברי אדמו"ר.
- מבאר כי הכל עולה למקום אחד.

הערה כא

- מציין עוד בדברי אדמו"ר כאן שכותב ששני הדרכים "נקראים ימין ושמאל שהם אמונה וידיעה".
- אולם לא ביאר לנו אדמו"ר כאן איזה מהם הוא צד ימין ואיזה צד שמאל. ומבאר על דרך המבואר לעיל בהערה יט.

הערה כב

- מאריך בפירוש לשון אדמו"ר כאן "שידיעה סותרת אמונה וכן להיפך".
- מבאר ב' אופנים בעבודת ה': דרך הא' שצריך האדם לעשות תמיד את עבודתו אפילו בלי שיבין הטעם למעשיו אלא כשור לעול וכחמור למשא אבל תמיד ישאיר פתח ללמוד קצת את הסיבות למעשיו.
- דרך הב' שאפילו אם האדם מבין מעט צריך לעשות את המעשה באמונה שיש עוד סיבות לציווי השם יתברך.

הערה כג

- מביא מדברי מ"ע צי"ע מרן קוה"ק הרב יהודה הלוי אשלג בעל הסולם זיעוכי"א שמפרש את המשנה בסוף עוקצין לא מצא הקב"ה כלי מחזיק ברכה לישראל אלא השלום - שהוא באופן אחר מביאור אדמו"ר כאן.

- מדייק בדברי אדמו"ר כאן בענין ה"שלום" שבין ידיעה לאמונה.
- אח"כ מבאר שאדמו"ר מגלה לנו כאן שכשנלך בדרך עבודת ה' מתוך אמונה ומתוך ידיעה, שניהם יחדיו נזכה לידיעה ברורה במציאותו יתברך.

מכתב ב

הערה א

- מבאר מקור לשון אדמו"ר "אור ה' עליך יחיה", ומביא על זה מזהר פרשת פקודי.

הערה ב

- מביא את לשון ספר הזהר בהקדמה על פסוק "בראשית ברא אלקים גו'".
- בו מבאר גם על פסוק "ראשית חכמה יראת ה' שכל טוב לכל עושיהם תהלתו עומדת לעד".
- מהזהר שם בענין תמכין דאורייתא שהם נקראים עושי התורה, ומפירוש הסולם על זה בארוכה.
- ענין מנעולין פתחין והיכלין.
- על פסוק "פתחו לי שערי צדק".
- ענין בריאת העולם להיטיב לברואיו, ונתאוה הקב"ה לדור בתחתונים.
- ענין הפיכת חשוכא לנהורא ומרירו למיתקא.
- על דבר עליית המלכות והמתקתה בבינה - ותלכנה שתיהן.
- הוא ושמו אחד.
- עץ הדעת אילנא דטוב ורע.

מכתב ג

הערה א

- מבאר ב' אופנים בדברי אדמו"ר כאן - שמתרץ הקושיא מדוע קבעו נס חנוכה על השמן.
- ממשיך בביאור דברי אדמו"ר שבחנוכה "חנה על עם ישראל האור הגדול של ג' היחודים הנזכרים, ואנחנו מעוררים את האורות האלו שיאירו לנו בימים

ההם ובזמן הזה, ולכן אנו מברכים "להדליק נר" שעל ידי המצות של ההדלקה וההנחה, נזכה ליהנות מאורות היחודים הנ"ל".

הערה ב

- מבאר ג' היחודים "יהו"ה אהי"ה", "יהו"ה אלהים", "יהו"ה אדני", והתאמתם לג' הברכות "להדליק נר חנוכה", "שעשה נסים", "שהחיינו" - על פי כתבי האריז"ל בשער הכוונות.

הערה ג

- כותב שעל ידי עבודתינו בתורה ומצות למטה אנו מעוררים אורות נפלאים ועצומים מהאורות העליונים, ומביא על זה מדברי הבעש"ט ותלמידיו הקדושים.
- בהמשך מביא דברי אדמו"ר מקאמארנא על הפסוק "הנה סולם מוצב ארצה וראשו מגיע השמימה".

הערה ד

- מעיר על לשון אדמו"ר "שעל ידי המצוה של ההדלקה וההנחה נזכה ליהנות מאורות היחודים", דיש לדון בכוונתו אם ר"ל בכלל בכוונת המצות שהוא ליהנות ולקבל משהו לעצמו או שמדבר רק במדרגת שלא לשמה.

הערה ה

- מבאר לשון אדמו"ר "לכן אנו מברכים להדליק "נר" שעל ידי המצוה של ההדלקה וההנחה נזכה ליהנות מאורות היחודים הנ"ל".

מכתב ד

הערה א

- מביא דברי הרמב"ן ואור החיים הקדוש על פסוק מה תצעק אלי.

הערה ב

- מביא דברי הזהר בפרשת בשלח "בעתיקא תליא כלא כו'" וביאור הסולם על זהר זה.
- אח"כ מביא מה"ספרא דצניעותא" בענין זה וביאור הסולם עליו.

תוכן ביאור אהובי נצח

הערה ג
- מבאר כלל גדול שאנו צריכים להשריש במוחינו היא הידיעה הזאת שכמו שברור לנו שבגשמיות יש קשר ישיר בין המעשה לתוצאה כמו כן ברוחניות.

הערה ד
- מבאר בלשון אדמו"ר כאן "אם הולכים בדרך הישרה ממשיכים כל טוב".
- בהמשך מאריך בענין שעל האדם להאמין שמה שהקדוש ברוך הוא נותן לו הוא הדבר הטוב ביותר בשבילו כעת.

הערה ה
- מבאר בלשון אדמו"ר שזהו ענין ה"רצון לקבל", ומאריך מדברי מ"ע צי"ע מרן קוה"ק הרב יהודה הלוי אשלג בעל הסולם זיעוכי"א בענין הרצון לקבל.
- בהמשך מבואר גם על דבר מהותו של כלי רוחני.
- ביאור לשון האריז"ל "שמתחילה היה אור א"ס ב"ה ממלא כל המציאות".
- ענין מקום בשם המושאל.
- "אור א"ס ב"ה" יצא מכלל עצמותו יתברך.
- ענין מחצבת הנשמה שאמרו עליה שהיא חלק אלקה ממעל.
- הבדל בין גשמיות ורוחניות שמהות גשמי נחלקת ונבדלת ע"י כח התנועה וריחוק המקום, והמהות הרוחנית נחלקת ונבדלת ע"י שינוי צורה.

הערה ו
- מביא לשון ה"קדושת לוי" בפרשת נשא בשם הבעש"ט על פסוק "ה' צלך".
- בו מבואר גם בענין תפילה שצריך להתפלל רק שיהיה להקב"ה תענוג מזה.
- בענין נשיאות כפים בברכת כהנים.

הערה ז
- מבאר היטב דברי אדמו"ר כאן שדוקא על ידי מסירות נפש שהאדם שובר את טבעו ומוסר נפשו לה' אז הקב"ה ישבור גם כן את סדרי הטבע של הרוחניות וישפיע על האדם שלא כדרך הטבע, כלומר אפילו אם אינו ראוי וכדאי.
- בהמשך מוסיף על דברי אדמו"ר דלפי כמות שבירת טבעו לפי שיעור זה יקבל מאורו יתברך.

134

תוכן ביאור אהובי נצח

הערה ח

- מבאר דברי אדמו"ר בענין גאולה הפרטית שעל ידי מסירות נפש זוכה ל"אחישנה".

- מוסיף שכן הוא בגאולה הכללית של עם ישראל שצריך לגלות מסירות נפש ולמשוך את הגאולה שלא כדרך הטבע ועל ידי זה למשוך את הנס של אחישנה.

הערה ט

- מוסיף שעפ"י דברי אדמו"ר יש לתרץ הקושיא מדוע צריך להתפלל הא הקב"ה יודע הכל ומדוע האדם מבקש דברים מהבורא יתברך, אולם עפ"י דברי אדמו"ר כאן י"ל שהתפילה היא למשוך השפע מאורו יתברך ולאו דוקא "לגלות" להקב"ה מה אנחנו צריכים ומה חסר לנו.

הערה י

- מדייק בלשון אדמו"ר במאמר הקב"ה למשה מה תצעק אלי "כעת הנני רוצה לעשות להם נסים שלא בדרך הטבע" שהקב"ה היה יכול להצילם בנס על דרך הטבע אלא ש"רצה" בנס. ומבאר הטעם לזה.

הערה יא

- מביא המקורות ללשון אדמו"ר על פסוק מה תצעק אלי "עלי הדבר תלוי".

- מסיק שפירוש הפשוט בלשון מדרש המכילתא הוא שהקב"ה אומר למשה שאל לו לצעוק אלא הקב"ה בעצמו יעשה את הנס בלי קריאת משה. שלכאורה אין זה כדברי אדמו"ר.

הערה יב

- מדייק בלשון אדמו"ר כאן "גיליתי טפח ואלף טפחים עוד מכוסים". ומביא דברי מ"ע צי"ע מרן קוה"ק הרב יהודה הלוי אשלג בעל הסולם זיעוכי"א בענין זה.

- בו מבואר גם בענין שקדמונינו לא הפליטו מלות יתירות שאין בהם תוכן ושימוש לענין רק כדי לשפר את הלשון להנאותה לעיני המעיין.

- בענין ג' חלקים בסודות התורה א' האינו נחוץ, ב' האי אפשר - כי אין השפה שולטת בהם לדבר מאומה מתכונתם לרוב דקותם ורוחניותם, ג' משום סוד ה'

ליריאיו - שסודות התורה מתבארים רק ליראי שמו ית' השומרים על כבודו ית' בכל נפשם ומאודם.

- בענין רשב"י שנשמתו היתה מצד אור המקיף.
- ענין ביאורי דברים בחכמת האמת שאינו תלוי כלל בגדלותו וקטנותו של החכם המקובל, אלא הוא ענין הארת הנשמה המיוחדת לדבר זה, אשר הארת נשמה זאת היא בחי' נתינת "רשות" מהשמים לגלות חכמה העליונה.
- בענין גילוי ספר הזהר הקדוש ע"י הרשב"י והאריז"ל.
- על דבר בעלי ההשבעות והקמיעות ובעלי קבלה מעשית הצדים נפשות בערמתם, וכל מיני בעלי המסתורין המשתמשים בנובלות חכמה שיצאו מתחת ידיהם של תלמידים דלא מעלי, להפיק מהם תועלת גופנית לעצמם או לאחרים אשר העולם סבלו הרבה ועדיין סובלים מכך.
- לשון מ"ע צי"ע מרן קוה"ק הרב יהודה הלוי אשלג בעל הסולם זיעוכי"א "וידעו המעיינים בקונטרסים האלו שדעתי להדפיסם במשך השנה, אשר כולם הנה חדשות שאינן מובאות בטהרה ובתוכנם המדויק לאמיתו בשום ספר מהקודמים אותי ואני קבלתי אותם פה אל פה ממורי ז"ל המוסמך לדבר דהיינו שגם הוא קבל מרבותיו פה אל פה כו'".

הערה יג

- מקור לשון אדמו"ר "אני רוצה לראות אצלך שני שולחנות תורה וגדולה" - מגמרא ותוס' במס' ברכות. וכן מלשון הזהר בפרשת פינחס וביאור הסולם עליו.
- בו מבואר גם בענין תפילין של יד ותפילין של ראש.
- רמז פרשיות התפילין בשם הוי'.

הערה יד

- מביא בטעם האיסור לגלות כמה מעניני נסתר דתורה.

תוכן ביאור אהובי נצח

מכתב ה
הערה א
- מביא לשון הזהר בפרשת ויקרא בענין ראתה שפחה על הים כו'. ובעוצם מעלת בני ישראל בשעת קריעת ים סוף.

הערה ב
- מביא לשון הזהר פרשת בראשית בענין אור הגנוז. וביאור הסולם עליו.
- מבואר בו גם בענין שהראה הקב"ה לאדם הראשון והי' צופה בו מסוף העולם עד סופו כו'.
- ג' הירחים דמשה.
- בינה ומלכות - עולם הבא ועולם הזה.
- בפירוש מלת "ויהי" ע"ד הנסתר.
- ביאור רמזי הנקודות "שורק" ו"חיריק".
- ביאור על הפסוק "מגלה עמוקות מני חשך".
- יחוד מחשבה קול ודיבור.
- בהנוטריקון של "שבת" ש' ב"ת.
- בהאיסור לדבר דברי חול בשבת.
- בפסוק ויבדל אלקים בין האור ובין החושך.

הערה ג
- מביא המקורות לדברי אדמו"ר על פסוק "אז ישיר - שר לא נאמר אלא ישיר", מזהר פרשת בשלח, ופירוש הסולם עליו. וזהר פרשת וילך.
- בו מבואר גם על פסוק אז ישיר ישראל את השירה הזאת.

הערה ד
- כותב צ"ע בדברי אדמו"ר כאן "שכולם היו כאיש אחד בלב אחד". הלא זה נאמר על עת מתן תורה, ומנין לומר שהיה כן גם בשעת קריעת ים סוף.

הערה ה
- כותב בענין אחדות ישראל שדוקא בזכות האחדות של תלמידי רבי שמעון בר יוחאי נתגלו כל הסודות של ספר הזוהר.

137

הערה ו

- מביא מקור לדברי אדמו"ר כאן שבשעת קריעת ים סוף "אפילו התנוקות אמרו שירה". ומוסיף מדברי הזהר ועוד מקורות שלא רק תנוקות כי אם גם עוברין במעי אמן אמרו שירה.

הערה ז

- מציין על דברי אדמו"ר כאן שיש ב' מיני אחדות, א' אדם עם מחשבתו, ב' ארון עם עבדיו.

הערה ח

- חוקר אם עפ"י דברי אדמו"ר כאן דומים ושוים הם אותם הדרגות הנעלות שהגיעו בניהם אליהם בשעת מ"ת ובשעת קריעת ים סוף, או שהם דרגות חלוקות.

הערה ט

- מבאר את פירוש אדמו"ר על מארז"ל "מי גילה רז זה לבני שאמרו נעשה ונשמע סוד שהמלאכים משתמשים בו עושי דברו והדר לשמוע". שמפרש כי הגמרא מתכוונת לומר שבני ישראל הגיעו למדרגה של דביקות בהשם יתברך כאדם עם מחשבתו וזהו ענין נעשה ונשמע שהם לא היו צריכים לשמוע את רצון הקב"ה ובכל זאת הם עשו את רצונו מיד. ומדייק שלפי ביאור זה לכאורה המלה "ונשמע" מיותרת. ומיישב זה.

הערה י

- מבאר את הקשר של מסירות נפש עם דביקות בהקב"ה.
- מביא מספרי תלמידי הבעש"ט שהדבר היחיד שמפריד בינינו לבין הקב"ה הוא הגאוה, ומקור הגאוה הוא הרצון לקבל לעצמו, וכדי להידבק לגמרי בהקב"ה צריך לבער כל טיפה של רצון לקבל לעצמו מתוכנו.
- אחרי זה הוא מוסיף לבאר שהאבות זכו לדרגת דבקות זו ולכן יכלו לעשות כל המצות אף שלא נצטוו.
- מבאר עפי"ז באר היטב לשון הפסוק וישלח את ידו ויקח את המאכלת גו'.

תוכן ביאור אהובי נצח

הערה יא
- מציין על לשון אדמו"ר כאן שכותב לאביו שליט"א "שזה משמח אותי כשמדברים לשומע ומבין". שכעין זה מובא בזהר פרשת תצוה בענין זכאה מאן דמליל על אודנין דשמעין.

הערה יב
- מביא המקור ללשון אדמו"ר כאן "ומה שלא תבין תבקש רחמים ממי שהחכמה שלו" מגמרא נדה דף ע, ע"ב.

הערה יג
- מבאר לשון אדמו"ר "כי רבים אשר עמנו מאשר עמהם". שכוונתו לכוחות העליונים ולא במספר אנשים בעוה"ז.
- ממשיך שמזה צריך לבוא לנו התעוררות שבעבודתנו אין אנו לבד.

הערה יד
- דן בדברי אדמו"ר כאן ע"ד הכוונה בעת לימוד התורה - אם צריך גם לכוון שהקב"ה יש לו נחת רוח כשלומדים תורתו ומבינים אותה.

הערה טו
- עוד שקו"ט בדברי אדמו"ר בענין לימוד התורה מתוך אמונה.

הערה טז
- כותב על דבר מדת התמימות שחשובה מאד בעבודת השם.
- מביא שני סיפורים מהבעש"ט בענין קירובו את האנשים הפשוטים ואיך שהראה בדרך נפלאה לתלמידיו הקדושים מעלת האנשים הפשוטים ואמירת התהלים שלהם.

מכתב ו

הערה א
- מציין בדברי אדמו"ר כאן בענין ד' בחינות שברצון. מלשון מ"ע צי"ע מרן קוה"ק הרב יהודה הלוי אשלג בעל הסולם זיעוכי"א בענין הרצון וההשתוקקות וכלי של הנאצל לקבל את שפע חיותו מהמאציל.
- ארבע מדריגות המחוייבות להמצא בכל נאצל.

139

תוכן ביאור אהובי נצח

- הרצון להאציל.
- אור החכמה ואור החסדים.
- בביאור ענין הצמצום שענינו הסתלקות הרצון לקבל.
- דכר ונוקבא במאציל ונאצל.
- ההבחן בין עצמותו ית' לאור המתפשט ממנו ית'.
- בענין אורות וכלים.
- ארבע בחינות בהתפשטות אור אין סוף.
- במאמר קודם שנברא העולם היה הוא ושמו אחד.
- עשר ספירות בכל התפשטות של אור אין סוף.
- התהוות הבינה מן התעבות האור.
- התכללות הבינה מג' אורות.

הערה ב
- בדברי אדמו"ר כאן "ד' בחינות שברצון הם יסוד כל החכמה והוא סוד שם הוי"ה הכולל הכל". ומאריך מדברי בעל הסולם זי"ע בסוד ד' אותיות של שם הוי' וקוצו של יו"ד.

הערה ג
- מציין על לשון אדמו"ר כאן עולם מלשון העלמה. מדברי בעל הסולם בענין זה ובמה שעיקר שם "עולם" מתחיל מעולם העקודים.

הערה ד
- על דברי אדמו"ר כאן בענין הד' עולמות. ומציין לדברי מ"ע צי"ע מרן קוה"ק הרב יהודה הלוי אשלג בעל הסולם זיעוכי"א על ההבחנה של עולמות אדם קדמון ואבי"ע שהוא בשיעור עביות של מסך הכלים שלהם.
- בענין עולם העשיה שאין בו הזווג עם אור העליון.

הערה ה
- בלשון אדמו"ר "ובזה יתורץ לך מה ששאלת האור דחכמה היה כל הזמן בעת ההתפשטות זו וכו'". מבאר מה היתה קושיית אביו שליט"א שעל זה בא התירוץ של אדמו"ר.

140

תוכן ביאור אהובי נצח

- מביא מדברי מ"ע צי"ע מרן קוה"ק הרב יהודה הלוי אשלג בעל הסולם זיעוכי"א בענין השתוקקות הנאצל והשתוקקות של ספירת המלכות לקבלת אור החכמה.

הערה ו

- ביאור לשון אדמו"ר כאן "בחינה ב' שנקרא בינה החפצה בחסדים ודוחה חכמה".
- מביא מלשונות מ"ע צי"ע מרן קוה"ק הרב יהודה הלוי אשלג בעל הסולם זיעוכי"א בענין הבחינות של התעוררות הרצון להשפיע במקבל.
- בענין שהרצון לקבל כלול כבר בכח אור ההתפשטות של המשפיע.
- הבינה חלק מהחכמה ונתעבתה וקנתה שינוי צורה.
- ג' אורות דבינה, אור עצמות דבינה, התעבות האור, אור החסדים שהגיע לה.

הערה ז

- מציין בלשון אדמו"ר "וכל שינוי צורה הוא עולם אחר לגמרי".

הערה ח

- בלשון אדמו"ר בענין השתלשלות הד' בחינות כו'.

הערה ט

- מוסיף על דברי אדמו"ר הקבלה לעצמו הוא שורש כל החטאים. דאפשר דגם חטא מחוסר ידיעה שורשו הוא מחמת הרצון לקבל לעצמו שלא מרשה לאדם ללמוד יותר.

הערה י

- בלשון אדמו"ר בענין בחינה הג' שהיא המשכת אור החסדים. ודברי מ"ע צי"ע מרן קוה"ק הרב יהודה הלוי אשלג בעל הסולם זיעוכי"א בענין זה.

מכתב ז

הערה א

- בלשון אדמו"ר כאן שאין העדר וחילוף ותמורה ברוחניות. ומביא באריכות מלשונות מ"ע צי"ע מרן קוה"ק הרב יהודה הלוי אשלג בעל הסולם זיעוכי"א בענין זה.

תוכן ביאור אהובי נצח

- במה שחכמת הקבלה מיוסדת על ענינים רוחניים שאינם תופסים לא מקום ולא זמן ואין העדר ושינוי נוהג בהם.
- חכמת הקבלה היא "שפת הענפים" כי ענינים הגשמיים משתלשלים מעולם העליון ולקחו להם חכמי האמת שמות הענפים שבעוה"ז כמורה באצבע על שרשו העליון.
- בטעם שחכמת הקבלה צריך לקבל מחכם מובהק.
- בענין זמן ותנועה ברוחניות.

הערה ב

- בלשון אדמו"ר כלים ואורות הם שני דברים מיוחדים ואין אחד יכול אף פעם להתערב בגבול השני.
- בענין מהותו של כלי רוחני. ומביא מלשון מ"ע צי"ע מרן קוה"ק הרב יהודה הלוי אשלג בעל הסולם זיעוכי"א בענין זה.

הערה ג

- מבאר דברי אדמו"ר שמציין ל"לוח התשובות".
- בענין אורות וכלים.
- על דבר הרצון לקבל שבנאצל שנקרא כלי.

הערה ד

- מציין בדברי אדמו"ר בהד' בחינות שברצון לקבל.

הערה ה

- בדברי אדמו"ר הנ"ל. ומביא מלשונות בעל הסולם זי"ע בענין זה.
- ביאור ע"ד ההגיון וע"ד הנסתר בסוגיית הגמרא בפסחים דף כ"ה בהנאה הבאה לו לאדם בעל כרחו.
- ביאור דרגות ב"חכמה" וב"כלי החכמה".
- בענין כתר דמלכות.
- מלכות דחכמה ומלכות דבינה.
- דרגות בבינה וקבלתה מהחכמה.
- בענין הרצון מתי החשב כלי לקבלה.

142

תוכן ביאור אהובי נצח

הערה ו
- מבאר לשון אדמו"ר שאסור לקבוע מסמרות בג' בחינות הראשונות.
- מביא לשון האריז"ל שאין אנו עוסקים כלל בבחינת עגולים רק בבחינת יושר.
- מדברי מ"ע צי"ע מרן קוה"ק הרב יהודה הלוי **אשלג** בעל הסולם זיעוכי"א בענין אורך הגשמי שהוא נבחן ע"פ ג' דברים קצהו העליון, קצהו התחתון, והמרחק שביניהם - שמזה נבין ג"כ באורך הרוחני בבחינת קצה התחתון במדריגה כו'.
- ענין ה"מרחק" ברוחניות.
- טעם לדברי האריז"ל הנ"ל שאין אנו עוסקים בבחינת עיגולים.
- דברי בעל הסולם זי"ע שבחינת הכלים דעיגולים עולים לאין ערוך על ג' ראשונות דיושר.
- מבאר דברי האריז"ל ומ"ע צי"ע מרן קוה"ק הרב יהודה הלוי **אשלג** בעל הסולם זיעוכי"א דקשה לכאורה מדוע אנו עוסקים בכלל בענין עיגולים דיושר וג' ראשונות.
- מיישב זה.

מכתב ח
הערה א
- מביא דברי אדמו"ר כאן בשם האריז"ל דהנזהר ממשהו חמץ מובטח לו שלא יחטא כל השנה. וכותב מקורות על זה.
- בארוכה מתשובות הרדב"ז בטעם החומרות בחמץ בפסח יותר מכל שאר איסורי התורה.
- בהמשך מביא מהזהר בפרשת תצא שהנשמר מחמץ הוא שמור מיצר הרע.
- מספרים הקדושים בשם הבעש"ט בענין הנהגתו בחומרות בעניני פסח.

הערה ב
- סיפורים מהרה"ק ר' יחזקאל מקוזמיר בגודל זהירותו באיסור חמץ בפסח, ומה שביאר הטעם על זה.

הערה ג

- כותב המקור ללשון אדמו"ר "כשאינם אוכלים כו' הם בכלל מבזים את המועדות". מזהר פרשת צו בענין כל המבזה את המועדות וכו' וביאור הסולם ע"ז.

הערה ד

- בדברי אדמו"ר כאן שאלו שלא אוכלים בפסח מבטלים את המצוה של ושמחת בחגך.
- מאריך מדברי הראשונים בפרטי מצות ושמחת בחגך.
- שקו"ט בארוכה בדברי אדמו"ר כאן שמצות ושמחת בחגך קאי על כל מיני שמחה, ומוכיח שאין זה מוסכם לכל הראשונים.
- בהמשך מביא דברי השאגת אריה במצות ושמחת בחגך בזמן הזה אף שאין לנו שלמי שמחה שמאריך ע"פ דרכו בראיות עצומות מש"ס ופוסקים דמצות שמחה נוהג מן התורה בזמן הזה בכל מיני שמחות.
- מסיק שאדמו"ר כאן סובר כהשאגת אריה.
- אחרי זה מביא דיון הפוסקים אם גם אשה מחוייבת במצות ושמחת בחגך.

הערה ה

- ביאור לשון אדמו"ר בענין סוף הפסוק "תחת אשר לא עבדת את ה' אלקיך בשמחה ובטוב לבב וגו'".

הערה ו

- מבאר דברי אדמו"ר כאן בענין שמחה של מצוה שהאור שהאדם מקבל מעשיית המצוות תלויה בכמות השמחה והוי ממש כמו מאזנים כגודל השמחה כך גודל האור המקבל.

הערה ז

- מציין על מה שכתב אדמו"ר בשם האריז"ל אשר בעת שעוסק בתורה שיהיה בחשק גדול נמרץ בהתלהבות עצומה כאלו עומד לפני המלך כו'. ומוסיף כי גם מי שלא זכה לעסוק בתורה ומצוות מתוך התלהבות הנזכרת הרי מכל מקום חייב הוא לקיים את המצוות וללמוד תורה וסוף ההתלהבות לבוא.

הערה ח

- מדייק בלשון אדמו"ר "בהתלהבות עצומה" ומציין אשר בכתבי האריז"ל הוא בלשון זכר "בהתלהבות עצום". ומוסיף אשר בכל כתבי האריז"ל נראה שלא מקפיד להבדיל בין לשון זכר לנקבה.

הערה ט

- מציין בענין דברי אדמו"ר בשם האריז"ל על דבר כוונת המצוות לכוון בכל מצוה ומצוה לקיים מצות בוראו ולא לסיבת עצמו.
- בענין קיום המצות שלא על מנת לקבל שכר כי אם לייחדא שמא דקודשא בריך הוא עם שכינתיה.

הערה י

- מעורר במה שכתב אדמו"ר שכדאי לחזור על הדברים עד שיהיו כמו טבע שני. שצריך לשנן על הדברים האלו עד שנזכה שהשמחה בשעת העסק בתורה ומצוות תהיה כמו טבע שני והשם יזכנו.

הערה יא

- מציין על דברי אדמו"ר בחשיבות השמחה בעבודת השם.
- בהמשך מביא מאמרים מספרי תלמידי הבעש"ט בענין חשיבות עבודת ה' בשמחה - מס' בן פורת יוסף בפ' נח, ומס' מעשה אורג במס' עוקצין.

הערה יב

- מציין עוד בענין חשיבות השמחה בעבודת ה'.

הערה יג

- מציין על דברי אדמו"ר כאן בענין ההתלהטות לעבודת ה'.
- מאריך בענין זריזות בעבודת ה' - מדברי הרמח"ל בס' מסילת ישרים.
- מסיק שגם למי שאין התלהטות הדרושה הזאת צריך להתחיל להתנהג בזריזות ואז החיצוניות תעורר את הפנימיות.

מכתב ט

הערה א

- מבאר במה שכתב אדמו"ר "שההפרש בין אחדות הפשוטה שבאין סוף ב"ה בסוד הוא ושמו אחד לבין האחדות שאחר הצמצום ושתתגלה לעתיד בעת שהרצון לקבל יתוקן בבחינת מקבל על מנת להשפיע".

- מביא לשון האריז"ל כאשר עלה ברצונו הפשוט לברוא העולמות ולהאציל נאצלים.

- ביאור בעל הסולם איך שייך "רצון" באין סוף הגבוה מכל רעיון.

- בענין אחדות ופירוד במושגים רוחניים שאינו כמו אחדות ופירוד במושגים גשמיים.

- עוד במאמר "הוא ושמו אחד".

- אור אין סוף ב"ה שבאור הזה כלול בו הרצון לקבל מעצמותו ית' שהוא צורה חדשה שאינה כלולה ח"ו כלל בעצמותו ית'.

- ביאור המאמר שבריאת העולם הוא משום דמאן דאכיל דלאו דיליה בהית לאסתכולי באפי.

הערה ב

- מפלפל ומקשה בדברי אדמו"ר כאן שכותב שאין בהשגתינו להבין את האחדות הפשוטה דהוא ושמו אחד, מדברי בעל הסולם זי"ע.

- בענין הרצון לקבל לעצמו איך הוא שייך במחשבת הבריאה באין סוף ב"ה.

- בענין ג' מצבים לנשמות א' מציאותן בא"ס ב"ה במחשבת הבריאה, ב' עבודתם בשיתא אלפי שני, ג' גמר התיקון של הנשמות אחר תחה"מ.

- אפשריות התהוות מערכת הטומאה ממצב הא'.

- בביאור מארז"ל על הפסוק "בעתה אחישנה" אם זכו אחישנה ואם לאו בעתה.

הערה ג

- מביא לשון אדמו"ר שכל שינוי צורה במשהו נחשב לדבר חדש אל הבחינה הקודמת. ומביא מדברי בעל הסולם זי"ע בענין זה.

- בפירוש שינוי והעדר ותמורה ברוחניות שאינם כפשוטם.

- מציין לעוד מכתבי אדמו"ר בענין זה.

תוכן ביאור אהובי נצח

הערה ד

- בענין הד' בחינות שברצון לקבל. מציין להמקבילות בכמה מקומות בדברי אדמו"ר בענין זה.
- מביא עוד דברי אדמו"ר בפירושו לתיקוני הזהר.
- באריכות ביאור בענין הצמצום ומקום פנוי ואור הקו שבאור אין סוף.
- בענין ד' האותיות של שם הוי'.
- בהמשך בענין עשר ספירות דאור ישר ועשר ספירות דאור חוזר.
- בסוד השם "יאהדונה"י.
- בהתכללות שמות הוי"ה ואדנ"י.

הערות ה-ח

- מוסיף ביאור אשר הד' בחינות המבוארים במכתב אדמו"ר כאן הם לנגד ד' האותיות של שם הוי'.

הערה ט

- מבאר לשון אדמו"ר "עם ציור כזה לא יוקשה אם בחינה ד' רצתה לקשט את עצמה הרי היא בצורה שוה כבחינה ב' נכון מאד אבל מחמת זה לא מתבטלת תוכנתה עצמה שהיא תמיד מעצם אצילותה בחינה של קבלה בגדלות הרצון". כי הוקשה לאדמו"ר כי מכיון שהמלכות הורכבה כבר ואם כן מה הצורך בכל המשך ההשתלשלות שאנו ממשיכים בה עד היום כדי לתקן את המלכות.
- ממשיך לבאר בטעם שנצרך לענין הצמצום ומפלפל בדברי בעל הסולם זי"ע בענין זה.

הערה י

- בלשון אדמו"ר כאן בההבחן "בין כל המציאות שבאין סוף ב"ה לפני הצמצום שהכל כלול שם באור פשוט בבת אחת ואיך המציאות נבחנת בזה אחר זה". ומביא מלשונות מ"ע צי"ע מרן קוה"ק הרב יהודה הלוי אשלג בעל הסולם זיעוכי"א בענין שכל העולמות וכל הנשמות הם כלולים כבר בא"ס ב"ה לפני הצמצום.
- בביאור לשון האריז"ל אשר אור העליון הנמשך מעצמותו ית' "ממלא את כל המציאות".

147

- באריכות בענין מחשבתו ית' ובענין כח הפועל בנפעל.

הערה יא

- מקשה בדברי אדמו"ר כאן שמתחילת דבריו משמע שהטעם שהמחשבה אצלו ית' מספיקה הוא משום שאצלו העתיד וההווה שווים, ואילו בסיום הדברים מבואר הטעם משום שאצלו אין כח חסר פועל. ומסיים בצ"ע.

הערות יב-יג

- מבאר שאצילות בריאה יצירה עשיה הם כנגד ד' אותיות שם הוי'.

הערה יד

- מעיר על דברי אדמו"ר כאן מהזהר בפרשת פינחס בענין התפשטות אור אין סוף בהספירות ועד"ז בהתפשטות הנשמה בהגוף.

מכתב י

הערה א

- מביא באריכות מלשון הזהר בפרשת אחרי, ובביאור הסולם בזהר שם, בענין השתטחות על קברי צדיקים.
- בו מבואר ג"כ על פסוק ושבח אני את המתים שכבר מתו.
- בענין תלת מדורין דעבד קוב"ה לצדיקיא.
- גן עדן התחתון וגן עדן העליון.
- כשהעולם שרוי בצער - בקשת החיים לנפשות הצדיקים בקברי הצדיקים ונפשות הצדיקים הולכות ומשוטטות לישני חברון כו' עד שמגיעים להקב"ה.
- הסיפור מה שאירע לר' חזקיה ור' ייסא בעברם סמוך לבית הקברות בגוש חלב.
- גם לאחר פטירתם מהעולם הזה נמצאים הצדיקים בכולהו עלמין ומגינים במיתתם יותר מבחייהם.
- על פסוק והיתה נפש אדוני צרורה בצרור החיים.

- אח"כ מביא מגמרא סוטה בענין כלב שהלך ונשתטח על קברי אבות. ומהגמרא בענין קברו של משה ומגמרא במס' תענית שיוצאין לבית הקברות כדי שיבקשו עלינו מתים רחמים. ומהמדרש בענין קבר רחל בדרך אפרת.
- עוד מכמה מאמרים בזהר בגודל ועוצם כוחם של התפילות על קברי הצדיקים.
- סיפור מהזהר בפרשת שמות על רבי יהודה בר שלום ורבי אבא ששמעו קול מהקבר וכו' ושתפילות המתים מגינות על החיים.
- מאמר רבי שמעון על החברים מבבל כי אויר הקדוש ורוח הקדוש סר מהם להיותם בחוץ לארץ.
- בענין י"ב חדשים שהנפש מתקשרת בגוף בתוך הקבר.
- על פסוק ושכבתי עם אבותי.
- המשך מאמר הזהר כי ג' פעמים ביום בא רוח אחד במערת המכפלה ומנשב בקברי האבות ומתרפאים כל עצמותיהם ועומדים בקיומם.
- מביא משולחן ערוך או"ח סי' תקע"ט שבשבע תעניות האלו אחר שמתפללים יוצאים כל העם לבית הקברות ובוכים ומתחננים שם.
- עוד בהמנהג לילך בערב ראש השנה על הקברות - ובנושאי כלים לשולחן ערוך שם.
- אח"כ מביא עוד מספרי שאלות ותשובות וממפרשי השו"ע במה שכתבו לתרץ מדוע אין בהשתטחות על קברי הצדיקים משום דורש אל המתים.
- מביא מהתוס' במס' סוטה שמודיעין להמתים מה שנעשה בעולם הזה בכדי שיבקשו רחמים.

הערה ב

- מציין בדברי אדמו"ר במה שכותב על פגישתו בצפת עם העורך דין.

הערה ג

- כותב שאדמו"ר ואביו שליט"א היו להם כוונות להעלות את הבעש"ט הקדוש לארץ ישראל, ולקוברו בקרבת מקום לקבורת הרשב"י ורבי אליעזר בנו במירון.

הערה ד

- מציין בלשון אדמו"ר "מכתבי האחרון שכתבתי לך בענין קיום המצות מתוך שמחה".

תוכן ביאור אהובי נצח

הערה ה
- מעורר מלשון אדמו"ר "דע לך שזהו (שמחה) מהדברים העומדים ברומו של עולם" שמדברים אלו יש להתעורר שאין לזלזל בענין השמחה.

הערה ו
- כותב על לשון אדמו"ר כאן ששמחה היא בידי השם יתברך והיא מתנה להזוכה בה.
- מביא סיפור מהבעש"ט הקדוש אודות שואב מים אחד שפעם התלונן ופעם שמח והסתכל בעין טובה על חלקו.
- במארז"ל אדם נידון בכל יום.

הערה ז
- מציין על דברי אדמו"ר דרך ה' הוא שלא מונע את הטוב למי שהוא הולך תמים.

הערה ח
- מציין בדברי אדמו"ר כאן "תתאמץ לקיים את מצות ה' בתמימות כעבד שעושה רצון אדונו ואז השמחה תתעורר בעזרת השם". ומוסיף שכוונתו שהחיצוניות תעורר את הפנימיות כידוע.

הערה ט
- כותב המקור לדברי אדמו"ר שהמצה היא מיכלא דאסוותא. מזהר פרשת תצוה. ופירוש הסולם על הזהר.
- בענין לחם עוני - ספירת המלכות, ולחם מן השמים - ז"א.
- ההבחן בין מצה דפסח ושתי הלחם חמץ דחג השבועות.
- בענין ב' מיני מוחין לנוקבא.
- ביאור אודות מיעוט הירח.

מכתב יא
הערה א
- מציין לעוד מכתבי אדמו"ר שמבואר בהם בענין הד' בחינות שברצון לקבל.

הערה ב

- מביא דברי אדמו"ר כאן בהחילוק שבין גולה לגאולה.
- מציין לדברי מ"ע צי"ע מרן קוה"ק הרב יהודה הלוי **אשלג** בעל הסולם זיעוכי"א בקונטרס "וזאת ליהודה" בענין הגולה שהוא ההעדר הקודם להוויה שהוא ענין הגאולה וכדמיון הזריעה המכין לקצירה.

הערה ג

- מבאר בדברי אדמו"ר כאן בהחילוק בין גולה לגאולה ש"החילוק הוא באות א' לבד, שאם מכניסים א בתוך המלה גולה נעשה מגולה גאולה, א זו מורה על אלופו של עולם ויש חוק שאפילו מי שהוא חייב מיתה חס ושלום, ואם רואה פני המלך הוא יוצא לחרות".
- ומבאר בכוונת אדמו"ר שכדי לצאת מהגלות אנחנו צריכים להכנים את הקב"ה לתוך הגלות, כלומר לקשר את עצמנו אליו ולמשוך את אורו אלינו.
- ממשיך שצריך להזהר בעבודת האדם שלא יהיה כמצות אנשים וכשעוסק בתורה ומצות על האדם לא לשכוח שהוא עומד לפני מלך מלכי המלכים.

הערה ד

- מציין על דברי אדמו"ר כאן "אין מקצת נוהג ברוחניות" - לדברי האריז"ל שצמצם עצמו אין סוף בנקודה האמצעית. ובביאור בעל הסולם על דברי אריז"ל האלו.

הערה ה

- מאריך עוד בדברי אדמו"ר ובדברי האריז"ל המובאים בהערה הקודמת.
- מביא מדברי מ"ע צי"ע מרן קוה"ק הרב יהודה הלוי **אשלג** בעל הסולם זיעוכי"א בענין שהצמצום היה בהשוואה א' בסביבות הנקודה.
- בענין קבלה ע"מ להשפיע היא נתינה ולא קבלה.
- בסוגיית הגמרא בקידושין "נתנה היא ואמר הוא" באדם חשוב מקודשת.

הערה ו

- מבאר כוונת אדמו"ר שבא לתרץ קושיית אביו שליט"א, שבביאור הטעם "שאף על פי שהצמצום לא היה רק בנקודה אמצעית שהיא בחינה ד' מ"מ

נסתלק האור מכל ד' הבחינות", שמדברי מ"ע צי"ע מרן קוה"ק הרב יהודה הלוי **אשלג בעל הסולם** זיעוכי"א מתבאר ב' טעמים שונים.

הערה ז

- מביא טעם נוסף מספר "בית אהרן" על שאלת אדמו"ר כאן למה אנו קוראים ליל הפסח בשם ליל הסדר - כי זהו הסדר של כל השנה כו'.

הערה ח

- מביא על דברי אדמו"ר כאן "ואנו גם כן אוכלים הכרפס קודם לרמז על אי הסדר". מדברי האריז"ל בשער הכונות, בכוונת הכרפס, ובהגימטריא של מלת כרפס.
- עוד בענין הזהירות באכילת כרפס דוקא ולא ירק אחר.
- ביאור שאלת "מה נשתנה" ותירוץ "עבדים היינו" על דרך הקבלה.

הערה ט

- מביא דברי אדמו"ר כאן "כי יש מחלוקת בחז"ל על זה שמתחילים בגנאי ומסיימים בשבח בין רב ושמואל".
- מציין לדברי מ"ע צי"ע מרן קוה"ק הרב יהודה הלוי **אשלג בעל הסולם** זיעוכי"א בקונטרס "וזאת ליהודה" הנדפס בסוף הספר "מתן תורה", שמבאר בארוכה מחלוקת זו של רב ושמואל.
- עוד בענין שההעדר קודם להוויה בכל הפרטים שבבריאה.
- בענין דומם צומח חי ומדבר.
- בפסוק אדם ובהמה תושיע ה'.
- מבאר שמעלת האדם על הבהמה הוא רק בהתעוררות לדביקות באלקות.
- בהמשך מבואר עוד בענין גלות וגאולה, "גולה" בתוספת אות א הרומז על אלופו של עולם הוא "גאולה".
- אח"כ מבאר בענין "חרות" שהוא מושג גבוה מאד נעלה, לא יטעמו בו רק יחידי סגולה, ולעומת זאת במושג של ה"שעבוד" הרי קטן וגדול שוים בו.
- מבאר ההרגשות של החרות והשעבוד שהיו בדברי ימי ממלכת פולין.
- מביא מהאבן עזרא שאין לאדם בעולם דבר יותר קשה עליו, מאשר להיות ברשות אדם כמוהו.

הערה י

- מבאר דברי אדמו"ר "שהפנים נגד אחוריים זה הוא מעמד הר סיני וגילוי אור היחידה ששמענו מפי הגבורה את העשרת הדברות".

הערה יא

- מביא דברי אדמו"ר כאן "לכאורה היה כדאי לפסוק להלכה כדברי זה שאומר להתחיל במתחילה עובדי עבודה זרה היו אבותינו". ומבאר שרצונו לומר שאנו פוסקים כמאן דאמר להתחיל ב"עבדים היינו".
- מציין שהרי"ף והרא"ש כתבו והאידנא עבדינא כתרווייהו.
- מפלפל בשיטת הרמב"ם בזה אם מתחילים מ"עבדים היינו" או ב"מתחילה עובדי ע"ז", שיש שינוי בדברי הרמב"ם בענין זה מלשונו בהלכות חמץ ומצה למה שכתב בנוסח ההגדה שלו.
- מסיק שכונת אדמו"ר לנוסח המובא ברמב"ם ב"נוסח ההגדה שנהגו בה ישראל בזמן הגלות".

הערה יב

- מביא דברי אדמו"ר כאן בשם זקננו הרב הקדוש רבי שלום מפרוביטש בענין משל שהקב"ה אומר להס"ם תעזוב את עמי מהשעבוד שלך ותראה שכולם ילכו אחרי. ומבאר את המשל.
- ממשיך לבאר ענין זה שבטבענו אנחנו רוצים לעשות את דבר השם. ומציין לעוד מכתב אדמו"ר שמבואר בענין זה.
- אח"כ מביא מה"שפת אמת" שכתב על דרך זה לענין הקושיא איך ציונו הקב"ה באחד מתרי"ג מצוות לאהוב את השם הלא רגש אינו מסור לשליטתינו, ומתרץ שבתוך נפש כל אחד מישראל יש האהבה להקב"ה ועבודתנו היא להסיר את המסכים והקליפות ואז ממילא תתגלה האהבה האמיתית שנמצאת ממילא בתוך כל אחד.
- ממשיך לבאר על פי זה את הפסוק בשיר השירים "משכני אחריך נרוצה".

הערה יג
- מציין לעוד מקומות על דברי אדמו"ר כאן בענין ליל הסדר שאנו רוצים להמשיך את האור של הגאולה השלימה אשר "לא בחפזון תצאו ובמנוסה לא תלכון כי הולך לפניכם ה'".
- אח"כ מוסיף לבאר הקשר בין דברים אלו לדברי אדמו"ר כאן בענין מחלוקת רב ושמואל.

מכתב יב
הערה א
- מביא קושיית אדמו"ר במכתב הקודם "למה אנו קוראים את ליל הפסח שהוא ליל שימורים בשם ליל הסדר, הלא כל הנס היה מחמת החפזון כי לא הספיק בצקם להחמיץ". שעל דברים האלו הולכים וסובבים דברי אדמו"ר במכתב יב כאן.

הערה ב
- כותב אודות מנהג אדמו"ר באפיית המצות מצוה לפסח.

הערה ג
- מאריך באריכות גדולה ממקורות רבים בפוסקים ובשאר ספרים בענין מנהג אפיית המצות מצוה בערב פסח אחר חצות היום.
- בהמשך מוכיח מספרים רבים שאצל רוב הצדיקים ממשיכי דרך הבעש"ט הקדוש כן היה מנהגם.
- אח"כ אריכות ושקו"ט מכמה ספרים בענין אמירת הלל בעת אפיית המצות.

הערה ד
- מביא מדברי מ"ע צי"ע מרן קוה"ק הרב יהודה הלוי אשלג בעל הסולם זיעוכי"א בקונטרס "וזאת ליהודה" המודפס בסוף ספר "מתן תורה" שמקשה ומתרץ גם כן כמו דברי אדמו"ר כאן בענין הנוסח "הא לחמא עניא די אכלו אבהתנא בארעא דמצרים" ולא "בצאתם ממצרים".
- בהמשך מביא עוד בענין זה מדברי ספר "טעמי המנהגים" ומספר היעב"ץ.

תוכן ביאור אהובי נצח

הערה ה

- מדייק מדברי אדמו"ר כאן ומעורר אשר בכוחו של בטחון ורצון הלב, להמשיך את אור הגאולה. ומציין ל"שיחות מוסר" מהגר"ח שמולאביץ ז"ל.

הערה ו

- מדייק ומפלפל בדברי אדמו"ר כאן שכותב "כי ההפרש בין צדיק לרשע הוא בזה, שלרשע אין לו בטחון בישועתו ולכן נאמר רחוק מרשעים הישועה, והצדיק בטוח בישועתו ואומר תמיד קרובה ישועתי לבוא". כי הרי לכאורה יש עוד הרבה הבדלים בין צדיק לרשע.

- מבאר דברי אדמו"ר בב' אופנים א) כי זהו חילוק יסודי וכללי בין צדיק לרשע, ומוכיח ומבאר זה על פי דברי אדמו"ר במקום אחר, שהאדם לא יכול לזכות לאורו יתברך אלא אם כן הוא מרגיש את עצמו שלם. ב) שכוונת אדמו"ר כאן שזהו רק אחד מההבדלים.

הערה ז

- כותב ומעורר שעל פי דברי אדמו"ר כאן יש להתעורר ליסוד חשוב, שאנו צריכים לעורר בנו את הרגש שקרובה ישועתנו לבוא ואם לא נעשה כן אנו נכללים חס ושלום עם הרשעים.

הערה ח

- מבאר בדברי אדמו"ר "כי זוכה לדעת, ויכול להבדיל, כי אם אין דעה הבדלה מנין". ומבאר הקשר בדברים האלו עם דברי אדמו"ר מה שכתב כאן לפני כן.

הערה ט

- מביא אסמכתא לדברי אדמו"ר בהבחן בין גאולת מצרים לבין גאולה העתידה, שהוא בענין החפזון שגאולה העתידה לא תהיה בחפזון. שיש מקור לזה מדברי ה"כלי יקר" ומדרש מכילתא על הפסוק.

הערה י

- מביא את כל דברי התיקוני זהר בענין הגאולה העתידה שאז "לא תצא כצאת העבדים" ו"לא במנוסה תלכון". וביאור הסולם בארוכה על דברי התיקונים.

- בהמשך הדברים מבואר בענין גלות מצרים על דרך הקבלה, שהיה ז"א בסוד העיבור. ומביא דברי האריז"ל בזה.

155

- במאמר פרעה "לא ידעתי את ה'", "מי ה' אשר אשמע בקולו".
- עוד על פסוק ויחזק ה' את לב פרעה.
- בענין ספירת העומר שהוא המשכת ז' ספירות חג"ת נהי"מ מז"א (שכל אחת כלולה מז' שהן ז' שבועות) אל המלכות.
- בקושיית האריז"ל בשער הכונות כיון שעדיין לא נטהרה מטומאתה עד חג השבועות א"כ איך שאר ימי הפסח נקראים ימים טובים.
- עוד בסוד "עבדים היינו כגו'" ע"ד הקבלה.
- בענין פסח וסוד העיבור ש"ראשו בין ברכיו" וכו'.

הערה יא

- מעורר ע"פ דברי אדמו"ר כאן כי ע"י הבטחון בגאולה אנו מושכים את הגאולה וכן ע"י בטחון בכל דבר ממשיכים את אותו הדבר.
- בהמשך מביא מספר "אוהב ישראל" מהרה"צ מאפטא על פ' נח בביאור מארז"ל אף נח מקטני אמנה היה כו'.
- מאריך על כמה פירושים בתיבת "אמונה".
- כן מביא עוד מדברי ה"נעם אלימלך" בפרשת בהר על פסוק "וכי תאמרו מה נאכל" שבו מבואר בגודל מדת הבטחון.

הערה יב

- מציין על דברי אדמו"ר "כי אצל הקב"ה הנסים והבלתי דרך הטבע הם אצלו יתברך בדרך הטבע". ומבאר דברי אדמו"ר ושייכות דבריו להמשך דבריו הקודמים.

הערה יג

- מציין לעוד ביאור אדמו"ר במקום אחר, בענין אחדות פשוטה.

הערה יד

- מביא על דברי אדמו"ר "מן שאכלו אבותינו במדבר שניהם (מר ומתוק) היו כלולים בו". מלשון הזהר פרשת בשלח.
- ביאור הסולם בזהר שם.

הערה טו

- מביא מלשון מ"ע צי"ע מרן קוה"ק הרב יהודה הלוי **אשלג בעל הסולם זיעוכי"א** בגדר ענין אחדות הבורא יתברך שמה שאצלינו הם ב' מושגים נבדלים או הפכיים, הנה אצלו ית' כל זה כלול כאחד באורו הפשוט בלי שום היכר והבדל ביניהם.
- בהמשך מבאר עוד בפירוש דברי הרמב"ן בספר יצירה בההפרש שבין אחד, ויחיד, ומיוחד.

הערה טז

- מציין על דברי אדמו"ר כאן בנוגע לענין אורות וכלים אשר "הוא ושמו אחד". מדברי מ"ע צי"ע מרן קוה"ק הרב יהודה הלוי **אשלג בעל הסולם זיעוכי"א** שכתב כעין זה.

הערה יז

- מביא לשון אדמו"ר "כל שינוי ברוחניות הוא דבר חדש ודבר שני אל הקודם לו". ומציין לכמה מקומות בדברי אדמו"ר בענין זה.

הערה יח

- כותב על לשון אדמו"ר "שבאצילות איהו וחיוהו וגרמוהו חד בהון" - אשר בהקדמה להתקוני זהר יש קצת שינוי בהלשון. ומצטט את כל לשון התקוני זהר ואת ביאור הסולם עליו.
    - בו מבואר ג"כ בההבדל בין עשר ספירות דאצילות ועשר ספירות דבריאה.
    - אח"כ מביא באריכות מדברי האריז"ל בענין זה.
- אח"כ מבאר בענין השם אין סוף ב"ה שאינו כלל למחוייב המציאות כשהוא לעצמו אלא מבחינת מה שכל העולמות וכל הנשמות כלולים בו ית'.
    - עוד בענין שלמעלה אין כח חסר פועל.

הערה יט

- מציין בדברי אדמו"ר אודות הב' סוגי אחדות א' אדם עם מחשבתו, ב' אדון עם עבדיו.

מכתב יג

הערה א

- בנוסף על פירוש אדמו"ר בכאן, מביא ג"כ את פירוש ה"אור החיים" באורך על הכתוב "קדושים תהיו כי קדוש אני". ביאור כתוב זה בז' דרכים שונות בעבודת ה'. ובו אריכות גדולה בדרגות "קדושה", הן לפי פשוטו כפירוש רש"י "הוו פרושים מן העריות", והן לדרגות נעלות בפרישות בקדושה אצל צדיקים ומלאכים עד בלי גבול.

הערה ב

- מביא דברי אדמו"ר כאן על דברי רש"י בפסוק "קדושים תהיו", "הוו פרושים מן העריות ומן העבירה וכו'". ומציין למדרשי חז"ל בענין זה.
- בפירוש הרמב"ן על התורה שיש לו דרך אחרת בפירוש כתוב זה. ובו ג"כ אודות פרישות מדברים המותרים ושלילת ה"נבל ברשות התורה".

הערה ג

- מביא פירוש אדמו"ר על פסוק "כי קדוש אני ה' אלקיכם", "אני ה' ואני השורש שלכם, כי נשמתכם היא חלק אלקי וכל מה שיש "בהכל" יש גם בהחלק, ולכן לא צריכים להתייאש כי מה שיש בשורשנו הוא קרוב לנו ויונעם לנו". עד כאן.
- מאריך מדברי בעל הסולם בענין זה שהנשמה היא חלק מעצמותו יתברך.
- בו ג"כ אריכות בענין דרגת ה"רצון לקבל".
- אח"כ מביא עוד מלשונו זי"ע במאמר מתן תורה מאות ו-יב בענין שכל דבר שבהבריאה יש לו כונה ותכלית, והתכלית הוא קיום התורה ומצות ופרסום אלקותו יתברך לזולתו.
- בו ג"כ ביאור במארז"ל על עולם הבא "עין לא ראתה אלקים זולתך".
- ענין עבודת הדביקות בהקב"ה.
- אח"כ מבואר בהטעם שהעולם לא נברא מתחילה בשלימותה בכל אותה הרוממות הרצוי' לדבקה בו יתברך - כי אין זה משלימות האדם לקבל הכל חנם ובדרך מתנה מלמעלה אלא הוא צריך להתייגע ביגיע כפיו ועבודה בכוחות עצמו ועי"ז יגיע לתכלית הרצויה.

- ביאור איך כל עניני הטבע והתענוגים בעולם הוא מפני התמשכות הענף לשורשו למעלה.
- עוד במארז"ל "לא נתנו המצוות אלא לצרף בהם את הבריות".
- בענין שהתכלית היא ההשפעה לזולתו.
- לשמה ושלא לשמה בעסק המצות.
- התחלת העבודה היא שלא לשמה.
- אחרי זה מביא עוד מלשונו בתלמוד עשר הספירות חלק ראשון ג"כ מענין הנשמה שהיא חלק אלקי ממעל ממש.
- ענין ההבדלה ברוחניות הוא ע"פ שינוי הצורה בלבד.
- ע"ד אור א"ס שמטרם הצמצום.
- בענין דכל השמות והכינויים הם רק באורו יתברך המתפשט ממנו אבל בעצמותו יתברך אין שום שינוי כלל וכלל.
- אח"כ מביא עוד מלשון בעל הסולם זי"ע שם ספ"ג בענין מחצבת הנשמות שהיא חלק אלקי ממעל.
- עוד בענין ה"רצון לקבל".
- אחרי כן מביא עוד מלשון מ"ע צי"ע מרן קוה"ק הרב יהודה הלוי **אשלג** בעל הסולם זיעוכי"**א** שם בפ"ד אות י"ט בענין שינוי הצורה מהבורא לנבראים.
- עוד בביאור התמשכות הענף לשורשו למעלה.

הערה ד

- מדייק מלשון אדמו"ר שכותב "רק צריכים להאמין להתקרב אל השורש ואז השורש מאיר בנו ומתעורר אלינו ומתגברים על התאוות ויצר הרע" - שמזה מובן שרק צריכים להתאמץ, אבל עצם ההתגברות על היצר הוא בעזרת הקב"ה. כי על כל העבודה הרוחנית עוזרים מלמעלה.

הערה ה

- כותב בדברי אדמו"ר כאן "ואל תאמר אם טוב להיות קדוש ופרוש אפרוש עצמי מכל וכל כדרך הפילוסופים שהיו פורשים לשדות ויערות חוץ ממקום ישוב בכדי להתדבק ברוחניות, אומרים לך לא, אין זה דרך התורה". ומביא על

זה מספרי תלמידי הבעש"ט וכתבי רבי נחמן מברסלב זצ"ל שבאמת צריך להתבודד לפעמים.

- מבאר שמה ששולל כאן אדמו"ר הוא התבודדות לגמרי מכל וכל, משא"כ התבודדות שהיא לפעמים היא טובה ומועילה לעבודת ה'.
- מביא מהנהגת האריז"ל - שמתחילה לאחר חתונתו היה מתבודד בצריף שחותנו בנה לו, אך אחרי מספר שנים עלה לצפת תובב"א ושם הרביץ תורה ולימד לתלמידיו את סודות התורה.

הערה ו

- מבאר על דברי אדמו"ר כאן שצריך וטוב להנות מלימוד התורה. ומציין שכן כתב הרב אברהם מסאכטשאב בהקדמה לספר "אגלי טל" - שהוא טעות מה שקצת בני אדם חושבים שאם הוא שמח ומתענג בלימודו אין זה לימוד התורה לשמה, כי באמת אדרבא זהו עיקר מצות לימוד התורה להיות שש ומתענג בלימוד התורה וזוהי תורה לשמה.
- מבאר דרגות בלימוד התורה שלא לשמה.

הערה ז

- מקשה בדברי אדמו"ר שכותב שרבי אלימלך ענה לאותו תלמיד "היות שאתה רוצה רק לעשות נחת רוח ולא להנות מן הלימוד כלום, הקדוש ברוך הוא מוחל לך הטובה הזאת והוא לא צריך לימודך". כי לכאורה הרי היא מעלה לעשות את התורה ומצות שלא על מנת לקבל פרס? ומציין לעוד מכתב אדמו"ר דלהלן, ובהביאור לשם.

הערה ח

- עומד על לשון אדמו"ר "כי כל הבריאה היא להיטיב לנבראיו". ומביא את דברי הרמח"ל בספר "מסילת ישרים" פ"א שהאדם לא נברא אלא להתענג על ה' שזה התענוג האמיתי והעידון הגדול מכל העידונים שיכולים לימצא.
- כן מביא מלשונו בדרך ה' חלק א פרק שני אודות טעם בריאת העולם בכדי להטיב לנבראיו.
- בו ג"כ אודות ששלימות האמיתי והמוחלט אינו אלא שלמותו יתברך.

- אחרי כן מביא עוד מהלשון בקל"ח פתחי חכמה פתח ג' אודות תכלית בריאת העולם להיות מטיב כפי חשקו הטוב בתכלית הטוב.
- מציין עוד לתלמוד עשר הספירות ולספר מתן תורה.
- אח"כ מבאר ומעיר על דבר חשוב בענין הטעמים השונים שנאמרו על בריאת העולם שלכאורה הם בסתירה זה לזה.
- מבאר אשר באמת הטעם לבריאת העולם הוא שנקבל הטבתו יתברך, וכל הדברים האחרים שנאמרו הם פרטים בענין זה.
- מביא עוד אריכות בענין זה מספר "שעור קומה" תורה פ"ג.

הערה ט

- מביא לשון אדמו"ר "ואם אנחנו נפרוש מכל וכל נאבד את הכלי קבלה שלנו". וכותב שזהו ענין מסובך.
- מביא לשון מ"ע צי"ע מרן קוה"ק הרב יהודה הלוי **אשלג** בעל הסולם זיעוכי"א בפירושו ל"עץ חיים" פנים מסבירות בענף א אות יא, שבו מבואר באריכות ע"ד הכלי והרצון לקבלה.
- בו ג"כ בענין מה שאנו רואים בכל ברייה וברייה שמצד אחד נראה כמו שהוא חי ומצוי ברשות עצמו, ומצד שני אנו מרגישים שאין לו רוח החיים בטבעו ממש, אלא רק בבחינת קנין מלאכותי דהיינו ע"י אכילה ושתי' כו'.
- בפירוש מארז"ל "מתחלה ברא הקב"ה את העולם במדת הדין וראה שאין העולם כדאי, שיתף עמו מדת הרחמים".
- בסוד הכלי קבלה באין סוף שבטרם הצמצום.
- סוד "הוא ותמורתו יהיה קודש" כי בתכונת הרוחני כשהוא עובר מבחינה אחת לבחינה אחרת שאינו מחליף צורתו ואינו נעדר ממציאות הקודמת - שלא כדרך שינוי בדבר גשמי שהוא נעדר ממציאות הקודמת.
- ביאור בהצמצום שא"ס צמצם את עצמו וחזר והמשיך הארותי' דרך קו דק.
- בענין שורש ומציאות הקליפות מהארת הרשימו ולא מהארת הקו שאחר הצמצום.
- בענין מלכות דאין סוף.
- בהאמור בתקוני זהר "א"ס לא נחית יחודי' עלי' עד דיהבין לי' בת זוגיה".

תוכן ביאור אהובי נצח

- בשלילת מדת הגאוה שעליו אמרז"ל שאומר הקב"ה אין אני והוא יכולין לדור במדור אחד.
- במה שתחילת שנותיו של אדם עד י"ג שנים הוא מסור תחת הנהגת הס"א והקליפות ורק בהגיעו לי"ג שנים אז נכנס תחת רשות הקדושה.
- בענין התלבשות הקדושה בקליפה בסוד הכתוב "רגליה יורדות מות".
- בסוד הכתוב "חיל בלע ויקיאנו מבטנו תורישנו א-ל" - שבהגלות הס"א מתדבק בישראל ומגדיל כלי הקבלה דמלכות דקליפה, ואח"כ בהגאולה מתהפכים כלי הקבלה המורחבים לכלי השפעה מורחבים.
- בסוד הפסוק "הנסה אלקים לקחת לו גוי מקרב גוי".
- בסוד הכתוב ביציאת מצרים דבר אל בני ישראל וישאלו איש מאת רעהו גו'.
- קיצור השעבוד דמצרים מת' שנים לר"י שנים.
- אחרי כן מביא עוד מההקדמה לספר פנים מאירות ומסבירות אות כ"ב בביאור הענין דכלי הקבלה.
- בביאור מארז"ל "לא מצא הקב"ה כלי מחזיק ברכה לישראל אלא השלום".
- ביאור פעולת חטא עץ הדעת שגרם פריחת נשמת החיים נצחיים של אדם הראשון, ובמקום זה נקשר לאבר ההולדה לשלשלת גדולה לתולדותיו בכל הדורות.
- ביאור מארז"ל "ראה הקב"ה בצדיקים שהם מועטים עמד ושתלן בכל דור ודור".
- בטעם שצדיקים הם מועטים לפי ערך אלפי הרבבות של ריקים.
- בענין "ה' יברך את עמו בשלום" שהוא ברכת הבנים, כי ע"י הבנים נמשך ונקשר השלשלת עד גמר התיקון.
- אח"כ ממשיך בביאור לתוך את הדברים דמכל הספרים שהובאו משמע שאנו לא צריכים לדאוג להשארות הרצון לקבל בנו, אלא שהוא יבוא ממילא משאר העולם, או מתוכנו ממה שהורגלנו עד י"ג שנים, ואילו מדברי אדמו"ר כאן משמע שבכל זאת צריכים אנו לעורר את הרצון לקבל מתוכנו.
- מבאר הדברים עפ"י מה שכתוב בספר "בן פורת יוסף" פרשת ויחי ראוי לאדם שיחשוק בכל הדברים הגשמיים ומתוכו יבוא לחשוק בתורה ועבודת ה'.

162

תוכן ביאור אהובי נצח

- מדברי הגאון ר' חיים מוואלאזין זצ"ל לפרקי אבות על המשנה "אל תהיו כעבדים המשמשים את הרב על מנת לקבל פרס כו'".
- ביאור דאם העבודה היא ע"מ שייטיב לו שיגיע מזה נחת רוח לפניו השי"ת היא עבודה מעולה.
- במארז"ל בסוטה דרש ר' שמלאי מפני מה נתאוה משה רבינו ע"ה ליכנס לארץ כו' אמר לו הקב"ה כלום אתה מבקש אלא שכר כו'.

הערה י

- מביא דברי אדמו"ר "כי אסור להיות מסור בידי ההרגש כי יש לפעמים שההרגש וההתפעלות בא מאיזה צד בלתי טהור". ומבאר שהוא יסוד חשוב ושאינו בסתירה למה שאדמו"ר כותב במכתב ח' שהמצוות צריכות להיעשות מתוך שמחה. כי העיקר שהאדם ישלוט על הרגשותיו ולא שהרגשות ישלטו עליו, והאדם צריך להלהיב עצמו לעשות המצוה כיאות, אבל אין לו לתלות עשיית המצוה ח"ו בהרגשתו.

הערה יא

- מציין מקורות ממאחז"ל בברייתא דר"א ובמדרש הגדול למ"ש אדמו"ר כאן, שאסור לאדם להיות כפוי טובה. ומביא עוד בענין זה מברכת פרץ להגאון הגר"י קניבסקי. ומחובת הלבבות שער עבודת האלקים.

הערה יב

- מציין לעוד מכתב אדמו"ר בענין התמימות.

הערה יג

- מביא דברי אדמו"ר כאן "לאהוב את השי"ת ולקרות ק"ש במסירות נפש בין בזמן השכיבה, ר"ל שמרגישים את השפלות וכל מיני החסרונות הטבועים באדם, ובין בזמן הקימה שמרגישים רוממות והתקרבות אל השי"ת אצל העובד התמים באמת אין הבדל".
- מציין ללשון ה"פירוש" לרמב"ם הלכות יסודי התורה פ"ב ה"א בענין דרגות באהבת ה', ואהבת ה' האמיתית היא שאינה תלוי' בשום דבר וטובת הנאה וחסד שיגיע להאוהב. ועד"ז דרגות ביראת ה'.

163

- אחר זה מוסיף לפרש עוד דברי אדמו"ר כאן במה שכתב שצריך לקרות ק"ש בין בשכבך שבפשוטו הוא חיוב ק"ש בלילה אבל הכוונה שגם כשהאדם נמצא בשפל מצב מבחינה רוחנית וכו', ועד"ז בזמן הקימה כשהאדם מרגיש התעלות רוחנית וכו'.

הערה יד

- במ"ש אדמו"ר כאן "עיין בהקדמת ספר הזהר אות רא דף ק"צ". ומביא כאן את כל מאמר הזהר.
- פירוש הסולם שם.
- בו מבואר בענין הדרגות באהבת ה'. ושלימות האהבה כשאינה תלוי' בדבר. ובענין אהבה במסירות נפש "אפילו הוא נוטל את נפשך". ועד"ז דרגות ביראה.
- בענין התכללות חסד ודין. והתכללות אהבת ה' ויראת ה'.
- אור הגנוז לצדיקים לעוה"ב.
- בביאור הכתוב אשרי אדם מפחד תמיד. ובביאור הכתובים בראשית ברא אלקים גו', והארץ היתה תוהו גו', ויאמר אלקים יהי אור ויהי אור.
- בענין ד' האותיות של שם הוי"ה שהן חכמה ובינה תפארת ומלכות, שהם נקראות בזהר בשם "יראה, אהבה, תורה ומצות".
- ביאור ענין חו"ב דאריך אנפין, ומה שחו"ב נקראים ראשית.
- ביאור הכתוב "ראשית חכמה יראת ה' גו'".
- ביחוד חכמה ובינה שדבקותם תדיר ואינם נפרדים לעולם.
- בדרגת עוה"ב למעלה מהפרסא מגו מעוהי דא"א דהיינו במקום עמידת או"א עילאין ג"ר דבינה.
- בענין מים עליונים ומים תחתונים.
- ישראל סבא ותבונה.
- ג' ראשונות וז' תחתונות דבינה.

מכתב יד

הערה א

- מביא דברי אדמו"ר "כידוע בשם הרמב"ם ז"ל שהכותב משהו אפילו לעצמו הוא מגלה הדבר לשני אלפים איש". שמקורו בהקדמה לספר מורה נבוכים. ושמזה מוכיח מ"ע צי"ע מרן קוה"ק הרב יהודה הלוי אשלג בעל הסולם זיעוכי"א שאין איסור בלימוד חכמת הקבלה.

- מבאר ג"כ בענין שיש ב' חלקים בחכמת האמת: חלק א' הוא הנקרא סתרי תורה, שאסור לגלותם, זולת ברמיזה מפי חכם מקובל, ובזוהר מכונה בשם ג' ספירות ראשונות כתר חכמה בינה. חלק ב' הוא הנקרא טעמי תורה, שמותר לגלותם, וגם מצוה גדולה לגלותם.

- ביאור במארז"ל בפסחים על הכתוב "ולמכסה עתיק וגו'" מאי למכסה עתיק, זה המכסה דברים שכיסה עתיק יומין, ומאי נינהו, סתרי תורה, ואיכא דאמרי זה המגלה דברים שכיסה עתיק יומין, מאי נינהו, טעמי תורה. ובפירוש הרשב"ם שם.

- מביא מנהג הקדושים והצדיקים המפורסמים בגילוי חכמת הקבלה.

הערה ב

- מעורר על פי דברי אדמו"ר כאן "דברי תורה שאני כותב לך ואתה לומד עם אחרים אין אני יכול לומר לך שלא תעשה את זה רק מה שאני מיעץ לך ומבקש ממך לעשות הוא כשתקבל איזה דבר תורה תקרא אותו לכל הפחות שלשה פעמים ותברר לך מה שכתוב בו". עד כאן. שאם לאביו שליט"א כתב כן על אחת כמה וכמה שאנו צריכים לעבוד כמה וכמה פעמים על המכתבים על שנזכה להבינם.

הערה ג

- כותב על הוראת אדמו"ר כאן "תשקול בדעתך אם להראות את זה גם לאחרים" - אשר בחמלת ה' עלינו זכינו למעט מן הזעיר מן המכתבים שאדמו"ר אביו שליט"א שקל בדעתו להראות גם לאחרים.

הערות ד-ה

- מציין את העובדות על המדובר במכתבים בענין הנכס בצפת ובית החיים ליד מירון.
- עוד במה שאדמו"ר ואביו שליט"א רצו להעלות לארץ ישראל את צדיק יסוד עולם הרב ישראל בעש"ט, ולא יצא הדבר לפועל.

הערה ו

- מביא מטעמי המנהגים, עשרות ספרים בטעם ומקור המנהג של העלייה למירון ומנהג התספורת.
- מביא בארוכה ליישב את מנהג זה מהשגות בעל החת"ס זי"ע.
- אח"כ באריכות בענין מנהג ההדלקה שם ואם הדלקה זו היא מצוה.
- בפירוש מארז"ל "אגרא דבי הילולא מילי" כי ביום ההילולא אין העסק כי אם בתורה ומעשים טובים אשר חידש הוא.
- מספרי תלמידי הבעש"ט הק' על דבר המשכת חיות התנאים והאמוראים על ידי לימוד תורתם.
- באריכות בענין שמחה בל"ג בעומר, שהוא יום המתקת הדינים.

מכתב טו

הערה א

- בכדי להקל הבנת דברי אדמו"ר כאן, הוא מביא את לשון מ"ע צי"ע מרן קוה"ק הרב יהודה הלוי אשלג בעל הסולם זיעוכי"א בהקדמה לתלמוד עשר ספירות - שבסיומם כותב "על כן אמרו בלשונם הצח "יהי אור לעולם הזה", אמנם לא נשאר כן אלא "ויהי אור לעולם הבא", כלומר שהעוסקים בתורה ומצוות לשמה, זוכים בו רק לעתיד לבא, שפירושו בזמן העתיד לבא אחר גמר הזדככות גופם בדרכה של תורה, שכדאים אז לאור הגדול ההוא גם בעולם הזה, כמ"ש חז"ל עולמך תראה בחייך" עד כאן.
- בתוך הדברים מעורר ג"כ בארוכה ע"ד התענוג בהחיים ע"י קיום התורה ומצוות.

- מבאר היטב את הכתוב "ראה נתתי לפניך את החיים ואת הטוב ואת המות ואת הרע וגו'".
- ביאור מארז"ל במס' אבות "כך היא דרכה של תורה פת במלח תאכל ומים במשורה תשתה, ועל הארץ תישן, וחיי צער תחיה, ובתורה אתה עמל כו'".
- בענין לשמה בקיום המצות ובלימוד התורה.
- ביאור הפרש הגדול בין חכמת התורה לשאר חכמות העולם.
- מביא מזהר פרשת בראשית על הכתוב ויאמר אלקים יהי אור ויהי אור "יהי אור לעוה"ז ויהי אור לעוה"ב".
- בפירוש "לעתיד לבא".
- במארז"ל "עולמך תראה בחייך".

הערה ב

- כותב על דברי אדמו"ר כאן "כי גם המשמעות לעולם הבא וגם לעתיד לבוא אין הפירוש כפי הפשוט שזה אחר המיתה ויציאת הנשמה מן הגוף אלא העוסקים בתורה ובמצוות לשמה זוכים בחיים חיותם בעולם הזה לאור הגדול ההוא".
- מביא שנמצא כעין זה בזהר ב"אדרא זוטא", ומביא כל לשון הזהר שם, וביאור הסולם עליו.
- בענין "נהר" שהוא בינה הנמשך ויוצא מן החכמה "דאתי תדיר ולא פסיק".

הערה ג

- מבאר כוונת אדמו"ר שבא רק להוסיף שגם בעולם הזה זוכים לאור הגנוז, אבל פשיטא שהעיקר גם בעולם הבא לאחר פטירת הצדיק מעולם הזה זוכה להתעדן באורו יתברך.
- מביא סיפור מבעל ה"ישמח משה" שביקש בחלומו לראות ג"ע כו' וכל פרטי הסיפור, עד שהראוהו שטעות גדולה היא לחשוב שהצדיקים יושבים במקום מסוים שקוראים לו "גן עדן" אלא ה"גן עדן" נמצא בתוך הצדיקים.

הערה ד

- מאריך בפירוש מארז"ל "לא נתנו המצות אלא לצרף בהן את הבריות".

תוכן ביאור אהובי נצח

- מביא עוד גם מדברי מ"ע צי"ע מרן קוה"ק הרב יהודה הלוי אשלג בעל הסולם זיעוכי"א במאמר "מתן תורה" בפירוש מארז"ל זה.
- בו מבואר גם ענין הזדככות הדרגתית כו'.
- בענין שאדם מפותח יותר מכיר יותר את הרע ובמילא מבדיל ודוחה הרע מתוכו במדה גדולה יותר. ובמעלת ההזדככות שע"י התורה ומצות מאשר הזדככות ע"י הפלוסופיא בלבד.
- מאריך בענין שכל הנזקים מורגשים ובאים לאדם רק מבחינת הקבלה העצמית המוטבעת בו.

הערה ה

- מביא לשון אדמו"ר "שאדם נולד בבחינת עיר פרא אדם יולד וע"י הזיכוך בתורה ומצוות שניתנו לצרף את ישראל זוכה בכל פעם להארות עליונות". עד כאן. ומדייק בלשון "בכל פעם".
- מחדש שלא רק בגמר ההזדככות זוכים להארת האור הגנוז, כי אם כל כמה שהאדם נזדכך יותר הוא מקבל יותר מהאור הגנוז.

הערה ו

- מביא את לשון הזהר בפרשת משפטים, בכדי לבאר את לשון אדמו"ר כאן, בענין שבתחילה נותנין לאדם נפש מצד הבהמה כו' זכה יותר נותנין לו נפש בדרך אצילות כו'. ובפירוש הסולם על הזהר שם.
- בו מבואר ג"כ בענין סוד שם הוי' במילוי האותיות יוד הא ואו הא.

הערה ז

- מפרט על לשון אדמו"ר כאן "כל האות כ"ז מפורש היטב ואתה צריך להעמיק". ומביא את כל הלשון מההקדמה לתלמוד עשר ספירות אותיות כז - כט.
- בו ג"כ בהענין המבואר שיש ב' חלקים בחכמת האמת: חלק א' הוא הנקרא סתרי תורה, שאסור לגלותם, זולת ברמיזה מפי חכם מקובל, ובזוהר מכונה בשם ג' ספירות ראשונות כתר חכמה בינה. חלק ב' הוא הנקרא טעמי תורה, שמותר לגלותם, וגם מצוה גדולה לגלותם.

- ביאור במארז"ל בפסחים על הכתוב "ולמכסה עתיק וגו'" מאי למכסה עתיק, זה המכסה דברים שכיסה עתיק יומין, ומאי נינהו, סתרי תורה, ואיכא דאמרי זה המגלה דברים שכיסה עתיק יומין, מאי נינהו, טעמי תורה. ובפירוש הרשב"ם שם.

הערה ח

- מפרט את מאורעות הדפסת הזהר בעיר לונדון - הנזכר בדברי אדמו"ר כאן.

מכתב טז

הערה א

- מבאר דברי אדמו"ר כאן "וזה שהנך מוצא סתירה לכאורה לסיפורו של זקננו הרב רבי אלימלך זיע"א, צריך להבין את ענין לעשות נחת רוח ליוצרו ולימוד לשמה שזהו התענוג הכי הגדול שנמצא בעולמות ונקרא תאות ענוים, ולזכות לזה צריכים לצאת מכל התאוות שבעולם".
- מבאר שכוונתו על הסיפור המובא לעיל במכתב י"ג, והיה קשה לאביו שליט"א מההקדמה לתלמוד עשר הספירות ומכתבי מ"ע צי"ע מרן קוה"ק הרב יהודה הלוי אשלג בעל הסולם זיעוכי"א שמבאר שעבודתנו היא לבער מתוכנו את כל ניצוצי הקבלה לעצמו, אולם מהסיפור הנ"ל יוצא שהאדם כן צריך לקבל הנאה מעבודתו הרוחנית.
- אחרי זה מבאר תירוץ אדמו"ר כאן.

הערה ב

- כותב על דברי אדמו"ר "ולזכות לזה צריכים לצאת מכל התאוות שבעולם", שמזה יש להבין שההנאה הגשמיית וההנאה הרוחניית שני הפכים הם ואינם יכולים להיות ביחד.
- מביא עד"ז מהראשית חכמה ומההקדמה לתלמוד עשר הספירות.
- ענין לשמה בלימוד התורה.

הערה ג

- מביא לשון אדמו"ר, דאם אדם מדמה לעצמו שכבר עושה לשמה יש בספרים פירוש על מה שאמר פרעה לבנ"י נרפים אתם נרפים גו', שמטעם עצלות

ורפיון ידים אתם אומרים שהנכם כבר מוכנים לזבוח עצמכם על כבוד ה׳, ומציין שכעין זה מובא ב״וילקט יוסף״ בשם בעל הסולם זי״ע.

- מבאר עוד דכאשר אדם עושה מצוה צריך להשים כל כוחו ויגיעתו באותה המצוה, ומביא ע״ז מאמר האדמו״ר מקאצק זצ״ל.

הערה ד

- מציין על לשון אדמו״ר ״כי בתורה דאצילות כל התורה כולה היא שמותיו של הקדוש ברוך הוא״, מתיקוני זהר בהקדמה, ופירוש מעלות הסולם שם.
- ביאור באריכות בהחילוקים שבין תורה דאצילות ותורה דבריאה.
- משער ההקדמות להרח״ו ז״ל דף צ״א - באריכות בענין ההפרש שבין עולם האצילות ועולמות בי״ע, ובענין ד׳ אותיות של שם הוי׳.
- התגלות אור המאציל עד החכ׳ משא״כ מחכ׳ ולמטה הוא דרך חלון יסוד דאמא כו׳.
- אריכות הביאור בענין ג׳ המסכים הנמצאים בבינה וז״א ונוקבא של אצילות, וג׳ המסכים הנמצאים בג׳ עולמות בי״ע.
- כבוד נברא וכבוד נאצל.
- ג׳ חלוקות בתרי״ג מצות: א) תרי״ג במילואן. ב) תרי״א שהוא הגימטריא של ״תורה״. ג) החילוק בין רמ״ח מצוות עשה לשס״ה לא תעשה, הרמוזות בפסוק זה שמי לעולם וזה זכרי לדר דר, וג׳ חלוקות אלו הם סוד ג׳ מיני מוחין שיש לז״א הנקרא תורה.
- במארז״ל ״כל המקיים את התורה מעוני סופה לקיימה מעושר״.
- פי׳ הפסוק ״תפלה לעני כי יעטוף״, בשביל תפלת העני מאחרות כל התפילות להכנס לפני המלך עד שבחינת מלכות בסוד תפלה לעני תכנס קודם.
- תורה קו האמצעי שמייחד בין ימין ושמאל.
- פירוש הבעש״ט במשנה מס׳ אבות כל המבטל את התורה מעושר סופו לבטלה מעוני.
- מביא עוד מהת״ז תיקונא עשרין ותרין, בענין תורה דאצילות.
- ע״ד כל אדם המשתדל ומתייגע בתורה שזוכה ומשיג שמו של הקב״ה וגילוי פנים של השגחתו יתברך.

תוכן ביאור אהובי נצח

- מביא ביאור באריכות מס' נפש החיים בענין המשכת התורה ממקורה באצילות.
- ביאור מעלת התורה שבו תלויים כל העולמות.
- תורה - חיי עולם.
- תפילה - חיי שעה.
- ההפרש בין השתלשלות העולמות והתעבותם עד למטה, מהשתלשלות התורה שגם למטה היא נשארת בקדושתה הראשונה.
- ביאור המאמר קודשא בריך הוא ואורייתא חד.
- ביאור מאמר דוד גל עיני ואביטה נפלאות מתורתך.
- באריכות ממאמרי הזהר אודות הסודות הנסתרים והטמונים בהתורה.
- בטעם שחכמת הקבלה נקרא בשם "נסתר".
- ביאור דרגת נשמתא לנשמתא.

הערה ה

- מציין על לשון אדמו"ר "פרעה, כתוב בזהר הקדוש דאתפרעון מניה כל נהורין", שמקורו בזהר פרשת ויגש, ומביא גם מפירוש הסולם שם.
- בו גם פירוש על פסוק "והקל נשמע בית פרעה".
- היחוד ע"י התעוררות הדינים דשמאל על הנוקבא כו'.

הערה ו

- כותב שדברי אדמו"ר נכתבו כאן בקיצור, וקשה להבינם מפני שאין לו דברי שואל אביו שליט"א.

הערה ז-ט

- ע"ד העומק והלימוד בתלמוד עשר הספירות.

הערה י

- מפרש לשון אדמו"ר "התפללתי ונענתי מתוך שמחה גדולה שאין לשער".

הערה יא

- מאריך בענין ההדלקה בל"ג בעומר במירון, ומביא מספר טעמי המנהגים עניני הילולא דרבי שמעון בר יוחאי.
- מביא משדי חמד מערכת א"י אות ו' שמביא שקו"ט מכמה ספרים בענין זה.

הערה יב

- מביא משו"ע יו"ד סי' שס"ג ב' שמחוצה לארץ מותר להוליך את המת לא"י, ומהזהר פרשת אחרי ע"פ ותבואו ותטמאו את ארצי - שמשמע שאין לעשות כן.

הערה יג

- מעורר מדברי אדמו"ר כאן ע"ד המצוה גדולה להפיץ את ספר הזהר עד שיהיה נמצא בכל בית יהודי.

הערה יד

- מביא את הדיעות בשו"ע אם מברכים גם על תפילין של ראש.

מכתב יז

הערה א

- כותב שמכתב זה ברובו הוא כמו המכתב הראשון לעיל בספר זה. ומציין להביאור שם.
- מעיר על הבדל אחד שבמכתב הזה כותב אדמו"ר שהטעם שאפילו חכם בבחינת בית מלא ספרים מחוייב במזוזה הוא "כי כל המצוות הן נצחיות". ומבאר שגם כאן כוונתו כמו במכתב א'.

מכתב יח

הערה א

- מביא מספר "קדושת לוי" בפרשת פינחס בביאור מארז"ל "פינחס זה אליהו".
- בהמשך מבואר גם בענין דיוקים בהכתוב בר"פ פינחס "פינחס בן אלעזר בן אהרן הכהן וגו' בתוכם".
- עוד ביאורים בענין פינחס אם הוא מבני בני' של לאה או של רחל.
- אף שקינא קנאת ה' צבאות לא עורר דינים ח"ו על ישראל.
- שני ענינים בשכרו ברית שלום - מחמת קנאת ה', וברית כהונת עולם - על שהי' מעורר רחמים על בני ישראל.

- פינחס עבודתו היתה מצד הנשמה ופעל מתוך מסירות נפש שמסר את עצמו למיתה.
- עוד תירוץ על הקושיא המבוארת במכתב אדמו"ר כאן למה אמרו "פנחס זה אליהו", ולא אמרו בהיפוך "אליהו הוא פנחס" הלא השם של פינחס קדם בזמן להשם של אליהו.
- תירוץ קושיית הזהר האיך נתכהן פינחס? הלא כהן שהרג את הנפש פסול לכהונה.

הערה ב

- מביא לשון אדמו"ר כאן "במקום אחר כתוב שצריכים להכין כסא מיוחד בשביל אליהו וזה נקרא כסא של אליהו וצריכים להזכיר ולומר זה הכסא של אליהו זכור לטוב ואם לא הוא לא בא". ומביא על זה את דברי הזהר בהקדמה שמבאר ג"כ ענין זה - על פסוק "ועוף יעופף על הארץ" דא אליהו דטאס כל עלמא בד' טאסין, למהוי תמן בההוא גזירו דקיימא קדישא. ובביאור הסולם שם.
- בו מבואר ג"כ בענין דרגא השמינית של מילה בשמינית.
- מאריך עוד בתיווך הטעמים על הופעת אליהו מלאך ברית בכל ברית מילה [כמבואר בדברי אדמו"ר כאן בפנים].
- בביאור דרגת התמימות.
- בהכתובים "התהלך לפני והיה תמים". והאמור ביעקב "ויעקב איש תם".
- אחר כך מבואר בענין הד' קליפות רוח סערה, ענן גדול, אש מתלקחת, וקליפת נוגה שחציה טוב וחציה רע.
- בסוד אדם הראשון שנולד מהול.
- מארז"ל אדה"ר משוך בערלתו היה.
- ביאור ענין מילה ופריעה.
- בגדר שור תם ושור מועד - ע"ד הסוד.
- ביאור ענין זריקת הערלה אל העפר בעת הברית מילה [על דרך ביאור אדמו"ר כאן בפנים המכתב].
- אריכות בענין יניקת הקליפות מהקדושה.

- בסוד "אשר ברא אלקים לעשות" כי הקב"ה התחיל הבריאה באופן שיכול האדם במעשים טובים שלו לגומרה.
- בפירוש התנינים "לויתן ובן זוגו", ובענין "נחש בריח ונחש עקלתון".
- בדרגת ישראל שנרשמו ברושם קדוש וטהור, וכמו שנבדלו ישראל מאומות העולם מבחינת האדם שבהם, כן נבדלו ג"כ מאוה"ע מהפרטים שלהם שהוא רכושם בהמות וחיות שלהם.
- אחרי זה מביא עוד מהזהר בפרשת לך לך בענין קרי קב"ה לפמליא דיליה, ואמר, חמו מאי בריה עבדית בעלמא, ביה שעתא אזדמן אליהו וטאס עלמא בד' טאסין, ואזדמן תמן. ובפירוש הסולם שם.
- אח"ז מביא מזהר פרשת ויגש.
- שם ג"כ ביאור במאמר אליהו "הגם על האלמנה אשר אני מתגורר עמה הרעות להמית את בנה".
- כן במאמר משה למה הרעות לעם הזה.
- בהטעם שפחד אליהו מאיזבל באמרה "כי כעת מחר אשים את נפשך כנפש אחד מהם".
- את - דא נוקבא, ואל - זכר.
- בהפסוקים על עליית אליהו בסערה השמימה.
- אחרי כן מביא עוד מהזהר פרשת תרומה בענין קישוטי כלה העליונה שהיא השכינה, בחופה נאה. ועד"ז צריך כסא נאה לאליהו מלאך הברית כו'.

הערה ג

- מביא לשון הזהר בפרשת לך לך - הנזכר בדברי אדמו"ר כאן, בענין אליהו שאמר "קנא קנאתי לה' וגו' כי עזבו בריתך וכו'" שאמר לו הקב"ה לאליהו, חייך, בכל מקום שירשמו בני רשימה קדושה הזו בבשרם, אתה תזדמן שם, והפה שהעיד שישראל עזבו ברית, הוא יעיד שישראל מקיימים הברית.
- כן מביא עוד מהזהר בפרשת כי תשא בענין "פנחס זה אליהו". ומפירוש הסולם שם.
- בו מתבאר גם אודות שהקב"ה איננו רוצה בדלטורין, בעלי לשון הרע, על ישראל.

תוכן ביאור אהובי נצח

- בארוכה בענין ברית קודש שהוא פה ה'.
- על הנאמר באליהו וילך בכח האכילה ההיא וגו' עד הר האלקים חורבה.

הערה ד
- מביא מקור הדברים על לשון אדמו"ר כאן "מצות מילה היא בבחינת קרבן".
- הוא מזהר פרשת לך לך. ובפירוש הסולם שם.
- על פסוק "סוד ה' ליריאיו".
- מביא עוד מהזהר פרשת שלח שכשאדם מקרב את בנו לבי ספרא או למילה זהו קרבן שלם להתקבל.

הערה ה
- מביא על דברי אדמו"ר כאן "ובכל הקרבנות ידוע שהיו נותנים חלק אל הסטרא אחרא ונתהפך מקטיגור להיות סניגור". מזהר פרשת נח (אות צ"ד ואילך). ופירוש הסולם שם.
- בו מבואר בענין ראש השנה ויום הכפורים.
- מבאר בארוכה בענין שעיר המשתלח שנותנים להמקטרג נחש הקדמוני.
- בענין שעיר של ראש חודש.
- ביאור ענין יחוד שמשא וסיהרא.
- הלבנה שהיא הנוקבא - יניקתה מדרום וצפון כשמתקרבת אל השמש.
- סדר היחוד מתחילה המשכת ז"א לנוקבא.
- בענין עץ הדעת טוב ורע.
- סוד הכתוב "וימינו תחבקני". והקרבת הע' פרים בחג הסוכות.
- אומות העולם כאשר הם מתברכים, הם מתעסקים בנחלת חלקם, ואינם באים להתערב עם ישראל ולחמוד את חלקם של ישראל.
- אחרי זה מביא מזהר פרשת נח שם (אותיות קכט - קלג). ופירוש הסולם שם.
- בו בענין שבר"ח נותנים לסטרא אחרא חלק נוסף על קרבנות הרגילים, שהוא שעיר ראש חודש, שיתעסק בו וישתמש בחלקו, וישאר הצד של ישראל להם לבדם, כדי שיתייחדו במלכם.
- בפירוש קץ כל בשר.
- בענין עשו איש שעיר.

175

תוכן ביאור אהובי נצח

- שרש הקליפות מהכלים הנשברים שנשתיירו מזמן שבירת הכלים.
- בחטא עץ הדעת.
- מביא עוד מזהר פרשת תצוה. וביאור הסולם שם.
- מתבאר בו גם בענין הקרבנות כשהם כראוי אז היחוד כראוי.
- נסיון דאיוב ונסיון דאברהם.
- מנחת קין ומנחת הבל.
- קץ הימים וקץ הימין.
- אריכות בענין אחאב שלא נתן חלק לסטרא אחרא.
- אם הס"א היו מקבלים חלקם היו נעברים מעל המקדש, וצד הקדושה היתה עולה למעלה מעלה.

הערה ו

- מבאר היטב את המשך דברי אדמו"ר כאן איך דע"י ביאורו מתורצים כל הקושיות שהקשה בתחילת מכתבו: א) מדוע נקרא אליהו מלאך הברית. ב) מדוע בתפילת המוהל כתוב שהוא אומר "אליהו מלאך הברית עמוד לימיני הרי שלך לפניך", הלא הברית נקראת בריתו של אברהם אבינו. ג) הסתירה בענין הטעמים בענין כסא של אליהו.
- אחרי זה מבאר איך מתורץ קושיית אדמו"ר למה צריכים לעדות אליהו שישראל מקיימים המילה, הלא הכל גלוי וידוע לפני הקדוש ברוך הוא. ומפלפל בזה על פי דברי בעל הסולם המובאים לעיל.
- ממשיך לבאר בהלשון "עזבו בריתך".

הערה ז

- מביא דברי אדמו"ר "וכן אצל פנחס כתוב אשר קנא לאלקיו ולא כתוב לה' או לאלקים, אלא לאלקיו, אותיות לאליהו, כי גם הוא קנא על הטפה הקדושה שמסרוה אל הקליפה". ומעיר ע"ז דצריך להבין את הדמיון בין אליהו לפנחס, שפנחס קנא על חטא אמיתי שבני ישראל זנו אחרי המדינים, משא"כ אצל אליהו לא חטאו היהודים לפי ביאור אדמו"ר רק שנתנו חלק לסטרא אחרא כמו שצריך לתת לה.

176

- מתרץ דברי אדמו"ר דסוף סוף יש דמיון ביניהם, שבשני המקרים הסט"א ינקה משורש היסוד.

הערה ח

- מבאר שאדמו"ר מתרץ את הקושיא הראשונה מדוע תולים את פנחס באליהו הלא פנחס קדם לאליהו. כי "כאשר קנא לאלקיו" הוא אותיות "אליהו".
- לפי הביאור במכתב אדמו"ר אין הכוונה שהאיש פנחס הוא אותו איש אליהו, אלא שמעשהו גרם להוצאת ההארה מהסטרא אחרא, וזה מרומז במלה "לאלקיו".
- ממשיך לבאר שגם לפי"ד אדמו"ר כאן אינו מוציא מידי פשוטו שהוא פירוש הפשוט בגמרא שפנחס הוא ממש אליהו.

הערה ט

- מביא לשון אדמו"ר "ומסיים ויכפר על בני ישראל שמכאן מה שכתוב בספרים אלה המשתתפים במצות ברית זוכים לכפרת עוונות". ומבאר את רמז וקישור הדברים האלו עם המבואר לעיל במכתב זה.
- מציין גם למכתב נוסף מאדמו"ר שבו מזכיר את ענין כפרת העוונות בהליכה לברית.

הערה י

- כותב עוד על דברי אדמו"ר הנ"ל שכתוב בספרים "שכל אלה המשתתפים במצוות ברית זוכים לכפרת עוונות". ומביא מספר אגרא דפרקא אות קמ"ו בשם קדוש ישראל הר"ר שלמה מקארלין אריכות הביאור בהבטחת הקב"ה לישראל שיכפר על כל הקהל הנוכחים בהברית.
- ביאור הכתוב "תחת אשר קנא לאלקיו ויכפר על בני ישראל".
- מביא מספר בני יששכר שכתב "כך שמעתי שיש באיזה מדרש ולא ראיתיו, אבל ראיתי בספר אחד כתב גם כן ששמע בשם המדרש שכל העומדים אצל הכסא של אליהו מתכפרין עוונותיהן".

הערה יא

- מביא מה שכתב אדמו"ר "בנוגע לשאלתו בהסתכלות פנימית חלק ראשון פרק ח אות ל, התעברות הבינה הוא אור גדול ונקרא בשם כי חפץ חסד הוא

וממשיכה אור של חסדים". ולהקל הבנת הדברים מביא כאן כל הלשון של ההסתכלות פנימית שם.

- בו גם מבואר באריכות בענין עשר ספירות בכל התפשטות של אור אין סוף.

מכתב יט

הערה א

- מעתיק לשון אדמו"ר לאביו שליט"א "אחר דרישת שלום באהבה רבה אהבה נצחית". ומבאר שרציפות האהבה היא גם לאחר פטירת אדמו"ר.
- מביא משם אביו שליט"א, שלאחר פטירת אדמו"ר הוא לא הבין, איך אדמו"ר רבו ומורו עזבו לבד בעולם הזה, ולאחר זמן הבין שאדרבא בהיותו בעולמות העליונים כשאינו תפוס במגבלות עולם הזה הגשמי, יכול לעזור ולהדריך אותו יותר.

הערה ב

- מעורר שע"פ דברי אדמו"ר כאן יש להוציא מוסר השכל בנתינת צדקה - שלפעמים הנותן מרגיש כאילו הוא עושה טובה, ומבואר מדברי אדמו"ר להיפך שזכות הקבלה היא שלו דאיך נדמה את שכר הדברים שבקדושה לממון גשמי.

הערה ג

- בענין הדפסת הספר אור נערב, וספר שערי קדושה.

הערה ד

- מביא דברי אדמו"ר "שהלימוד הוא מזון הנשמה ממש כדרך האוכל שהוא מזון הגוף ואי אפשר לקיים הגוף בלי מזון כך הנשמה אם נותנים לה את המזון שלה היא חיה ומרגישה". ומביא על זה דברי הזהר בהקדמה. ופירוש הסולם שם.
- בו בענין המאמרות "יהי אור".
- "יקוו המים גו'" עד "ישרצו המים שרץ נפש חיה".
- ביאור לשון הזהר למלעי באורייתא ולאשתדלא בה ולאפשה לה וכו'.
- כד בר נש לא אתעסק באורייתא לית ליה נפשא קדישא.

- על פסוק ומאחז"ל ברכו ה' מלאכיו גבורי כח עושי דבריו לשמוע בקול דברו, בתחילה עושי והדר לשמוע.
- במאחז"ל ע"פ וקוי ה' יחליפו כח יעלו אבר כנשרים, עתיד הקב"ה לעשות להם לצדיקים כנפיים כנשרים לשוטט בכל העולם.
- אי אפשר להתחבר בהשי"ת ולקיים מצותיו כראוי, רק אחר שמאמין בשמותיו של הקב"ה שהוא טוב ומיטיב לכל ורחום וחנון וכו'.
- במאמר דוד "לב טהור ברא לי אלקים, ורוח נכון חדש בקרבי".
- אחרי זה מביא מספר "נפש החיים" שער ד' פט"ו "מברכתם של העולמות יברך גם האדם, העוסק בתורה כראוי לאמיתה, הגורם לכל זה, וכבוד ה' חופף עליו כל היום ומשיג לנשמה אצולה ממקום קדוש, לפי ערך גודל עסקו ודבוקו בה".
- כן מביא עוד מהמשך הזהר וממקומות רבים במארז"ל שעל ידי לימוד בתורה, כל הדינין בישין ויסורין בדלין הימנו.
- עד"ז מתנא דבי אליהו סדר אליהו רבא פרק ח' ע"פ מקימי מעפר דל כו' שאפילו נגזרו עליו מאה גזרות הקב"ה מעבירן ממנו כו'.
- ע"פ הביאני המלך חדריו כו'.
- זהר ויחי דף רמ"ב ע"פ "יששכר חמור גרם".
- במס' סוטה דהתורה אגוני מגני מן היסורים בין בעידנא דעסיק בה בין בעידנא דלא עסיק בה.

הערה ה

- מביא על לשון אדמו"ר כאן שעל ידי לימוד התורה זוכים לעלות מנפש לרוח ומרוח לנשמה ולחיה וליחידה. שמקורו מזהר בפרשת משפטים, בענין בר נש כד אתיליד שנותנים לו נפש מצד הבהמה מצד הטהרה זכה יותר נותנים לו רוח מצד חיות הקודש, דהיינו מעולם היצירה, זכה יותר נותנים לו נשמה מצד הכסא, מעולם הבריאה, זכה יותר נותנים לו נפש מדרך אצילות, מצד הבת יחידה שנקראת בת מלך. ומביא כל לשון הזהר. ופירוש הסולם שם.

הערה ו

- מציין על דברי אדמו"ר שכותב שעל ידי לימוד התורה "זוכין לקכה' מדרגות הנשמה". מדברי הזהר בפרשת אחרי מות שמאה ועשרים וחמשה אלף מדרגות לנשמות הצדיקים שעלו ברצון הקב"ה מטרם שנברא העולם כו'.

הערה ז

- מעורר מלשון אדמו"ר שכותב שלכל המדרגות האלה זוכים "על ידי התורה והתפילה לשמה". שיש להתעורר מדבריו שאי אפשר להתקרב לאורו יתברך בלי התמדה בלימוד התורה ותפלה בכונה ולשמה.
- כן מביא מדברי הבעש"ט הקדוש שזכה למדרגותיו הנפלאות בכל התפילה. ומציין שבמ"א אמר שהוא בזכות הקפדתו בטבילה במקוה.
- התיווך בין שני הענינים.

הערה ח

- מעורר עפ"י דברי אדמו"ר כאן "אבל כשמסכימים להיות כמו בהמה עם הנפש הבהמית בלבד לא מרגישים את הנשמה" - שצריך לשבור את רצון הגוף וללמוד ולהתפלל בכונה אע"פ שאין האדם מרגיש ואינו רוצה, ורק עי"ז יגיע בסוף להרגיש ולטעום מנועם ה'.
- מביא ביאור מהבעש"ט הקדוש במארז"ל שבעת מתן תורה כפה הקב"ה על ישראל את ההר כגיגית, ולכאורה הלא קיבלו עליהם את התורה מעצמם ואמרו "נעשה ונשמע", אלא שבתחילה צריך לעבוד בדרך הכרח כעבד, ועי"ז באים אח"כ להרגשה בזה, שזהו על דרך דברי אדמו"ר כאן.

הערה ט

- מביא אריכות לשון הזהר חדש רות (אותיות ב-יח), בענין נפש הבהמית, וביאור הסולם שם.
- ובו מבואר גם על פסוק "אני הוי' הוא שמי וכבודי לאחר לא אתן".
- ענין אלימלך ונעמי ורות, ערפה וכליון - ע"ד הסוד.
- ביאור על הפסוק "חכמת נשים בנתה ביתה ואולת בידיה תהרסנה" שקאי על הנשמה והנפש שהן נקבות.

- סדר התינוק במעי אמו שהקב"ה מכנים בו מעט רוח ונפש ונר ניתן על ראשו בלילה ומלמדים אותו כל התורה, ומראים לו בעמוד האש שהוא על ראשו כמה דובים ונמרים ואריות כו'.
- מאמר דוד "הצילה מחרב נפשי מיד כלב יחידתי".
- ביאור כל הפסוק "ויאמר ה' אל אברם לך וגו' ואעשך לגוי גדול" שקאי על הנשמה שנקראת אברם.
- ידיעת שמו של הקב"ה יועיל לו לאדם כשיסתלק מן העולם, ואם האדם לא זכה בתורה ומעשים טובים כשמסתלק מן העולם יכנוס בדרך החושך כו'.
- אחרי כן מביא עוד מזהר חדש ברות שם (אותיות שמט-שנו), וביאור הסולם שם, על פסוק "נפשי אויתיך בלילה אף רוח בקרבי אשחרך", שמבאר ב' הצורות של נפש ורוח הן בקדושה והן בסטרא אחרא.
- מבאר את כח הנשמה המעורר את האדם מלמעלה לעשות תשובה ומעשים טובים.
- דרגת נשמה לנשמה.
- אב ואם בן ובת - חכמה ובינה ז"א ומלכות.
- עוד מביא מזהר חדש שם (אותיות שעא-שעה) גם כן בענין נפש הבהמית, וביאור הסולם שם, ועוד על פסוק "חכמת נשים בנתה ביתה" (כנ"ל).
- משל הזהר לעונש הנשמה והגוף מפיסח ועיור שחטאו למלך כו'.

הערה י

- מצטט לשון אדמו"ר "אמרו חז"ל רשעים בחייהם נקראים מתים", ומביא את לשון הזהר פרשת משפטים בענין זה על פסוק "ואשלם נחומים לו ולאבליו" - דהואיל ואיהו רשע, מיתא אקרי.
- בו מתבאר ג"כ בענין בר מצוה, כשנכנס האדם לשנת י"ג, הקב"ה נותן עמו שני מלאכים שומרים אחד מימינו ואחד משמאלו, אם הולך בדרך הישר הם שמחים ומחזקים אותו בשמחה כו', אבל אם הולך בדרך עקלתון הם מתאבלים עליו ונעברים ממנו.
- ביאור ענין תשובה, אותיות "תשוב ה'".
- דרגת "בעל תשובה" בעלה של המלכות הנקראת תשובה.

הערה יא

- מביא מ"ש אדמו"ר כאן, שכשהאדם אינו לומד "אין לו שום הרגש רוחני והוא מופקר לכל מיני מחשבות זרות ותאות אסורות". ומבאר שכונת אדמו"ר לעורר שאל לו לאדם לחשוב לעצמו שאע"פ שאינו לומד ועובד בהתמדה לא יאונה לו כל רע, אלא עליו לדעת כי אם אינו מחייב את עצמו להשתנות סופו יורד לבאר שחת, ולא ירגיש ח"ו עד שלא ימצא מזור למכתו ח"ו.

הערה יב

- על לשון אדמו"ר "אבל מי שזוכה לנשמה חיה עליו נאמר בקמים עלי מרעים תשמענה אזני ואז צדיק כתמר יפרח כארז בלבנון ישגה".
- מבאר כוונת אדמו"ר דכשמרגיל את עצמו שיתעורר אצלו ההרגש לרצון ה', אז גם ירגיש כשמשהו הוא נגד רצון ה' ולכן יוכל להנצל, וזהו בקמים עלי מרעים תשמענה אזני, ששומע ומבין ומרגיש שבאים הדברים שהם נגד רצון ה' והוא נזהר מהם, ולכן "צדיק כתמר יפרח גו'".

מכתב כ

הערה א

- מעיר על לשון אדמו"ר שמכנה את אביו שליט"א "ידיד ה'".

הערה ב

- מציין לדברי הש"ך בענין חילול השם בקבלת צדקה מן הגויים בפרהסיא.

הערה ג

- מאריך במ"ש אדמו"ר כאן שאין מקבלין צדקה מעכו"ם, ומביא ממפרשי הש"ס בטעם האיסור.
- דן בארוכה אם האיסור הוא רק בפרהסיא אבל בצנעא מותר, או גם בצנעא אסור.
- שקו"ט בשיטת הרמב"ם בהלכות מתנות עניים שכותב שאסור ליקח צדקה מן הגוי בפרהסיא, אולם פעמים שהדבר מותר כו', ובהל' מלכים פ"י ה"י שמשמע שמותר לכתחילה לקבל מן הגוי אם אינו עובד ע"ז.

הערה ד

- מעורר מלשון אדמו"ר כאן על זהירות בבזבוז והוצאת כסף שנתקבל למטרת צדקה.
- הערה ה
- מציין דאדמו"ר באהבת ישראל שלו היה בקשרי ידידות גם עם החילונים, ומביא כמה סיפורים מפגישות אדמו"ר הממחישות גודל האהבת ישראל שלו.
- סיפור מהרב ראי"ה קוק זצ"ל באופן קירובו ופעולתו מתוך אהבה על אחד שהתחיל לפתוח חנותו בשבת.

הערה ו

- אודות מנהג החסידים לעשות סעודה ביומא דהילולא של הצדיקים.

מכתב כא

הערה א

- מביא לשון אדמו"ר "תלמד ותראה שיש התפשטות מפה ולמעלה וזה נקרא אורות דג' ראשונות או אורות דראש, ויש התפשטות ממעלה למטה היינו מן הפה ולמטה והוא סוד אורות דטעמים שהם אורות דגוף טפח ולמטה", ומציין ללשון האר"י ז"ל המבואר בתלמוד עשר ספירות ח"ג.
- בו מבואר ג"כ על פסוק וירא אלקים את האור כי טוב ויבדל גו'.
- אריכות הביאור בענין עשר ספירות דאור ישר ועשר ספירות דאור חוזר.
- מביא לשון האור פנימי בתלמוד עשר ספירות שם.
- עוד מביא מלשון ההסתכלות פנימית בענין אור ישר ואור חוזר, ובביאור ההפרש שבין ספירה לפרצוף.
- אריכות הביאור על דברי הע"ח היכל א"ק שער אח"פ פ"ג בענין ההסתכלות שהם אור העקודים ואור העין ובענין אור חוזר.
- אחרי זה מביא לשון האר"י ז"ל המבואר בתלמוד עשר ספירות ח"ד פ"ג בענין טגין נקודות אותיות וטעמים.

הערה ב

- מביא לשון אדמו״ר ״וכבר הסברתי בספר התקונים במעלות הסולם בזמירות של שבת יגלי לן טעמיה די בתריסר נהמיה שהפירוש הוא שנרגיש ונטעום הטעם הפנימי שיש בי״ב החלות הרומזות לי״ב פרצופי האצילות״, ומציין לתקוני זהר תקונא תמני סרי, ובביאור מעלות הסולם שם, בענין צירוף שם הוי״ה בשם ״יוה״ה״, ובשם ״יהה״ו״.
- שם ג״כ בביאור הגמרא במס׳ ברכות מנין שהקב״ה מניח תפילין שנאמר נשבע ה׳ בימינו כו׳ ובזרוע עוזו אלו תפילין כו׳.
- ביאור התחלקות או״א עילאין וישסו״ת לב׳ פרצופים.
- חסדים מכוסים וחסדים מגולים.
- עוד פירוש דברי הע״ח שי״ט פ״ח בסדר התחברותם של או״א וישסו״ת ״אבא הוא כללות או״א עלאין יו״ד שבשם, ואמא היא כללות יש״ס ותבונה, ה׳ ראשונה שבשם, אך לפרקים אנו קוראים אבא לאבא ויש״ס, להיות שניהם בינה דמ״ה ואמא לבינה ותבונה, להיותן שניהם בחינת ב״ן לבד שהיא נקבה״.
- ביאור ענין התחלקות זו״ן, לזו״ן הקטנים מחזה ולמטה, ולזו״ן הגדולים מחזה ולמעלה.
- ביאור מוחין דשבת ומוחין דחול.
- רזא דקרבן עולה ויורד כו׳.
- בסוף הדברים הוא חוזר לפירוש הפזמון ״יגלה לן טעמי כו׳״.

הערה ג

- עוד בפירוש אדמו״ר על הפזמון ״יגלה לן טעמיה די בתריסר נהמי״, ומביא ביאור האריז״ל בשער הכונות על ענין י״ב החלות, בכמה אופנים, וסדר הנחות החלות על השולחן.
- בו גם אודות סעודת ליל שבת וסעודת יומא דשבתא.
- אחרי זה הוא חוזר לדברי אדמו״ר כאן בפירוש יגלה לן טעמי׳ כו׳.

הערה ד

- מבאר בלשון אדמו״ר שענין העולמות העליונים שבספרי הקבלה שאין להם שום ענין לגלות העולמות הגשמיים והכל מדובר ברוחניות ובאלקות כו׳,

ומוסיף שכאשר האר"י ז"ל כתב שמטרת הבריאה היתה לגלות את שמותיו ית', הכוונה היא שאנחנו נטעם ונרגיש את אורו ית'.

הערה ה

- מבאר דברי אדמו"ר כאן על הפזמון בסעודת שבת "יהא רעוא קמיה דתשרי על עמיה כו'", רמז לחודש תשרי.

מכתב כב

הערה א

- מביא לשון רש"י במס' תענית בענין יום הכפורים שהוא יום שניתנו בו לוחות.

הערה ב

- משלים את לשון הש"ס בתענית, המובא במכתב אדמו"ר כאן, בענין הדברים שאירעו בחמשה עשר באב.

הערה ג

- מבאר לשון אדמו"ר כאן שמקשה אודות ט"ו באב "אבל בגמרא לא מפורש למה היו הדברים האלה דוקא ביום זה".

הערה ד

- מביא לשון האר"י ז"ל בשער הכונות ח"ב בענין כ"א ימים של בין המצרים שנוהגים באבילות כו'.
- ממשיך לבאר דברי אדמו"ר שהמתאבל על ירושלים רואה בנחמתה, ע"פ דברי מ"ע צי"ע מרן קוה"ק הרב יהודה הלוי אשלג בעל הסולם זיעוכי"א שכדי למשוך את האור צריך כלי, כלומר הרגשת חסרון, ולכן רק האדם שמתאבל על חורבן ירושלים בונה את הכלי שיוכל למשוך את ההארה לבנין ירושלים.
  - מביא מקורות רבים כעין זה שהמתאבלים זוכים לראות בבניינה.

הערה ה

- מביא דברי אדמו"ר "כי כל החורבן בא מחמת העוונות כידוע", ומציין ע"ז באריכות מס' נפש החיים (ש"א פ"ד) עד היכן מגיעין מעשי אדם, אשר בידו לקלקל ולהרוס בחטא קל ח"ו הרבה יותר ממה שהחריבו נבוכדנצר וטיטוס.

- ענין האדם שכולל בתבניתו כל הכוחות והעולמות כולם.
- לב האדם הוא לנגד קודש הקודשים שבבית המקדש.
- פגם מחשבות זרות שעל ידם האדם מכנים טומאה בבית קודש הקודשים העליון, ועד"ז בכל חטא.
- ביאור הכתוב "וייצר ה' אלקים את האדם עפר גו' ויפח באפיו נשמת חיים, ויהי האדם לנפש חיה".

הערה ו

- מביא על לשון אדמו"ר "הזוכים לתשובה מאהבה הזדונות נעשים להם לזכיות", מההקדמה לתלמוד עשר הספירות (אותיות קו-קז) שמבאר בענין וטעם ע"ז שהעבירה נהפכת ונעשית לו למצוה.

הערה ז

- מביא את סיפור אדמו"ר כאן על יהודי שקיבל מלקות מהממלא מקום של הפריץ, ולבסוף הממלא מקום הצטרך לשלם לו על כל הכאה, והצטער היהודי על שבהתחלה לא הכהו יותר, ומציין לסיפור זה ג"כ בהקדמה לתלמוד עשר ספירות (אות ק"ח).
- מביא עוד מפירוש אדמו"ר במעלות הסולם בתיקוני הזהר תקונא עשיראה, שמביא ג"כ משל זה באורך על ענין התשובה שזדונות נעשו לו כזכיות.
- שם ג"כ בביאור ענין צדיקים בינונים ורשעים, ואיך שהם נגד ג' העולמות בריאה יצירה ועשיה.
- תשובה מאהבה ותשובה מיראה.

הערה ח

- מעורר עפ"י דברי אדמו"ר כאן שבזמן שהאדם מתאבל על החורבן הוא צריך גם להשתדל לחזור בתשובה, כי מחמת עוונותיו אין בית המקדש נבנה עכשיו.
- מביא בשם האדמו"ר הרמ"מ מוויטיבסק פירוש על "כל דור שבית המקדש לא נבנה בו כאילו נחרב בו".

הערה ט

- מבאר את הסיפור המובא כאן שר' פנחס מקאריץ שאל את רבי אליעזר, כשהתבטא "אוי רבש"ע, טאטע", דילמא לאו אביך הוא, כי יש ב' דרגות "אם

כבנים אם כעבדים" וע"ז היה ספק ר' פינחס אם ר"א הגיע לדרגת בנים שהיא דרגה נעלית מאד דרגת אהבה כו'.

הערה י

- מבאר את המשך הסיפור הקודם במה שאמר רבי אלימלך לבנו ר"א שהיה צריך לענות לו מפסוק "שאל אביך", שאדם צריך להשאיל לעצמו את הקב"ה כאבא, שאין זה כפירוש הפשוט.
- מביא שכעין דברי אדמו"ר נמצא בשם הרבי מקאצק בס' אמת ואמונה שאחד החסידים היה נוהג בתפילתו לזעוק אבא רחימא כו' עד שאמר ע"ז רבינו ממשיכים לזעוק אבא עד שהוא נעשה באמת אבא.

הערה יא

- מבאר בדברי אדמו"ר כאן, כי לכאורה צריך ביאור בדבריו אם האדם כבר זכה ל"כלים הלבנים" של תשובה מאהבה, מדוע א"כ הוא מוסיף אשר "להרגיש את האור של תשובה צריך האדם להתאים את עצמו שירגיש א"ע שלם".

הערה יב

- מעורר שזהו לימוד חשוב מאד מדברי אדמו"ר כאן שכל זמן שהאדם צריך להרגיש את עצמו שלם, וכפי הרגשת השלימות כך יזכה למשוך את אורו ית' ע"י הצורה ומצוות, משא"כ בלי זה אין ברוך מתדבק בארור.

הערה יג

- מעורר עפ"י דברי אדמו"ר כאן, שהיצה"ר בא דוקא "לבלבל את האדם ומזכיר לו את כל החסרונות והצרות ועוונות כדי להכשילו ולהביאו למצב של עצבות", ומביא בשם אחד האדמו"רים שהבחינה היא מדוע מחשבת עצבות זו היא באה דוקא לבטלו מעבודתו ית', ולא באה לפני אכילתו או לפני כל הנאה גופנית.
- מביא מהחוזה מלובלין שלפעמים אין היצה"ר רוצה דוקא את החטא כ"א העצבות הבאה לאחרי החטא, ועוד בשם הבעש"ט בענין זה.

הערה יד

- מביא על לשון אדמו"ר "ואין השכינה שורה מתוך עצבות", מזהר פרשת וישב, ופירוש הסולם שם.

תוכן ביאור אהובי נצח

- מציין בענין השמחה שהיא מדברים העומדים ברומו של עולם.

הערה טו
- מבאר בדברי אדמו"ר שכל אדם צריך להיות בטוח שנגיע לגמר התיקון, וחסר רק הזמן, וכיון שכל העומד לגבות כגבוי דמי, לכן האדם יכול להרגיש שלם מצד הדין.

הערה טז
- מבאר בדברי אדמו"ר "ולכן יצאו בנות ישראל בכלים שאולים לא לבייש את מי שאין לו".

הערה יז
- מעיר על דברי אדמו"ר שה"מלכות נקראת מכוערת בסוד הכתוב אבן מאסו הבונים היתה לראש פנה", שזהו רק בגלות דהמלכות נקראת "כשושנה בין החוחים" ע"י העוונות של בנ"י, אבל לעת"ל תהיה לראש פינה.

הערה יח
- מביא עוד פירושים מה"אוהב ישראל" על מארז"ל "לא היו יו"ט לישראל כחמשה עשר באב וכיוהכ"פ", ובסוגיא דחמשה עשר באב שם בסוף מס' תענית.
- במארז"ל אשר לעתיד לבא כל צדיק וצדיק נכוה מחופתו של חבירו.
- לעתיד לבא יזדככו נשמות הצדיקים ויבואו להשגה גדולה כ"כ שיוכלו להשיג את הבורא ית' מצד עצמותו כביכול.
- ביאור הכתוב "כעת יאמר ליעקב ולישראל מה פעל אל".
- אודות אות סמ"ך הרומז על בינה, עולם הבא.

מכתב כג

הערה א
- שואל סתירה בדברי אדמו"ר כאן עם דבריו במכתב י"ח ששם מבואר שבברית מילה החלק שהיה אמור להיות לס"א נלקח ע"י אליהו הנביא, ואילו כאן מבאר אדמו"ר שצריך גם בברי"מ לתת חלק להס"א, ומפלפל בזה.

הערה ב

- מביא מפירוש הסולם על הזהר בפרשת פקודי שצוטט במכתב אדמו"ר כאן.

הערה ג

- מדייק בענין האהבה נצחית שהיתה בין אדמו"ר עם אביו שליט"א.

הערה ד

- מבאר מ"ש אדמו"ר אם רבי יהודא נ"י רוצה ללמוד קבלה אדרבה כו'.

הערה ה

- מבאר מ"ש אדמו"ר ובענין ספעלמאן כו' יכול להיות חלול ה' כו'.

הערה ו

- מאריך על מ"ש אדמו"ר כאן בענין שלא לעסוק בקבלה מעשית כו', מביא על זה אריכות גדולה מהאר"י ז"ל בשער המצות פרשת שמות על האיסור הגדול בזה, ובההפרש בין דורותינו לדורות הראשונים שהיו משתמשים בשמות.
- בענין שהאר"י ז"ל לא היה מוציא שמות הקדושים מפיו אלא באותיות כמו מטטרו"ן מ"ם טי"ת וכיו"ב.
- טעם הבדל בין השמות שמותר להזכירם והשמות שאסור להזכירם.
- מביא מספר "תמים תהיה" להרב יעקב משה הלל שמבאר באריכות מדברי הראשונים והאחרונים שאסור לעסוק בכל הדברים האלה של קבלה מעשית והשבעת שמות כו', ומצטט באריכות מהסכמת זקן המקובלים הגה"צ ר"י כדורי שליט"א על ספר תמים תהיה.
- בו ג"כ אריכות ע"ד קמיעות וגורלות.

הערה ז

- מעורר ע"פ דברי אדמו"ר כאן על הכח העצום והזכות שיש בהפצת הלימוד וספרי הקבלה.

הערה ח

- מעלת התפילה בפשטות ובתמימות.
- ע"ד הבעש"ט ורבי אלימלך מליז'נסק שאחרי ידיעתם כל הכוונות וכתבי האריז"ל התפללו בפשטות ובתמימות כדעת זה התינוק.
- לימוד חכמת הקבלה לא להיות חוקרים ומקובלים כ"א לעשות נח"ר ליוצרנו.

תוכן ביאור אהובי נצח

הערה ט
- כותב בטעם הדפסת אדמו"ר ספר "אור נערב" כי הוא מעורר ללימוד חכמת הקבלה.

הערה י
- מספר בשם אביו שליט"א אודות הרב ווינשטאק שהיה תלמיד של מ"ע צי"ע מרן קוה"ק הרב יהודה הלוי **אשלג בעל הסולם זיעוכי"א** ומסירות נפשו למען הפצת חכמת הקבלה וספר הזהר בפרט.

הערה יא
- מביא בשם אביו שליט"א ע"ד נסיעת אדמו"ר יחד אתו בין ערי ישראל להפיץ את חכמת הקבלה ולמרות זקנותו היה מטלטל א"ע ומקיים שיעורים בבתי כנסת שונים.

הערה יב
- מבאר את הרמז בדברי אדמו"ר "יהא רעוא קמי' דתשר"י".

מכתב כד

הערה א
- מביא המקור ללשון אדמו"ר כאן בענין יעקב ש"אפילו קל שבקלים אינו אומר כן".

הערה ב
- מביא המקור לדברי אדמו"ר כאן "שבעת קריעת ים סוף נראה הקב"ה כבחור איש מלחמה", ומציין גם ללשון האר"י ז"ל בשער הכוונות בענין זה, ובהבדל בין זקן שחור - דיקנא דזעיר אנפין, וזקן לבן - דיקנא דאריך אנפין.
- בסוף שואל צ"ע מדוע כאן שלפי דברי אדמו"ר הוא זמן של שמחה ורחמים, הקב"ה נקרא בחור, הלא היה יותר מסתבר שיתגלה כבעל הרחמים בזמן הזה דט"ו באב.

הערה ג
- מפרש דברי אדמו"ר שמביא הנוסח "מקדש עמו ישראל ע"י חופה וקדושין" שיתפרש שהקב"ה מקדש בקידושין את כלל ישראל.

190

- מוסיף לבאר עפ"ז לשון הברכות "אשר קדשנו במצותיו" שהקב"ה מקדש את ישראל, ומאריך בענין זה.

הערה ד

- מבאר דברי אדמו"ר כאן בדיוק הסדר במשנה במסכת תענית שמתחילה מביא הפסוק שקר החן והבל היופי אשה יראת ה' היא תתהלל, ואח"כ הפסוק צאינה וראינה בנות ציון כו'.

הערה ה

- מבאר דברי אדמו"ר כאן על פסוק "יבוקש עון ישראל ואיננו", שיבקשו את העונות משום שהם נהפכים להיות כלים לאור לאחר שהזדונות נהפכו לזכיות ולכן כמה שהיה יותר עונות יש יותר כלים להאור.

הערה ו

- מבאר דברי אדמו"ר כאן "וזה סוד הכתוב אז תשמח בתולה במחול ובחורים וזקנים יחדיו כו'" שסתם אדמו"ר ולא פירש כוונתו.

הערה ז

- מציין לסוף מכתב הקודם והביאור שם בענין תשרי.

הערה ח

- מציין להביאור לעיל על מכתב ד בענין "ותזכה לתורה וגדולה במקום אחד".

מכתב כה

הערה א

- מדייק בלשון אדמו"ר על אביו שליט"א "ידידי וידיד ה' וידיד כל נפשות ישראל", שאפשר להגיע לדרגה זו ע"י נתינת כל מרצו להשפיע שפע אור לעולם.

הערה ב

- מבאר בטעם שהמתפלל על חבירו הוא נענה תחילה, משום שאור השפע מוכרח לעבור דרכו שהוא המקור והשורש לאור הזה ולכן הוא נענה ונהנה תחילה מהשפע הזה, ומביא מביאור האר"י ז"ל בשער המצות בענין מצות כיבוד אב ואם.

הערה ג

- מבאר בענין תפילה "בלב שלם".
- מביא סיפור ממ"ע צי"ע מרן קוה"ק הרב יהודה הלוי **אשלג** בעל הסולם זיעוכי"א שפעם התאונן לפניו תלמידו שכבר ניסה כל הדרכים ללא הועיל עד שהתייאש, אמר לו אדמו"ר עכשיו אתה יכול להתפלל להקב"ה באמת עם הידיעה שרק הקב"ה יכול להושיעך.
- מביא מנהג מ"ע צי"ע מרן קוה"ק הרב יהודה הלוי **אשלג** בעל הסולם זיעוכי"א שלא להשאיר ממון בביתו, כדי שתפילתו תהיה באמת.

מכתב כו

הערה א

- מביא לשון הב"י בהלכות חנוכה סי' עת"ר, שמציין אליו אדמו"ר כאן, בענין הקושיא למה קבעו חנוכה בשמונה ימים הלא הנס היה רק שבעה ימים.

הערה ב

- מעיר על דברי אדמו"ר כאן שנקט בטעם מחלוקת בית שמאי ובית הלל בנרות חנוכה, שלדעת ב"ה מוסיף והולך משום מעלין בקודש ולדעת ב"ש כמו בפרי החג שפוחת והולך, שלכאורה לחד מ"ד בגמרא שם טעם מחלוקת ב"ש וב"ה הוא משום כנגד הימים היוצאים או כנגד הימים הנכנסים.
- מבאר ע"פ המשך הגמ' שם שמשמע שהטעם דמעלין בקודש כו' הוא עיקר.

הערה ג

- מביא לשון הש"ס בגמ' שבת דף ל"א בענין מאמר הלל להגר דעלך סני לחברך לא תעביד.

הערה ד

- חוקר לפי פירוש אדמו"ר כאן בשיטת בית שמאי, אם הם גם חולקים על בית הלל בגוף הדבר דואהבת לרעך כמוך הוא כלל גדול בתורה, או שהוא רק סובר שבהתחלת עבודת ה' אין צריך לשקול בהמצות איזה הוא כלל ואיזה חשוב יותר או פחות.

הערה ה

- מביא לשון אדמו"ר "ולכן אם אנחנו היינו מדליקים רק שבעה נרות הרי לפי החשבון לא יהיה בליל הרביעי שום הבחן בין בית הלל ובית שמאי כי בין שנתחיל להדליק כולם ביום ראשון ובין שמדליקים ביום ראשון נר אחד, יוצא, שבליל רביעי מדליקים ארבעה נרות בין לב"ה בין לב"ש", ומבאר את דברי אדמו"ר בג' אופנים, מדוע צריך להבחן הזה בין ב"ה לב"ש.

הערה ו

- מבאר בדברי אדמו"ר כאן "ולכן אנו מדליקים שמונה נרות להתאים את הרמז של ח' נרות והלכה כבית הלל, בכל יום ויום משמונת הימים", שלכאורה דבריו סתומים.
- מבאר באופנים שונים מחלוקת בית שמאי ובית הלל בענין מעלין בקודש, דלכאורה גם ב"ש ס"ל שצריך לעלות בקודש, וגם מחלוקתם בענין מוסיף והולך או פוחת והולך.
- מביא מהאור החיים ומזהר הקדוש פרשת פינחס, וביאור הסולם שם, בטעם קרבנות פרי החג שממעטים והולכים, ובענין מיעוט העוונות של ישראל.
- מביא מהבני יששכר אודות מחלוקת ב"ש וב"ה בר"ה לאילנות אם בא' בשבט או בט"ו בשבט, ומהקדמת הזהר שב"ה הם מצד החסד וב"ש מצד הגבורה.

מכתב כז

הערה א

- מביא כל לשון מ"ע צי"ע מרן קוה"ק הרב יהודה הלוי אשלג בעל הסולם זיעוכי"א בתלמוד עשר ספירות חלק שני פ"ט, בענין התכללות הספירות איך שכל ספירה כלולה מעשר הספירות.
- בו גם מבואר, אודות ספירות עד אין קץ.
- אין העדר ושינוי נוהג ברוחניות.
- באופן השתלשלות הספירות מכתר לחכמה מחכמה לבינה וכו'.
- בענין מסך ואור חוזר דספירת המלכות.

הערה ב

- מפרט מהמדרשים בענין המובא בדברי רבינו כאן שהי' מיצר למשה מאד מסבלותם של ישראל במצרים, וביאור הפסוקים בפרשת שמות בענין, ובפרשת הסנה.

הערה ג

- מביא המקור לדברי רש"י שהובאו כאן בדברי אדמו"ר, על פסוק "ויירא משה ויאמר אכן נודע הדבר".

הערה ד

- מביא מקור לדברי אדמו"ר כאן, בפסוק "ואמרו לי מה שמו" שהוא סופי תיבות שם "הוי", מדברי האר"י ז"ל בס' לקו"ת פרשת שמות, ושם ג"כ בענין ג' פעמים שם "אהי'".

הערה ה

- מבאר על הפסוק "ויחר אף ה' במשה", שמביא אדמו"ר כאן שלא מצינו עונש על אותו חרון אף, שלכאורה הרי בגמרא רשב"י חולק וס"ל שכן עשה רושם ה"חרון אף" הזה, שמתחילה היה משה כהן ואהרן לוי, וכעת הוא כהן ואתה לוי, ומבאר שגם לדעת רשב"י אין זה בגדר עונש אלא בגדר סיבה ומסובב.

הערה ו

- מביא בארוכה מלשון מ"ע צי"ע מרן קוה"ק הרב יהודה הלוי **אשלג** בעל הסולם זיעוכי"א במאמר מתן תורה אודות הכלל גדול בתורה של מצות ואהבת לרעך כמוך, ופרטי המצוה.
- בהתמיהה במצות "ואהבת לרעך כמוך" שהיא ממצוות שבין אדם לחבירו, איך היא כלל גדול גם למצות שבין אדם למקום.
- אריכות הביאור במאמר הלל להגר "כל מה דעלך סני לחברך לא תעביד כו'".
- ביאור בענין מתן תורה דוקא לאומה הישראלית, ולא לכל באי העולם בשוה.
- בתכלית בריאת העולם בשביל התורה ומצות ודביקות האדם בהבורא, ובהפלאת הענין של "דביקות".
- מעלת מה שמקבלים ע"י יגיעה וטירחא, מאשר קבלת מתנת חנם.
- במארז"ל שניתנו המצות לצרף בהם את הבריות.

תוכן ביאור אהובי נצח

- על פסוק "עיר פרא אדם יולד".
- אודות עבודה לשמה הן במצות שבין אדם למקום והן במצות שבין אדם לחבירו.
- אומות העולם דלגרמייהו עבדין.
- במארז"ל כל ישראל ערבים זה לזה.

הערה ז

- מוסיף על דברי אדמו"ר כאן, כי כל זמן שישראל הם בפירוד לא תוכל להתגלות הגאולה הנצחית, ומביא ע"ז ממדרש, ומעורר עוד על מצב פירוד הלבבות המדאיג, ואשר צריך להתעורר לאהוב את כל אחד ואחד מישראל באהבה רבה כו'.

הערה ח

- מבאר היטב דברי אדמו"ר כאן בענין מתן תורה שזה בא רק לאחרי שהקב"ה שאל את בני ישראל אם הם מוכנים לעבוד יחד באהבת אמת למען כל אחד ואחד מישראל, ושעל זה ענו ישראל "כל אשר דיבר ה' נעשה ונשמע", דיבר ה' - בלשון עבר, ולא נאמר "כל אשר ידבר", כי קאי על הדברים הקודמים.

מכתב כח

הערה א

- מביא לשון אדמו"ר, שכותב שכדאי להעמיק בדבריו אם כי הדברים הם פשוטים וחלקים אבל הם עמוקים מאד, שמזה יש להתעורר כמה וכמה פעמים אנו צריכים לחזור על המכתבים כאן, וגם דברים הנראים לכאורה פשוטים, נמצא העומק בהם אחר הלימוד והחזרה כמה פעמים.

מכתב כט

הערה א

- מביא לשון אדמו"ר כאן "והסוד הוא כל כך פשוט וברור שמרוב הפשטות לא תופסים אותו", ומעורר מהמבואר בכ"מ שדוקא היכן שהאדם צריך להשתנות וללמוד, שם דוקא הוא יחשוב שאין לו מה ללמוד, ומביא ע"ז סיפור מאחד

195

מרבני ירושלים שכיוון לדרשתו לעורר אדם מסויים והאדם ההוא לא נתעורר מזה, כי אם רבו של הדרשן שבא באקראי לביהכ"נ והוא נתעורר בענין ההוא, וכן מביא בשם מ"ע צי"ע מרן קוה"ק הרב יהודה הלוי **אשלג בעל הסולם** זיעוכי"א שיצה"ר לפעמים גורם לאדם ללמוד היכן שלא צריך.

הערה ב

- מבאר קשר הדברים בדברי אדמו"ר, בענין המס"נ דיצחק ואברהם, לתחילת דבריו בהמכתב כאן.

הערה ג

- מביא את כל לשון הזהר בפרשת וירא, המובא בדברי אדמו"ר כאן, אודות הנסיון בעקדה דיצחק ודאברהם, וביאור הסולם בזהר שם.
- בו גם בענין, אברהם - חסד, יצחק - גבורה, והתכללותם.

הערה ד

- מביא את לשון המדרש תנחומא, המובא בדברי אדמו"ר כאן, בענין הדברים שהיו בין ישמעאל ויצחק לפני פרשת העקדה.

הערה ה

- מציין המקור לדברי רבינו בענין שאברהם ויצחק הלכו שניהם אל העקדה במסירות נפש בלב אחד.
- מפרש ב' אופנים בהמקור לדברי אדמו"ר, שאברהם ויצחק הלכו לעקדה גם מתוך "אחדות", שהוא מדיוק הלשון "יחדיו", או שכיון שהיה ביניהם שיווי צורה ודאי שהיו באחדות, ומביא מתלמוד עשר ספירות ששיווי צורה מדבק את הרוחניים.

הערה ו

- מביא מכתבי האר"י ז"ל שצריך לכוון למסור את נפשו על קדה"ש בק"ש, ובחילוק מס"נ דנפילת אפיים ומס"נ דק"ש.
- ענין אהבת ה' ואהבת ישראל, בקריאת שמע, ובשם האדמו"ר מסטרעטין שהדרך להגיע לאהבת ה' הוא ע"י אהבת ישראל.

הערה ז

- מביא המקור לדברי אדמו"ר כאן "כה עולה כמנין האותיות שיש בשמע ישראל", מתקוני זהר תקונא שתיתאה, ומביא את פירוש מעלות הסולם על הת"ז שם.
- בו מבואר גם על פסוק ויפן כ"ה וכ"ה, הרומז על חמישים שערים דבינה.

הערה ח - ט

- מעורר עוד בענין מסירות נפש ואחדות, שכל אחד צריך לעורר את עצמו לקצת מסירות נפש בחייו דהיינו להשקיע עצמו יותר ברוחניות ופחות בגשמיות.
- מעורר עוד בענין האחדות שכל אחד מחוייב לנסות כפי יכולתו לגרום יותר לאחדות בין ישראל, ומאריך בענין הפירוד שהוא היה סיבת חורבן הבית, ובנין המקדש השלישי תבוא ע"י אהבת חנם.

הערה י

- מעיר עוד ע"ז שדברי אדמו"ר כאן הם בקיצור, וצריך לחזור עליהם הרבה פעמים.

הערה יא

- מציין על דברי אדמו"ר כאן "כי פנחס עשה מה שעשה במסירות נפש בפועל", מדברי המדרש רבה שבדרך הטבע היה פינחס נהרג ולא מצליח במעשהו, והי"ב נסים שנעשו לפינחס.
- אחרי זה מביא מקובץ שיחות ח"ג מאת הגה"צ המשגיח בישיבת ליקוואד שמבאר בארוכה איך היה מותר פנחס לעשות את המעשה שבדרך הטבע לא היה יכול להצליח.

הערה יב

- מבאר כוונת אדמו"ר כאן במה שמבאר שפינחס פעל מתוך מסירות נפש ומתוך אהבה ואחדות עם כלל ישראל.

הערה יג

- מביא לשון אדמו"ר כאן "ומי שמוסר עצמו בפועל ממש מביא כפרה לכל ישראל", ומדייק בביאור הדברים שאדמו"ר מוסיף כאן ענין כפרת העוונות, כי מקודם הזכיר ענין האחדות ומס"נ.

הערה יד

- מציין על מה שכתב אדמו"ר כאן בהסגולה של הברי"מ שזוכים לכפרת עונות, לעוד מכתב אדמו"ר לעיל בענין זה, ובמ"ש בהביאור שם.

מכתב ל

הערה א

- מעורר מדברי אדמו"ר, שאין צריך לדאוג מעניני החומר שהרי אינם קיימים לנצח והדאגה צריכה להיות בעניני התורה שהיא נצחיית, שבאמת דברי אדמו"ר אלו מובנים לכל אדם רוחני, אך הקושי הוא לא בהידיעה כי אם בהנהגה, ועל זה צריך להתחזק בכל יום מחדש להתנהג כן.

הערה ב

- מוסיף על דברי אדמו"ר כאן שכתב "שאל לו לאדם לדאוג על עניני החומר כו'", ומביא מס' נפלאות חדשות משל בשם הרבי מקאצק שאחד התאונן לפניו על דאגות הפרנסה שמטרידות אותו והשיב לו רבנו משל למלך שגרש את בנו כו' לימים שלח אליו המלך לשאול מה בקשתו ויתמלא וענה הבן בקשתו לשלוח לו בגדים כו' והוכיח אותו השר הלא מוטב אם היה מבקש להחזירו אל בית אביו ואז בכלל מאתים מנה כו', ועד"ז בהנמשל צריך לבקש על קרבת ה' ובמילא יזכו לכל הדברים האחרים.

הערה ג

- מבאר דברי אדמו"ר "ותקיים מה שאמרנו כבר בבחינת הנה א-ל ישועתי אבטח ולא אפחד כו'", שכוונתו להביאור לעיל במכתב י"ב שהאדם יהיה בטוח בישועתו משום שישועת הצדיק כלולה בישועת הקב"ה.

מכתב לא

הערה א

- מביא דברי אדמו"ר "במלת לך מרומז כל הכח של קליפת עמלק מה שהחדיר את הקבלה לעצמו בתוך גופו של הכלל בלי שום ניצוצי השפעה שזהו הלעומת וההיפך של הקדושה שהוא דוקא להשפיע, לעשות נחת רוח ליוצרו", ומציין מכתבים רבים מאדמו"ר ולספרי מ"ע צי"ע מרן קוה"ק הרב יהודה הלוי **אשלג בעל הסולם זיעוכי"א** שיסוד כל הרע שבעולם הוא הרצון לקבל לעצמו כו', ומביא מה שאמר מ"ע צי"ע מרן קוה"ק הרב יהודה הלוי **אשלג בעל הסולם זיעוכי"א** "לא מאמינים לי שהרצון לקבל לעצמו הוא רע משום שאם היו מאמינים לי היו זורקים אותו מיד", ומעורר שאנו צריכים לעבוד על זה יום יום כו'.

הערה ב

- מביא דברי אדמו"ר בקושיית המפרשים בפסוק אנכי ה' אלקיך אשר הוצאתיך מארץ מצרים ולא אמר אשר בראתי שמים וארץ, ומציין ע"ז להאבן עזרא בפרשת יתרו שמביא קושיא זו בשם ר' יהודה הלוי ומאריך לתרץ זה.
- בו ג"כ אריכות הביאור בענין אחדות ה'.
- אחרי זה מביא מהכלי יקר שם שמתרץ באפן אחר, כי יציאת מצרים ראו בעיניהם משא"כ בריאת העולם.
- מביא עוד משום רש"י ושפתי חכמים בפרשת יתרו שם.

הערה ג

- מבאר כוונת אדמו"ר כאן, שמזכיר לנו שהוציאנו מבית עבדים להזכירנו שהיינו עבדים לעבדים במצב גרוע מאד והקב"ה הוציאנו משם, ולכן כעת לא יהיה לך אלקים כו'.
- מביא עוד מספר דעת חכמה ומוסר שהאדם צריך להבין שהבריאה הוא עסק שלו ולהרגיש שהוא שותף בבעלות העולם ובהבאתו לתכלית הבריאה וגמר התיקון, ולא רק להסתפק שרק אצלו יהיה הכל כשורה.

הערה ד

- מביא לשון אדמו״ר ״עבדים לפרעה דהיינו עבד לעבדים״, ומציין לרש״י בס׳ שמות על פסוק מבית עבדים ״מבית פרעה שהייתם עבדים לו כו׳ ולא עבדים לעבדים״.

הערה ה

- על לשון אדמו״ר ״וזו היא מלחמה תמידית״, מביא ע״ז אריכות הלשון מההקדמה לסמ״ג לרבינו משה מקוצי ע״ד המלחמה תמידית שבאדם.
- בו ג״כ בענין בריאת האדם אחר בריאת המלאכים והבהמות.
- אחרי זה מביא מהרמח״ל שעל האדם לזכור שהוא במלחמה תמידית ורק קו המלחמה משתנה, ומעורר בענין זה.

הערה ו

- מבאר הוכחת אדמו״ר שמלחמת עמלק תלויה באתערותא דלתתא מהכתוב ״והיה כאשר ירים משה ידו וגבר ישראל וכאשר יניח ידו וגבר עמלק״, שההתגברות על עמלק תלויה בהרמת יד משה שהוא האתערותא דלתתא.

הערה ז

- מבאר דברי אדמו״ר כאן ״התלויה באתערותא דלתתא ולא באתערותא דלעילא לבד״, שכוונתו רק שהאדם צריך לעורר מתחילה את רצונו ועבודתו מלמטה, אבל סוף סוף העיקר הוא העזר הבא מלמעלה.

הערה ח

- מעורר דהאדם צריך הדרכה מרבי, אולם בנוסף לזה האדם צריך לעורר עצמו כל הזמן ולהזכיר לעצמו את המלחמה התמידית הזאת, ומביא ע״ז פירוש רבינו יונה ״אם אין אני לי מי לי״ אם האדם לא מעורר עצמו לא יועיל לו כל המוסר שישמע או יקרא.
- מוסיף שאם האדם לא מצא רבי שהוא מחוייב לעורר את עצמו עוד ביתר שאת מן הכתוב בספרים.

מכתב לב

הערה א
- להבנת דברי אדמו"ר כאן, מביא את הסיפור בשמואל א פרק טו, בענין שאול שלא המית את אגג ודברי שמואל אליו כו'.

הערה ב
- מביא הפסוקים בשמואל א בענין נביאות שאול.

הערה ג
- מביא מפירוש על מגילת אסתר פ"ג פסוק א, באופן יציאת המן מזרעו של אגג.

הערה ד
- שואל בדברי אדמו"ר כאן "ולכן כדי שתקויים דבר ה' ובנין המקדש השארתי את אגג חי", דלכאורה איך ע"י נס פורים נבנה בית המקדש? ומבאר שמה שהתירו לישראל לבנות את בית המקדש הוא כתוצאה מזה שראו את השגחת השי"ת על עמו ישראל.

הערה ה
- מביא מקורות מהתלמוד עשר ספירות ומהעץ חיים, למ"ש אדמו"ר כאן שהמלכות עולה עד הכתר.

הערה ו
- מביא לשון אדמו"ר כאן בענין הנבואה שהוא בנצח והוד, ומציין לזהר פרשת משפטים בענין יששכר וזבולון שהם נצח והוד, וביאור הסולם שם.
- אח"כ מביא מהזהר בפרשת פקודי, וביאור הסולם שם, בענין ג' דרגות בנבואה נבואת משה מבינה, שאר הנביאים מנצח והוד, בעלי החלום מהוד בלבד.

הערה ז
- מביא על לשון אדמו"ר כאן "הכתר שהוא השורש", מהמבואר בספרי הקבלה שהכתר היא הספירה הראשונה, ומביא כל לשון האר"י המובא בתלמוד עשר ספירות שמבאר באריכות בענין הכתר שהיא בחינה עליונה שבכל הספירות והיא ממוצעת בין המאציל לנאצל.
- שם ג"כ ע"ד ג' בחינות אפס תוהו ובוהו - "אפס" אין סוף, "תוהו" הכתר, "בוהו" הכולל ד' יסודות חכמה ובינה תפארת ומלכות.

201

הערה ח

- מסתפק בלשון אדמו"ר שכתב "ולכן מבחינת הכתר שהוא השרש אפשר תמיד ע"י תפלה לשנות את דרך הטבע", שבהמכתב מדבר רבינו אודות מלך כי מלכות עולה עד הכתר, אבל לכאורה כן הוא בכל איש ישראל שיש בכוחו להתקשר עם הכתר וע"י תפילתו לשנות את הטבע.
- מחדש הבדל בין מלך להדיוט דהמלך ע"י תפילתו מבטל את הטבע עבור כלל ישראל, ומוסיף דגם צדיקי הדור נמצאים במדריגה כזו.

הערה ט

- מביא הפסוקים מסיפור ישעיה הנביא עם חזקיה, המובא בדברי אדמו"ר כאן.

מכתב לג

הערה א

- מביא מקורו של דברי אדמו"ר כאן "כתוב בספרים שיום כפור נקרא יום כפורים שהוא כמו פורים", מתקוני זהר תקון כ"א, ולשון מעלות הסולם שם.
- בו בענין המלכות נקראת פורים.
- איסור נעילת הסנדל ביום הכפורים ובשאר העינויים ע"ד הסוד, ובענין עליית המלכות בנעילת יוהכ"פ.
- התלבשות החכמה בחסדים בימי הסוכות, גמר החתימה בהושענא רבה, זווג זו"ן בשלימות בשמיני עצרת.
- זווג זו"ן דגדלות וזווג זו"ן דקטנות.
- ההבדל בין מנחת שבת ונעילה דיוהכ"פ.
- שורש נשמת מרדכי ונס פורים.
- סוד מארז"ל שבפורים קיימו מה שקיבלו כבר במתן תורה.
- סוד הפסוק ועמדו רגליו על הר הזיתים ומ"ש בזהר כד מטי רגלין ברגלין ייתי מלכא משיחא.

הערה ב

- מבאר דברי אדמו"ר כאן שאור הסליחה ומחילה של יוהכ"פ יש לו אותה הפעולה של מחיית עמלק ביום פורים, שאינו מבואר כ"כ קשר הדברים,

ומבאר ע"פ ביאור אדמו"ר במכתב קודם שיסוד ושרש קליפת עמלק הוא מה שהחדיר בבנ"י הרצון לקבל לעצמו, והרצון לקבל הוא שורש כל החטאים והרע, שלפ"ז מובן הקשר של יוהכ"פ ופורים ששניהם הם ביטול הרע.

הערה ג

- מתרץ באופן אחר את שאלת אדמו"ר כאן "אם כן השאלה מהו כ' הדמיון כפורים ולמה ביום כפור הוא יום הדין, ובפורים מצוה להיות שמח ולבסומי עד דלא ידע", ומבאר כי ביוהכ"פ מתכפרים מעונות שנובעים ממקורם שזהו הרצון לקבל לעצמו, אבל בפורים מבטלים את עמלק שהוא המקור והשורש של העונות ולכן אז יש שמחה יותר.

הערה ד

- מצטט לשון אדמו"ר "ימי פורים הם ימי שמחה משום מחיית עמלק שהטיל ספקות באמונת ה'", ומביא ע"ז באריכות בענין זה מלשון הבני יששכר (חודש אדר מאמר ג' דרוש ב').
- בו גם מבואר על המדרש משל על הפסוק זכור את אשר עשה לך עמלק ממלך שהיה לו פרדס והעמיד כלב שוטה על פתחו וכשהלך אוהבו של מלך לגנוב מן הפרדס קרע הכלב את בגדיו כו'.
- על פסוק וישמע שאול את העם ויפקדם בטלאים.
- אם מותר לחקור בעסק האמונה, או רק להחזיק באמונה בקבלה.
- האמונה היא ירושה בבנ"י מהאבות.
- ראי' ושמיעה באמונה.

הערה ה

- מביא מקור לדברי אדמו"ר "כמו שנאמר בספרים של הפסוק הנחש השיאני כו'", מהגה"ה בס' בני יששכר.

הערה ו

- מביא על לשון אדמו"ר "כמו שכתוב שאמרו ישראל היש ה' בקרבנו אם אין ומיד ויבא עמלק", מלשון האדרא רבא, ובביאור הסולם שם, שמבאר ג"כ בטוב טעם ענין חטא מי מריבה.

הערה ז

- כותב על דברי אדמו"ר "ואנו נחתמים לחיים שהוא סוד גילוי אור החכמה", כי מאור החכמה באה החיות לנשמות, ומביא לשון התלמוד עשר ספירות בענין זה.
- שם ג"כ בענין אור החכמה שהוא העצמות של הפרצוף, ואור דחסדים שהוא רק אור מלביש על אור החכמה, וכשהפרצופים הם בקטנות אין בהם אלא אור החסדים בלבד.
- מביא עוד מלשון לוח התשובות לפירוש המלות לח"א תשובה ה' אודות אור החכמה שהוא אור הנמשך לנאצל כו' שהוא כללות חיותו ועצמותו של הנאצל.

הערה ח

- מבאר בענין הארת מרדכי שמאירה בפורים, הנזכר בדברי אדמו"ר כאן, ומביא לשון שער הכונות להאריז"ל בענין זה.
- שם ג"כ בענין יחוד זו"ן אב"א בזמן הגלות, ופב"פ בעת הגאולה.
- בענין הנסירה בליל ר"ה ודורמיטא דז"א.
- המן היה אסטרולוג גדול וידע ענין מיעוט השגחתו ית' על ישראל בימים ההם כו'.
- ביאור מאמר המן ישנו עם אחד וכו' - ע"ד הסוד, ובענין זרש שהיתה זנבה של נחש כו'.
- בשורש נשמת מרדכי ובמארז"ל שהוא לשון מירא דכיא.
- מגילה לשון גילוי, וענין קריאת המגילה, מתנות לאביונים, משתה וסעודת פורים - ע"ד הסוד.

הערה ט

- מביא על מ"ש אדמו"ר כאן "זמן המשכת החסדים הוא בז' ימי הסוכות", מדברי האר"י ז"ל בשער הכוונות ח"ב.
- שם ג"כ בענין הנסירה בר"ה.
- החותם בנעילה דיוהכ"פ.
- הימים שבין יוהכ"פ וסוכות.

- ביאור המשכת אור מקיף והמשכת החסדים בימי הסוכות, מצות לולב והנענועים, הושענא רבא ושמיני עצרת.
- סדר המשכת החסדים דאור פנימי ודאור מקיף.

הערה י

- מביא עוד על מ"ש אדמו"ר "וביום הושענא רבה נגמרה התלבשות הארת החכמה בחסדים", מהאר"י ז"ל בשער הכוונות בדרוש ליל הו"ר.
- בו עוד בענין חותם הנעילה דיוהכ"פ וחותם דליל הו"ר, והחילוק ביניהם.
- קריאת משנה תורה ומסירת הפתקין - בהו"ר.
- המלכות לית לה מגרמה כלום.
- במ"ש בס' הראקאנטי שאדם א' שנסתכל באור הלבנה ולא מצא צל על ראשו עד שהתפלל בלילה ושב בתשובה וחזר הצלם למקומו.
- בענין הסתלקות הצלם בליל הו"ר, או ל' יום לפני פטירת האדם.

הערה יא

- מביא על לשון אדמו"ר "נבחן יום הושענא רבה לגמר מסירת פסקי הדין למלאכים להוציאם לפועל", מהזהר בפרשת תרומה, ובביאור הסולם שם.
- שם מפורט ומבואר בארוכה בענין זה.

הערה יב

- מבאר דברי אדמו"ר כאן "ולכן כתוב בסוכות שעגני כבוד הגינו על ישראל ומי שלא פלטו הענן לא שלט בו עמלק".

הערה יג

- מבאר דברי אדמו"ר כאן בענין מעלת יום פורים על יוהכ"פ, דכוונתו כי ביום פורים נעשה ביום אחד מה שנעשה בכל הימים מיוהכ"פ עד סוף סוכות, וגם חשיבות יום פורים הוא מפני שהותרו כל הספיקות ע"י מחיית עמלק ואין שמחה כהתרת הספיקות, ומבאר עוד את המשך הדברים בדברי אדמו"ר כאן.

מכתב לד

הערה א

- בקשר לדברי אדמו"ר כאן, על ההסכמות מגדולי הרבנים והאדמורי"ם על ייסוד הישיבה בית אולפנא לרבנים "קול יהודה", מביא ומפרט הרבה מהסכמות אלו, ועל הספרים פירוש הסולם וכו', א) הסכמת הר"ר חיים שאול דוויך הכהן, ב) הר"ר יוסף חיים זאנענפעלד, ג) האדמו"ר ר' אברהם מרדכי אלטר מגור, ד) האדמו"ר ר' מרדכי רוקח מבעלז, ה) הר"ר אברהם יצחק הכהן קוק, ו) האדמו"ר מסדיגורה ר' מרדכי שלום יוסף פרידמן, ז) האדמו"ר מאלכסנדר ר' יהודה משה דנציגר, ח) האדמו"ר מאמשינוב ר' ירחמיאל יהודה מאיר קאליש, ט) ראש ישיבת המקובלים הר"ר עובדיה הדאיה, י) הר"ר חיים יחיא סנואני.
- אחרי זה מביא מספר פגישות עם הרבי, שבו מסופר על אריכות הדיבור שהיה להרבי מליובאוויטש עם אחד מאה"ק, ובו ג"כ על תמיכתו הבלתי מסוייגת של הרבי בפעולותיו של אדמו"ר זצ"ל.
- מביא עוד מספר "מועדי הראיה" על העידוד שהעניק מ"ע צי"ע מרן קוה"ק הרב יהודה הלוי אשלג בעל הסולם זיעוכי"א ולהר"ר ראובן מרגליות בעל ה"ניצוצי זהר", ומצטט בארוכה משיחת קודש של מרן הרב זצ"ל על שלשלת הקבלה - מתוך דברים ששמע ממנו הרב דוד מינצברג, וכתבם בשעתו במכתב שנתגלה לאחרונה מחודש ניסן תרפ"ז אל מ"ע צי"ע מרן קוה"ק הרב יהודה הלוי אשלג בעל הסולם זיעוכי"א, ובו בענין הרמ"ק בעל הפרדס רמונים ששיטתו היתה לקרב עניני הקבלה לשכל במשלים גשמיים, ולא זו היתה דרך האר"י הקדוש, עד המקובלים האחרונים וביחוד הרב בעל התניא זצ"ל שהתירו הרצועה יותר וקירבו מאד אל השכל, ומביא עוד מאגרות מרן הרב זצ"ל בס' אגרות הראיה בענין הארת אור חכמת הנסתר בעולם, והכרח לימודה בדורנו.
- אחרי זה מביא עוד מקונטרס "עץ החיים" לאדמו"ר הרש"ב שזצ"ל מליובאוויטש ע"ד ההכרח לעסוק בפנימיות התורה, ובפרט בדורות האחרונים דור אחר דור שמוכרח יותר ענין התגלות פנימיות התורה לידע את ה'.

מכתב לה

הערה א
- מביא לשון בעל הטורים, ע"פ ראה אנכי.

הערה ב
- שואל שמדברי אדמו"ר מובן בפירוש הכתוב "ראה אנכי נותן" שקאי רק על דיבור אנכי של עשה"ד, שהוא נאמר מפי הגבורה, ולכן "נותן היום" משום ביומו תתן שכרו, ואילו מדברי בעל הטורים משמע שאנכי זה קאי על כל העשה"ד.

הערה ג
- מעורר על הפלגת הדברים המובן מדברי אדמו"ר כאן שאין ברכת ה' יכולה לשרות על ישראל אם אין אחדות ביניהם.

הערה ד
- מביא לשון אדמו"ר כאן שכתב "ואצל הכוכבים כתוב שיש שלום ביניהם וחולקים כבוד זה לזה", ומציין המקור לאבות דרבי נתן פי"ב שכשהמלאכים אומרים שירה כל אחד אומר לחבירו פתח אתה תחילה כו', ומתקוני זהר תקונא תשסרי על המאמר ונותנין רשות זה לזה, ובפירוש מעלות הסולם שם.
- מבואר ג"כ ע"פ תהום אל תהום קורא, והחילוק דתהום - שהיא המלכות בעלייתה לבינה, ותהו - היא המלכות כשאינה ראוי' לזווג.

הערה ה
- שואל בכוונת אדמו"ר במ"ש שמתפלל לגמור את הפירוש על התיקונים "כי הגילויים הם נוראים והשתיקה יפה להם", וכותב שלא זכינו לסיום הפירוש של אדמו"ר על התיקונים.

מכתב לו

הערה א
- מציין בדברי אדמו"ר על אביו שליט"א "מעין כל נעלמה רום ועומק נקודת פעילותו", שעל כל טפח הנגלה, אלפי טפחים מכוסים.

207

תוכן ביאור אהובי נצח

הערה ב

- מביא דברי אדמו"ר כאן שכותב לאביו שליט"א ללמוד ולהתעמק בהקדמת הזהר מן אות קצט עד אות רב, ומעתיק את לשון הזהר שם, ובפירוש הסולם, שמבואר במדריגת אהבה רבה, אהבה שלימה שאינה תלוי בדבר ואפילו נוטל את נפשך כו', והתכללות האהבה ויראה.
- בענין אור הגנוז לצדיקים מששת ימי בראשית.

הערה ג

- מביא את לשון הזהר חדש בשיר השירים, המבואר בדברי אדמו"ר כאן.

הערה ד

- מבאר בתוספת ביאור את דברי אדמו"ר כאן ע"פ והיה עקב תשמעון וע"פ צאי לך בעקבי הצאן, כי דוקא עם שני התנאים האלו, א) ללכת ל"עקבי הצאן" ללמוד מאנשים שמושפלים בעולם, ב) להיות בשמחה, אז זוכים לתשמעון גו'.

הערה ה

- מציין על דברי אדמו"ר כאן "ובזהר כתוב מאן דאיהו זעיר איהו רב", ומביא את לשון הזהר בפרשת חיי שרה, ובפרשת שלח, ופירוש הסולם שם.
- אחרי זה מביא מהתקוני זהר בתקונא חד סר בענין שאין הנבואה שורה אלא על חכם גבור ועשיר (המבואר בדברי אדמו"ר כאן), ומפירוש מעלות הסולם שם שמבאר ג"כ בענין עניו ובעל קומה שהם חכמה וחסדים ביחד דמאן דאיהו רב איהו זעיר כו'.

מכתב לז

הערה א

- מביא דברי אדמו"ר "כי נודע שאסתר המלכה היא סוד השכינה", ומציין את לשון הזהר בפרשת שלח והזהר בפרשת פנחס ובפרשת כי תצא, ובביאור הסולם במקומות אלו.
- בתוך הדברים מבואר ג"כ על פסוק ויהי ביום השלישי ותלבש אסתר מלכות.
- על פסוק בערב היא באה ובבקר היא שבה.
- במארז"ל אסתר קרקע עולם היתה וביאור דין מוציא שם רע - ע"פ הסוד.

- הרמז בהאמור על משיח עני ורוכב על החמור.
- בהמאמר אל תהי ברכת הדיוט קלה בעיניך.
- בשמירת הקב"ה את אסתר מאחשורוש.

הערה ב

- מביא על דברי אדמו"ר כאן אודות שמש ולבנה, ממאמר הזהר בראשית אודות יחוד שמְשא וסיהרא, ובביאור הסולם שם, ובו מבואר עוד בענין מיעוט הלבנה דאזעירת גרמה כו', ושמכל מיעוט שנעשה באורות הנוקבא נברא קליפה.

הערה ג

- מביא לשון אדמו"ר "וכשם שהלבנה אין לה שום אור רק מה שהיא מקבלת מן השמש, כך המלכות לית לה מגרמה ולא מידי רק ממה שז"א בעלה נותן לה", ומציין ע"ז את לשון הזהר בפרשת בראשית, וביאור הסולם שם, ושם מבואר ג"כ על פסוק איכה תרעה גו' איכה תרביץ בצהרים גו' שהם דברי השמש והלבנה כו' ומאמר הקב"ה לכי ומעטי את עצמך, ושקודם המיעוט היתה המלכות שוה בקומתה לז"א כו'.
- אחרי זה מביא מהזהר פרשת וישב ומהזהר פרשת ויחי, בענין הלבנה שמיעטה את עצמה ולית לה מגרמה כלום, ועד"ז בצדיקים.
- דוד הוא סוד המלכות ואין לו חיים מעצמו רק מה שקיבל שבעים שנה מז"א.

הערה ד

- מביא דברי אדמו"ר בענין החיצונים שבכדי שלא יינקו מהלבנה יותר מכדי קיומם לכן הלבנה מיום ט"ו מפסיקה הזווג עם ז"א והולכת ומתמעטת, ומביא מקור מדברי האר"י ז"ל בשער הכונות ח"ב ענין פסח שכותב על דרך זה, שבהיות למעלה אחיזת החיצונים באיזו ספירה ח"ו ע"י חטא התחתונים, הנה מסתלק השפע מן המקום ההוא כדי שלא יצא שפע רב אל החיצונים כו'.

הערה ה

- מביא לשון אדמו"ר "כי ימין לבד הוא כולו להשפיע ממטה למעלה בלי שום גילוי לנו, וזה ענין של ההסתר", ומציין ע"ז את תקוני הזהר בהקדמה על

המאמר אין חסיד אלא המתחסד עם קונו דעביד לי' קן, וע"ד מדת חסד לאברהם, ובביאור הסולם שם.

- שם ג"כ בענין הצדיקים שע"י מעשיהם הטובים הם גורמים ליחוד זו"ן פב"פ.
- אברהם שורש החסד.
- ביאור ה' המדריגות נפש רוח נשמה חי' יחידה.
- ארץ ישראל אור היחידה.
- מי שאין לו תפילין בשעת ק"ש הוא משליט עבד ושפחא על עלמא ושכינתא רוגזא כו'.
- תכלית הבריאה להיטיב לברואיו.
- התכללות קו חסד דאברהם וקו גבורה דיצחק וקו תפארת דיעקב.
- ק"ש ותפילין הם סוד אברהם ויצחק.
- תפילין נקרא עוז, וראו כל עמי הארץ כי שם ה' נקרא עליך ויראו ממך ומבריח כל החיצונים כו'.
- על פסוק שרגזה הארץ "על נבל כי ישבע לחם", שנק' עני הדעת, ואינו מזרע האבות, אינו מחזיק את לומדי התורה כו'.
- סוד ממונו של אדם מעמידו על רגליו.
- בענין חג"ת שנקראו נדיבים, דעביד טיבו למארי תורה.

חלק ראשון -
מכתבים
חלק א

סדר המכתבים

מכתב	ה"סמיכה" שבו מסמיך צי"ע אדמו"ר הרב יהודה צבי ברנדוויין זיעוכי"א את יבלחטו"א אדמו"ר הרב שרגא פיביל ברג שליט"א	213
צילום	מקורי של מכתב ה"סמיכה"	214
מכתב א	יום ועש"ק פרשת קרח ב לחודש תמוז תשכ"ד	215
	ביאור אהובי נצח למכתב א	225
מכתב ב	נר ג דחנוכה כז כסלו תשכ"ה	249
	ביאור אהובי נצח למכתב ב	251
מכתב ג	יום כח כסלו ד דחנוכה תשכ"ה	259
	ביאור אהובי נצח למכתב ג	263
מכתב ד	יא שבט תשכ"ה	266
	ביאור אהובי נצח למכתב ד	273
מכתב ה	יום א כח שבט תשכ"ה	287
	ביאור אהובי נצח למכתב ה	292
מכתב ו	מוצש"ק פרשת זכור אור לי' אדר ב תשכ"ה	310
	ביאור אהובי נצח למכתב ו	316
מכתב ז	יום שושן פורים טו אדר ב תשכ"ה	328
	ביאור אהובי נצח למכתב ז	332
מכתב ח	כה אדר שני תשכ"ה	342
	ביאור אהובי נצח למכתב ח	347

מכתב ה"סמיכה"

הרב
יהודא צבי ברנדוויין
ר"מ לישיבת המקובלים
עטור רבנים סניף ת"א
הנקרא האדמו"ר מסטרטין
רח' הלל הזקן 10 תל אביב
(ישראל)

Rabbi
Jehuda Zvi
Brandwein
Tel Aviv
(Israel)

ב"ה יום כ"ג לחודש ניסן שנת תשכ"ז

תעודת הוראה

כן איקלע לאתרין כבוד הרב הגאון אוצר מלא מתורה ודעת ויראה מוהר"ר שרגא פייבל ב"ר יחיאל מיכל שליט"א מארצות הברית, שלמד בארה"ב ב"מתיבתא תורה ודעת". ובישיבת "בית המדרש גבוה" של הרב קוטלר.

ומאחר שאני מכיר את הרב הנ"ז שהוא גדול בתורה, פלפלתי עמו בכמה עניני דאורייתא, ומצאתיו מלא דבר, מתון ומסיק כל דבר עפ"י התורה, וכבר נסמך מהמתיבתא הנ"ז, בסמיכת חכמים להיות רב ומורה הוראה בישראל, גם ידי תכון עמם, למימר לי' אשרתא, ולעטרו בעטרת חכמים.

יורה יורה

וכל מן דין סמוכו לנא להיות רב ומורה ומנהיג בישראל

ובעז"ה תהי' העדה ברוכה אשר תקבל בגברא דנא, להיות אלוף לראשה, כי הוא מחונן בחסד עליון, בכושר הדיבור, ובעל כשרון גדול, לקרב הלבבות, הרחוקות מהיהדות, כי דבריו חוצבים להבות אש, שיוצא מלב מלא יראת ה', בהשכל ובדעת, כי הוא ג"כ בעל השכלה גבוה, ובעל כשרון לנהל עדה קדושה על מבועי התורה והיראה.

ואני בטוח בחבר שלא יצא ח"ו מכשול מתחת ידו.

ואני מברכו להרה"ג הנ"ז, שיזכה לבוא אל המנוחה ואל הנחלה, שיוכל להרביץ תורה ולהאדירה בישראל.

הכותב לכבוד התורה ולומדי'

על החתום -

יהודה צבי ברנדוויין

צילום מקורי של מכתב ה"סמיכה"

הרב יהודא צבי ברנדוויין ר"מ לישיבת המקובלים עטור־רבנים סניף ת"א. הנקרא האדמו"ר מסטרטין ~~רח׳ ...~~ תל־אביב (ישראל) רח׳ הרב הזקן 10	RABBI JEHUDA ZVI BRANDWEIN ~~...~~ TEL-AVIV (ISRAEL)

ב"ה יום כ"ג לחודש ניסן שנת תש כ"ו

ת ע ו ד ת ה ו ר א ה

כן איקלע לאחרין כבוד הרב הג' אוצר מלא תורה ודעת ויראה מוהר"ר.
שרגא פייבל ב"ר יחאל מיכל שלימ"א מארצות הברית, שלמד בארה"ב
במתיבתא תורה ודעת, ובישיבת "בית המדרש גבוה" של הרב קוטלר ז"ל

ומאחר שאני מכיר את הרב הנ"ז שהוא גדול בתורה, פלפלתי עמו בכמה עניני
ראורייתא, ומצאתיו מלא דבר, מתון ומסיק כל דבר עפ"י התורה, וכבר נסמך מהמתיבתא
הנ"ז, בסמיכת חכמים להיות רב ומורה הוראה בישראל, גם ידי תכון עמם, למימר לי'
אשרתא, ולעטרו בעטרת חכמים. **י ו ר ה   י ו ר ה**

וכל מן דין מסוכו לנא להיות רב, ומורה ומנהיג, בישראל.

ובעז"ה תהי" העדה ברוכה אשר תקבל בגברא דנא להיות אלוף לראשה, כי הוא
מחונן בחסד עליון, בכושר הדיבור, ובעל כשרון גדול, לקרב הלבבות הרחוקות מהיהדות,
כי דבריו חוצבים להבות אש, שיוצא מלב מלא יראת ה', בהשכל ובדעת, כי הוא ג"כ בעל
השכלה גבוה, ובעל כשרון לנהל עדה קדושה על מבועי התורה והיראה.

ואני בטוח בחבר שלא יצא ח"ו מכשול מתחת ידו.

ואני מברכו להרה"ג הנ"ז, שיזכה לבוא אל המנוחה ואל הנחלה, שיוכל להרביץ
תורה ולהאדירה בישראל.

הכותב לכבוד התורה ולומדי' יהודא צבי ברנדוויין

תוכן מכתב א

- בענין הישיבה.
- הסבר תורה לשמה.
- ביאור פירוש רש"י שקרח לקח עצמו לצד אחד.
- ביאור שאלת קרח "טלית שכולה תכלת חייבת בציצית או פטורה ובית מלא ספרים צריך מזוזה או לא" ששאל מדוע צריך ללכת תמיד בב' הדרכים ידיעה ואמונה.
- תשובת משה היתה שגם בעל אמונה גדול צריך להשאיר מקום לידיעה וכן בעל חכמה חייב ללכת גם באמונה ורק בב' דרכים האלו ביחד אפשר להנצל מנפילה.
- ב' דרכים אלו הם כמו מים ואש והאדם הוא כמו כלי שעושה שלום ביניהם כמו כלי שמחזיק מים על אש ומחממם.

תוכן ביאור אהובי נצח למכתב א

הערה א

- מביא ומאריך על מארז"ל בפסחים "לעולם יעסוק אדם בתורה ומצות אף על פי שלא לשמה שמתוך שלא לשמה בא לשמה".
- מבאר גדרים בלימוד "שלא לשמה".
- מסיק דאם לימודו שלא לשמה הוא משום שלא זכה עדיין לאמונת השם יתברך ותורתו - הרי לא עליו אמרו שמתוך שלא לשמה יבוא לשמה, ולא עליו אמרו ש"המאור שבה מחזירו למוטב".
- ממשיך דעל ידי יגיעה בלימוד לשם מצות התורה זוכה שגם אמונתו תתחזק ותתגדל.
- מבאר עוד במארז"ל "ברא הקב"ה יצה"ר ברא לו תורה תבלין".

הערה ב

- מקשה בדברי אדמו"ר כאן דמשמע דמדריגת "לשמה" בלימוד התורה הוא כשהלומד מתכוון ורואה ומרגיש את אור החיים הגנוז בתורתנו הקדושה, ואילו מ"ע צי"ע מרן קוה"ק הרב יהודה הלוי אשלג בעל הסולם זיעוכי"א

חלק תוכן מכתב א ותוכן ביאור אהובי נצח א

כותב בהקדמה לתלמוד עשר הספירות דגדר "לשמה" הוא לא להנאת עצמו אלא כדי להשפיע נחת רוח ליוצרו.

- ממשיך לפלפל בדברי בעל הסולם בכ"מ אודות הדרגות בלימוד התורה "לשמה" ו"שלא לשמה".
- עוד בפירוש מה שהתורה נקראת "תורת חיים".
- בפירוש מארז"ל "כל העוסק בתורה שלא לשמה תורתו נעשית לו סם המות".
- אחר זה מביא דברי הגר"ח מוואלאז'ין בספר נפש החיים בביאור מלת "לשמה" שמדייק במאמר רבי אלעזר ברבי צדוק במס' נדרים "עשה דברים לשם פעלן ודבר בהם לשמן" שמחלק בין לשמה בקיום המצות שצ"ל "לשם פעלן" ולשמה בלימוד התורה שצ"ל לשם התורה לידע ולהוסיף לקח ופלפול.
- שקו"ט אם הפירוש של בעל נפש החיים חולק על דברי אדמו"ר בפירוש "לשמה".
- מביא עוד מדברי נפש החיים בפירוש מארז"ל במדרש שוחר טוב שבקש דוד המלך ע"ה מלפניו יתברך שהעוסק בתהלים יחשב אצלו יתברך כאלו היה עוסק בנגעים ואהלות.

הערה ג

- מפרש לשון אדמו"ר כאן "כשהלומד רואה ומרגיש את האור החיים" - מהו ענין "ראיה" זו.
- מביא דברי מ"ע צי"ע מרן קוה"ק הרב יהודה הלוי **אשלג בעל הסולם זיעוכי"א** על מארז"ל "עולמך תראה בחייך כו'".
- ממשיך לבאר ענין "פקיחת עינים" בתורה הקדושה.
- במארז"ל במס' נדה אשר אפילו כל העולם יאמרו לך שצדיק אתה, תהיה "בעיניך" כרשע.

הערה ד

- מדייק בלשון אדמו"ר כאן שהלומד "מרגיש את אור החיים בתורתנו הקדושה" ומפרט שכדי לזכות להרגשה זו צריך לצאת מכל הנאות שבעולם הזה. ושאי אפשר לפסוח על שני הסעיפים וכל זמן שהאדם לא יצא מצואת עולם הזה לא יוכל באמת להרגיש את הרוחניות.
- מציין ל"שיחות מוסר" מהגר"ח שמואלביץ שמבאר ענין זה.

תוכן מכתב א ותוכן ביאור אהובי נצח

הערה ה

• מבאר לשון אדמו"ר כאן "אור החיים הגנוז בתורתנו הקדושה", ע"פ הביאור במארז"ל על פסוק "אכן אתה אל מסתתר", אשר הקב"ה מסתיר את עצמו בתורה הקדושה.

• ממשיך שהעוסקים בתורה צריכים להיזהר לא ליפול להסתר שמתחזק על ידי זה שעוסקים בתורה שלא לשמה.

• מבאר גם אשר בדרך כלל הלומד חושב שהרגשת הכובד באה מהסטרא אחרא, אולם כאן גילה לנו אדמו"ר שגם להיפך הרגשת הכובד האלו הם קריאות מהתורה לעזור לנו.

• מאריך בשם הבעש"ט בענין הכרוזין של הבת קול מה ענינם ומה מטרתם.

• מסיק שעד"ז הוא בהכרוזים האלו שעל ידי התורה.

הערה ו

• מביא שגירסת אדמו"ר כאן ברש"י ע"פ "ויקח קרח" הוא כפי גירסת הרמב"ן ברש"י. ומאריך ממפרשי התורה בענין זה.

הערה ז

• מביא לשון המדרש תנחומא בענין שאלות קרח למשה רבינו ע"ה.

הערה ח

• מביא מאביו שליט"א בשם אדמו"ר שבקריאת שמע צריך לכוין לקבל על עצמו עול מלכות שמים כשור לעול וכחמור למשא דוקא.

הערה ט

• מביא דברי אדמו"ר כאן שרצון הקב"ה הוא לעובדו לא רק באמונה כ"א גם לדעת ולהבין. ושואל מדוע באמת לא מספיק לעבוד את השם כעבד כל הזמן בעבודה אמיתית ובלי ידיעה והבנה.

• מבאר על פי דברי האריז"ל דהעולם נברא כדי להיטיב לנבראיו.

הערה י

• שקו"ט בלשון אדמו"ר כאן "סוכה מעובה פסולה". ומקשה ע"ז מהש"ס וראשונים שכתבו להיפך.

• מתרץ כוונת אדמו"ר בשני אופנים. ושקו"ט בזה בארוכה ובסוגיית הגמ' בסוכת גנב"ך וסוכת רקב"ש.

217

- מוסיף לפלפל בדברי הטור ונו"כ או"ח סימן תרל"א.
- אחרי זה חוזר לפרש דברי אדמו"ר.

הערה יא

- מביא דברי האריז"ל בשער הכוונות בסוד ענין הסוכה שהם ק' אורות דאימא הנמשכים תוך ז"א, כי סכך אור מקיף בגימט' מאה, ובענין שצריך להיות הכוכבים נראים מתוכה, שמתאימים לדברי אדמו"ר כאן שהאורות עוברים דרך הסכך להגיע אלינו.

הערה יב

- עומד על דברי אדמו"ר כאן "מזוזה הרומזת לאמונה". ומביא לשון רבינו בחיי בכד הקמח בענין מזוזה שהיא לקבוע בלב אמונה זו. וכל אריכות דבריו שממנו מבואר שהמזוזה באה לעורר אותנו לענין האמונה.

הערה יג

- מביא את ספרי תלמידי הבעש"ט שמבארים שע"י אמונה יוכל האדם לבטל את כל הגזירות רעות, שזה מתאים לדברי אדמו"ר כאן שהאמונה היא השומרת עלינו תמיד מכל המזיקים.

הערה יד

- מביא המקור לדברי אדמו"ר שכתב כאן "מזוזות אותיות זז מות" שהוא בתיקוני זהר תקונא עשיראה אות כ'.
- מביא באריכות מפירוש מעלות הסולם על התקו"ז שם - בסוד ענין המזוזה ובענין סוד שם "שד"י".

הערה טו

- מביא מספרי תלמידי הבעש"ט שהאדם אינו תמיד במצב אחד, כ"א לפעמים בבחי' קטנות ולפעמים בבחי' גדלות.
- בהמשך מצטט בארוכה מספר דגל מחנה אפרים בפירושו על הפסוק "ויצא יעקב מבאר שבע וילך חרנה".
- ביאור המשך הפסוקים בתחילת פרשת ויצא שם.
- לבסוף מסיק שעל האדם להתכונן בהימים של גדלות המוחין לימי הקטנות ולגדור גדרים בימי הגדלות כדי שבימי הקטנות לא יפול יותר חס ושלום.

הערה טז

- מבאר ענין "הסתר פנים" הרוחני שבאה לפעמים לאדם.
- מביא בארוכה מדברי בעל הסולם זי"ע בפירוש הפסוק "והסתרתי פני גו'", ופסוק "ואנכי הסתר אסתיר גו'" - שהם דרגות שונות בתפיסת ההשגחה הנסתרת המורגשת לבריות.

הערות יז-יח

- מבאר לשון אדמו"ר כאן ש"אף פעם אסור להאמין בעצמו". ומציין מקור הדברים במשנה במס' אבות.
- מאריך בפירוש המשנה שם - מספר "נוצר חסד" להגה"ק מקאמארנא.

הערה יט

- מציין בדברי אדמו"ר כאן ש"שתי דרכים אלו" ידיעה ואמונה "הם נקראים אש ומים". שלא ביאר אדמו"ר איזה דרך היא האש ואיזה מים.
- מבאר כאן בשני אופנים.

הערה כ

- מפרש המקור ללשון אדמו"ר שמביא מהגמרא הרואה קדרה בחלום יצפה לשלום. כי בהגמרא לא מופיע הלשון בדיוק כדברי אדמו"ר.
- מבאר כי הכל עולה למקום אחד.

הערה כא

- מציין עוד בדברי אדמו"ר כאן שכותב ששני הדרכים "נקראים ימין ושמאל שהם אמונה וידיעה".
- אולם לא ביאר לנו אדמו"ר כאן איזה מהם הוא צד ימין ואיזה צד שמאל. ומבאר על דרך המבואר לעיל בהערה יט.

הערה כב

- מאריך בפירוש לשון אדמו"ר כאן "שידיעה סותרת אמונה וכן להיפך".
- מבאר ב' אופנים בעבודת ה': דרך הא' שצריך האדם לעשות תמיד את עבודתו אפילו בלי שיבין הטעם למעשיו אלא כשור לעול וכחמור למשא אבל תמיד ישאיר פתח ללמוד קצת את הסיבות למעשיו.
- דרך הב' שאפילו אם האדם מבין מעט צריך לעשות את המעשה באמונה שיש עוד סיבות לציווי השם יתברך.

הערה כג

- מביא מדברי מ"ע צי"ע מרן קוה"ק הרב יהודה הלוי אשלג זיעוכי"א שמפרש את המשנה בסוף עוקצין לא מצא הקב"ה כלי מחזיק ברכה לישראל אלא השלום - שהוא באופן אחר מביאור אדמו"ר כאן.
- מדייק בדברי אדמו"ר כאן בענין ה"שלום" שבין ידיעה לאמונה.
- אח"כ מבאר שאדמו"ר מגלה לנו כאן שכשנלך בדרך עבודת ה' מתוך אמונה ומתוך ידיעה, שניהם יחדיו נזכה לידיעה ברורה במציאותו יתברך.

מכתב א

ב"ה

יום שישי, ערב שבת קודש פרשת קרח, ב' לחודש תמוז תשכ"ד, תל-אביב

רב ברכות ושובע שמחות[1] וכל טוב סלה כבוד חביב אדם[2] הרב הגאון רב פעלים מורינו הרב שרגא פייביל שליט"א.

אחר דרישת שלומו הטוב באהבה רבה, חזרתי היום מעיר הקודש ירושלים תבנה ותכונן במהרה בימינו אמן, אחרי שהייתי שמה משך כל השבוע.

בענין הישיבה אין לי משהו במיוחד לכתוב, רק שלומדים ומתפללים משך כל השבוע. אמרתי לפניהם שיעור כל יום בערך שעתיים, עמלתי קשה אבל כדאי. וצריכים מאד להשגיח ולשים לב שהכסף שהם מקבלים אם שזהו לא לשמה ישתמש ויביא אל המטרה ש"מתוך שלא לשמה בא לשמה"[3] [א]. ומתי זה מתכוון [ב], כשהלומד רואה [ג] ומרגיש[4] [ד] את האור החיים הגנוז [ה] בתורתנו הקדושה בבחינת "כי מוצאי מצא חיים"[5] אז תורתו נעשית לו לסם חיים[6] , ואז אני בטוח שלא יפרוש ממנה כי מי רוצה לפרוש מן החיים.

והיות שהננו עומדים בשבוע של פרשת קרח[7] אמרתי לפרש קצת את הענין: "ויקח קרח"[8] פירש רש"י[9] ז"ל, "לקח את עצמו לצד אחד [ו] וכו', וזהו שתרגם אונקלוס ואתפלג".

הפירוש של צד אחד נבין על פי מה שנסביר את ב' השאלות ששאל קרח את משה רבינו[10]: "טלית שכולה תכלת חייבת בציצית או פטורה", וכן "בית שכולו ספרים צריך מזוזה או לא"

[ז]. מה כיוון קרח בב' שאלות אלו, ומה גנוז בשאלות הללו.

---

1 על פי הפסוק בתהלים טז, יא: "תודיעני ארח חיים שבע שמחות את פניך".
2 על פי אבות פ"ג, מי"ד: "חביב אדם שנברא בצלם".
3 פסחים נ, ע"ב, סנהדרין קה, ע"ב, ערכין טז, ע"ב, סוטה כב, ע"ב, מז, ע"א, הוריות י, ע"ב, נזיר כג, ע"ב, ירושלמי חגיגה א, ג, זהר פרשת קדושים אות צו, פתיח' איכה רבא ב, ועיין בהקדמה לתלמוד עשר הספירות בה מ"ע צי"ע מרן קוה"ק הרב יהודה הלוי אשלג בעל הסולם זיעוכי"א מפרש כל ענין זה באריכות. וראה לקמן בביאור הערה א.
4 עיין במכתב כא מיום חמשה עשר לחודש אב תשכ"ה. וראה לקמן בביאור הערה ד.
5 משלי ח, לה.
6 תענית ז, ע"א. וראה בתוד"ה וכל העוסק בתורה שם.
7 עיין במכתב יז מיום זך סיון תשכ"ה.
8 במדבר טז, א.
9 דיבור המתחיל "ויקח קרח".
10 מדרש תנחומא פרשת קרח ב.

221

הענין, כי כל עבודת ה' וכל התורה כלולה בשאלות אלו, כי בעבודת השם יתברך יש ב' דרכים, א' דרך האמונה "כשור לעול וכחמור למשא"[11] כמו שאמרו[12] על הפסוק[13] "אדם ובהמה תושיע ה'", אלו בני אדם שהם ערומים בדעת ומשימים עצמם כבהמה, לא לדעת ולא להשיג ולא לראות, כבהמה ממש פשוטה כמשמעה. וזה נקרא טלית שכולה תכלת כי תכלת מלשון תכלה וכליון כמו שכתוב[14] "לכל תכלה ראיתי קץ", היינו שמכלים את ההשגה ואת הידיעה לגמרי ומקבלים עליו ומתעטפים בלבוש שהוא טלית של אמונה "לא לדעת" כבהמה.

וציצית הן מלשון[15] "מציץ מן החרכים" מלשון ראיה והסתכלות, היינו שמשאירים עוד בלב מקום שאם תהיה איזה גילוי רצון מצד השם יתברך כן להשיג ולדעת ולהבין בבחינת, "דע את ה' אלקי אביך"[16], ובסוד "והיו עיניך רואות את מוריך"[17] וכמו שכתוב אצל משה רבינו "ותמונת ה' יביט"[18] וכדומה.

זאת היתה תשובת משה רבינו עליו השלום, נכון שמצדנו אנו מקבלים עלינו את האמונה הפשוטה "כשור לעול וכחמור למשא" [ח], אבל בעת רצון מצד הקדוש ברוך הוא שנעבוד אותו כבני אדם להבין ולהשיג, אנו לא נאמר שלא, אלא אחרי כל הקבלה לשים עצמו כבהמה נשאיר מקום ורמז גם לציצית, היינו לדעת ולהבין אם רק נכיר ונדע שזה רצונו של השם יתברך המסביר לנו פנים בתורתו הקדושה [ט] וזה נקרא טלית שכולה של תכלת חייבת בציצית. ובסוד זה היא גם כן סוכה שנקראת[19] צלא דמהימנותא, היינו שרומזת לאמונה, ועם כל זה סוכה מעובה פסולה[20] [י], כי צריכים להשאיר מקום שכוכבים נראים על ידה, ואור הכוכבים רומז[21] על אורות השם יתברך המאירים לנו לתוך הסוכה שהיא האמונה [יא].

---

11 עבודה זרה ה', ב.

12 חולין ה, ב.

13 תהלים לו, ז.

14 תהלים קיט, צו.

15 שיר השירים ב, ט.

16 דברי הימים א, כח, ט, ושם לא כתוב ה'.

17 ישעיה ל, כ.

18 במדבר יב, ח.

19 זהר פרשת אמור אות רסד.

20 סוכה כב, ע"א ע"ב. וראה לקמן בביאור הערה יוד.

21 עיין בשער הכונות חלק ב ענין סוכות סוף דרוש ד דף שו טור ב דיבור המתחיל "ונבאר עוד". וראה לקמן בביאור הערה יא.

וכן שאל "בית שמלא ספרים", כלומר מי שזכה לחכמה ויש לו ידיעה והכרה מלאה במציאותו יתברך ורואה ומבין בתורה הכול, צריך למזוזה הרומזת[22] לאמונה [יב] כי האמונה היא השומרת עלינו תמיד מכל המזיקים[23] [יג] והחצונים הרוצים להזיק לנו בסוד "מזוזות" אותיות[24] "זז מות" [יד], שהמות אין לו שום כניסה בבית שקבוע בו מזוזה.

משה רבינו אמר לו כן שגם בית המלא ספרים ויש לו כל ההכרה המלאה, עם כל זה אין האדם[25] נמצא תמיד במצב אחד [טו] ואם חס ושלום תבוא איזה מין הסתר[26] פנים [טז] אז גם כן לא נסוג לאחור. ואף [יז] פעם אסור להאמין בעצמו[27] [יח] ולומר שזכה כבר לידיעה נצחית ולא צריך לאמונה, ואפילו בית שמלא ספרים צריך מזוזה ואמונה לשמירה לכל מיני מצבים.

שתי דרכים אלה הם נקראים אש ומים [יט], ולכן כתוב[28] שהתורה נמשלה לאש "הלא כה דברי כאש"[29], וכן נמשלה למים[30] בסוד "כל צמא לכו למים"[31]. והנה מים ואש הם שני הפכים ממש שאחד מכלה את השני, כי המים מכבים את האש והאש מיבש את המים. ובגשמיות מה עושה אדם שיש מים והם קרירים והוא צמא ואי אפשר לשתות המים מחמת שהם צוננים, ויש לו אש ואי אפשר לשים המים על האש שהם יכבו את האש. - הוא שם המים בתוך כלי ומשים הכלי עם המים על האש וככה נכנס כח האש בהמים והוא שותה מים חמים שנכללים מאש ומים ביחד, נמצא שהכלי עשה שלום בין האש והמים ונהנה משניהם יחד. שזהו סוד שאמרו ז"ל[32] הרואה קדרה בחלום יצפה לשלום [כ], כן הוא ברוחניות ובשתי

22 עיין בספר "כד הקמח" לרבינו בחיי ענין "מזוזה". נעתק לקמן בביאור הערה יב.

23 עיין בתולדות יעקב יוסף פרשת חיי שרה דף ע טור א, (נעתק לקמן בביאור הערה יג). וכן בפרשת וישב ובסוף פרשת בא, ובריש פרשת במדבר, ובפרשת נשא, ובספר כתונת פסים פרשת בלק.

24 השמטות הזהר תוספות לחלק שלישי אות כ, זהר חדש מדרש רות אות תסא, תיקוני הזהר תקונא עשיראה אות כ. וראה לקמן בביאור הערה יד.

25 עיין בספר תולדות יעקב יוסף פרשת חקת דף קנז, ע"ד, צפנת פענח ריש שמות, ופרשת בא דף לח, ע"א, ובדגל מחנה אפרים ריש פרשת ויצא. וראה לקמן בביאור הערה טו.

26 עיין בהקדמה לתלמוד עשר ספירות מאות מה. וראה לקמן בביאור הערה טז.

27 פרקי אבות ב, ד. וראה לקמן בביאור הערה יח.

28 ראה ברכות כב, א. מכילתא, פסי"ז יתרו כ, ב.

29 ירמיה כג, כט.

30 ראה תענית ז, א. מכילתא, פסי"ז יתרו כ, ב.

31 ישעיה נה, א.

32 ברכות נו, ע"ב. וראה לקמן בביאור הערה כ.

הדרכים הנזכרים שהם סותרים זה את זה ונמשלו לאש ומים ונקראים שני צדדים ימין ושמאל שהם אמונה וידיעה [כא] שידיעה סותרת אמונה וכן להיפך [כב], וההולך בדרך התורה תורת משה[33] רבינו הוא נעשה ככלי הזה העושה שלום ומאחד את הקצוות והצדדים בסוד, "לא מצא הקדוש ברוך הוא כלי מחזיק ברכה לישראל אלא השלום"[34] [כג], שהעושה שלום הוא הכלי והאדם נעשה ככלי בידי הקדוש ברוך הוא שמתאחדים בו ב' הקצוות והצדדים הנזכרים [כד] והוא מרכבה לעמוד האמצעי שהוא סוד משה מדת[35] התפארת בסוד "כליל תפארת נתת לו"[36], ונהנה מב' הקצוות הן מאמונה והן מידיעה ובא לידי הכרה כזו כמו שאינו מסופק על עצמו אם הוא נמצא או אם הוא חי הגם שאינו רואה את אור החיים שלו בעיניו הגשמיים, כך זוכה להכרה מלאה במציאותו יתברך בסוד "דע את ה' אלקי אביך ועבדהו"[16] בידיעה ברורה ומלאה [כה], מה שאין כן קרח לא רצה אלא צד אחד, או אמונה או ידיעה ולכן נכשל ונענש.

דו"ק בדברים כי אין לי זמן להאריך יותר כעת.

נא להודיע לי אם כבר השגת רשיון עבור הישיבה לקבץ כספים. יו"ר הכנסת מר קדיש לוז קבע אצלי פגישה ביום א' במשרד שלו.

המאחל לכל טוב

יהודה צבי

33 סנהדרין צא, ע"א.

34 מסכת עוקצים פרק ג, יב. ועיין בהקדמת מ"ע צי"ע מרן קוה"ק הרב יהודה הלוי **אשלג** בעל הסולם זיעוכי"א לספר פנים מאירות ומסבירות ששם מבאר רבינו ענין זה באריכות. וראה לקמן בביאור הערה כג.

35 עיין בזהר פרשת יתרו אות כב, ובהקדמה לתיקוני הזהר אות קסב, במעלות הסולם, ובעץ חיים שער הכללים פרק י בענין ה בחינות משה.

36 שחרית של שבת.

[א] אדמו"ר כותב "שמתוך שלא לשמה בא לשמה". והכי איתא בפסחים נ, ע"ב: "אמר רב יהודה אמר רב לעולם יעסוק אדם בתורה ומצות אף על פי שלא לשמה שמתוך שלא לשמה בא לשמה", ועיין בהקדמה לתלמוד עשר הספירות באות יא שמבאר שהטעם בהיתר זה הוא "משום שהמאור שבה מחזירו למוטב" ועיין שם באות יב וזה לשונו "הלא מצאנו כמה לומדים שלא הועיל להם העסק בתורה שיזכו על ידי המאור שבה לבא לשמה, אמנם ענין העסק בתורה ומצות שלא לשמה הפירוש שהוא מאמין בהשם יתברך ובתורה ובשכר ועונש והוא עוסק בתורה מחמת שהשם יתברך צוה לעסוק אבל משתף הנאת עצמו עם עשיית הנחת רוח ליוצרו, ואם אחר כל טרחתו בעסק התורה והמצות יוודע לו שלא הגיעה לו על ידי העסק והטורח הגדול הזה שום הנאה ותועלת פרטית הוא מתחרט על כל יגיעתו שיגע מטעם שאינה את עצמו מתחילתו כשסבר שגם הוא יהנה מטרחתו - כגון זה שלא לשמה נקרא. ואף על פי כן התירו חכמינו ז"ל את תחילת העסק בתורה ומצות גם שלא לשמה מטעם שמתוך שלא לשמה בא לשמה כמבואר לעיל, אמנם בלי ספק אם העוסק הזה לא זכה עדיין לאמונת השם יתברך ותורתו אלא מתגורר בספיקות חס ושלום לא עליו אמרו חז"ל שמתוך שלא לשמה בא לשמה ולא עליו אמרו שמתוך שמתעסקים בה המאור שבה מחזירם למוטב, כי המאור שבתורה אינו מאיר אלא לבעל אמונה ולא עוד אלא שמדת גודל המאור הזה היא כמדת תוקף אמונתו, אבל למחוסרי אמונה חס ושלום היא להיפך כמו שאמרו "למשמאילים בה סמא דמותא" (שבת פח), כי מקבלים חושך מהתורה ונחשכות עיניהם". ומדבריו מתגלה לנו סוד עצום בגמרא שלא כיונו בדבריהם שלימוד התורה ועסק המצות לבדם יועילו לנו לבא לשמה אלא מוכרחים אנו גם לאמונה ובלי אמונה לא יועיל לנו העסק. ועוד, דחס ושלום התורה תהפך לנו לסמא דמותא. וצריך לזכור זה בכל עת שאנו עוסקים בתורה ומצות כדי שנגיע ללשמה, ולכן מוסיף מ"ע צ"ע מרן קוה"ק הרב יהודה הלוי אשלג בעל הסולם זיעוכי"א באות יז וזה לשונו:

"ולפיכך מתחייב הלומד בטרם הלימוד, להתחזק באמונת השם יתברך ובהשגחתו בשכר ועונש, כמ"ש חז"ל אבות, "נאמן בעל מלאכתך שישלם לך שכר פעולתך", ויכוון את היגיעה שלו, שיהיה לשם מצות התורה, ובדרך הזה יזכה ליהנות מהמאור שבה, שגם אמונתו תתחזק ותתגדל בסגולת המאור הזה, כמ"ש "רפאות

תהי לשרך ושקוי לעצמותיך" (משלי ג, ח). ואז יהיה נכון לבו בטוח, כי מתוך שלא לשמה יבא לשמה. באופן, שאפילו מי שיודע בעצמו שעדיין לא זכה ח"ו לאמונה, יש לו תקוה גם כן על ידי עסק התורה, כי אם ישים לבו ודעתו לזכות על ידה לאמונת השם יתברך, כבר אין לך מצוה גדולה מזו, כמ"ש חז"ל, בא חבקוק והעמידן על אחת צדיק (חבקוק ב, ד) באמונתו יחיה (מכות כד). ולא עוד אלא, שאין לו עצה אחרת מזו, (כדאיתא במסכת ב"ב טז, ע"א) אמר רבא, ביקש איוב לפטור את כל העולם כולו מן הדין, אמר לפניו, רבש"ע, וכו' בראת צדיקים בראת רשעים מי מעכב על ידך, ופירש רש"י שם, בראת צדיקים על ידי יצר טוב, בראת רשעים על ידי יצר הרע, לפיכך אין ניצול מידך, כי מי יעכב, אנוסין הן החוטאין. ומאי אהדרו ליה חבריא דאיוב, (איוב טו) אף אתה תפר יראה ותגרע שיחה לפני אל, ברא הקב"ה יצר הרע, ברא לו תורה תבלין. ופירש רש"י שם, ברא לו תורה - תבלין, שהיא מבטלת את "הרהורי עבירה", כדאמר בעלמא, (בקידושין דף ל) אם פגע בך מנוול זה משכהו לבית המדרש, אם אבן הוא נימוח וכו', הלכך לאו אנוסין נינהו, שהרי יכולין להציל עצמן, עיין שם ודו"ק.

וזה ברור שאינם יכולים לפטור את עצמם מן הדין, אם יאמרו שקבלו התבלין, הזה ועדיין יש להם הרהורי עבירה. כלומר, שמתגוררים עוד בספיקות ח"ו, ועדיין היצר הרע לא נמוח, כי הבורא ב"ה שברא אותו ונתן לו ליצה"ר את תוקפו, ברור שידע גם כן לברוא את התרופה והתבלין הנאמנים להתיש כחו של היצר הרע, ולמחותו כליל. ואם מי שהוא עוסק בתורה ולא הצליח להעביר היצר הרע ממנו, אין זה, אלא או שהתרשל לתת את היגיעה והעמל המחויב ליתן בעסק התורה, כמ"ש (מגילה ו, ב) לא יגעתי ומצאתי אל תאמין, או יכול להיות שמילאו את "כמות" היגיעה הנדרשת, אלא שהתרשלו ב"איכות", כלומר, שלא נתנו דעתם ולבם במשך זמן העסק בתורה, לזכות להמשיך את המאור שבתורה, המביא את האמונה בלב האדם, אלא שעסקו בהיסח הדעת מאותו העיקר הנדרש מהתורה, שהוא המאור המביא לידי האמונה, כאמור, ואף על פי שכיוונו לו מתחילה, הסיחו דעתם ממנו בעת הלימוד. ובין כך ובין כך, אין לפטור את עצמו מן הדין בטענת אונס, אחר שמחייבים חז"ל בטענה "בראתי יצר הרע בראתי לו תורה תבלין", כי אם היה בזה איזה יוצא מהכלל, הרי הקושיא של איוב במקומה עומדת ח"ו, ודו"ק".

226

ובעזרת השם נשים את דבריו על ליבנו ונתחזק באמונתינו ונזכה על ידה שעסקינו בתורה ומצות יביאנו לשמה.

[ב] יש להבין את דברי אדמו"ר שכתב ש"לשמה מתכוון כשהלומד רואה ומרגיש את האור החיים הגנוז בתורתנו הקדושה", דלכאורה היה נראה כוונתו לבאר את מדרגת לשמה, וקשה אם כן לדברי מ"ע צי"ע מרן קוה"ק הרב יהודה הלוי **אשלג** **בעל הסולם זיעוכי"א** בהקדמה לתלמוד עשר הספירות אות ד', וזה לשונו: "לקיים התורה ומצוות כהלכתם דהיינו לא להנאת עצמו אלא כדי להשפיע נחת רוח ליוצרו (ש)נקרא "לשמה", ומבואר מדבריו שלשמה הוא כשלומד ועוסק במצות לא להנאת עצמו ולכאורה הוי סתירה.

אולם להבין את ענין לשמה ביתר ביאור יש להביא את דברי מ"ע צי"ע מרן קוה"ק הרב יהודה הלוי **אשלג בעל הסולם זיעוכי"א** בהקדמה שם אות לח ו-לט וזה לשונו: "ונמשך להרחיב את החיוב של העסק בתורה ומצוות לשמה שהתחלתי לדבר בו. הנה יש להבין את השם הזה של "תורה לשמה", למה מוגדרת העבודה השלימה הרצויה בשם הזה "לשמה", והעבודה שאינה רצויה בשם של "לא לשמה", כי לפי המובן הפשוט, שהעוסק בתורה ומצוות מחוייב לכוון לבו לעשות נחת רוח ליוצרו, ולא לשם טובת עצמו, היה צריך לכנות זה ולהגדירו, בשם "תורה לשמו" ו"תורה שלא לשמו", שפירושו לשם שמים, ולמה מגדירים זה בשם "לשמה" ו"שלא לשמה", שפירושו לשם התורה. אלא ודאי שיש כאן הבנה יתירה מהאמור, שהרי הלשון מוכיחה, שתורה לשמו, שפירושו לעשות נחת רוח ליוצרו, אינו מספיק עדיין, אלא שצריך עוד שיהיה העסק לשמה, שפירושו לשם התורה, וזה צריך ביאור.

והענין הוא, כי נודע, ששם התורה הוא "תורת חיים" כאמור כי "חיים" הם למוצאיהם וגו' (משלי ד, כב). וכה"א - כי לא דבר ריק הוא מכם, כי הוא חייכם וגו' (דברים לב, מז), וכיון שכן, הרי פירושה של תורה לשמה, אשר העסק בתורה ומצוות מביא לו חיים ואריכות ימים, כי אז, התורה היא כשמה. ומי שאינו מכוון את לבו ודעתו לנאמר, נמצא שהעסק בתורה ומצוות, מביא לו את ההיפך מהחיים ואריכות הימים חו"ש, דהיינו לגמרי ש"לא לשמה", שהרי שמה הוא "תורת חיים", והבן. ודברים אלו, באים מפורשים בדברי חז"ל (תענית ז, ע"א): "כל העוסק

בתורה שלא לשמה, תורתו נעשית לו סם המוות. וכל העוסק בתורה לשמה, תורתו נעשית לו סם חיים".

וזה לשונו בסוף באורו באות צה-צז: "ובזה תבין, למה נקראת התורה בשם חיים, כמ"ש, ראה נתתי לפניך את החיים ואת הטוב וגו' (דברים ל, טו), וכן ובחרת בחיים וגו', וכן כי חיים הם למוצאיהם (משלי ד, כב), כי דבר זה נמשך לה מהכתוב, כי באור פני מלך חיים (משלי טז). בהיות שהשם יתברך הוא מקור כל החיים וכל הטוב, ועל כן, החיים נמשכים לאותם הענפים הדבקים במקורם, שזה אמור באותם שהתייגעו ומצאו אור פניו יתברך בתורה, דהיינו שזכו לפקיחת עינים בתורה בהשגה הנפלאה, עד שזכו לגילוי הפנים, שפירושו, השגת ההשגחה האמיתית הראויה לשמו יתברך "הטוב", אשר, מטבע הטוב להיטיב.

והזכאים הללו, כבר אינם יכולים לפרוש את עצמם מקיום המצוה כהלכתה, כמו אדם שאינו יכול לפרוש את עצמו מתענוג נפלא שהגיע לידו, וכן בורחים מפני העבירה כבורח מפני הדליקה. ועליהם נאמר ואתם הדבקים בה' אלקיכם חיים כלכם היום, להיות אהבתו ית' מגיעה ומושפעת אליהם באהבה טבעית, בצנורות הטבעיים המוכנים לו לאדם מטבע הבריאה, כי עתה נמצא הענף דבוק בשרשו כראוי, והחיים מושפעים לו בשפע רב ממקורו בלי הפסק, ועל שם זה נקראת התורה בשם חיים.

ולפיכך הזהירונו חז"ל במקומות הרבה, על תנאי המחוייב בעסק התורה, שיהיה "לשמה" דוקא, דהיינו, באופן שיזכה על ידה לחיים, כי תורת חיים היא, ולדבר זה היא ניתנה לנו, כמ"ש ובחרת בחיים. ולפיכך, מוכרח כל אדם, בשעת העסק בתורה, להתייגע בה וליתן דעתו ולבו, למצוא בה את אור "פני" מלך חיים, דהיינו, השגת ההשגחה הגלויה, שנקראת אור הפנים. וכל אדם מוכשר לזה, כמ"ש "ומשחרי" ימצאונני, וכמ"ש יגעתי ולא מצאתי אל תאמין, וכלום חסר לו לאדם בדבר זה, רק היגיעה בלבדה, וז"ש, כל העוסק בתורה "לשמה" תורתו נעשית לו סם חיים (תענית ז, ע"א), דהיינו, רק שיתן דעתו ולבו לזכות לחיים, שזהו פירושו של לשמה, כמבואר".

ולפי דבריו נראה שב' הפירושים נכללים במושג "לשמה": שצריך לעסוק בתורה ומצות רק בכדי להשפיע נחת רוח ליוצרו, ועוד שצריך להרגיש את האור החיים הגנוז בתורתנו הקדושה. ויש להעיר שהדרך הב' יותר קלה לבחון, משום שאדם

לא יודע אם הוא באמת עוסק בתורה רק כדי להשפיע נחת רוח ואולי בתוך תוכו עדיין נמצאים ניצוצי קבלה לעצמו; ויותר קל לאדם לראות אם הוא מרגיש את האור החיים, וכדברי מ"ע צי"ע מרן קוה"ק הרב יהודה הלוי **אשלג בעל הסולם** זיעוכי"א "והזכאים הללו כבר אינם יכולים לפרוש את עצמם מקיום המצוה כהלכתה..." שאדם ודאי ידע כשיגיע למדרגה זו, וודאי כל דברינו באדם שמסתכל על עצמו באמת, והקב"ה יזכנו למצוא את האור החיים הגנוז בתורתינו הקדושה ונרגיש "כי מוצאי מצא חיים". והנה ב"נפש החיים" דן בביאור מילת לשמה ובשער ד פרק ג כתב וזה לשונו:

"אבל האמת כי ענין "לשמה" פירוש, לשם התורה, והענין כמו שפירש הרא"ש ז"ל על מאמר רבי אלעזר ברבי צדוק (נדרים סב) "עשה דברים לשם פעלן" - לשמו של הקדוש ברוך הוא ש"פעל הכל למענהו", "ודבר בהן לשמן", כל דיבורך ומשאך בדברי תורה יהיה לשם התורה, כגון לידע ולהבין, ולהוסיף לקח ופילפול, ולא לקנטר ולהתגאות". עכ"ל.

דקדק לבאר שינוי לשונו דראב"צ, שבעשיה אמר "לשם פעלן", ובדיבור אמר "לשמן", לכן, בענין העשיה פירש לשמו של הקב"ה שפעל הכל למענהו, ובענין הלימוד פירש, לשם התורה כו'.

וכוונתו ז"ל מבואר, היינו, כי עשיית המצוה ודאי שצריכה להיות מן המבחר, בדבקות ומחשבה טהורה שבטהורות כפי שכלו והשגתו, כדי שיתקלס עילאה, לגרום תקוני העולמות וכוחות וסדרים העליונים, זהו לשם פעלן, כי "כל פעל ה' למענהו" (משלי טז, ד), ואמרו רז"ל - לקלוסו.

ואם כי ודאי שגם במצות, העיקר בהם לעכובא הוא העשיה בפועל, והכוונה היתירה וטהרת המחשבה אינה מעכבת כלל, כמו שנתבאר לעיל סוף שער א על נכון בעז"ה, עם כל זה, מצטרף קדושת וטהר מחשבתו לעיקר העשיה בפועל, לעורר ולפעול תקונים יותר גדולים בהעולמות, משאם היתה המצוה נעשית בלא דבקות וקדשת המחשבה. אבל על הנהגת האדם בשעת עסק התורה בדיני המצות והלכותיהן, אמר "ודבר בהן", ר"ל הדבור בעניני המצות והילכותיהן, יהיה "לשמן", פירוש, לשם הדברי תורה, היינו לידע ולהבין ולהוסיף לקח ופלפול.

וזהו שמסיים הש"ס גבי רבן יוחנן בן זכאי שלא הניח כו', לקיים מה שנאמר (משלי ח, כא) "להנחיל אוהבי יש" כו', שמבואר הענין שם בכל אותה הפרשה, שהוא

מאמר התורה הקדושה עצמה, אשר בחוץ תרנה, שיש לאל ידה להנחיל וליתן שכר טוב, לכל ההוגה ועוסק בה מחמת אהבתה עצמה ממש, היינו להוסיף בה לקח ופלפול, וזהו "אוהבי".

ובפשטות נראה דחולק על דברי אדמו"ר. אולם יש ליישב דעיקר כוונת כבוד קדושת שם תורתו מורנו הרב חיים וולאז'ין זצוקלל"ה לבאר נגד דעת "רוב העולם" בזמנו כדבריו בפרק ב שם וזה לשונו: "ענין עסק התורה לשמה, האמת הברור, כי לשמה אין פרושו דבקות כמו שסוברים עתה רוב העולם, שהרי אמרו רז"ל במדרש (שוחר טוב) שבקש דוד המלך ע"ה מלפניו יתברך, שהעוסק בתהלים יחשב אצלו יתברך כאלו היה עוסק בנגעים ואהלות, הרי שהעסק בהלכות הש"ס בעיון ויגיעה, הוא ענין יותר נעלה ואהוב לפניו יתברך מאמירת תהלים.

ואם נאמר שלשמה פרושו דבקות דוקא, ורק בזה תלוי כל עיקר ענין עסק התורה, הלא אין דבקות יותר נפלאה מאמירת תהלים כראוי כל היום...

ובמשלי רבתא פ"י: "אמר ר"י בא וראה כמה קשה יום הדין, שעתיד הקדוש ברוך הוא לדון את כל העולם כולו כו', בא מי שיש בידו מקרא ואין בידו משנה, הקדוש ברוך הוא הופך את פניו ממנו ומצירי גיהנם מתגברין בו כו', והם נוטלין אותו ומשליכין אותו לגיהנם, בא מי שיש בידו שני סדרים או שלשה, הקדוש ברוך הוא אומר לו בני כל ההלכות למה לא שנית אותם כו'. בא מי שיש בידו הלכות, א"ל בני תורת כהנים, למה לא שנית שיש בו כו'. בא מי שיש בידו תורת כהנים הקדוש ברוך הוא אומר לו בני חמשה חמשי תורה למה לא שנית שיש בהם קריאת שמע תפלין ומזוזה. בא מי שיש בידו חמשה חמשי תורה, אומר לו הקדוש ברוך הוא למה לא למדת הגדה כו', בא מי שיש בידו הגדה, הקדוש ברוך הוא אומר לו תלמוד למה לא למדת כו'. בא מי שיש בידו תלמוד הקב"ה אומר לו בני הואיל ונתעסקת בתלמוד צפית במרכבה כו', כסא כבודי האיך הוא עומד כו', חשמל האיך הוא עומד, ובכמה פנים הוא מתהפך כו'", עיין שם באורך. ומסתברא נמי הכי, שהרי כמה הלכות רבות יש בש"ס, שבעת אשר האדם עוסק בהם, הוא צריך לעיין ולהעמיק מחשבתו ושכלו בעניני הגשמיות שבהם, כגון קינין ופתחי נדה שהן הן גופי הלכות, או המשא ומתן בש"ס וכללי דיני מיגו של רמאות שהיה הרמאי יכול לטעון, וכמעט בלתי אפשרי שיהא אצלו אז גם הדבקות בשלמות כראוי".

וגם הוא עצמו הסכים ש"אמנם ודאי דאי אפשר לומר שאין צריך לענין עסק התורה שום טהר המחשבה ויראת ה' חלילה" עיין שם בהמשך דבריו בפרק ד, ולכן אולי גם ה"נפש החיים" לא יחלוק על דברי אדמו"ר ואלו ואלו דברי אלוקים חיים, אבל כנזכר לעיל פשטות לשונו נראה כנגד דברי אדמו"ר וכל דברינו נאמרו בגדר "אולי" וה' יצילנו משגיאות.

[ג] אדמו"ר כותב שלשמה הוא "כשהלומד רואה ומרגיש את האור החיים הגנוז בתורתנו הקדושה". והנה, ענין ה"ראיה" המוזכר בדברי אדמו"ר יש לפרש לפי ביאור מ"ע צי"ע מרן קוה"ק הרב יהודה הלוי **אשלג בעל הסולם זיעוכי"א** בהקדמה לתלמוד עשר הספירות באות עו וזה לשונו באותיות עו-עח: "ונבאר מאמר חז"ל (ברכות יז) כי הוו מפטרי רבנן מבי רבי אמי, ואמרי לה מבי רבי חנינא, אמרי ליה הכי: עולמך תראה בחייך, ואחריתך לחיי העולם הבא וכו', ופעמיך ירוצו לשמוע דברי עתיק יומין, עכ"ל. ויש כאן להבין, למה לא אמרו עולמך תקבל בחייך, אלא, רק "תראה", שאם באו לברך, היה להם לברך בשלימות, דהיינו, שישיג ויקבל עולמו בחייו. ועוד יש להבין בכלל, למה לו לאדם לראות העוה"ב שלו בחייו, המצער הוא אשר אחריתו לחיי העוה"ב. ועוד, למה העמידו ברכה זו בראשונה.

והנה קודם כל צריכים להבין, ראיה זו של העוה"ב שלו בחייו, איך היא. כי ודאי שבעינים הגשמיות אין רואים שום דבר רוחני, גם אין מדרכו של השי"ת לשנות סדרי בראשית, כי כל סדרי בראשית מתחילתם, לא סדרם השי"ת בסדרים הללו, אלא משום, שהמה המוצלחים ביותר לתכלית הנרצית מהם, דהיינו, שיזכה האדם על ידיהם להתדבק בו ית' כנ"ל, כמ"ש, כל פעל ה' למענהו. וא"כ, יש להבין, איך יצוייר לאדם ראיית עולמו בחייו.

ואומר לך שראיה זו מגיעה לו לאדם על ידי "פקיחת עינים" בתורה הקדושה, עד"ה "גל עיני ואביטה נפלאות מתורתך". ועל דבר זה משביעים לה לנשמה, בטרם ירידתה לגוף (נדה דף ל, ע"ב), אשר אפילו כל העולם יאמרו לך שצדיק אתה, תהיה "בעיניך" כרשע. דהיינו בעיניך דוקא, פי' כל עוד שלא זכית לפקיחת "עינים" בתורה, תחזיק את עצמך כרשע, ובל תשטה את עצמך מכח הפרסום שיש לך בכל העולם לצדיק, ובזה תבין ג"כ, למה העמידו הברכה של "עולמך תראה בחייך" בראש הברכות, כי לפני זה, אינו זוכה אפילו לבחינת "צדיק שאינו גמור".

ומבואר מדבריו שהכונה לראיית ההנהגה של שכר ועונש בבירור, "והזכאים הללו כבר אינם יכולים לפרוש את עצמם מקיום המצוה כהלכתה כמו אדם שאינו יכול לפרוש את עצמו מתענוג נפלא שהגיע לידו". וה' יזכנו.

[ד] אדמו"ר כותב שלשמה הוא כשהלומד "מרגיש את האור החיים הגנוז בתורתנו הקדושה". וענין ההרגש לאורו יתברך יש להבין לפי ביאורו של אדמו"ר במכתב כא מיום טו באב עיין שם היטב, שמבואר כל ענין זה באריכות. ועיין במכתב טז מיום כג אייר שאדמו"ר כתב שם שכדי לזכות להרגשה זו צריך לצאת מכל הנאות שבעולם הזה. והנה זה ענין חשוב שבדרך כלל חושבים שאפשר לפסוח על שני הסעיפים, אולם מבואר מכאן שכל זמן שהאדם לא יצא מתאוות עולם הזה הוא לא יוכל באמת להרגיש את הרוחניות, ועיין ב"שיחות מוסר" לאדמו"ר רבי חיים שמואלביץ זצוקלל"ה משנת תשלג מאמר ז "האור והחושך שבאדם" שמבאר ענין זה.

[ה] אדמו"ר כותב "אור החיים הגנוז בתורתנו הקדושה". וענין הסתרת הקב"ה בתורה צריך הבנה, ועיין בהקדמה לתלמוד עשר הספירות באות מא וזה לשונו "והנה איתא בזהר, על הכתוב ומשחרי ימצאונני, שאלו על זה היכן מוצאים את השי"ת, ואמרו שאין מוצאים אותו יתברך, אלא בתורה. וכן אמרו על הכתוב, אכן אתה אל מסתתר, אשר הקב"ה מסתיר את עצמו בתורה הקדושה. ויש להבין דבריהם ז"ל כראוי, כי לכאורה הקב"ה מוסתר רק בדברים ודרכים הגשמיים, ובכל הבלי העולם הזה שהם מחוץ לתורה, ואיך תאמר את ההיפך אשר רק בתורה הוא מסתיר את עצמו. גם המובן הכללי, שהקב"ה מסתיר את עצמו באופן שצריכים לבקשו, הסתר זה למה לו. וכן "שכל מבקשי אותו ימצאוהו", המובן בכתוב, ומשחרי ימצאונני, צריך להבין היטב, דבר הביקוש הזה, ודבר המציאה הזו, מה הם, ולמה הם". והתשובה לשאלה הזאת היא באות קא-קב וזה לשונו: "וז"ש, שהקב"ה מסתיר את עצמו בתורה. כי ענין היסורים והצער, שהאדם משיג בשעת הסתר הפנים, אינו דומה באדם שיש בידו עבירות ומיעט בתורה ומצוות, לאדם שהרבה בתורה ומעשים טובים, כי הראשון מוכשר ביותר לדון את קונו לכף זכות, דהיינו, לחשוב שהיסורים הגיעו לו מחמת העבירות ומיעוט התורה שבידו, משא"כ השני, קשה לו ביותר לדון את קונו לכף זכות, שהרי לפי דעתו, אינו ראוי לעונשים קשים כל כך, ולא עוד, אלא שרואה שחבריו הגרועים ממנו, אינם סובלים כל כך,

עד"ה רשעים ושלוי עולם השגו חיל, וכן לשוא זכיתי לבבי. ומכאן תראה, אשר כל עוד שהאדם אינו זוכה להשגחה של גילוי פנים, נמצא, שהתורה והמצוות שהרבה, מכבידים לו הסתר הפנים במידה מרובה. וז"ש, אשר הקב"ה מסתיר עצמו בתורה, ודו"ק כאן. ובאמת, כל הכובד הזה שהוא מרגיש ביותר על ידי התורה, אינו אלא, כבחינת כרוזים, אשר התורה הקדושה בעצמה, קוראת אליו עי"ז, ומעוררתו להזדרז ביותר, ולמהר ליתן את סכום היגיעה הנדרש ממנו, בכדי לזכותו תיכף לגילוי הפנים, כחפץ ה' והבן מאד.

וז"ש שכל הלומד שלא לשמה, תורתו נעשית לו סם המות, כי מלבד שאינו יוצא מבחינת הסתר פנים לגילוי פנים, שהרי לא כיוון דעתו להתייגע ולזכות לו, הנה עוד התורה שמרבה, מוסיפה לו הסתר פנים במידה מרובה, עד שנופל ח"ו להסתר תוך הסתר. שהוא בחינת מות, להיות מנותק לגמרי משורשו, ונמצא שתורתו נעשית לו סם המות".

ולפי הנ"ל צריכים העוסקים בתורה להיזהר לא ליפול להסתר שמתחזק על ידי זה שעוסקים בתורה שלא לשמה, ולהתעורר ולהזדרז יותר כדי לזכות תיכף לגילוי פנים כחפץ ה' ולזכור שכל הכובד שמרגישים ביותר על ידי התורה "אינו אלא כבחינת כרוזים אשר התורה הקדושה בעצמה קוראת אליו על ידי זה", ובדרך כלל הלומד חושב שהרגשת הכובד באה מהסטרא אחרא וודאי שגם זה נכון שהסטרא אחרא מנסה לעצור בעדנו ולכן גורם לנו להרגיש כבדות מהרוחניות, אולם יש ענין אחר וכאן גילה לנו אדמו"ר שגם להיפך אלו קריאות מהתורה לעזור לנו, וידוע ומפורסם בשם הבעש"ט שהקשה על המשנה בפרקי אבות פרק ו משנה ב "בכל יום ויום בת קול יוצאת מהר חורב ומכרזת ואומרת אוי להם לבריות מעלבונה של תורה וכו'". וזה לשון התולדות יעקב יוסף פרשת ראה: "שמעתי קושיא ממורי בענין מה שאמרו "בכל יום בת קול יוצאת וכו'", וכן מה שנאמר (בישעיה כא, יב) "אמר שומר וגו'", שדרשו (בסנהדרין צד, ע"א), שהוא כרוז וכו', שאם אין מי ששומע את הכרוז למה מכריזין, ואם יש שומע, קשה, הלא החוש מכחישו, כי מי זה יאמר ששמע כרוזין מלמעלה, ואף אם ימצא אחד שיאמר ששמע, מי הוא הפתי אשר יאמין לדבריו, ואם כן לאיזה תועלת הוא הכרוז ללא יועיל. ותירץ הוא ז"ל על דרך זה - הגם שאין זה לשונו, - דאיתא בש"ס (חגיגה ה, ע"ב): ר' יהושע בן חנניה הוי קאי קמי קיסר, אחוי ליה ההוא אפיקורסא עמא דאהדרינהו מרייהו לאפיה,

אחוי ליה איהו עוד ידו נטויה וכו', ומאן דלא ידע במחוג ליחוי קמי מלכא וכו'. ויש להבין זה הענין למה דברו ברמז ולא על ידי דיבור מפורש, וגם לאיזה תועלת מביא הש"ס זה.

ונראה לומר, דיוצא לנו מזה רמז מוסר בענין הכרוזין של מעלה, שאינו דיבור, כי אין אומר ואין דברים שם למעלה, כי הדיבור הוא גשמי, וראיה לזה כי מלכותא דארעא כעין מלכותא דרקיע (ברכות נח, א), ואין דרך ארץ לדבר המלך הרבה עם שריו ויועציו, כי אם ברמז, וכאשר גם עתה במלכות ישמעאל הוא כך הנהגתו. וזהו שהודיענו הש"ס, שגם הכרוזין היוצאין ממלך מלכו של עולם הוא ברמז, וצריך לידע במחוג רמז הכרוז, והוא על ידי המחשבה שבאין לאדם בכל יום הרהורי תשובה, שהוא מחמת הכרוז, או על ידי שאר דברים הנודעים למי שעיני שכל לו, שלא יהיה מכלל אלו שנאמר בהם (תהלים לב, יט) "אל תהיו כסוס כפרד אין הבין במתג ורסן וכו'", רק כשנתעורר בעולם איזה פחד ויראה ידעו שמרמזין להם מלמעלה שידבקו בשורש היראה וכנ"ל, וכשתתעורר איזה שמחה בעולם ידבק בשמחת עבודת השם יתברך, וכיוצא בזה ישמע חכם ויוסיף, לקח, ודברי פי חכם חן" ולפי זה אפשר להבין ענין קריאת התורה אלינו, והקב"ה יזכנו לשמוע לקריאות התורה.

[ו] אדמו"ר כותב שרש"י מפרש את הפסוק "ויקח קרח" "לקח את עצמו לצד אחד" אמנם ברש"י לפנינו כתוב "לצד אחר", אולם ברמב"ן מובאת הגירסא ברש"י "לצד אחד". והנה דברי רש"י לכאורה מקורם במדרש תנחומא פרשת קרח ב', אבל הרמב"ן השיג על רש"י וזה לשונו: "ודעת המדרש אינו כפירוש הרב אבל אמרו שם אין ויקח שלא לשון פליגה שלבו לקחו כענין שנאמר מה יקחך לבך, ואינו רוצה לומר שלקח עצמו לצד אחד, וכן מה יקחך לבך, אינו שיקח אותך לצד אחד להפליג עצמך משאר בני אדם, אבל כוונת המדרש בויקח קרח, שלקח עצה בלבו לעשות מה שיספר, כי הלקיחה תאמר על העצה והמחשבה, וכן מה יקחך לבך, מה מחשבה יקח לך לבך שתחשוב בסתר וכו'". ועיין ברבינו אליהו מזרחי וזה לשונו "ולא הבינותי דבריו כלל במה שאמר ואינו רוצה לומר שלקח את עצמו לצד א' כי אם כיון לומר שאין כוונת המדרש הזה שלקח קרח את גופו מהמקום אשר נטה שם אהלו בתחלה ונטה אותו למקום אחר רחוק ממקום חניית העדה מי הגיד לו שכוונת הרב הוא זה אם מפני שאמר להיות נחלק מתוך העדה והחלוק מורה על

החלוק המקומי הנה כל התלמוד מלא מזה פעם בלשון עברי פעם בלשון ארמי, פעם בלשון עברי נחלקו פלוני ופלוני פעם בלשון ארמי, פלוגתא דפלוני ופלוני שהוראתה היא חלוק מחשבי לא מקומי אף כאן להיות נחלק מתוך העדה בחלוק מחשבי שכל ישראל חושבים שכל מעשי משה היו בשליחותו של מקום וקרח לבדו היה חושב שהם מלבו כמו שהור' מאמר אם כמות כל האדם ימותון אלה לא יי' שלחני. ואם מפני שאמר לקח עצמו לצד א' שלקיחת עצמו מורה על לקיחת גופו ולצד א' מורה על הצד המקומי הנה מצאנו בכמה מקומות שרז"ל נשתמשו במלת צד על הצד המחשבי באמרה לצדדין קתני ופרק איזהו נשך במדבר צד, א ברבית מותר וכן בכמה מקומות שאין שום א' מהם מורה על הצד המקומי גם מלת עצמו מצאנוה בכמה מקומות על נפשו ולבו לא על גופו דאמרם כל החושך עצמו מן הדין כו' ואם יש שם ראוי להוראה ומנע עצמו מן ההוראה הרי זה משובח שפירושו מנע לבו מן ההוראה אף כאן לקח עצמו לצד אחד לקחו לבו ומחשבתו לצד אחד משאר המחשבות. וכן יתפרש גם לשון אונקלוס שתרגם ויקח ואתפליג חלוק מחשבי שנחלק במחשבתו ממחשבות שאר כל העדה", ועיין עוד בגור אריה.

[ז] אדמו"ר מביא את ב' השאלות ששאל קורח את משה רבינו וזה לשון המדרש תנחומא קרח ב: "ויקח קרח. מה כתיב למעלה מן הענין, דבר אל בני ישראל ואמרת אלהם ועשו להם ציצית (במדבר טו, לח). קפץ קרח ואמר למשה, אתה אומר, ונתנו על ציצית וגו'. טלית שכולה תכלת, מה היא שתהא פטורה מן הציצית. אמר לו משה, חייבת בציצית. אמר לו קרח, טלית שכולה תכלת אינה פוטרת עצמה, וארבעה חוטין פוטר אותה. בית מלא ספרים, מהו שיהא פטור מן המזוזה. אמר לו, חייב במזוזה. אמר לו כל התורה כולה מאתים שבעים וחמש פרשיות שיש בה כולן אין פוטרות את הבית, ושתי פרשיות שבמזוזה פוטרות את הבית אמר לו, דברים אלו לא נצטוית עליהם, ומלבך אתה בודאם. הדא הוא דכתיב, ויקח קרח".

[ח] אדמו"ר כותב "שמצדנו אנו מקבלים עלינו את האמונה הפשוטה כשור לעול וכחמור למשא". ושמעתי מאדמו"ר אבי שליט"א שאדמו"ר זצוקללה"ה אמר לו שבקריאת שמע צריך לכוין לקבל על עצמו עול מלכות שמים כשור לעול וכחמור למשא דוקא, ורק בכהאי גוונא הוי קבלת עול מלכות שמים באמת.

[ט] אדמו"ר כותב "זאת היתה תשובת משה רבינו עליו השלום, נכון שמצדנו אנו מקבלים עלינו את האמונה הפשוטה כשור לעול וכחמור למשא אבל בעת רצון מצד הקדוש ברוך הוא שנעבוד אותו כבני אדם להבין ולהשיג אנו לא נאמר שלא, אלא אחרי כל הקבלה לשים עצמו כבהמה נשאיר מקום ורמז גם לציצית היינו לדעת ולהבין אם רק נכיר ונדע שזה רצונו של השם יתברך המסביר לנו פנים בתורתו הקדושה". ויש להבין מדוע באמת צריך להשאיר את הפתח הזה להבין ולהשיג ולמה לא מספיק לעבוד את השם כעבד כל הזמן.

ואפשר לומר שהטעם הוא כדי שלא נהיה כפויי טובה להקדוש ברוך הוא שפתח לנו את הפתח הזה. אולם קשה היא גופא מדוע הקדוש ברוך הוא פותח לנו את הפתח הזה להבין ולהשיג. ואולי אפשר לומר, דידוע ומפורסם שהעולם נברא כדי להיטיב לנבראיו, וכן מבואר ענין זה בדברי אדמו"ר במכתב יג מיום א ר"ח אייר, והנה האדם חייב לעשות את המצוות כעבד משום שרק כך אפשר להכנס לעבודת השם שבהתחלה צריך לשבור את מידותינו ורצוננו שנמצאים בהיפך מרצונו יתברך ש"עייר פרא אדם יולד", ולכן צריך לסגל את עצמו כעבד לעשות רצון קונו, אולם בהמשך הזמן המטרה היא להגיע למדרגה שיבין וישיג וירגיש את מתיקות נועם השם הנמצא בתורה ובמצוות, ולכן צריך להשאיר פתח להתחלת ההרגשה הזאת כל הזמן ובדרך זה ההרגש הזה יגדל בהדרגה עד שחפץ ה' בידו יצליח וכל עסקו בתורה ומצוות יהיה מתוך הבנה והרגשה והתלהבות. וכל מה שכתבנו הוא בגדר אפשר והשם יצילנו מטעות.

[י] אדמו"ר כותב "סוכה מעובה פסולה". וכך כתב האר"י ז"ל בכתביו, שער הכוונות חלק ב' ענין סוכות, דרוש ד' דף שו טור ב (והבאנו דבריו לקמן באות יא עיין שם). וצריך עיון, דבמשנה כתוב לכאורה להיפך, וזה לשון המשנה בסוכה דף כב, ע"א: "סוכה המעובה כמין בית אף על פי שאין הכוכבים נראין מתוכה כשרה", ועיין שם בגמרא בעמוד ב': "תנו רבנן המעובה כמין בית אע"פ שאין הכוכבים נראין מתוכה כשרה אין כוכבי החמה נראין מתוכה בית שמאי פוסלין ובית הלל מכשירין", וכיון דפסקינן כבית הלל אם כן להלכתא סוכה מעובה כשרה בכל ענין (וכן כתבו הרי"ף והרא"ש דכשר). וכן מובא ברמב"ם הלכות סוכה פרק ה הלכה כא וזה לשונו: "דרך הסכוך להיות קל כדי שיראו ממנו הכוכבים הגדולים, היתה מעובה כמין בית אף על פי שאין הכוכבים נראין מתוכה כשרה".

וכן פסק בטור סימן תרלא וזה לשונו: "וצריך שלא יעשה כיסויה עב מאד כדי שיהיו הכוכבים וניצוצי השמש נראין מתוכה אבל בדיעבד אפילו מעובה כמין בית כשרה", וכן מובא בשולחן ערוך סימן תרלא, ג.

והנה אפשר לבאר את כוונת רבינו בב' אופנים, דאפשר דכוונתו דלכתחילה פסול וכשר רק בדיעבד כדאיתא בירושלמי בהלכה ג': "הדא אמרת צריכין הכוכבים נראין מתוכה ר' לוי אמר בכוכבי חמה שני", והרא"ש ביאר כוונת הירושלמי וזה לשונו שם בסוף אות ב': "פירוש צריכין לכתחילה כדקתני בברייתא בית הלל מכשירין בדיעבד אבל לכתחילה צריך שיהיו נראין מתוכה", ועיין שם בקרבן נתנאל וזה לשונו: "טעמיה דרבי לוי מפרש אמאי מחמיר בכוכבי חמה יותר מבכוכבי לילה, משום דחזינן בברייתא דבית הלל מכשיר בדיעבד בכוכבי חמה, וכי היכי דבית שמאי אחמיר טפי בהו בכוכבי חמה דפסול בדיעבד ובכוכבי לילה מכשיר בדיעבד, כמו כן לבית הלל דצריך לכתחילה היינו בכוכבי חמה אבל בכוכבי לילה אפילו לכתחילה וכו' זה לרבי לוי אבל לדידן חיישינן לתרוייהו וכדכתיבנא". וכמו כן כתב בר"ן על הרי"ף וזה לשונו: "מיהו בירושלמי משמע דלכתחילה צריך שיהיו כוכבי חמה נראין מתוכה דגרסינן התם הדא אמרה צריכין וכו' פירוש מלישנא דמתניתין דייק לה דקתני אף על פי שאין הכוכבים נראין מתוכה". וכן משמע מלשון הרמב"ם הנ"ל, וכן פירש רבינו מנוח בפירושו על הרמב"ם. והכסף משנה כתב שלרמב"ם, כוונת ר' לוי "כוכבי חמה שני" לכוכבים הגדולים שמאירים בלילה, וכן כתב הגר"א על דברי הבית יוסף הנ"ל שהם דברי הרמב"ם. וכן כתב הטור בפירוש וכן מובא בכתבי רבינו האר"י ז"ל בשער הכוונות ענין סוכות סוף דרוש ד דף שו טור ב' דיבור המתחיל "ונבאר" וכ"ז הוא אופן א'.

או אפשר לומר, דהנה איתא שם בדף ח, ע"ב "תנו רבנן גנב"ך סוכת גויים סוכת נשים סוכת בהמה סוכת כותים סוכה מכל מקום כשרה ובלבד שתהא מסוככת כהלכתא, מאי כהלכתא אמר רב חסדא והוא שעשאה לצל סוכה, מכל מקום לאתויי מאי לאתויי סוכת רקב"ש, דתנו רבנן סוכת רקב"ש סוכת רועים סוכת קייצים סוכת בורגנין סוכת שומרי פירות סוכה מכל מקום כשרה ובלבד שתהא מסוככת כהלכתה, מאי כהלכתה אמר רב חסדא והוא שעשאה לצל סוכה וכו'", ובמרדכי סימן תשלב מובא פירוש בשם רבינו תם וזה לשונו: "ורבינו תם פירש שעשאה לצל ולא מעובה להגן מפני הגשמים שזו פסולה שאם היתה כשרה

כשמגינה מן הגשמים אם כן למה שנינו (מח, ע"ב) מאימתי יורד ואוכל חוץ לסוכה משתסרח המקפה יכסנה יפה יפה ולא תסרח מקפתו ולא יפטר ממצוה ובפרק קמא דתענית (ב, ע"א) איתא סימן קללה גשמים בחג, אלמא דסתם סוכה אינה מצלת מפני הגשמים", וכן מובא ברא"ש בשם רבינו תם בסימן יב, וכן כתוב בהגהות מיימוניות פרק ה הלכה ט אות ט, וכן מובא בטור סימן תרלא, וכן במגן אברהם תרלא אות ב ובבאר היטב שם וכן מובא במשנה ברורה שם באות ו.

ויש להעיר שהטור כתב "ואדוני אבי הרא"ש ז"ל לא הביא דבריו בפסקיו", וקשה, דכן מובאים דברי רבינו תם ברא"ש, ועיין בבית יוסף שם דפירש: "היינו לומר שלא הביאם במקום שהיה לו להביאם דהיינו בפרק הישן אמתניתין דהמעובה כמין בית אף על פי שאין הכוכבים נראין מתוכה כשרה", ודבריו הקדושים דחוקים קצת, ועיין בבית חדש באות ד שם: "וצריך לומר דסבירא ליה לרבינו דהרא"ש פוסק נמי כפירוש רבינו תם לחומרא גבי סוכת גנב"ך ורקב"ש דפסולה במעובה להגן מן המטר, אבל מטעמיה, דאילו לרבינו תם כל סוכה שאין המטר יכול לירד פסולה ואילו להרא"ש דוקא סוכת גנב"ך ורקב"ש לחוד הוא דפסולה משום דכיון דמעובה להגן מן המטר מוכחא מילתא דעשאה קבע לדור בה וסוכה אמר רחמנא ולא ביתו של כל השנה, אבל שאר כל סוכה שעשויה לשם חג כשרה אפילו מעובה להגן מן המטר שהרי לא עשאה קבע לדור בה. ולכך לא הביא הרא"ש דברי רבינו תם בפרק הישן שפוסל כל סוכה המעובה להגן מן המטר, ומדברי הבית יוסף נראה שהבין שהרא"ש פוסק כרבינו תם בכל סוכה אלא שלא הביא דבריו במקום שהיה לו להביא בפרק הישן ולא נהירא ודו"ק.

על כל פנים היוצא לנו דאפשר לפרש את דברי אדמו"ר שכתב "סוכה מעובה פסולה", בב' אופנים: או שכוונתו לכתחילה, וכך כתב האר"י ז"ל בפירוש, וודאי דכן מסתבר לטור והרמב"ם שהבאנו וביארנו שלכתחילה צריך שיהיו הכוכבים כלומר כוכבי לילה נראים דרך הסכך; אולם לדברי הר"ן והקרבן נתנאל שרק כוכבי החמה צריכים להיראות לכתחילה דרך וזהסכך, קצת קשה לפרש כן, שאדמו"ר כותב "כוכבים" ולכתחילה צריכים רק ניצוצי החמה להראות דרך הסכך. אולם אפשר לומר שאדמו"ר מתכוין לכוכבי חמה כמו שכתוב בירושלמי, או שכוונתו לפי פסק רבינו תם. ובאמת בהמשך דברי רבינו שכתב "כי צריכים להשאיר מקום שכוכבים נראים על ידה" משמע לכאורה שצריך לומר כדרך הא', משום שלרבינו

תם פסול כשאין הגשם נכנס דרכו. אבל להסוברים דפסול לכתחילה ורק כשר בדיעבד הוא כשאין הכוכבים נראים דרכה, והאמת יורה דרכו.

[יא] אדמו״ר כותב ״צריכים להשאיר מקום שכוכבים נראים על ידה ואור הכוכבים רומז על אורות השם יתברך המאירים לנו לתוך הסוכה, שהיא האמונה״. וזה לשון רבינו האר״י ז״ל בשער הכוונות חלק ב ענין סוכות דרוש ד דף שו טור א: ״ונבאר מלת סכך. הנה נודע, כי הכתר כולל כל הט׳ ספירות שלמטה ממנו. ויש בו כללות של כל מה שלמטה ממנו. וגם התפארת עצמו דאימא, בודאי שכל האורות שבה משם ולמטה, כולם יורדים ועוברים בו. ונמצא לב׳ טעמים, הוא מוכרח, שבכתר הזה יהיה בו כללות כל מה שלמטה ממנו. ונודע, כי אורות אימא הנמשכין בתוך זעיר אנפין, הם מאה אורות, בסוד ק׳ ברכות, שהאדם מברך בכל יום. והם הוי״ה דס״ג שבאימא, והמילוי שלה, שהם ל״ז. והרי ס״ג ול״ז, הם בגימטריא מאה. והם בחינת מקום אורות המכוסים והמגולים שבזעיר אנפין, כמבואר אצלינו, בענין ו׳ בני לאה, עם דינה.

וכל ק׳ אורות אלו, עוברים דרך הסכך שהוא הכתר דזעיר אנפין, ונכללים בו, ומניחים הרושם שלהם בו. אלא שזה האור של הסכך הוא בחינת אור מקיף כנזכר, ועל כן נקרא סכך. אם כפי הבנת הלשון, שהוא מסכך עליהם בבחי׳ אור מקיף. ואם בבחינת הגימטריא שלו, שעולה סכך ק׳, כנגד מאה אורות דזעיר אנפין, היורדין דרכו, כנזכר.

ונבאר עוד מה שכתב רז״ל במסכת סוכה, המעובה כמין בית, אע״פ שאין הכוכבים נראים בתוכה, כשרה בדיעבד, אבל לכתחילה, בעינן שיהיו נראים הכוכבים מתוכה של הסוכה. מתוך הסכך. וסוד זה, נתבאר בתיקון תוספת ״ופרוס עלינו סוכת שלום״, שתיקנו לומר בתפילת ליל שבת בברכת השכיבנו. ושם נתבאר ענין זה באורך, ענין היסוד דאימא, הנפרש כמין אהל וסכך סוכה, תוך גופא דזעיר אנפין, במקום החזה שבו, ונפרש עד דפנות הגוף, וכל החסדים דגופא דזעיר אנפין, הם למעלה מן המסך ההוא, כי עלו ממטה למעלה, כי ניקבו המסך ועלו. ודרך אותם נקבי הסכך, והמסך ההוא, יורדות הארותיהם, ונראים למטה דרך נקבי המסך, כעין כוכבים שברקיע, זה ששמעתי ממורי ז״ל בפעם אחרת, ונראה שאינו מקושר עם מה שאמרנו בתחילה וצריך עיון״.

ומבואר מדבריו שהאורות עוברים דרך הסכך להגיע אלינו, וכן מתבאר שזה כוונת הגמרא בענין הכוכבים כדברי אדמו"ר.

[יב] אדמו"ר כותב "מזוזה הרומזת לאמונה". וזה לשון רבינו בחיי בכד הקמח בענין מזוזה: "וכדי לקבוע בלב אמונה זו שהשמירה חלה בישראל ושהקב"ה שומר אותם בכל עת ובכל זמן ביום ובלילה, לכך קבעה לנו תורה מצות מזוזה להניחה על פתחי בתינו כדי שנתכוין אל העיקר הזה בכל פעם ופעם שאנו נכנסין אל הבתים שהשמירה חלה בנו ושופעת עלינו, לא תפרד ממנו אפילו רגע, וגם בלילה כשאנו ישנים על מטותינו בתוך בתינו שמירתו יתברך מקפת אותנו מבחוץ ומגינה עלינו. ולכך נצטוינו במצות מזוזה לכתוב בה ענין היחוד ותלמוד תורה בפרשה ראשונה, ואמתת עונש ושכר בפרשה שניה, והנה זה עדות ומופת על שלשה דברים: על אמתת הנבואה, ועל חידוש העולם, ועל ההשגחה, כי זכרון יציאת מצרים באותות ובמופתים שנעשו שם המחייב כל זה ומעיד עליו, וכיון שכן מי שקונה מזוזה וקבעה בפתחו שהוא נכנס ויוצא תדיר דרך שם הרי זה מסכים במחשבתו ומודה שהוא מאמין בשלשה דברים הללו שהם עיקר האמונה והתורה", ומבואר מדבריו שהמזוזה באה לעורר אותנו לענין האמונה.

[יג] אדמו"ר כותב "האמונה היא השומרת עלינו תמיד מכל המזיקים". והנה ענין זה מבואר באריכות בספרי תלמידי הבעש"ט, ועיין בספר תולדות יעקב יוסף פרשת חיי שרה דף ע טור א וזה לשונו: "על ידי האמונה היה (אברהם אבינו) מקשר מלכות הנקראת אני אל המחשבה הנקרא אין ועל ידי זה יוכל לבטל כל גזירות רעות כאשר שמעתי זה ממורי (הבעש"ט) ודברי פי חכם חן".

[יד] אדמו"ר כותב "מזוזות אותיות זז מות". והנה מקור דברים אלו בזוהר וזה לשון התיקוני זהר תקונא עשיראה אות כ:

"והכי צריכין ישראל לייחדא בבת זוגייהו, בחשאי, בענוה, באימה, ברתת, בזיע, בכסופא כמה דאוקמוהו קדמאין, כמי שכפאו שד, דאיהי שד מן שד"י. דבההוא זמנא אתעבר מתרעא. ודא רזא דמזוזה, דאתמר בה וכתבתם על מזוזות ביתך, מז"זות כתיב, ז"ז מו"ת".

ובמעלות הסולם ביאר אדמו"ר ענין זה על דרך הסוד וזה לשונו שם:

"וכך צריכים ישראל ליחד עצמם עם בת זוגם, בחשאי בענוה באימה ברתת בזיע בבושה, כמו שהעמידו הראשונים (נדרים כ, ע"ב) "כמי שכפאו שד"

שהוא שד מן שם שד"י שבעת ההיא דהיינו בעת הזווג, נעבר מן השער, היינו מלכות שנקראת זה השער לה' וגו'. וז"ס המזוזה שנאמר בה וכתבתם שלמטה. מחזה. ונודע, שבנין המלכות מתחיל מקו השמאל, וכל זמן שקו אמצעי לא הכריע בין הקוים של ימין ושמאל, ומלכות מקבלת משמאל בלי ימין, היא נעשית קפואה ואורותיה נסתמים, אלא אחר שקו האמצעי בכח מסך דחירק שבו ממעט את השמאל מג' ראשונות לו' קצוות ומייחדו עם הימין אז המלכות נפתחת מקפאונה וסתימתה, וחכמה שבה מתלבשת בחסדים שבימין ומאירה בכל שלימותה. ונודע שמכחות הדין במסך דחירק הממעט את קו השמאל לבד, עדיין אינו נכנע קו השמאל אל הימין, וצריכים עוד לקומת אור של חסדים. שיצא על המסך הזה מאור העליון המזדווג עליו (ע' זהר אמור אות ר ובפתיחה לפירוש הסולם אות לז), וזולת החסדים האלו אין השמאל נכנע להתייחד עם הימין.

וזה סוד השם שד"י, כי כחות הדין של המסך דחירק הם סוד ש"ד משם שד"י ואורות החסדים המתגלים על המסך הם סוד י של שד"י שבשנים אלו מגבילים את קו השמאל שלא יאיר על מזוזות ביתך, כתוב מז"וזות היינו זז מות. פירוש, יסוד הוא קו האמצעי שמבחינת מחזה ולמטה, המייחד ב' הקוים ימין ושמאל שהם נצח הוד אלא ממטה למעלה ומתייחד עם הימין. והנה המלכות בכללה נקראת בשם בית בסוד הכתוב בחכמה יבנה בית, להיותה בית קבול לכל האורות העליונים, בדומה לבית גשמי שהוא בית קבול לכל רכושו וצרכיו של אדם, ואותם הדינים והחסדים שיסוד משפיע אל המלכות מן השם שד"י נבחנים לשער הבית שעל ידיהם נפתח השער, ואפשר להכנס אל הבית, ומזוזה היא סוד שם שד"י הזה הפותח את המלכות, והשם הזה אינו מקובל אל המלכות בבת אחת, אלא מתחלה מקבלת המלכות את הדינים שבמסך שהם סוד ש"ד של שד"י ואחר כך היא מקבלת את י דשד"י שהוא סוד החסדים. ונמצא שבעת שמקבלת את הדינים, עדיין אינם נעשים לשער אל המלכות, ואדרבה הרי נתוסף לה עוד דינים, כי מתחלה היתה קפואה מדינים דשמאל, שהם דינים דדכורא, ועתה נתוסף עליה עוד דינים דנוקבא, ונכפלו דיניה, ויש מקום לאחיזות הסטרא אחרא והקליפות הנקראים מות; אמנם אחר הפעולה הב' של

המשכת החסדים אז נפתחים אורותיה והדינים והחסדים נעשים לשער, להכנס אל הבית ולהנות מכל הטוב שבפנים.

וזה אמרו, דאיהי שד מן שד"י כי היא עומדת לקבל גם את הי' שהיא החסדים, דבההוא זמנא אתעבר מתרעא ונתהפך לשם קדוש, ודא רזא דמזוזה וכו' ז"ז מו"ת כי נפתחים אורותיה ואין שום אחיזה לקליפות הנקראות מות (ע' רעיא מהימנא פנחס אות תפח). ובג"ד י מן שדי וכו' מינה מפחדין כל שדין ומזיקין, ומיד דחזיין ליה במזוזות דתרעין ברחין".

[טו] אדמו"ר כותב "אין האדם נמצא תמיד במצב אחד". והנה ענין זה מבואר בספרי תלמידי הבעש"ט בהרבה מקומות, וזה לשון ה"תולדות יעקב יוסף" בפרשת חקת דף קנז ע"ד: "שמעתי ממורי (הבעש"ט) ביאור פסוק (תהלים קלט) אחור וקדם צרתני ותשת עלי כפיך, כי החיות רצוא ושוב (יחזקאל א, יד) וחיות האדם הוא בסוד קטנות וגדלות, וכאשר יתן דעתו לידע שהוא בקטנות, על ידי דעת זה נמתקין הדינין בשרשן". וענין זה מוזכר בכל ספרי ה"תולדות", ועיין בספר דגל מחנה אפרים בריש פרשת ויצא וזה לשונו: "ויצא יעקב מבאר שבע וילך חרנה ויפגע במקום וכו', ויקח מאבני המקום וכו', והנה סולם מוצב ארצה וראשו מגיע השמימה והנה מלאכי אלקים עולים ויורדים בו, יש בכאן סוד גדלות וקטנות כידוע בשם אדוני אבי זקני נשמתו עדן זללה"ה כי החיות רצוא ושוב ואי אפשר לעמוד על מדריגה אחת תמיד רק עולה ויורד, והירידה הוא צורך עליה כשנותן על לב ויודע ומרגיש זה שהוא בקטנות ומתפלל אל ה' ע"ד (דברים ד, כט) ובקשתם משם את ה' אלקיך ומצאת, וזהו "משם", ממקום שהוא שם כמו שאמר אא"ז נ"ע זללה"ה, והוא שמרומז בפסוק ויצא יעקב מבאר שבע היינו כשהצדיק נופל ממדריגתו ויוצא מן הנביעו והשכינה שנקרא בת שבע כידוע. וזהו וילך חרנה היינו שנופל לקטנות, וכשמרגיש בזה אזי ויפגע במקום היינו שהוא מתפלל ע"ז להמקום ב"ה ויקח מאבני המקום היינו מקום שהוא שם כנ"ל ובקשתם משם את ה' אלקיך בשם אא"ז זללה"ה, ואז ויחלום והנה סולם מוצב ארצה וראשו מגיע השמימה היינו שהירידה שהיא מוצב ארצה הוא סולם לעלות אח"כ למדריגה יותר גדולה כידוע זה שהירידה צורך עליה, וזהו וראשו מגיע השמימה שיגיע למדריגה יותר גדולה. והנה "מלאכי אלקים" היינו שיראה שכל הצדיקים כולם מתנהגים כך,

"עולים ויורדים בו" היינו שיש להם ירידה והירידה הוא צורך עליה כמו אברהם דכתיב בו "ויעל אברם ממצרים", וכן יצחק וכולם. וזהו שמרמז רש"י בצחות לשונו על "וילך חרנה", כל שצריכה למ"ד בתחלתה הטיל לה ה"א בסופה. ואח"כ והנה ה' נצב עליו היינו שנתגלה לו בחינת גדלות שהוא הוי"ה ב"ה והבטיח לו ופרצת וכו', היינו שיבא למדריגה גדולה מאוד בהתפשטות הדעת, והוא שאמר "אכן יש ה' במקום הזה", היינו שיש בחינת גדלות, "ואנכי לא ידעתי", פי', אחר אשר הביא ה' אותו לבחינת גדלות אמר לא ידעתי כי יש שם בחינת הוי"ה ולולא ה' בעזרתי לא יכולתי לבא לזה ההשגה לעולם כי אם היה יודע בידיעה ממש שהוא בחינת הדעת אז היה בבחינת גדלות ממש, וזהו ואם ידעתי לא ישנתי שהם הסתלקות המוחין וזהו ויירא ויאמר, והבן כל זה כי קצרתי".

והנה ענין והחיות רצוא ושוב ארוך מאוד אבל צריך לזכור תמיד שכך האדם ועל ידי זה אפשר להתכונן בימי הגדלות לימי הקטנות, וכדברי הבעש"ט המובא בכתר שם טוב ובבן פורת יוסף פרשת וישב פן ב' דף סו ע"ד וזה לשונו על הפסוק "ויתייצבו בתחתית ההר", ודרשו רבותינו ז"ל בגמרא (שבת דף פח, ע"א) שכפה עליהם ההר כגיגית וכו', ושמעתי מפי מורי זלה"ה ע"ה (הבעש"ט) לכך כפה הקדוש ברוך הוא על ישראל הר כגיגית ללמד שגם שאינו חושק לתורה ועבודת ה' מכל מקום אינו בן חורין ליבטל, רק יעשה בעל כרחו, וידמה כמי שכופין אותו לעשות בעל כרחו והוא דרך טוב לאיש ישראלי לימי הקטנות, שלא יבטל, התמיד מעסק לימודו ועבודת השם יתברך גם שאינו חושק, דמכל מקום עושה מעשה".

והיוצא מדבריו שעל האדם לגדור גדרים בימי הגדלות כדי שבימי הקטנות לא יפול יותר חס ושלום. ועוד נלמד מהנ"ל, שהאדם צריך להבין שהוא נמצא בקטנות, ובעצם ידיעה זו הוא ממתק את הדינים כדברי הבעש"ט. והשם יהיה בעזרנו.

[טז] אדמו"ר מזכיר ענין הסתר פנים רוחני שבאה לפעמים לאדם וענין זה מבואר באריכות בהקדמה לתלמוד עשר הספירות וזה לשונו מאות מז - נב:

"ומתחילה נבין, מה הפירוש של הפנים של השם יתברך, שהכתוב אומר עליו "והסתרתי פני". ותבין זה, ברומה לאדם, בשעה שרואה הפנים של חברו מכירו תיכף, משא"כ ברואהו דרך אחוריו, כי אז אינו בטוח בהכרתו, ועלול להיות בספק אולי אחר הוא, ואינו חברו. וכן הדבר שלפנינו, כי הכל יודעים ומרגישים את השם יתברך כי טוב הוא, ומדרך הטוב להיטיב, ולפיכך בשעה שהשם יתברך הולך

ומטיב עם בריותיו אשר ברא כמתנת ידו הרחבה, נבחן זה, שפניו ית' מגולות לבריותיו, כי אז הכל יודעים ומכירים אותו בהיותו מתנהג כראוי לשמו ית', כמו שנתבאר לעיל בדבר ההשגחה הגלויה, עש"ה.

אמנם בשעה שמתנהג עם בריותיו להיפך מהאמור, דהיינו בעת שמקבלים יסורים ומכאובים בעולמו ית', הרי נבחן זה לאחוריים של השם יתברך, כי הפנים שלו, דהיינו מידת טובו השלמה, נסתרה מהם לגמרי, שאין מנהג זה מתאים לשמו ית'. ודומה, לרואה את רעהו מאחוריו, שהוא עלול להטיל ספק ולחשוב אולי אחר הוא. וזה שאומר הכתוב, "וחרה אפי וגו' והסתרתי פני מהם וגו'", כי בעת חרון האף, שהבריות מקבלים צרות ומכאובים, נמצא שהקב"ה מסתיר פניו ית', שהם מידת טובו השלמה, ורק אחוריו מגולים. ואז, צריכים להתחזקות גדולה באמונתו ית' כדי להזהר מהרהורי עבירה ח"ו, משום שקשה להכירו מאחוריו, כמבואר. וזהו הנקרא הסתר אחד.

אמנם ברבות ח"ו הצרות והמכאובים במידה מרובה ביותר, הנה גורם זה להסתר כפול, שנקרא בספרים "הסתר תוך הסתר", שפירושו שאפילו אחוריו יתברך אינם נראים ח"ו, כלומר, שאינם מאמינים שהשם יתברך כועס עליהם ומענישם, אלא תולים חס ושלום זאת במקרה ובטבע ובאים לידי כפירה בהשגחתו יתברך בשכר ועונש. וזה שאומר הכתוב "ואנכי הסתר אסתיר פני וגו', כי פנה אל אלהים אחרים", דהיינו שבאים לידי כפירה, ופונים לע"ז ח"ו.

משא"כ לפני זה, כשהכתוב מדבר רק מבחינת הסתר אחד, מסיים הכתוב, "ואמר ביום ההוא, הלא על כי אין אלקי בקרבי מצאוני הרעות האלה". כלומר, שמאמינים עוד בהשגחת שכר ועונש, ואומרים שהצרות והיסורים מגיעים להם מחמת שאינם דבוקים בהשם יתברך, ככתוב, על כי אין אלקי בקרבי מצאוני הרעות האלה, שזה נבחן שרואים עוד את השם יתברך, אבל רק דרך אחוריו. ועל כן נקרא הסתר אחד, דהיינו הסתר הפנים בלבד.

והנה נתבארו ב' הבחינות של תפיסת ההשגחה הנסתרת המורגשות לבריות, דהיינו: הסתר א', והסתר תוך הסתר. ההסתר הא' פירושו, הסתר פנים בלבד, והאחוריים מגולים להם, כלומר, שמאמינים שהשם יתברך סיבב להם היסורים מחמת עונש, ואף על פי שקשה להם להכיר את השם יתברך תמיד דרך אחוריו, כמבואר לעיל, שבאים מחמת זה לידי עבירה עכ"ז, אפילו אז נקראים בבחינת רשע

שאינו גמור, כלומר, שהעבירות הללו דומות לשגגות, כי הגיעו להם מחמת ריבוי היסורים, שהרי בכללות המה מאמינים בשכר ועונש כאמור.

והסתר תוך הסתר, שפירושו שאפילו אחוריו של הקב"ה נסתרו מהם, כי אינם מאמינים בשכר ועונש כנזכר לעיל, הנה העבירות שבידיהם נבחנות לזדונות, ונקראים רשעים גמורים, משום שהם פוקרים ואומרים שהשם יתברך אינו משגיח כלל על בריותיו, ופונים לע"ז, כמ"ש, כי פנה אל אלהים אחרים, ח"ו".

ומבואר מדבריו שיש ב' מדרגות בהסתר פנים. ויש להעיר שבאות מב מבואר "אשר סיבת כל הריחוק הזה שאנו רחוקים כל כך מהשם יתברך, ומה שאנו עלולים כל כך לעבור על רצונו יתברך, אין כל זה, אלא משום סיבה אחת, שנעשתה למקור, לכל המכאובים והיסורים שאנו סובלים, וכל הזדונות והשגגות שאנו נכשלים ובאים בהם ח"ו. שיחד עם זה מובן, שבהסרת הסיבה ההיא, נפטרים תיכף, מכל צער ומכל מכאוב, וזוכים תיכף להדבק בו ית' בכל לב, נפש ומאד. ואומר לך שהסיבה המקורית ההיא אינה אחרת, אלא "מיעוט ההבנה שלנו בהשגחתו ית' על בריותיו", שאין אנו מבינים אותו יתברך כראוי".

ומבואר אם כן בדברי אדמו"ר שבעת הסתר פנים חס ושלום אפשר ליסוג אחור וה' יצילנו.

[יז] אדמו"ר כותב "ואף פעם אסור להאמין בעצמו". והיה נראה מדבריו שרוצה לומר שמותר להאמין בעצמו אולם בודאי אין זה כונתו ואף אם קשה הלשון הכונה ברורה שרוצה לומר שאסור להאמין בעצמו.

[יח] אדמו"ר מזכיר שאסור להאמין בעצמו. ומקור דברים אלו במסכת אבות פרק ב משנה ד: "הלל אומר אל תפרוש מן הצבור ואל תאמין בעצמך עד יום מותך". ועיין ב"נוצר חסד" מאדמו"ר הגאון הקדוש המקובל שר בית הזהר מרן יצחק אייזק יהודה יחיאל סאפרין מקאמרנא זצוקללה"ה זי"ע שמפרש את כל המשנה כהמשך אחד וזה לשונו: "אל תפרוש מן הצבור. וכבר אמר רבינו אלימלך זכותו יגן עלינו בכל עת, אם יסתר איש במסתרים ואני לא אראנו. לא אשגיח עליו ועל צרעת מתרגמינן סגירותא. וחסידות, שגילה לנו מרן אלקי ריב"ש זצ"ל, אי אפשר לבאר כאן כי יצטרך לספר בפני עצמו, כי אחר הפרישות וההזדככות, והתקשרות הנפש במקורה ע"י שימוש צדיקים אמיתיים באמת אמת! וע"י יסורים מרורים, הדרך הנקל והמדרגה הגדולה שבקדושה לבוא לבחי' אין, אין ממש, אוהב ישראל, וכל

אחד מישראל מעשיו נאים לפניו ומתוקים, וממשיך עליהם רחמים ורצון, ומבטל כל הגזרות רעות מישראל, ודבורו ערב ומתוק לכל ישראל, וכמו שראיתי לרבותי הקדושים ובפרטות למורי הגדול רבינו אברהם יהושע העשיל מאפטא, ולמורי הגדול הקדוש רבינו נפתלי מראפשיץ, שכל דבריהם היו גחלי אש ויחודים, והיו מתנהגים בענוה יתירה, באהבת ישראל, וכן ראיתי אצל מורי דודי הקדוש בדרך אחר, והכל הולך למקום אחד. וכן יש צדיקים בדורינו אמיתיים וקדושים, ומלך עליון יציל נפשות ישראל מן הנגעים ומסוגרים ודי בזה. ובא התנא להזהיר האיך אפשר לצדיק אמת, שסבל כמה מרירות ויסורים, עד שזכה להאיר על נפשו אורות צחצחות, האיך יהיה זה שלא יפרוש מן הצבור, לא במחשבה ולא בדבור, אלא מקושר ביחד בתוך ישראל, וכי שוטה הוא שאינו יודע מדרגתו, ולזה אמר אל תאמין בעצמך, ולכן יהי' לבך תמיד נכנע ונשבר לאלף שברים, לאין ממש נגד ישראל, ואם גם בזה לא תנוח דעתך, שהרי עכ"פ אתה עומד ומרגיש מדרגתך, והאיך תהי' בטל ממש, לפני כל אחד מישראל, ולזה אמר אל תדון את חברך, ובזה יהיה לבך נכנע מאד, כי הוא עושה רצון הבורא יותר ממך, כי אין להקדש אלא מקומו ושעתו".

[יט] אדמו"ר כותב ש"שתי דרכים אלו" ידיעה ואמונה "הם נקראים אש ומים". והנה, לא ביאר איזה דרך היא האש ואיזה מים. ואפשר לומר דלא היתה כוונתו לומר שאחד מים והאחר אש אלא כונתו לבאר במשל זה שהם סותרים אחד את השני, או אפשר לומר שדרך החכמה היא הנמשלת לאש ומדוייק לפי זה הפסוק שאדמו"ר מביא "הלא כה דברי כאש" שמדבר בדברי השם שהם התורה ואם כן דרך האמונה היא הנמשלת למים.

[כ] אדמו"ר מביא מהגמרא ש"הרואה קדרה בחלום יצפה לשלום". והנה מקור דבריו הוא הגמרא בברכות דף נו, ע"ב, ושם לא מופיע הלשון בדיוק כדברי אדמו"ר. אולם הכל עולה למקום אחד, ושם איתא: "אמר רבי חנן שלש שלומות הן נהר צפור וקדרה, נהר דכתיב (ישעיה סו) הנני נוטה אליה כנהר שלום, צפור דכתיב (ישעיה לא) כצפרים עפות כן יגן ה' צבאות וגו', קדרה דכתיב (ישעיה כו) ה' תשפות שלום לנו. אמר ר' חנינא ובקדרה שאין בה בשר שנאמר (מיכה ג) ופרשו כאשר בסיר וכבשר בתוך קלחת", ופירש רש"י שם (דבור המתחיל "שלש שלומות הם") וזה לשונו: "שלש חלומות המבשרים שלום", ועוד איתא שם

בגמרא: "אמר ר' יהושע בן לוי ... הרואה קדרה בחלום ישכים ויאמר ה' תשפות שלום לנו קודם שיקדמנו פסוק אחר (יחזקאל כד) שפות הסיר שפות". ומבואר בגמרא שהקדרה מראה על שלום. ולפירוש אדמו"ר מובן הקשר בין קדרה לשלום, שהקדרה עושה שלום בין האש למים ולכן בחלום קדרה מורה על שלום כדברי אדמו"ר.

[כא] אדמו"ר כותב ששני הדרכים "נקראים ימין ושמאל שהם אמונה וידיעה". אולם לא ביאר לנו איזה מהם הוא צד ימין ואיזה צד שמאל, ואולי אפשר לומר על דרך שאמרנו לעיל באות יט שהאמונה היא מים והידיעה היא אש, ואם כן מסתבר שהאמונה היא ימין שהוא חסד וכידוע מים מורים על חסדים וחכמה היא שמאל שהוא גבורה וכידוע שאש מורה על גבורות. עוד אפשר לדקדק בלשון אדמו"ר שהסדר שכתב הוא "אמונה וידיעה" "ימין ושמאל" ואם נזווג הראשון עם הראשון והאחרון עם האחרון יוצא כנ"ל אמונה עם הימין והחכמה עם השמאל, והאמת יורה דרכו.

[כב] אדמו"ר כותב "שידיעה סותרת אמונה וכן להיפך". והנה יש להעיר דלכאורה יש כאן שתי נקודות ויש לבררם. דיוצא לנו מלימוד אדמו"ר הדרך בעבודת ה' כלומר שעיקר העבודה צריכה להעשות באמונה ובתמימות כשור לעול וכחמור למשא משום שכך צונו השם יתברך, אבל מצד שני צריך תמיד להשאיר פתח שאם הקדוש ברוך הוא יגלה לנו את הסיבה לעבודתנו נקבל גם את זה וזו היא הדרך הכללית. ונראה דאפשר להוציא מדברי אדמו"ר עוד הדרכה שגם אחרי שנתגלה לנו מעט מזעיר הטעמים לעבודתנו מכל מקום נמשיך באמונתנו שרב הנסתר על הגלוי, ואף על פי שטפח נגלה - אלפי טפחים עדיין מכוסים. ויוצא שאפשר לבאר את דברי אדמו"ר "שידיעה סותרת אמונה וכן להיפך" בב' האופנים הנזכרים: לביאור הראשון בנוגע לעבודת השם בכלל שצריך האדם לעשות תמיד את עבודתו אפילו בלי שיבין הטעם למעשיו אלא כשור לעול וכחמור למשא אבל תמיד ישאיר פתח ללמוד קצת את הסיבות למעשיו, ולא יאמר שעד שלא יבין את הטעם לא יעשה משום שאז הידיעה סותרת לאמונה; ולביאור השני האדם אפילו אם הבין מעט צריך לעשות את המעשה באמונה שיש עוד סיבות לציווי השם יתברך ואם יתנהג כך לא תסתור ידיעתו את אמונתו חס ושלום.

[כג] אדמו"ר מבאר שהשלום המפורש בדברי חז"ל במסכת עוקצים הוא בין שני ההנהגות האלה של אמונה וידיעה. והנה בהקדמה לספר פנים מאירות ומסבירות מ"ע צי"ע מרן קוה"ק הרב יהודה הלוי אשלג בעל הסולם זיעוכי"א מבאר ענין השלום באופן אחר, עיין שם וזה לשונו בסוף דבריו: "וזה שיעור הכתוב, ה' עוז לעמו יתן, פי', שאור החיים הנצחי, המושג לכל שלשלת הבריאה, הוא נקרא עוז, ומבטיח לנו הכתוב, שהשי"ת נותן לנו בבטחה העוז הזה. אמנם יש להקשות הא כיצד, כיון דכל אחד ואחד, אינו ענין שלם לעצמו, כמ"ש ז"ל טוב לו לאדם שלא נברא משנברא, וא"כ, איך אנו בטוחים בנצחיותו ית'. וזה שגומר הכתוב, ה' יברך את עמו בשלום, והיינו, ברכת הבנים, ע"ד שאמרו ז"ל במסכת שבת משים שלום בבית בטל, כי ע"י הבנים, נמשך ונקשר השלשלת הזה עד גמר התיקון, ואז נמצאים כל החלקים בנצחיות, ואכמ"ל והבן.

ולפיכך אמרו ז"ל, לא מצא הקב"ה כלי מחזיק ברכה לישראל אלא השלום, כי כמו שברכתו ית' היא נצחית, צריכים המקבלים ג"כ להיות נצחיים, ובזה נמצא אשר ע"י הבנים נאחזים האבות, ועושים ביניהם שלשלת הנצחיות, הראוי להחזיק ברכת הנצחיות, ונמצא שהשלום הוא המחזיק ומנצח על שלימות הברכה.

ולפיכך סיימו הש"ס במאמר הזה, להיות השלום כנ"ל, הוא הכלי מחזיק בעדינו ברכת התורה וכל המצוות, עד לגאולה שלימה ולנצחיות, בבי"א, והכל על מקומו יבוא בשלום".

[כד] אדמו"ר מבאר שהשלום המובא בדברי חז"ל הוא השלום הזה בין האמונה והידיעה. ויש להעיר דלפי זה אין כלי המחזיק ברכה לישראל אלא השלום הזה כדברי המשנה שם.

[כה] אדמו"ר כותב שאם האדם הולך בב' הדרכים האלה של ידיעה ואמונה ביחד ועושה שלום ביניהם אז "בא לידי הכרה כזו כמו שאינו מסופק על עצמו אם הוא נמצא או אם הוא חי הגם שאינו רואה את אור החיים שלו בעיניו הגשמיים, כך זוכה להכרה מלאה במציאותו יתברך בסוד דע את ה' אלקי אביך ועבדהו בידיעה ברורה ומלאה". ויש להעיר שאדמו"ר מגלה לנו שכשנלך בדרך זו נזכה לידיעה ברורה במציאותו יתברך, והשם יזכנו ברוב רחמיו למדרגה זו.

תוכן מכתב ב

- ענין תומכי התורה בקצרה.

תוכן ביאור אהובי נצח למכתב ב

הערה א

- מבאר מקור לשון אדמו"ר "אור ה' עליך יחיה", ומביא על זה מזהר פרשת פקודי.

הערה ב

- מביא את לשון ספר הזהר בהקדמה על פסוק "בראשית ברא אלקים גו'".
- בו מבאר גם על פסוק "ראשית חכמה יראת ה' שכל טוב לכל עושיהם תהלתו עומדת לעד".
- מהזהר שם בענין תמכין דאורייתא שהם נקראים עושי התורה, ומפירוש הסולם על זה בארוכה.
- ענין מנעולין פתחין והיכלין.
- על פסוק "פתחו לי שערי צדק".
- ענין בריאת העולם להיטיב לברואיו, ונתאוה הקב"ה לדור בתחתונים.
- ענין הפיכת חשוכא לנהורא ומרירו למיתקא.
- על דבר עליית המלכות והמתקתה בבינה - ותלכנה שתיהן.
- הוא ושמו אחד.
- עץ הדעת אילנא דטוב ורע.

ב"ה

נר ג' דחנוכה[1] תשכ"ה תל-אביב

אורה זו תורה[2] ושמחה וכל טוב לכבוד חביב אדם הקשור במוסרות לבי כבוד מורינו הרב שרגא פייביל השם ישמרהו וינטרהו אור ה' עליך יחי'[3] [א].

אני מתכונן לשלוח לך כל כ"א הכרכים מספר הזהר וגם כרך שני מתלמוד עשר הספירות, ובזכות זה שאתה אחד מתמכי אורייתא הנקראים עושי התורה (זהר בהקדמה תחלת דף ח[4]) [ב] תזכה לחן ושכל טוב כמו שנאמר[5] ראשית חכמה יראת ה' שכל טוב לכל עושיהם תהלתו עומדת לעד.

המברך בלב ונפש ודורש בשלומך ומוסר דרישת שלום בשם כל בני ביתי.

יהודא צבי

בענין ראש העיר של צפת הוא נמצא כעת באמעריקא ושלח לקחת ממני את הכתובת שלך ונתתי להשליח הכתובת מן הבית. מה שהוא רוצה ממך אין אני יודע אבל בכלל כדאי להתראות עמו, ואם עדיין לא התקשר עמך אתה יכול להתקשר עמו על ידי מר סטולרסקי, ולומר לסטולרסקי שאתה יודע שהוא מחפש אותך.

1 כז' כסליו.

2 מגילה טז, ע"ב.

3 על פי הפסוק בישעיה לח, טז "ה' עליהם יחיו", ועיין בזהר פקודי אות שסה.

4 דף קכד אות קכד.

5 תהלים קיא, י.

[א] אדמו"ר מברך את אדמו"ר אבי שליט"א "אור ה' עליך יחיה". וכוונתו לפסוק בישעיה לח, טז "ה' עליהם יחיו" ופסוק זה מבואר בזהר פרשת פקודי אות שסה, וזה לשונו: "**זכאה חולקיהון דצדיקייא בעלמא דין ובעלמא דאתי לאינון ידעי ארחי דאורייתא, ואזלי בה בארח קשוט, עלייהו כתיב עליהם יחיו, מאי עליהם, אלין ארחוי דאורייתא יחיו יתקיימו בהאי עלמא ובעלמא דאתי**" וזה לשון הסולם שם:

"אשרי חלקם של הצדיקים בעולם הזה ובעולם הבא, שהם יודעים דרכי התורה, והולכים בה בדרך אמת, עליהם כתוב "ה' עליהם יחיו" מהו "עליהם" אלו הם דרכי התורה "יחיו" היינו שיתקיימו בעולם הזה ובעולם הבא".

ואפשר לומר שאדמו"ר כיוון לביאור הזהר לפסוק זה בברכו את אדמו"ר בפסוק זה וכל זה בדרך אפשר.

[ב] אדמו"ר כותב "תמכי אורייתא ... נקראים עושי התורה". ומראה מקום להקדמת ספר הזהר. וכדי להבין את דברי הזהר שם, צריך להבין את כל המאמר וזה לשון הקדמת ספר הזהר באות קכ - קכד: "**בראשית, רבי חייא פתח, ראשית חכמה יראת ה' שכל טוב לכל עושיהם תהלתו עומדת לעד. ראשית חכמה, האי קרא הכי מבעי ליה סוף חכמה יראת ה', בגין דיראת ה' סוף חכמה איהי. אלא איהי ראשית לעאלא לגו דרגא דחכמתא עלאה, הה"ד פתחו לי שערי צדק. זה השער לה'. ודאי דאי לא ייעול בהאי תרעא, לא ייעול לעלמין. למלכא עלאה. דאיהי עלאה וטמיר וגניז, ועביד ליה תרעין אלין על אלין.**

ולסוף כל תרעין עבד תרעא חד בכמה מנעולין, בכמה פתחין, בכמה היכלין, אלין על אלין. אמר כל מאן דבעי למיעל לגבאי, תרעא דא יהא קדמאה לגבאי, מאן דיעול בהאי תרעא יעול. אוף הכי, תרעא קדמאה לחכמה עלאה, יראת ה' איהי, ודא איהי ראשית.

ב', תרין אינון דמתחברין כחדא, ואינון תרין נקודין, חד גניזא וטמירא, וחד קיימא באתגליא. ובגין דלית להו פרודא, אקרון ראשית, חד ולא תרין, מאן דנטיל האי, נטיל האי, וכלא חד, דהא הוא ושמיה חד, דכתיב וידעו כי אתה שמך ה' לבדך.

חלק ביאור אהובי נצח למכתב ב - ב א

אמאי אקרי יראת ה', בגין דאיהו אילנא דטוב ורע, זכי בר נש, הא טוב, ואי לא זכי הא רע. ועל דא שרי בהאי אתר יראה, ודא תרעא לעאלא לכל טובא דעלמא. שכל טוב, אלין תרין תרעין דאינון כחדא. ר' יוסי אמר שכל טוב, דא אילנא דחיי, דאיהו שכל טוב בלא רע כלל. ועל דלא שריא ביה רע, איהו שכל טוב בלא רע.
לכל עושיהם, אלין חסדי דוד הנאמנים, תמכין אורייתא, ואינון דתמכין אורייתא כביכול אינון עבדין. כל אינון דלעאן באורייתא לית בהו עשיה בעוד דלעאן בה. אינון דתמכין לון אית בהו עשיה, ובחילא דא כתיב תהלתו עומדת לעד, וקיימא כורסייא על קיומיה כדקא יאות".

וזה לשון הסולם שם:
"בראשית. ר"ח פתח ראשית חכמה יראת ה' שכל טוב לכל עושיהם תהלתו עומדת לעד. ראשית חכמה. שואל, מקרא זה היה צריך לומר סוף חכמה יראת ה', כי יראת ה', ה"ס מלכות, שהיא סוף חכמה. ומשיב, אלא היא, המלכות ראשית להכנס לתוך מדרגת החכמה העליונה. ז"ש, פתחו לי שערי צדק דהיינו שערי המלכות שנקראת צדק, זה השער לה'. ודאי אם לא יכנס בשער הזה, לא יכנס אל המלך העליון לעולם, כי הוא עליון ונסתר וגנוז, ועשה לו שערים, אלו על אלו.

ביאור הדברים. כי מקשה, הרי יראת ה' היא ספירת המלכות שהיא בסיום עשר ספירות, וע"כ היה לומר סוף חכמה יראת ה'. ואומר, למלכא עלאה דאיהי עלאה וטמיר וגניז וכו', אין זה משל אלא הוא הנמשל עצמו. פירוש כי בהיותו מלכא עלאה וטמיר וגניז ולית מחשבה תפיסה ביה כלל, לפיכך עביד שערים רבים אלין על אלין, אשר בסגולתם עשה האפשרות להתקרב לפניו ית'. וה"ס הכתוב פתחו לי שערי צדק (תהלים קיח). שהמה השערים שעשה ה' ונתן אפשרות לצדיקים שיבואו לפניו דרך אותם השערים. ואמר, ולסוף כל תרעין עבד תרעא חד בכמה מנעולין וכו', והיינו השער הנק' מלכות דמלכות, שהוא נקודה דסיומא דכלהו שערים עלאין, והשער הזה האחרון הוא השער הראשון לחכמה עלאה. כלומר, שאי אפשר לזכות לחכמה העליונה זולת אחר השגת השער הזה האחרון דוקא. כי להשגת

252

חכמה עלאה הוא השער הראשון, ועל סוד זה כתוב ראשית חכמה יראת ה' (תהלים קיא), כי יראת ה' מכונה דוקא השער האחרון, שהוא הראשון לחכמת ה'.

ולסוף כל השערים, עשה שער אחד בכמה מנעולים, בכמה פתחים, בכמה היכלות, אלו על אלו. אמר, כל מי שרוצה להכנס אלי, השער הזה יהיה הראשון, אלי. מי שנכנס, דרך השער הזה יכנס. אף כאן, השער הראשון לחכמה העליונה הוא, יראת ה'. שהיא מלכות. וזה הוא שנקרא ראשית.

פירוש. יש להבין היטב מהו מנעולין, ומהו פתחין, ומהו היכלין, ותדע, שהם ג' צורות הבאות בזו אחר זו על חומר אחד. והוא ענין עמוק ביותר, ואתאמץ לבארו לפי היכולות שתספיק להבין באפס מה מדברי הזהר שלפנינו, ויש לדעת, שהגם שזה ברור דלית מחשבה תפיסא ביה כלל וכלל, הנה האמת היא, כי מחשבת הבריאה היא להנות לנבראיו, ואין שום הנאה מובנת לנברא אם היותו מחוייב ח"ו להיות בפרודא מהבורא ית'. ולא עוד אלא שאמרו חז"ל נתאוה הקב"ה לדור בתחתונים. והצד השוה להבין ב' ענינים אלו המכחישים זה את זה, הוא, כי העולם נברא בהפך גמור מהשי"ת מהקצה אל הקצה בכל מאת הנקודות, כי העוה"ז נברא בבחינת הרצון לקבל, שהוא צורה הפוכה כלפי השי"ת, שאין בו מרצון זה אפילו משהו. וז"ס עייר פרא אדם יולד (איוב יא). ומבחינה זו, נמצאים לנו כל עניני ההנהגה מהשגחתו ית' בעוה"ז בסתירה גמורה לקוטב מחשבת הבריאה, שהיא רק להנות לנבראיו, כי כן הוא לפי הרצון לקבל שבנו שהוא הטעימה, ואמת המידה שלנו. וז"ס המנעולין שעל השערים. כי באמת כל ריבוי הסתירות נגד יחודו ית' שאנו טועמים בעוה"ז, אף על פי שמתחילתן הן מפרידות אותנו מהש"י, הנה בהיותינו מתאמצים לקיים התורה והמצות באהבה בכל נפשנו ומאדנו כמצוה עלינו, דהיינו ע"מ להשפיע נ"ר ליוצרנו, וכל אלו כוחות הפירוד אינם משפיעים עלינו לגרוע משהו מאהבת ה' בכל נפשנו ומאדנו אז כל סתירה וסתירה שהתגברנו עליה, נעשית שער להשגת חכמתו ית', כי כל סתירה יש בה סגולה מיוחדת לגלות מדרגה מיוחדת בהשגתו ית'. ואלו הזכאים שזכו לזה נמצאים מהפכים חשוכא לנהורא, ומרירא למתקא, כי כחות הפירוד כולם, הן מבחינת חשכת השכל, והן מבחינת מרירות הגוף,

נעשו להם שערים להשגת מדרגות נשגבות, ונעשה החושך לאור גדול, והמר נעשה מתוק. באופן, שבשיעור הזה שהיה להם מקודם לכן כל הנהגות השגחתו ית' לבחינת כחות דפרודא, נתהפכו להם עתה כולם לבחינת כחות דיחודא, ונמצאים מכריעים את כל העולם כולו לכף זכות, כי כל כח וכח משמש להם עתה לשערי צדק, שדרכם יבואו לקבל מהש"י, כל מה שחשב עליהם להנותם במחשבת הבריאה, וזה השער לה' צדיקים יבואו בו (תהלים קיח).

אמנם, מטרם שזוכים להפך בחינת הרצון לקבל שבנו, ע"י תורה ומצות, לקבלה ע"מ להשפיע, נמצאים מנעולין חזקים על אותם השערים לה', כי אז יש להם תפקיד הפוך, דהיינו להרחיק אותנו מהש"י, ע"כ נקראים אלו הכחות דפרודא בשם מנעולים, כי סותמים את שערי ההתקרבות ומרחיקים אותנו מהש"י. אבל אם אנו מתגברים עליהם, שלא ישפיעו עלינו לצנן אהבתו ית' מלבנו, הנה אז נהפכים המנעולים ונעשים פתחין, והחושך נהפך לאור, והמר למתוק כנ"ל. והוא, משום שעל כל מנעול ומנעול מקבלים אנו מדרגה מיוחדת בהשגחתו ית' ונעשים לפתחים, למדרגות של השגה בו ית', ואלו המדרגות שאנו מקבלים על הפתחים נעשו להיכלות החכמה. הרי איך שהמנעולים, הפתחין וההיכלין, הם ג' צורות העוברות על חומר אחד שלנו, דהיינו על הרצון לקבל שבנו, שמטרם שאנו הופכים אותו לקבלה ע"מ להשפיע נ"ר ליוצרנו, הופך החומר הזה לפי הטעם שלנו, את האור לחושך, ואת המתוק למר. כי כל הנהגות השגחתו ית' מרחיקות אותנו ממנו, ובעת ההיא נעשה מהרצון לקבל שבנו בחינת מנעולים. ואחר תשובתנו שזוכים אנו לקבלה ע"מ להשפיע, נעשו כל המנעולים לפתחין, ואח"כ נעשו הפתחין להיכלין כמבואר. וזכור זאת היטב לכל ההמשך כי לא אכפיל הדברים.

ומ"ש אמר כל מאן דבעי למיעל לגבאי, תרעא דא יהא קדמאה לגבאי: כבר ידעת היטב ענין התרעין כמ"ש בסמוך. וענין סוף כל תרעין, פירושו בחינה אחרונה בהם, שאין עוד שפלה הימנה, ואפשר לכנותה מלכות דמלכות. ואומר שכדי לזכות בחכמה עלאה נעשה זה השער האחרון מכולם, אל השער הראשון להיכל החכמה עלאה. כי באמת כל השערים כולם משמשים לפתחין והיכלין של

חכמת ה', אמנם חכמה עלאה, אי אפשר להשיג זולת בהשגת השער אחרון דוקא, כי להחכמה עלאה הוא הראשון.

וז"ש ודא איהי ראשית: היינו בראשית שבו פתח התורה, כי בראשית מורה על יראת ה' מבחינת השער האחרון, שהוא ראשית להשגת חכמה עלאה.

ב' מבראשית, מורה, ששנים הם המתחברים יחד במלכות, והם שתי נקודות, אחת גנוזה ונסתרת, ואחת נמצאת בגלוי. ומשום שאין להם פירוד, נקראות ראשית, דהיינו רק אחת ולא שתים, כי מי שלוקח את זו, לוקח גם את זו, והכל אחת, כי הוא ושמו אחד, שכתוב, וידעו כי אתה שמך ה' לבדך.

ביאור הדברים: תרין נקודין הללו, ה"ס המיתוק דמדת הדין במדת הרחמים, שמלכות עלתה ונמתקה בבינה, שהיא מדת הרחמים, בסו"ה ותלכנה שתיהן (רות א), שה"ס בינה ומלכות יחדיו, (כמ"ש בזהר פנחס אות נ"ח ובכ"מ). ונמצא המסך שנתקן במלכות כלול משתיהן, וע"כ יש שם ב' נקודות מחוברין כחדא. וז"ש חד גניזא וטמירא, וחד קיימא באתגליא כי בחינת הדין שבנקודת המלכות גניזא וטמירא, ורק בחינת הרחמים שהיא מנקודת הבינה היא דקיימא באתגלייא. כי לולא זה לא היה העולם יכול להתקיים, כמ"ש חז"ל בתחילה נברא העולם במדת הדין ראה שאין העולם מתקיים שיתף עמו מדת הרחמים (ב"ר פ"א).

וז"ש, ובגין דלית להו פרודא אקרון ראשית חד ולא תרין, מאן דנטיל האי נטיל האי: כלומר, אע"פ שמידת הדין היא בגניזא, אין הפירוש שאין הזווג נעשה עליה, כי אלו ב' הנקודות נעשו אחת ממש, וגם נקודת המלכות מקבלת הזווג עם נקודת הבינה, אלא בחשאי ולא באתגליא; ועל זה מורה השם ראשית, שהוא לשון יחיד, ששתיהן הן אחת.

וכלא חד דהא הוא ושמיה חד: הוא מורה על הבינה, ושמיה מורה על המלכות. ואומר שבסוד הוא ושמו אחד מחויבות שתיהן להיות אחת, כי בהיותן אחת, מקבלת גם המלכות את הזווג העליון יחד עם הבינה, שעי"ז נמתקת לבסוף גם מדת הדין בפני עצמה בגמר התיקון, אשר ביום ההוא יהיה ה' אחד ושמו אחד.

ועל שם מדת הדין הזו הכלולה בב' דבראשית, היא נקראת ראשית אל החכמה, שתיקונה יהיה בגמר התיקון ואז תתגלה חכמה עלאה, ומלאה

הארץ דעה את ה' (ישעיה יא) כי היא השער האחרון שהוא השער הראשון אל החכמה. וזהו שמביא הכתוב וידעו כי אתה שמך ה' (תהלים פג). כי אז תתגלה הדעת בכל הארץ.

למה נקראת המלכות, "יראת ה'". ומשיב, משום שהמלכות היא אילן של טוב ורע, זכה האדם, הנה טוב. ואם לא זכה, הנה רע, ועל כן שורה באותו מקום יראה. והיא השער, לבא לכל טוב שבעולם. "שכל טוב", הוא אלו ב' שערים דהיינו ב' הנקודות, שהם כאחד. ר' יוסי אמר, שכל טוב, זהו עץ החיים, שהוא שכל טוב בלא רע כלל, ובשביל שאין רע שורה בו, הוא שכל טוב, בלי רע.

פירוש. מבאר למה נק' השער האחרון בשם יראת ה', שכתוב עליה ראשית חכמה יראת ה'. הוא, כי ה"ס עצה"ד שחטא בו אדם הראשון, כי על נקודה דא עונשיה במיתה, והיראה הגדולה היא שלא לפגמה. ובגמר התיקון כשהנקודה הזו תתוקן כולה בכל השלמות. יתקיים בלע המות לנצח. וע"כ נק' יראת. וז"ש ועל דא שרי בהאי אתר יראה.

וז"ש, ודא תרעא לעאלא לכל טובא דעלמא: כי גילוי החכמה עלאה הוא כל טוב העולם, הנכלל במחשבת הבריאה, וכיון שיראת ה' היא השער הראשון לחכמה עלאה, נמצא שהוא השער לכל טובא דעלמא.

וז"ש שכל טוב אלין תרין תרעין דאינון כחדא: היינו ב' הנקודות יחדיו כמות שהן כלולות בב' דבראשית. ומה שאינו אומר ב' נקודות, אלא ב' תרעין, הוא כי הכוונה היא לאחר תיקון הב"ן, שאז נק' אלו ב' נקודות בשם ב' תרעין, כי אז שתיהן טוב בלא רע כלל, וע"כ יתכן הכתוב שכל טוב. משא"כ מטרם גמר התיקון, הרי הן נק' עצה"ד טוב ורע. כנ"ל.

ר' יוסי אמר וכו', רבי יוסי אינו חולק על רבי חייא, אלא "משמעות דורשין איכא בינייהו". כי רבי חייא מבאר המקרא על אחר תיקון הב"ן, שאז נעשו ב' הנקודות ב' תרעין, כנ"ל ואין בהם רע, והם שכל טוב בלא רע כלל. ורבי יוסי מבאר המקרא מטרם גמר התיקון, שאז הן בחינת עצה"ד טוב ורע, וע"כ אומר שכל טוב דא אילנא דחיי, שהוא ז"א במוחין דאמא הנק' עץ החיים שהוא כולו טוב בלא רע כלל גם מטרם גמר התיקון. משא"כ ב' הנקודות הם בבחינת טוב ורע, מטרם גמר התיקון, שבסיבתם נק' המלכות אילנא דטוב ורע. כנ"ל.

"לכל עושיהם", אלו הם חסדי דוד הנאמנים, מחזיקי התורה. ואלו המחזיקים את התורה, הם כביכול העושים אותה. כל אלו העוסקים בתורה, אין בהם עשיה בעוד שהם עוסקים בה, אבל אלו שמחזיקים אותה, יש בהם עשיה. ובכח זה מתקיים הכתוב, "תהלתו עומדת לעד". והכסא עומד על קיומו כראוי.

ביאור הדברים. כי ביאר לעיל, ששער זה דיראת ה', שהוא אחרון השערים, הוא השער הא' לחכמה עלאה, ונמצא אינון דלעאן באורייתא, שהם כבר תיקנו השער האחרון, ונעשו להם ב' הנקודות לב' תרעין, שהם שכל טוב בלא רע, הרי נבחן שבאינון דלעאן באורייתא לית בהו עשיה, שהיא בחינת עצה"ד טו"ר. אבל אינון שעוד לא זכו לגמר התיקון, שהם נק' תמכין אורייתא, בהם אית עשיה, שהיא טו"ר, כי עוד לא תיקנו החטא דעצה"ד.

וזה אמרו, ואינון דתמכין אורייתא כביכול אינון עבדין. כי נתבאר לעיל באורך, איך כל אלו הכחות דפרודא מתהפכין ונעשין לשערים, וכל מנעול נעשה לפתח, וכל פתח להיכל החכמה, שעל ידיהם מתגלות ובאות כל המדרגות הנשגבות הנכללות במחשבת הבריאה להנות לנבראיו ע"ש. נמצא כי כל החכמה וכל התורה אינה באה לכלל גילוי, זולת ע"י התמכין דאורייתא, דאית בהו עשיה, דהיינו שנוהג בהם ענין טוב ורע, ומשום זה נק' תמכין דאורייתא, כי רק על ידיהם היא נגלית, והכתוב קורא אותם "עושיהם", כי המה כביכול, כמו עושיהם של התורה, כי לולא ההסתרות שלהם, שע"י התגברותם עליהם נהפכו לשערים, לא היתה באה התורה לכלל גילוי. וז"ש ואינון דתמכין אורייתא כביכול, אינון דעבדין כלומר, שנחשבים כביכול לעושיה, המגלים אותה. ומה שאומר כביכול, הוא כי התורה קדמה לעולם (פסחים נד, ע"א), וודאי הוא, שהקב"ה עשה אותה, אלא מתוך שלולא המע"ט של התמכין דאורייתא לא היתה באה לעולם לכלל גילוי, ע"כ נחשבים המה לעובדים ועושים את התורה.

וז"ש, ובחילא דא כתיב תהלתו עומדת לעד: כלומר, בחילא של התמכין דאורייתא. נמצאת תחלתו שהיא כל החכמה וכל התורה עומדת לעד, לנצח, דהיינו לרבות גם לאחר גמר התיקון, כי גם אז יהיו צריכים ליראת ה', ולאחר תיקון עצה"ד לא יהיה להם מאין ליקח יראת ה' זולת מהזמן

שעבר, דהיינו מבחינת התמכין דאורייתא. ונמצא שהם מעמידים תהלת ה׳ לעד ולנצח נצחים. וז״ש וקיימא כורסייא על קומיה כדקא יאות שבזה מתקיים כסא ה׳ כדקא יאות לנצח״.

תוכן מכתב ג

- מקשה למה קבעו הנס על השמן.
- התשובה היא כי שמן רומז לחכמה שהיא נר ה' נשמת אדם, ובני ישראל מסרו נפשם על קדושת השם יתברך ואמרו בלי התורה וקיום המצוות למה לנו חיים, ולכן אנו עושים הזכר על השמן דוקא הרומז על נר ה' נשמת אדם.
- עם הנ"ל מובן מה שנאמר בשער הכוונות כי בגימטריא של נר מרומז ג' יחודים שהם בגימטריא נר.

תוכן ביאור אהובי נצח למכתב ג

הערה א

- מבאר ב' אופנים בדברי אדמו"ר כאן - שמתרץ הקושיא מדוע קבעו נס חנוכה על השמן.
- ממשיך בביאור דברי אדמו"ר שבחנוכה "חנה על עם ישראל האור הגדול של ג' היחודים הנזכרים, ואנחנו מעוררים את האורות האלו שיאירו לנו בימים ההם ובזמן הזה, ולכן אנו מברכים "להדליק נר" שעל ידי המצות של ההדלקה וההנחה, נזכה ליהנות מאורות היחודים הנ"ל".

הערה ב

- מבאר ג' היחודים "יהו"ה אהי"ה", "יהו"ה אלהים", "יהו"ה אדני", והתאמתם לג' הברכות "להדליק נר חנוכה", "שעשה נסים", "שהחיינו" - על פי כתבי האריז"ל בשער הכוונות.

הערה ג

- כותב שעל ידי עבודתינו בתורה ומצות למטה אנו מעוררים אורות נפלאים ועצומים מהאורות העליונים, ומביא על זה מדברי הבעש"ט ותלמידיו הקדושים.
- בהמשך מביא דברי אדמו"ר מקאמארנא על הפסוק "הנה סולם מוצב ארצה וראשו מגיע השמימה".

הערה ד

- מעיר על לשון אדמו"ר "שעל ידי המצוה של ההדלקה וההנחה נזכה ליהנות מאורות היחודים", דיש לדון בכוונתו אם ר"ל בכלל בכוונת המצות שהוא ליהנות ולקבל משהו לעצמו או שמדבר רק במדרגת שלא לשמה.

הערה ה

- מבאר לשון אדמו"ר "לכן אנו מברכים להדליק "נר" שעל ידי המצוה של ההדלקה וההנחה נזכה ליהנות מאורות היחודים הנ"ל".

חלק א מכתב ג

ב"ה

יום כ"ח כסליו ד' דחנוכה תשכ"ה תל-אביב

אורה ושמחה וכל טוב סלה לכבוד חביב אדם הרב רבי פייוויל שליט"א.

אחר דרישת שלומו הטוב באהבה רבה קבלתי אתמול הטליפון ממך. ושלחתי לך היום כרך שני מתלמוד עשר ספירות שיצא כעת מן הכורך.

ולהיות שאנו כהיום בחג האורים אכתוב לך משהו בקיצור מענינא דיומא, יש קושיא שכולם[1] מתלבטים בה, למה קבעו הנס על השמן,[2] ולא על הנצחון במלחמה שנמסרו גבורים ביד חלשים ורבים ביד מעטים וכדומה והזכר שאנו עושים בהדלקת נר חנוכה הוא רק על נס של השמן.

התשובה היא כי שמן רומז לחכמה כמו שנאמר[3] נר ה' נשמת אדם המחיה אותו, ואור החכמה נקרא[4] חיה בסוד הכתוב[5] והחכמה תחיה את בעליה, וכן חכם בגימטריא חיים. ויש גם רמז על זה מהכלים של המשכן, שאחר שבצלאל סידר הכל בא משה רבינו אחר כך ומשח אותם בשמן המשחה ואז נעשו לכלי קודש.[6] וקודם זה לא. הרי ראיה שהשמן רומז לרוח הקודש שנמשך עם שמן המשחה ולכן נקרא שמן משחת קודש, ולכן כשעמדה מלכות יון הרשעה עלינו להשכיחנו מקיום מצות תורתנו הקדושה אשר היא חיינו ואמרו לנו לכתוב על קרן השור שאין לנו חלק באלקי ישראל[7], נתמלאו החשמונאים עם קנאת ה' צבאות ונכנסו בין מחנה היונים והרביצו על ימין ועל שמאל, ההתערותא הזו דלתתא עשתה רושם גדול בשמים, איך בני ישראל מוסרים נפשם על קדושת השם יתברך, אשר אמרו בלי התורה וקיום מצוותיו למה לנו חיים, ונעשה להם הנס הגדול שהתגברו על השונאים ונצחו אותם,

ולכן [א] אנו עושים הזכר על שמן דוקא הרומז על נר ה' נשמת אדם.

---

1 עיין בספר שפתי חיים כרך ב שמבאר עניין זה בארוכה.

2 שבת כא, ע"ב.

3 משלי כ, כז.

4 עץ חיים חלק ב היכל אבי"ע שער דרושי אבי"ע פרק ב, ומובא בתלמוד עשר הספירות חלק ג פרק ט אות י.

5 קהלת ז, יב.

6 כדכתיב (שמות מ, ט) "ולקחת את שמן המשחה ומשחת את המשכן וגו'".

7 ירושלמי חגיגה ב, ב, בראשית"ר ב ד, טז ד, מד יז, שמו"ר טו טז, ויק"ר יג ה, טו ט, תנחומא תזריע סימן יא, א, פסיקתא רבתי לג י.

ובזה תבין גם כן במה שנאמר בשער הכוונות[8] של חנוכה כי בגימטריא של "נר" מרומז ג' יחודים [ב] שהם בגימטריא נר, והם: יחוד הוי"ה-אהיה, הוי"ה-אלקים, הוי"ה-אדני. שהם ששה שמות שיש בהם כ"ה אותיות, שזה פירוש[9] חנו-כ"ה, שחנה על עם ישראל האור הגדול של ג' היחודים הנזכרים, ואנחנו מעוררים את האורות האלו שיאירו לנו בימים ההם ובזמן הזה [ג] ולכן אנו מברכים להדליק "נר" שעל ידי המצוה של ההדלקה וההנחה נזכה ליהנות [ד] מאורות היחודים הנ"ל [ה].

יהודה צבי

אבקש שתאכל נכון שהגוף הוא בעל הרגל ויכולים להרגיל את עצמו לא לאכול כמעט אבל זה לא טוב, אם לא לאכול לחם אוכלים בשר או ירקות או שאר דברים. אני מוכרח לגמור כי מחכים לי ואני מברך אותך בבריאות ובברכה והצלחה וכל טוב סלה.

הנ"ל

8 דף שכו. וראה לקמן בביאור הערה ב.

9 שער הכוונות ענין חנוכה דף שכז טור ב.

[א] אדמו"ר בא לתרץ "למה קבעו הנס על השמן". ויש להבין את תירוצו. ולכאורה אפשר לבאר את כוונת אדמו"ר בב' אופנים: הא', שהנס נעשה על ידי האתערותא דלתתא של החשמונאים, שהיו מוכנים למסור את נפשם על קדושת השם. "אשר אמרו בלי התורה וקיום מצוותיו למה לנו חיים". כלומר שהם מסרו נפשם על ה"נר ה' נשמת אדם" שהוא האור דחכמה שמרומז בשמן. כדברי אדמו"ר. ולכן קבעו את הנס על השמן לזכר סיבת הנס, שהיא הסכמתם למסור את נפשם למען אור החכמה שהיא התורה והמצוות.

ואופן הב', שידוע שבכל יום טוב מתגלה האור באותו יום בשנה מאותו זמן לעולם, ובחנוכה כוונתינו לעורר את אותו אור שהתגלה בזמן החשמונאים שגרם לנצחון במלחמה וכל הניסים. והאור הזה לפי ביאור אדמו"ר הוא האור דחכמה, וכדי לעורר את האור הזה מלמעלה אנו צריכים להשתמש עם השמן שהוא האתערותא דלתתא לעורר את האור דחכמה; ושני הדרכים קרובים אחד לשני. ויש לזכור שלפי ביאור אדמו"ר כל הניסים האחרים דחנוכה נובעים מהתעוררות האור דחכמה, ומובן על כן מדוע קבעו חז"ל שהזכר לנס ייעשה בשמן של הנרות משום שהשמן הוא השורש וכולל את כל הניסים האחרים שהתחוללו בחנוכה.

ומהמשך דברי אדמו"ר נראה יותר כצד הב'. שכותב, דלפי דבריו מובנים גם דברי האר"י ז"ל, והביאור הוא: שבחנוכה "חנה על עם ישראל האור הגדול של ג' היחודים הנזכרים, ואנחנו מעוררים את האורות האלו שיאירו לנו בימים ההם ובזמן הזה, ולכן אנו מברכים "להדליק נר" שעל ידי המצוה של ההדלקה וההנחה, נזכה ליהנות מאורות היחודים הנ"ל". ונראה שרצונו לומר שדבריו לעיל ביארו שאנו משתמשים בשמן כדי לעורר ולהשפיע לנו מהאורות האלו שהתגלו אז וביאור זה עולה בקנה אחד עם הפירוש הב' דלעיל, והאמת יורה דרכו.

[ב] אדמו"ר כותב "כי בגימטריא של נר מרומז ג' יחודים", וזה לשון שער הכוונות חלק ב' ענין חנוכה דף שכו טור א: "ואמנם ענין כוונת ברכות הדלקת הנר, הם סובבים על יחוד א' עליון ושלם, הנקרא נר. כמבואר אצלינו בתפילת שחרית דחול, בברכת שים שלום, כי שם נתבאר יחוד זה על מתכונתו, ועיין שם. ועניינו בקיצור הוא, כי שלשה בחינות של יחוד יש לזו"ן: הא' הוא, בבחינה יהו"ה אהי"ה, ומספרו מ"ז. והב' הוא בבחינת יהו"ה אלהים, ומספרו יב"ק, והג' הוא, בבחינת יהו"ה אדני, ומספרו צ"א. ולפעמים מתייחדים בבחינה א', ולפעמים בשתיהם, ולפעמים

בשלשתם. ואז הוא היחוד הגמור. ואז הנוקבא נקראת נ"ר, כמספר ו' שמות הנזכר. והנה בברכה הא', שהיא "להדליק נר חנוכה," נרמזו שלשתם. ובברכה ב' שהיא "שעשה ניסים", נרמזה הב'. ובברכה הג', שהיא "שהחיינו", נרמזה התחתונה מכולם".

[ג] אדמו"ר כותב "ואנחנו מעוררים את האורות האלו שיאירו לנו בימים ההם ובזמן הזה". והנה ענין זה מבואר בהרבה מקומות וחשוב לזכור בכל עת שאנו עוסקים בתורה ומצוות ובמועדים שאנו משתדלים לעורר השפעות מאורו יתברך ואחר הכוונה הם הם הדברים וכל זה על ידי המעשים הגשמיים שלנו, בדרך אתערותא דלתתא, ומבואר בדברי הבעש"ט ותלמידיו שהיצר תמיד מנסה לומר לאדם שהוא אינו יכול לעורר כאלה אורות מלמעלה על ידי מעשיו, אבל צריך לזכור שמחשבה זו לא באה ממקור טהרה, ויש לזכור את דברי האר"י החי שר בית הזהר אדמו"ר הרב יצחק אייזק יהודה יחיאל סאפרין מקאמרנא זצוקללה"ה זי"ע על הפסוק הנאמר ביעקב "הנה סולם מוצב ארצה וראשו מגיע השמימה", שהאדם אף על פי שהוא נמצא בגשמיות וארציות, "מוצב ארצה", מכל מקום "ראשו מגיע השמימה" שעל ידי מעשיו הוא יכול לעורר אורות נפלאים ועצומים מהעולמות העליונים, ואל לו להקשיב ליצר הרע אלא שיתנהג בגבהות הרוח בעוסקו בתורה ומצוות, ובהבנה שמעשיו פועלים דברים עצומים בעולמות העליונים, והשם יזכנו.

[ד] אדמו"ר כותב "שעל ידי המצוה של ההדלקה וההנחה נזכה ליהנות מאורות היחודים הנ"ל". ויש לדון בכוונתו במילת "ליהנות", האם רצונו לומר שבאמת כוונתינו במצוה זו ובמצות בכלל ליהנות ולקבל משהו לעצמו או שמדבר רק במדרגת שלא לשמה, אבל מדרגת לשמה שהיא מדרגה יותר עליונה היא לא לקבל כלום לעצמו מכל המצוות. והנה זה ענין עמוק, ועיין במה שנכתוב בביאור למכתב יג בעזרת השם.

[ה] אדמו"ר כותב "ולכן אנו מברכים להדליק "נר" שעל ידי המצוה של ההדלקה וההנחה נזכה ליהנות מאורות היחודים הנ"ל". צריך להבין איך ענין זה מקושר ונמשך מדבריו הקודמים, שכן כתב "ובזה תבין" ומשמע מדבריו שעם פירושו מובן גם ענין זה וצריך ביאור. ועיין בדברינו לעיל באות א' וכמו שכתבנו שם נראה שכוונת רבינו הוא שמטרת חנוכה וההדלקה היא למשוך אורות עליונים עלינו כמו

א

שנראה מתחילת דבריו, ועם ביאור זה מובן השם חנוכה וכוונתינו ביחודים הנ"ל לעורר יחודים עליונים שישפיעו אלינו את אורותיהם.

תוכן מכתב ד

- מקשה על הפסוק מה תצעק אלי מה יעשו אחרת בני ישראל בצרתם.
- יש טבע ברוחניות.
- ענין ה' צלך בשם הבעש"ט שכמו שהאדם עושה כן הקב"ה עושה.
- תפילה היא מדרכי הטבע הרוחניים.
- להמשיך נס צריך למעשה של מסירות נפש נגד טבע האדם, ולכן הקב"ה עושה נס נגד טבע העולם, ולכן לנס קריעת ים סוף היהודים היו צריכים למסור את נפשם.

תוכן ביאור אהובי נצח למכתב ד

הערה א
- מביא דברי הרמב"ן ואור החיים הקדוש על פסוק מה תצעק אלי.

הערה ב
- מביא דברי הזהר בפרשת בשלח "בעתיקא תליא כלא כו'" וביאור הסולם על זהר זה.
- אח"כ מביא מה"ספרא דצניעותא" בענין זה וביאור הסולם עליו.

הערה ג
- מבאר כלל גדול שאנו צריכים להשריש במוחינו היא הידיעה הזאת שכמו שברור לנו שבגשמיות יש קשר ישיר בין המעשה לתוצאה כמו כן ברוחניות.

הערה ד
- מבאר בלשון אדמו"ר כאן "אם הולכים בדרך הישרה ממשיכים כל טוב".
- בהמשך מאריך בענין שעל האדם להאמין שמה שהקדוש ברוך הוא נותן לו הוא הדבר הטוב ביותר בשבילו כעת.

הערה ה
- מבאר בלשון אדמו"ר שזהו ענין ה"רצון לקבל", ומאריך מדברי מ"ע צי"ע מרן קוה"ק הרב יהודה הלוי אשלג בעל הסולם זיעוכי"א בענין הרצון לקבל.
- בהמשך מבואר גם על דבר מהותו של כלי רוחני.
- ביאור לשון האריז"ל "שמתחילה היה אור א"ס ב"ה ממלא כל המציאות".
- ענין מקום בשם המושאל.

חלק תוכן מכתב ד ותוכן ביאור אהובי נצח א

- "אור א"ס ב"ה" יצא מכלל עצמותו יתברך.
- ענין מחצבת הנשמה שאמרו עליה שהיא חלק אלקה ממעל.
- הבדל בין גשמיות ורוחניות שמהות גשמי נחלקת ונבדלת ע"י כח התנועה וריחוק המקום, והמהות הרוחנית נחלקת ונבדלת ע"י שינוי צורה.

הערה ו

- מביא לשון ה"קדושת לוי" בפרשת נשא בשם הבעש"ט על פסוק "ה' צלך".
- בו מבואר גם בענין תפילה שצריך להתפלל רק שיהיה להקב"ה תענוג מזה.
- בענין נשיאות כפים בברכת כהנים.

הערה ז

- מבאר היטב דברי אדמו"ר כאן שדוקא על ידי מסירות נפש שהאדם שובר את טבעו ומוסר נפשו לה' אז הקב"ה ישבור גם כן את סדרי הטבע של הרוחניות וישפיע על האדם שלא כדרך הטבע, כלומר אפילו אם אינו ראוי וכדאי.
- בהמשך מוסיף על דברי אדמו"ר דלפי כמות שבירת טבעו לפי שיעור זה יקבל מאורו יתברך.

הערה ח

- מבאר דברי אדמו"ר בענין גאולה הפרטית שעל ידי מסירות נפש זוכה ל"אחישנה".
- מוסיף שכן הוא בגאולה הכללית של עם ישראל שצריך לגלות מסירות נפש ולמשוך את הגאולה שלא כדרך הטבע ועל ידי זה למשוך את הנס של אחישנה.

הערה ט

- מוסיף שעפ"י דברי אדמו"ר יש לתרץ הקושיא מדוע צריך להתפלל הא הקב"ה יודע הכל ומדוע האדם מבקש דברים מהבורא יתברך, אולם עפ"י דברי אדמו"ר כאן י"ל שהתפילה היא למשוך השפע מאורו יתברך ולאו דוקא "לגלות" להקב"ה מה אנחנו צריכים ומה חסר לנו.

הערה י

- מדייק בלשון אדמו"ר במאמר הקב"ה למשה מה תצעק אלי "כעת הנני רוצה לעשות להם נסים שלא בדרך הטבע" שהקב"ה היה יכול להצילם בנס על דרך הטבע אלא ש"רצה" בנס. ומבאר הטעם לזה.

חלק תוכן מכתב ד ותוכן ביאור אהובי נצח א

הערה יא

- מביא המקורות ללשון אדמו"ר על פסוק מה תצעק אלי "עלי הדבר תלוי".
- מסיק שפירוש הפשוט בלשון מדרש המכילתא הוא שהקב"ה אומר למשה שאל לו לצעוק אלא הקב"ה בעצמו יעשה את הנס בלי קריאת משה. שלכאורה אין זה כדברי אדמו"ר.

הערה יב

- מדייק בלשון אדמו"ר כאן "גיליתי טפח ואלף טפחים עוד מכוסים". ומביא מ"ע צי"ע מרן קוה"ק הרב יהודה הלוי אשלג בעל הסולם זיעוכי"א בענין זה.
- בו מבואר גם בענין שקדמונינו לא הפליטו מלות יתירות שאין בהם תוכן ושימוש לענין רק כדי לשפר את הלשון להנאותה לעיני המעיין.
- בענין ג' חלקים בסודות התורה א' האינו נחוץ, ב' האי אפשר - כי אין השפה שולטת בהם לדבר מאומה מתכונתם לרוב דקותם ורוחניותם, ג' משום סוד ה' ליריאיו - שסודות התורה מתבארים רק ליראי שמו ית' השומרים על כבודו ית' בכל נפשם ומאודם.
- בענין רשב"י שנשמתו היתה מצד אור המקיף.
- ענין ביאורי דברים בחכמת האמת שאינו תלוי כלל בגדלותו וקטנותו של החכם המקובל, אלא הוא ענין הארת הנשמה המיוחדת לדבר זה, אשר הארת נשמה זאת היא בחי' נתינת "רשות" מהשמים לגלות חכמה העליונה.
- בענין גילוי ספר הזהר הקדוש ע"י הרשב"י והאריז"ל.
- על דבר בעלי ההשבעות והקמיעות ובעלי קבלה מעשית הצדים נפשות בערמתם, וכל מיני בעלי המסתורין המשתמשים בנובלות חכמה שיצאו מתחת ידיהם של תלמידים דלא מעלי, להפיק מהם תועלת גופנית לעצמם או לאחרים אשר העולם סבלו הרבה ועדיין סובלים מכך.
- לשון מ"ע צי"ע מרן קוה"ק הרב יהודה הלוי אשלג בעל הסולם זיעוכי"א "וידעו המעיינים בקונטרסים האלו שדעתי להדפיסם במשך השנה, אשר כולם הנה חדשות שאינן מובאות בטהרה ובתוכנם המדויק לאמיתו בשום ספר מהקודמים אותי ואני קבלתי אותם פה אל פה ממורי ז"ל המוסמך לדבר דהיינו שגם הוא קבל מרבותיו פה אל פה כו'".

הערה יג

- מקור לשון אדמו"ר "אני רוצה לראות אצלך שני שולחנות תורה וגדולה" - מגמרא ותוס' במס' ברכות. וכן מלשון הזהר בפרשת פינחס וביאור הסולם עליו.
- בו מבואר גם בענין תפילין של יד ותפילין של ראש.
- רמז פרשיות התפילין בשם הוי'.

הערה יד

- מביא בטעם האיסור לגלות כמה מעניני נסתר דתורה.

ב"ה

י"א שבט תשכ"ה תל-אביב

כבוד ידיד נפשי ואהובי מורינו הרב שרגא פייביל שליט"א.

אחרי דרישת השלום ערכתי לך מכתב תשובה על מכתבך, וכאן אני רוצה[1] לכתוב דבר תורה מפרשת השבוע: כתוב[2] ויאמר ה' אל משה מה תצעק אלי דבר אל בני ישראל ויסעו, כאן רבו המתמיהים[3] [א], ראשית, מלת אלי נראה כמיותרת - רק למי היה לו לצעוק ולהתפלל, שנית, השאלה מה תצעק גם כן פליאה, כי מה יעשו אחרת בני ישראל בצרתם אם לא לצעוק ולהתפלל אל אביהם שבשמים.

בזהר הקדוש כתוב[4] מה תצעק אלי בעתיקא תליא מילתא, [ב] אלא הענין הוא זה כי השם יתברך הורה למשה רבינו עליו השלום את דרכיו, כמו שביקש[5] הורנו נא את דרכיך, והנה כמו שיש טבע ודרך הטבע בגשמיות כן[6] יש דרך טבע ברוחניות [ג] כמו שכתוב[7] אם בחוקותי תלכו ואת מצותי תשמורו וגו', ונתתי גשמיכם בעתם, וכן תמיד אם הולכים בדרך הישרה ממשיכים כל טוב [ד], ואם חס ושלום לא הולכים בדרך הטובה גורמים ההיפוך רחמנא ליצלן.

אבל לפעמים שצריכים להמשיך נס היינו מחוץ לדרך הטבע, איך ממשיכים ניסים לשדד את המערכה מכפי מה שסידר אותה השם יתברך, זוהי רק על ידי מסירת נפש, היות שבאדם טבוע וקיים הכח והרצון לקיומו עצמו[8], ולבלוע הכל ולשלוט על הכל [ה], ובאם הוא מתגבר עצמו למסור את נפשו למען כבודו יתברך אז כח הזה בוקע כל האוירים וקורע כל המסכים ואין שום כח לא בעליונים ולא בתחתונים לעצור בעדו ולמנוע ממנו שום דבר מבקשתו. ותפלתו מתמלא בכל.

---

1 עיין עוד במכתב ה מיום א כח שבט תשכ"ה ושם אדמו"ר מוסיף ביאור למכתב זה.

2 שמות יד, טו.

3 עיין ברמב"ן ובאור החיים. וראה לקמן בביאור הערה א.

4 בשלח אות קפ, ובספרא דצניעותא אות נו. וראה לקמן בביאור הערה ב.

5 שמות לג, יג ושם איתא "הודיעני נא את דרכך".

6 עיין ב"אור יהל" מהגאון הצדיק הרב יהודה ליב חסמן זצוק"ל חלק ג פרשת שמות מאמר "הטבע הרוחני".

7 ויקרא כו, ג-ד.

8 עיין בתלמוד עשר הספירות חלק א פרק א אות ו ואות ל באור פנימי ובהסתכלות פנימית חלק א פרק ב (נעתק לקמן בביאור הערה ד), ועיין עוד בהקדמת מ"ע צי"ע מרן קוה"ק הרב יהודה הלוי אשלג בעל הסולם זיעוכי"א לספר הזהר ובהקדמת צי"ע אדמו"ר הרב יהודה צבי ברנדוויין זיעוכי"א לתיקוני זהר.

ועם זה פירוש רבינו הבעל שם טוב הקדוש זכותו יגן עלינו אמן את הפסוק[9] "ה' צלך"[10] שכמו שהצל עושה כל מה שהאדם עושה כל תנועה ותנועה, כן השם יתברך עושה עם האדם [ו], ואם האדם מוכן למסור את עצמו על קדושת ה' אז הקדוש ברוך הוא מבטל את כל סדרי הטבע שקבע ופונה אל האדם הזה בעל המסירות נפש [ז], אף על פי שאינו הגון ואינו כדאי לפי הסדר הקבוע וצריך לחכות אל "בעתה"[11] ועל ידי המסירות נפש הוא מחיש לעצמו הישועה בבחינה "אחישנה" [ח][11].

ענין התפילה שמתפללים וזועקים להשם יתברך ובפרט בעת צרה שלא תבוא חס ושלום היא מדרכי הטבע הרוחניים להחיש ישועה ועזר בצרה [ט].

אבל לנס מחוץ לדרך הטבע צריכים מסירות נפש. וזה אמר הקדוש ברוך הוא למשה מה תצעק אלי, כעת הנני רוצה לעשות להם נסים שלא כדרך הטבע [י] בעתיקא תליא מילתא, כי יש מדרגה שנקרא זעיר אנפין, שקבוע לקבל תפילתם של ישראל ולענות להם, וזהו "אלי". אבל כאן עלי הדבר תלוי, (עיין ברש"י) [יא] שצריכים לגלות לבני ישראל נס שלא כדרך הטבע, ולכן דבר אל בני ישראל ויסעו שהם יגלו את מסירת נפשם למטה ועל ידי זה תתעורר המדרגה העליונה המשדדת כל המערכות ומשימה[12] ימים לחרבה, ו"ישם מדבר לאגם מים וארץ ציה למוצאי מים"[13], ומחיש לעמו ישועות שלא כדרך טבע.

גיליתי טפח[14], ואלף טפחים עוד מכוסים [יב].

אני רוצה לראות אצלך שני שלחנות תורה וגדולה[15] [יג].

---

9 תהלים קכא, ה.

10 עיין בישמח משה חלק א קפז, ע"א, חלק ב מג, ע"ב, צ, ע"ב, קלא, ע"ב, קלג, ע"א, ועיין בקדושת הלוי פרשת נשא דיבור המתחיל "וידבר". וראה לקמן בביאור הערה ו.

11 ישעיה ס, כב על פי הגמרא סנהדרין צח, ע"א, (נעתק לקמן בביאור הערה ח). ירושלמי תענית א, א. סוף שיר השירים רבה, זהר פרשת וירא אות תנד. ועיין בספר מתן תורה מאמר "מהות הדת ומטרתה" דף נד.

12 על פי הפסוק בישעיה מא, יח.

13 תהלים קז, לה.

14 על פי הגמרא נדרים כ, ע"ב, ומסכת כלה, ועיין בספר מתן תורה מדף ט' מאמר גילוי טפח וכיסוי טפחיים שמ"ע צי"ע מרן קוה"ק הרב יהודה הלוי אשלג בעל הסולם זיעוכי"א מבאר ענין וסוד זה בארוכה. וראה לקמן בביאור הערה יב.

15 עיין בגמרא ברכות ה ע"ב, ובתוספות שם דיבור המתחיל "לא כל אדם", ובזהר פרשת פנחס אות

והנני מקווה עוד להמשיך עמך בענין זה כי יש דברים שעוד לא התירו להעלותם בכתב [יד], ואם ירצה השם אמסור אותם לך בעת שנהיה יחד בקרוב, ונא להודיע לי אם הנך מבין את מה שכתבתי.

המאחל לך כל טוב,

יהודה צבי ברנדוויין

תתעב, ודרך ארץ זוטא, ד. וראה לקמן בביאור הערה יג.

[א] אדמו"ר כותב על הפסוק "מה תצעק אלי", "כאן רבו המתמיהים". וזה לשון הרמב"ן שם: "אמר ר"א כי משה כנגד כל ישראל, שהיו צועקים לו, כמו שאמר ויצעקו בני ישראל אל ה'. וא"כ למה אמר מה תצעק אלי, ראוי להם לצעוק. ואולי יאמר מה תניחם לצעוק דבר להם ויסעו, כי כבר אמרתי לך ואכבדה בפרעה (פסוק ד'). ורבותינו אמרו (מכילתא כאן) שהיה משה צועק ומתפלל, והוא הנכון, כי לא ידע מה יעשה, ואף על פי שאמר לו השם ואכבדה בפרעה, הוא לא היה יודע איך יתנהג, כי הוא על שפת הים והשונא רודף ומשיג, והיה מתפלל שיורנו ה' דרך יבחר. וזה טעם מה תצעק אלי, שהיית צריך לשאול מה תעשה ואין לך צורך לצעוק, כי כבר הודעתיך ואכבדה בפרעה, ולא סיפר הכתוב צעקת משה, כי הוא בכלל ישראל". ועיין שם באור החיים וזה לשונו: "קשה ולמול מי יצעק אם לא לה' אלהיו, ובפרט בעת צרה, דכתיב (יונה ב, ג) קראתי מצרה לי, מן המיצר קראתי יה (תהלים קיח, ה) ואם לצד שהרבה להתפלל הלא כל עוד שלא נענה העונה בצר לו לא ירף מתפלה, עוד רואני כי נתקבלה תפלתו, ואמר לו ה' הרם את מטך וגו', אם כן קבלנות זה שאמר מה תצעק אלי למה, עוד קשה אומרו דבר אל בני ישראל ויסעו, להיכן יסעו, אם רודף מאחור והים לפניהם, ואם הכוונה אחר שיבקע הים, אם כן היה לו לומר הרם את מטך וגו', ואחרי כך יאמר דבר אל בני ישראל וגו'.

אכן יתבאר הענין על פי מאמרם ז"ל (זוה"ק ח"ב קע, ע"ב) שישראל היו נתונין בדין מה אלו כו' אף אלו כו', ודבר ידוע הוא כי כח הרחמים הוא מעשים טובים אשר יעשה האדם למטה, יוסיפו כח במדת הרחמים, ולהיפך בר מינן ימעיטו הכח, והוא אומרו (דברים לב, יח) צור ילדך תשי, והנה לצד שראה אל עליון כי ישראל קטרגה עליהם מדת הדין, והן אמת כי חפץ ה' לצדק ישראל, אבל אין כח ברחמים לצד מעשיהם כנזכר, אשר על כן אמר למשה תשובה נצחת, מה תצעק אלי, פירוש כי אין הדבר תלוי בידי, הגם שאני חפץ עשות נס, כיון שהם אינם ראויים, מדת הדין מונעת, ואין כח ברחמים כנגד מדת הדין המונעת, ואמר אליו דבר אל בני ישראל פירוש זאת העצה היעוצה להגביר צד החסד והרחמים, דבר אל בני ישראל ויתעצמו באמונה בכל לבם, ויסעו אל הים קודם שיחלק, על סמך הבטחון כי אני אעשה להם נס, ובאמצעות זה תתגבר הרחמים, ואתה הרם את מטך, פירוש באמצעות מעשה הטוב נעשה להם הנס ובקע הים, כי "גדול הבטחון ואמונה" הלז להכריעם לטובה, ותמצא שכן היה, וצדיק הראשון הוא נחשון בן עמינדב ונכנס עד

חלק ביאור אהובי נצח למכתב ד - א, ב א

גרונו ולא נבקע הים עד שאמר "כי באו מים עד נפש", כמאמרם ז"ל (סוטה לז, ע"א) ובזה נתיישבו הכתובים על נכון, ונראה לי לומר כי רשם ה' לומר להם טעם תגבורת הדין עליהם, לצד שהם המעיטו בלבם האמונה, ואמרו "הלא טוב לנו עבוד מצרים", לזה צוה ה' לעשות כנגד עון זה הצדקת האמונה בכל תוקף, גם בזה רמזם לדעת הסובב מגבורת הדין מחדש".

[ב] אדמו"ר כותב "בזהר הקדוש כתוב מה תצעק אלי בעתיקא תליא מילתא". וזה לשון הזהר פרשת בשלח אות קפ:

"כדין כתיב, ויאמר יי' אל משה מה תצעק אלי. ותאנא בספרא דצניעותא, אלי, דייקא, בעתיקא תליא כלא. ביה שעתא אתגלי עתיקא קדישא, ואשתכח רעוא בכלהו עלמין עלאין, כדין נהירו דכלא, אתנהיר".

וזה לשון הסולם שם:

"כדין כתיב, ויאמר וגו': אז כתוב, ויאמר ה' אל משה מה תצעק אלי. ולמדנו בספרא דצניעותא, אלי, הוא בדיוק, שהוא מדת ז"א, כי הכל תלוי בעתיק, בה בשעה נגלה עתיקא קדישא ונמצא הרצון בכל עולמות העליונים, ואז האיר האור של הכל.

פירוש. נודע שחכמת המצרים היתה מצד שמאל, בסוד התנין הגדול הרובץ בתוך יאוריו (כנ"ל פ' בא אות לח), וחכמה זו יש לה שורש בבינה דא"א שיצאה לחוץ מראשו. ולקריעת ים סוף ולהטביע את המצרים, היה צריך מתחילה לבטל את שורשם הגבוה שבקדושה, שבא"א. וזה לא היה אפשר זולת באור הגדול של עתיקא קדישא שהיא שורש הכל.

וז"ש, שז"א אמר, מה תצעק אלי, בעתיקא תלייא כלא, אשר אורו הגדול יכול לבטל שורש המצרים שבבינה דא"א, כהתבטל הנר בפני האבוקה, וז"ש, כדין נהירו דכלא אתנהיר, כי אור עתיקא הוא אור של הכל, והכל בטלים לאורו, ובזה נתבטל לשעתו שורש הגבוה של המצרים".

ויש להעיר שהגירסא בזהר פרשת בשלח היא "בעתיקא תליא כלא" ולא כמובא בדברי אדמו"ר "בעתיקא תליא מילתא" אך המובן אותו מובן. ודברים אלו מובאים גם בספרא דצניעותא, וזה לשונו אות נה-נו (שמופיע אחרי פרשת תרומה):

"ויאמר יי' אל משה מה תצעק אלי, אלי דייקא. דבר אל בני ישראל ויסעו. ויסעו דייקא. במזלא הוה תלי, דבעא לאוקיר דקניה. והישר בעיניו תעשה והאזנת למצותיו ושמרת כל חקיו עד כאן. כי אני יי' רופאיך, להאי דוקא".

וזה לשון הסולם שם:

"ויאמר ה' אל משה מה תצעק אלי, אלי, הוא בדיוק, דבר אל בני ישראל ויסעו, ויסעו, הוא בדיוק. במזל היה הדבר תלוי, שרצה להוקיר את הדיקנא. והישר בעיניו תעשה והאזנת למצותיו ושמרת כל חקיו, עד כאן. כי אני ה' רופאיך, לזה דוקא.

פירוש. כדי לבקוע הים להציל את ישראל ולהטביע המצרים, היו צריכים לגלות אור החכמה בסוד ע"ב שמות, שה"ס ג' קוין המרומזין בג' פסוקים ויסע ויבא ויט, (כנ"ל בשלח אות קע"ג) וז"ש מה תצעק אלי, אלי, הוא בדיוק, דהיינו לבחינת ז"א, כי היו צריכים להמשיך הארת החכמה הגדולה שבע"ב שמות, הנמשך מי"ג תקוני דיקנא, וז"ש דבר אל בני ישראל ויסעו, ויסעו, הוא בדיוק. כי אין החכמה מתגלית ע"י ג' הקוין, אלא בדרך נסיעה על תלת דוכתי.

במזלא הוי תלי דבעא לאוקיר דיקניה, כי אז נמשך הארת החכמה ממזל העליון שה"ס תיקון השמיני מי"ג תיקוני דיקנא המכונה מזל. וז"ש והישר בעיניו תעשה, היינו קו שמאל, שבו נמשך החכמה המכונה עיניו. והאזנת למצותיו, היינו קו ימין, שבו נמשכים החסדים מבינה, המכונה אזנים, וע"כ נאמר והאזנת. ושמרת כל חוקיו, היינו קו האמצעי, שהוא שומר החוקים, שהימין תמשך ממעלה למטה, והשמאל רק ממטה למעלה, עד כאן, כלומר עד כאן צריכים להמשיך ולייחד את ג' הקוים זב"ז. כי אני ה' רופאיך, להאי דייקא, שהרפואה שלי נמשכת ביחוד הזה, של ג' הקוין, דוקא".

ויש להעיר שהגירסא היא "במזלא הוה תלי" ולא כמובא בדברי אדמו"ר "בעתיקא תליא מילתא", אך כנ"ל המובן אותו מובן.

[ג] אדמו"ר כותב "כמו שיש טבע ודרך הטבע בגשמיות כן יש דרך טבע ברוחניות". והנה ידיעה זו חשובה מאוד שהרבה פעמים אנחנו חושבים שהרוחני הוא משהו בלתי מדויק ולכן במחשבתינו יש מקום לויתורים וכל מיני ענינים כעין זה, אבל כמו שנאמר "כל האומר הקדוש ברוך הוא ותרן יותרו חייו", ואנחנו

צריכים להשריש במוחינו את הידיעה הזאת שכמו שברור לנו שבגשמיות יש קשר ישיר בין המעשה לתוצאה כמו כן ברוחניות. ובאמת אחת הסיבות שאנחנו נכשלים בדעה הכוזבת הזאת היא מפני שאיננו רואים בעינינו הגשמיים את הקשר הישיר הזה; מכל מקום חשוב מאוד שנשריש ידיעה זו בתוכנו, ואם נעשה כן יתברר לנו הרע שאנו גורמים לעצמנו על ידי העבירות, והטוב שנגרם לנו על ידי המצות, והשם יזכנו.

[ד] אדמו"ר כותב "אם הולכים בדרך הישרה ממשיכים כל טוב". ויש להעיר דודאי כוונתו שממשיכים את הטוב האמיתי ולא הטוב המדומה, שהרבה פעמים מה שאנחנו חושבים שהוא טוב - באמת אינו טוב בשבילנו, וכך להיפך יש פעמים שמשהו טוב בשבילנו אבל אנחנו לא מבינים ולא רואים את הטוב הטמון בדבר הזה. ולפי זה מובן שכשאומר אדמו"ר "אם הולכים בדרך הישרה ממשיכים כל טוב" אין כוונתו לטוב המדומה חס ושלום אלא לטוב האמיתי, שהקדוש ברוך הוא יודע שהוא טוב בשבילנו. ולפי הנ"ל מובן שבדרך כלל אל לו לאדם לבקש בקשה זו או אחרת בדיוק מהקדוש ברוך הוא אלא יבקש שהקדוש ברוך הוא יתן לו את הדבר שהוא טוב באמת בשבילו לפי ידיעת הקדוש ברוך הוא שזה הטוב האמיתי, וכמו כן אל לו לאדם להתעצב אם אינו מקבל את מה שבדעתו יותר טוב בשבילו, אלא להאמין שמה שהקדוש ברוך הוא נותן לו הוא הדבר הטוב ביותר בשבילו כעת.

[ה] אדמו"ר כותב "שבאדם טבוע וקיים הכח והרצון לקיומו עצמו ולבלוע הכל ולשלוט על הכל". והנה זה ענין הרצון לקבל לעצמו שמבואר בכתבי מ"ע צי"ע מרן קוה"ק הרב יהודה הלוי אשלג בעל הסולם זיעוכי"א ובכתבי אדמו"ר. ויש להבין שכל מהותו של הכלי הוא "הרצון לקבל". וזה לשון מ"ע צי"ע מרן קוה"ק הרב יהודה הלוי אשלג בעל הסולם זיעוכי"א בתלמוד עשר הספירות חלק א' באור פנימי אות ו: "מהותו של כלי רוחני הוא, כי בהיות הנאצל מקבל את שפע חיותו מן המאציל, הנה בהכרח, שיש לו רצון והשתוקקות לקבל את שפעו זה ממנו ית', ותדע, אשר מדת הרצון וההשתוקקות הזו, היא כללות כל החומר שבנאצל. באופן, שכל מה שיש בנאצל זולת זה החומר, כבר אינו מיוחס לבחינת החומר שלו, אלא לבחינת השפע שלו שמקבל מן המאציל. ולא עוד, אלא שהחומר הזה, הוא המודד את גדלותו ושיעור קומתו של כל נאצל, ושל כל פרצוף, וכל ספירה. שהרי

התפשטות אור העליון מן המאציל היא ודאי בלי שיעור ומדה, אלא רק הנאצל הוא העושה שיעור על השפע מכח עצמו, מפאת היותו מקבל לא פחות ולא יותר מכפי שיעור חשקו ורצונו לקבל, שזו היא אמת המדה הנוהגת ברוחניות, משום שאין ענין הכפיה נוהג שם, והכל תלוי ברצון. ולפיכך אנו מכנים את "הרצון לקבל" הזה, שהוא כלי קבלה של הנאצל, והוא נבחן לבחינת החומר שלו, שמחמתו יצא מכלל מאציל להקרא בשם נאצל, מטעם היותו מוגדר במין חומר כזה, שאינו מצוי במאציל אף משהו ח"ו, כי הרצון לקבל אינו נוהג ח"ו במאציל בהחלט, שהרי ממי יקבל, והבן".

וביאר אדמו"ר עוד בהסתכלות פנימית חלק א פרק ב אות יא-יב וזה לשונו: "וזהו, שאמר הרב ז"ל, שמתחילה היה אור א"ס ב"ה ממלא כל המציאות. פי', כיון שחשב השי"ת להנות את הנבראים, והאור התפשט ממנו, ויצא מלפניו, כביכול, תיכף הוטבע באור הזה, הרצון לקבל את הנאתו. ותשפוט ג"כ, שזה הרצון, הוא כל מדת גודלו של האור המתפשט, כלומר, שמדת אורו ושפעו, היא כפי השיעור שרוצה להנות, לא פחות ולא יותר. ודו"ק בזה, וע"כ אנו מכנים מהותו של "הרצון לקבל" המוטבע באור הזה, מכח מחשבתו ית', בשם "מקום". עד"מ, באמרנו שאדם אחד יש לו מקום לקבל סעודת ליטרא לחם, והשני אינו יכול לאכול יותר מחצי ליטרא לחם, באיזה מקום אנו מדברים, לא מגודלם של בני המעיים, זולת מגודל של החשק והרצון לאכול. והנך רואה, שמדת מקום הקבלה של הלחם, תלויה בשיעור הרצון והחשק של האכילה, ואצ"ל ברוחניות, אשר הרצון של קבלת השפע, הוא המקום של השפע, והשפע נמדד במדת הרצון.

ובזה, ארווח לן להשכיל, במה שאור א"ס ב"ה יצא מכלל עצמותו ית', שאין לנו בו שום הגה ומלה, להיות מוגדר בשם אור א"ס כנ"ל, שהוא בסבת ההבחן הזה הנ"ל, אשר באור הזה, כלול בו הרצון לקבל מעצמותו ית', שהוא צורה חדשה, שאינה כלולה ח"ו כלל וכלל בעצמותו ית', כי ממי יקבל ח"ו. וזו הצורה, היא ג"כ כל גדלו של האור הזה, כנ"ל, ודו"ק, כי אי אפשר להאריך כאן".

ולפי זה ביאר ענין מחצבת הנשמה. וזה לשונו שם באות טו: "ועתה יתבאר ענין מחצבת הנשמה, שאמרו שהיא חלק אלקה ממעל וכו', שהקשינו לעיל, איך ובמה תשתנה צורת הנשמה מאורו הפשוט, עד שתהיה נבדלת בזה מן הכל, ית', עתה מובן, כי נעשה בה באמת, שינוי צורה גדול, כי הגם שהוא ית' כולל כל הצורות

שאפשר לחשוב ולהרהר, אמנם אחר האמור לעיל, אתה מוצא, צורה אחת שאינה כלולה בו ית', והיינו הצורה של הרצון לקבל, שח"ו ממי יקבל. אמנם הנשמות, שכל בריאתן היא, משום שרצה ית' להנות להן, שזו היא מחשבת הבריאה כנ"ל, א"כ בהכרח שנטבע בנשמות החוק הזה, לרצות ולחשוק לקבל שפעו. ובזה נמצאות נבדלות הימנו ית', משום שנשתנתה צורתן הימנו ית', שכבר נתבאר שמהות גשמי נחלקת ונבדלת ע"י כח התנועה וריחוק המקום, והמהות הרוחנית, נחלקת ונבדלת ע"י שינוי צורה, ולפי השיעור שבהשתנות הצורה זה מזה, כן ישוער המרחק בין זה לזה, ובאם שינוי הצורה יגיע להפכיות ממש מן הקצה אל הקצה, אז נעשה חיתוך והבדל גמור, עד שלא יוכלו לינוק זה מזה, כי זרים נחשבים זה לזה".

[ו] אדמו"ר מביא מהבעל שם טוב הקדוש זכותו יגן עלינו אמן, את המאמר "שכמו שהצל עושה כל מה שהאדם עושה כל תנועה ותנועה, כן השם יתברך עושה עם האדם". וזה לשון ה"קדושת לוי" בפרשת נשא: "וידבר ה' אל משה לאמר: דבר אל אהרן ואל בניו לאמר: כה תברכו את בני ישראל, אמור להם (ו, כב-כג). הכלל הוא כך: דהנה הבעל שם טוב היה מוכיח תמיד את העולם בזה הפסוק (תהלים קכא, ה): ה' צלך. דהיינו: כמו שהצל עושה מה שאדם עושה, כך הבורא ברוך הוא, כביכול עושה מה שאדם עושה, ולכך צריך האדם לעשות מצוות וליתן צדקה ולרחם על העניים, כדי שיעשה הבורא ברוך הוא, גם כן עמו טובות. והנה המדה הזאת נקרא 'כה', כי פרוש המלה של 'כה' הוא 'כך' פרוש: כמו שהוא עושה, גם כן הבורא ברוך הוא עושה. וזה ידוע, שהבורא ברוך הוא, רוצה להיטיב לעמו ישראל, כי יותר ממה שהעגל רוצה לינוק, פרה רוצה להניק. וצריך האדם כשעומד להתפלל לפני הבורא ברוך הוא, כל תפלת שמונה עשרה או שאר דברי תחנונים, צריך להתפלל רק שיהיה להבורא ברוך הוא, תענוג מזה, כמו שאמרו במשנה (אבות ב, ח): אם למדת תורה הרבה, אל תחזיק טובה לעצמך, כי לכך נוצרת. פירוש: שיהיה המעשה של אדם רק כדי שיהיה להבורא תענוג מזה. וזה ידוע: כשאדם מתפלל בשבילו, אזי נקרא 'מקבל', וכשאדם רוצה לקבל דבר אוחז הגב יד לארץ, והתוך יד למעלה; אבל כשאדם מתפלל רק שיהיה להבורא ברוך הוא תענוג מזה, אזי נקרא 'משפיע', שהוא משפיע כביכול בהבורא, ברוך הוא; והמשפיע אוחז גב יד למעלה, ותוך היד - למטה.

והנה ברכת כהנים הוא בנשיאות כפים, דהיינו: שאוחזים גב ידיהם כנגד פניהם, כמו מי שירצה להשפיע, וזה פירוש הפסוק: כה תברכו את בני ישראל, דהיינו שיברכו את ישראל כדי שיהיה להבורא ברוך הוא, תענוג מזה, ותהיו אתם משפיעים כביכול בהבורא ברוך הוא, ואחר כך הבורא ברוך הוא, ישפיע לכם כל טובות וברכות על ישראל, כמו שאמרנו, שזה המדה נקרא 'כה', כמו שישראל עושים כביכול הבורא ברוך הוא, גם כן עושה ומשפיע לעמו ישראל טובות וברכות, חיים ושלום; אמן".

וזה ענין חשוב שעלינו לזכור תמיד שכל מה שקורה לנו נגרם על ידי מעשינו הן לטוב והן לרע חס ושלום. ואם דבר רע חס ושלום קורה לאדם, עליו לזכור שהוא גרם את זה לעצמו ע"י מעשיו הרעים.

[ז] אדמו"ר כותב "ואם האדם מוכן למסור את עצמו על קדושת ה' אז הקדוש ברוך הוא מבטל את כל סדרי הטבע שקבע ופונה אל האדם הזה בעל המסירות נפש". והענין הוא כמו שאדמו"ר ביאר שיש טבע בגשמיות וכמו כן יש טבע ברוחניות ולכן אם האדם ראוי להיענות ולקבל שפע אז הוא יכול לסמוך על דרכי הטבע הרוחניים כגון תפילה, אבל אם האדם אינו כדאי ואינו ראוי לקבל את אורו יתברך בדרכי הטבע הרוחניים ורוצה לקבל מאורו יתברך, עליו להתעורר מלמטה בשבירת טבעו שהוא הרצון לקבל לעצמו, וביסודו הרצון לחיות, ולעורר מסירות נפש כלומר שמוכן לשבור את טבעו ולמסור את נפשו על קדושת השם, אז מכיון שהקדוש ברוך הוא מתנהג עימנו כמו צל כמאמר הבעל שם טוב הקדוש על הפסוק "ה' צלך", אז הוא ישבור גם כן את סדרי הטבע של הרוחניות וישפיע על האדם שלא כדרך הטבע, כלומר אפילו אם אינו ראוי וכדאי, והבן סוד זה.

ובדרך אפשר יש להוסיף: דאולי גם אם האדם שובר קצת מטבעו הוא יכול לקבל קצת מאורו יתברך, גם אם אינו ראוי לזה בדרך הטבע, וכמו כן ככל שהאדם שובר את הרצון לקבל לעצמו שלו יותר, הוא יקבל יותר מאורו יתברך לפי כמות שבירת טבעו.

[ח] אדמו"ר כותב "אף על פי שאינו הגון ואינו כדאי לפי הסדר הקבוע וצריך לחכות אל "בעתה" ועל ידי המסירות נפש הוא מחיש לעצמו הישועה בבחינת "אחישנה". והנה מקור המושגים "בעתה" ו"אחישנה" הם מישעיה ס כב, דכתיב "אני ה' בעתה אחישנה" ומדבר בענין הגאולה וביאת משיח ובגמרא בסנהדרין צח,

ע"א מבואר, וזה לשון הגמרא: "אמר רבי אלכסנדרי רבי יהושע בן לוי רמי כתיב בעתה וכתיב אחישנה זכו אחישנה לא זכו בעתה", ואפשר לומר על דרך ביאור אדמו"ר: שכדי לזכות לגאולה השלמה בדרך "אחישנה", צריך לגלות מסירות נפש ולמשוך את הגאולה שלא כדרך הטבע, של בעתה, ולשדד המערכות ולמשוך את הנס של אחישנה במהרה בימינו, אמן.

[ט] אדמו"ר כותב "ענין התפילה שמתפללים וזועקים להשם יתברך ופרט בעת צרה שלא תבוא חס ושלום היא מדרכי הטבע הרוחניים להחיש ישועה ועזר בצרה". ולפי דבריו יש לבאר הא דקשה על ענין התפילה בכלל, דהקשו רבים: מדוע צריך להתפלל הא הקדוש ברוך הוא יודע הכל ומדוע האדם מבקש דברים מהבורא יתברך, ומבואר שתפילה היא צינור להמשכת השפע מקדוש ברוך הוא וכדברי אדמו"ר "היא מדרכי הטבע הרוחניים להחיש ישועה ועזר בצרה", ומובן לכן שהתפילה היא לאו דווקא "לגלות" להקדוש ברוך הוא מה אנחנו צריכים ומה חסר לנו אלא הכוונה היא למשוך שפע מאורו יתברך כמבואר באריכות בכתבי האר"י ז"ל זי"ע.

[י] אדמו"ר כותב "אמר הקדוש ברוך הוא למשה מה תצעק אלי כעת הנני רוצה לעשות להם נסים שלא כדרך הטבע". והנה יש לדייק בלשונו שכתב "הנני רוצה" שמשמע שלא היה מוכרח לעשות להם הנס של ההצלה ממצרים שלא כדרך הטבע, ובאמת מסתבר שיכל להצילם בנס על דרך הטבע, למשל במלחמה וכגון זה אבל הקדוש ברוך הוא "רצה" לעשות את ההצלה בנס שלא כדרך הטבע. ואפשר לפרש שהסיבה ש"רצה" הקדוש ברוך הוא להצילם בנס שלא כדרך הטבע היה כדי להראות לבני ישראל את עוצם אהבתו להם.

[יא] אדמו"ר כותב "אבל כאן עלי הדבר תלוי (עיין ברש"י)". וכוונת אדמו"ר לרש"י דיבור המתחיל "מה תצעק אלי", וזה לשונו שם בסוף דבריו: "דבר אחר מה תצעק אלי, עלי הדבר תלוי ולא עליך, כמו שנאמר להלן על בני ועל פעל ידי תצווני (ישעיה מה, יא), ומקורם של דברים אלו, הוא המכילתא. ויש להעיר שאדמו"ר מפרש את המילה עלי כ"מעלי" כלומר למעלה ממדרגת זעיר אנפין, והכוונה היא למדרגת עתיקא; ואילו הפירוש הפשוט בדברי המכילתא הוא שהקדוש ברוך הוא אומר למשה שאל לו לצעוק אלא הקדוש ברוך הוא בעצמו יעשה את הנס בלי

280

קריאת משה, ולכאורה אין זה כדברי אדמו"ר. אך ע' פנים לתורה, ואלו ואלו דברי אלקים חיים.

[יב] אדמו"ר כותב "גיליתי טפח ואלף טפחים עוד מכוסים". ויש להתעורר מדבריו כמה סודות נסתרים במכתב זה, והשם יזכנו להתחיל ולהבין את הסודות האלו. ובענין גילוי טפח וכיסוי טפחיים - יש בנותן טעם להביא את מאמר מ"ע צי"ע מרן קוה"ק הרב יהודה הלוי **אשלג** בעל הסולם זיעוכי"א בספר מתן תורה וזה לשונו שם במאמר "**גילוי טפח וכיסוי טפחיים**": מרגלא בפי הגדולים אנשי השם, במקומות שבאים שם לגלות איזה דבר עמוק, שמתחילים המאמר "הנני מגלה טפח ומכסה טפחיים", והנה הקדמונים שלנו נשמרים מאד ממלה יתרה, כמו שהורונו ז"ל (מגילה יח. הקדמת הזהר ע"פ הסולם אות יח) "מלה בסלע שתיקא בתרין", פירוש, אם יש לך מלה יקרה בפיך ששוה סלע תדע שהשתיקה ממנה שוה שני סלעים. והכונה לאותם המפליטים מלות יתירות שאין בהם תוכן ושימוש לענין רק כדי לשפר את הלשון להנאותה לעיני המעיין. והיה זה בעיני קדמונינו לאיסור חמור כמפורסם למסתכל בדבריהם, וכמו שאוכיח בקונטרסים הבאים, וא"כ צריכים אנו לתשומת לב להבין מליצתם זאת, שהייתה שגורה בפיהם כל כך:

ג' מינים בהסתר החכמה.

והענין הוא כי יש ג' חלקים בסודות התורה, אשר בכל חלק וחלק יש טעם מיוחד להסתר שבו, ונקראים בשמותם: א' האינו נחוץ, ב' האי אפשר, ג' משום סוד ה' ליראיו. ואין לך פרט קטן בחכמה זו, שאין נוהגים בה ביאורים מג' חלקים אלו האמורים, ואבארם אחת לאחת.

א. האינו נחוץ.

פירוש, שלא יצמח למי שהוא שום תועלת על ידי התגלותם. וכמובן, אשר אין בזה משום הפסד כ"כ, כי רק ענין של נקיות הדעת יש כאן, דהיינו כדי להזהר מן אותם מיני מעשים המוגדרים בשם "מה בכך", דהיינו מה בכך שעשיתי זה כיון שאין הפסד בדבר. ותדע שה"מה בכך" נחשב בעיני החכמים למשחית היותר נורא בין המשחיתים. שהרי כל מבלי עולם שנבראו ושעתידים להבראות אינם אלא מסוד האנשים של "מה בכך", דהיינו שעוסקים ומעסיקים את זולתם בדברים שאין

בהם צורך. ולפיכך לא היו החכמים מקבלים שום תלמיד בטרם ישיגו ממנו בטחון שיהיה זהיר בעסקיו שלא לגלות מה שאינו נחוץ.

ב. האי אפשר.
פירושו, כי אין השפה שולטת בהם לדבר מאומה מתכונתם, לרוב דקותם ורוחניותם. ולפיכך, כל נסיון להלבישם במלים אינו עשוי אלא להטעות בהם את המעיינים ולהטותם לדרך שוא, שזה נחשב לעון היותר גדול מנשוא, וע"כ כדי לגלות משהו מענינים כגון אלו, צריכים רשות מן השמים שזהו חלק הב' מהסתרת החכמה. אולם גם דבר הרשיון הזה צריך ביאור.

רשות מן השמים.
הנה דבר זה מבואר בספר שער מאמרי רשב"י להאר"י ז"ל, בפרשת משפטים זהר דף ק', בד"ה בריה דיוחאי ידע לאסתמרא, וזה לשונו: דע, כי נשמות הצדיקים יש מהם מבחינת אור המקיף ויש מהם שהם מבחינת אור פנימי (פירושם תמצא בספרי פנים מאירות בשער המקיפין ענף מח דף רלג), וכל אותם שהם מצד אור מקיף, יש בהם כח לדבר בנסתרות וסודות התורה דרך כיסוי והעלם גדול, כדי שלא יובנו אלא למי שראוי להבינם. והנה רבי שמעון בר יוחאי ע"ה, היתה נשמתו מצד אור המקיף, ולכן היה בו כח להלביש הדברים ולדורשן, באופן שאף אם ידרשם לרבים לא יבינם אלא מי שראוי להבינם, ולכן ניתן לו "רשות" לכתוב ספר הזהר, ולא ניתן "רשות" לרבותיו או לראשונים אשר קדמו לו, לכתוב ספר בחכמה הזאת, עם היות שודאי היו יודעים בחכמה הזאת יותר ממנו, אבל הטעם הוא שלא היה בהם כח להלביש הדברים כמוהו. וזהו מה שכתוב בריה דיוחאי ידע לאסתמרא ארחוי וכו'. ובזה תבין גודל העלם ספר הזהר אשר כתב רשב"י שאין כל מוח ומוח יכול להבין דבריו, עכ"ל.

תמצית דבריו, אשר ענין ביאורי דברים בחכמת האמת אינו תלוי כלל בגדלותו וקטנותו של החכם המקובל, אלא הוא ענין הארת הנשמה המיוחדת לדבר זה, אשר הארת נשמה זאת היא בחי' נתינת "רשות" מהשמים, לגלות חכמה העליונה. ונמצינו למדים אשר מי שלא זכה לרשות הזאת אסור לו לבאר ביאורים בחכמה זו, משום שאינו יכול להלביש הדברים הדקים ההם במלות המתאימות לדבר, באופן שלא יכשלו המעיינים בה. שמשום זה לא מצינו שום ספר מסודר בחכמת האמת

מלפני ספר הזהר של רשב"י, כי כל הספרים שקדמוהו באותה החכמה אינם מוגדרים בשם ביאורים בחכמה אלא רק רמזים בעלמא, וגם בלי סדר של קודם ונמשך, כנודע למוצאי דעת, ע"כ הבנת דבריו ז"ל.

ויש להוסיף כפי מה שקבלתי מפי סופרים ומפי ספרים, אשר מזמן רשב"י ותלמידיו בעלי הזהר עד זמנו של האר"י ז"ל, לא היה אף אחד מהמחברים שיבאר דברי הזהר והתיקונים כמו האר"י ז"ל, וכל החיבורים האלו שקדמוהו אינם אלא בבחינת בעלי רמז בחכמה זו, וגם ספרי החכם הרמ"ק ז"ל בכללם.

וגם על האר"י ז"ל עצמו ראוי לומר אותם הדברים שאמר על רשב"י, דהיינו אשר לקודמיו של האר"י ז"ל לא ניתן רשות מהשמים לגלות ביאורי חכמה, ולהאר"י ז"ל ניתנה הרשות הזאת, באופן שאין כאן להבחין משום גדלות וקטנות כלל, כי יכול להיות שמעלת הקודמים לו היתה לאין ערך גדולה ממעלת האר"י ז"ל, אמנם להם לא ניתנה הרשות לדבר זה. ולפיכך נשמרו מלכתוב הביאורים השייכים לעצם החכמה רק הסתפקו ברמזים קצרים, בלתי נקשרים זה בזה כלל.

ומטעם זה, מעת שנתגלו ספרי האר"י ז"ל בעולם, כל העוסקים בחכמת הקבלה הניחו ידיהם מכל ספרי הרמ"ק ז"ל ומכל הראשונים והגאונים שקדמו להאר"י ז"ל, כמפורסם בין העוסקים בחכמה זו, וכל חיי רוחם הדביקו רק בכתבי האר"י ז"ל בלבד, באופן אשר עיקרי החיבורים הנחשבים בבחינת ביאורים בחכמה זו כראוי להיות, אינם אלא ספרי הזהר והתיקונים ואחריהם ספרי האר"י ז"ל.

ג. סוד ה' ליראיו (עיין תוס' ד"ה "שמא בהן" - קדושין לג, ע"א).

פירושו, שסודות התורה מתבארים רק ליראי שמו ית' השומרים על כבודו ית' בכל נפשם ומאודם, שלעולם לא יצא מתחת ידיהם ח"ו שום חילול השם של משהו, והוא חלק הג' מהסתרת החכמה. והחלק הזה, הוא היותר חמור בענין ההסתרה, כי רבים חללים הפילו הגילויים ממין זה, כי מבטנם יצאו כל בעלי ההשבעות והקמיעות ובעלי קבלה מעשית הצודים נפשות בערמתם, וכל מיני בעלי המסתורין המשתמשים בנובלות חכמה שיצאו מתחת ידיהם של תלמידים דלא מעלי, להפיק מהם תועלת גופנית לעצמם או לאחרים, אשר העולם סבלו הרבה ועדיין סובלים מכך.

ודע, שכל עיקר ושורש ההסתר מתחלתו היה רק משום החלק הזה, ומכאן לקחו להם החכמים חומרות יתירות בבדיקת התלמידים, ע"ד שאמרו ז"ל (חגיגה יג,

ע"א) "אין מוסרים ראשי פרקים אלא לאב בית דין, והוא שלבו דואג בקרבו", וכן "אין דורשין במעשה בראשית בשנים ולא במרכבה ביחיד", וכמותם תמצא רבות. אשר כל הפחד הזה הוא מהמבואר לעיל, ומטעם זה מועטים המה יחידי הסגולה שזכו בחכמה זו. ואפילו אותם שיצאו כל חובתם בשבע בדיקות וחקירות, נמצאים מושבעים בשבועות חמורות ונוראות מבלי לגלות בכל אותם הג' חלקים הנ"ל ולא כלום (ועי' מזה בהקדמת הר"ר משה בוטריל ז"ל לספר יצירה).

ואל תטעה בדברי, במה שחילקתי כאן ג' חלקים בענין הסתרת החכמה, אשר כוונתי שחכמת האמת מתחלקת בעצמה לג' חלקים כגון אלו, אלא כוונתי על כל פרט ופרט שבכל מרחבי החכמה, אשר אין לך מלה קטנה בכל מרחבי החכמה הזאת, שלא יסתעפו ממנה ג' חלקים ההם, כי המה רק ג' אופני הביאור הנוהגים תמיד בחכמה זו, והבן.

אולם יש לשאול כאן, אם אמת היא אשר תוקפה של הסתרת החכמה הגיעה לידי מדה כזאת, א"כ מהיכן נלקחו כל אלו אלפי החיבורים שנתחברו בחכמה הזאת? והתשובה היא, כי יש הפרש בין ב' החלקים הראשונים ובין החלק האחרון, כי עיקר כובד המשא מוטל רק על חלק הג' הנ"ל, מטעם המבואר לעיל, אולם ב' החלקים הראשונים אינם תחת איסור קבוע, כי מחלק "האינו נחוץ" מתהפך לפעמים ענין אחד ויוצא מגדר "האינו נחוץ", משום איזו סיבה, ובא לבחינת **נחוץ**. וכן מהחלק "האי אפשר" נעשה לפעמים בחי' **אפשר**, שהוא מב' סיבות: או מבחינת התפתחות הדור, או על ידי נתינת רשות מהשמים כמו שקרה לרשב"י ולהאר"י ז"ל. ובשיעורים קטנים - גם לקודמים אליהם. ומבחינות הללו יוצאים ומתגלים כל הספרים האמיתיים שנתחברו בחכמה.

ולדבר זה נתכוונו במליצתם, "גיליתי טפח ואכסה טפחיים", שכוונתם, כי קרה להם ענין לגלות דבר חדש שלא שערוהו הקודמים לו, וע"כ מרמז כי רק טפח אחד, כלומר החלק הא' מג' חלקי ההסתרה הנ"ל הוא מגלה שם, וב' חלקים הוא משאיר בהסתר, והוא להורות כי קרה לו איזה ענין שהוא סיבה לדבר הגילוי ההוא. או שהאינו נחוץ קיבל צורת נחוץ או שניתנה לו רשות מהשמים ע"ד שביארתי לעיל. וזהו שמתבטא במליצה של גיליתי "טפח".

וידעו המעיינים בקונטרסים האלו שדעתי להדפיסם במשך השנה, **אשר כולם המה חדשות, שאינן מובאות בטהרה ובתוכנם המדויק לאמיתו בשום ספר**

מהקודמים אותי, ואני קבלתי אותם פה אל פה ממורי ז"ל המוסמך לדבר, דהיינו שגם הוא קבל מרבותיו פה אל פה כו'.

והגם שקבלתי אותם בכל אותם התנאים של כיסוי ושמירה כנ"ל, אולם מתוך ההכרח שהבאתי במאמרי "עת לעשות" הנ"ל, נתהפך לי חלק "האינו נחוץ", ויצא והיה לבחינת "נחוץ", וע"כ גיליתי טפח זה בהיתר גמור, כמו שביארתי לעיל; אמנם ב' הטפחים, אותם אשמור כמצווה עלי". עכ"ל.

[יג] אדמו"ר מברך את אדמו"ר אבי שליט"א: "אני רוצה לראות אצלך שני שולחנות תורה וגדולה". ומקור דברים אלו בגמרא ברכות ה, ע"ב והכי איתא התם: "רבי אליעזר [אלעזר] חלש, על לגביה רבי יוחנן חזא דהוה קא גני בבית אפל, גלייה לדרעיה ונפל נהורה, חזייה דהוה קא בכי רבי אליעזר [אלעזר], אמר ליה אמאי קא בכית אי משום תורה דלא אפשת שנינו אחד המרבה ואחד הממעיט ובלבד שיכוין לבו לשמים, ואי משום מזוני לא כל אדם זוכה לשתי שולחנות, ואי משום בני דין גרמא דעשיראה ביר אמר ליה להאי שופרא דבלי בעפרא קא בכינא, אמר ליה על דא ודאי קא בכית ובכו תרווייהו, אדהכי והכי אמר ליה חביבין עליך יסורין אמר ליה לא הן ולא שכרן אמר ליה הב לי ידך יהב ליה ידיה ואוקמיה", וזה פירוש דברי הגמרא: "רבי אליעזר [אלעזר] חלה ובא רבי יוחנן לבקרו ראה שהיה שוכב בבית אפל גילה רבי יוחנן את זרועו ונעשה אור בבית מחמת בוהק בשרו של רבי יוחנן ראהו רבי יוחנן שהיה בוכה רבי אליעזר [אלעזר], אמר לו משום מה אתה בוכה? וחשב רבי יוחנן שרבי אליעזר [אלעזר] בכה על היסורים שהיו לו בחיו, ונחמו: אם משום תורה שלא הרבית ללמוד כפי שרצית, הרי על כך כבר שנינו אחד המרבה ואחד הממעיט ובלבד שיכוון לבו לשמים; ואם משום מזונות משום חוסר פרנסה שהיה רבי אלעזר עני מאוד, הרי לא כל אדם זוכה לשתי שולחנות גם לשולחן עושר וגם לשולחן תורה, ואם זכית לתורה אינך צריך להצטער שלא זכית לעושר; ואם משום בנים שמתו אתה בוכה זו היא עצם של בני העשירי והרי יסורים אלו פוגעים בגדולים ואלה הם יסורים של אהבה, אמר לו רבי אלעזר שלא על עצמו בכה אלא על אותו יופי הבלה בעפר אני בוכה, אמר לו רבי יוחנן, על זה ודאי ראוי לך לבכות ובכו שניהם. בין כה וכה אמר לו רבי יוחנן חביבין עליך יסורין? אמר לו רבי אלעזר לא הן ולא שכרן, נתן לו ידו והקימו מחליו. וזה לשון התוספות דיבור המתחיל "ה"ג לא כל אדם זוכה לשתי שולחנות": "אבל אין לגרוס

חלק ביאור אהובי נצח למכתב ד - יג, יד א

אין אדם זוכה דהא כמה צדיקים זוכין לשתי שולחנות כגון רבי וכדאמרינן בפרק בתרא דהוריות (י, ע"ב)". ומהנ"ל מובן בגודל הברכה שאדמו"ר מברך בה את אדמו"ר אבי שליט"א וכן יהי רצון.

ויש בנותן טעם להביא כאן את ביאור הזהר למאמר הנ"ל, וזה לשון הזהר בפרשת פנחס אות תתעב: **"וברתא איהי תפלה של יד, כה"ה. י' קשר דיליה. ה' עלאה אימא, תפלין דרישא על ראש תפארת. תפלין דיליה, כסדר יקו"ק, דאיהו קדש לי. והיה כי יביאך. שמע. והיה אם שמוע. אבל בעלמא דאתי, הויות באמצע, דאינון ה' ה'. ובג"ד אמר הנביא, בזאת י"תהלל ה"מתהלל ה"שכל ו"ידוע אותי כי אני יקו"ק. ובג"ד אוקמוה מארי מתניתין, דאית ברישא אתר, לאנחא תרי זוגי דתפלי. ודא זכי לתרין פקודין, דאוקמוה עלייהו, לא כל אדם זוכה לשתי שולחנות".**

וזה לשון הסולם שם:

"והבת, דהיינו מלכות, היא תפלה של יד כה"ה. י' היא קשר שלו. ה' עליונה, דהיינו אמא, היא תפלין של ראש על ראש התפארת. התפלין שלו דהיינו המוחין שלו, הוא כסדר י"ה ו"ה, שהוא קדש לי, י', והיה כי יביאך היא ה', שמע היא ו', והיה אם שמוע, היא ה' אחרונה. וסדר זה הוא לתפלין של ראש ז"א. אבל בעולם הבא, שהיא בינה, התפלין, שהם המוחין שמקבלת, הסדר הוא, הויות באמצע, שהם ה' ה', דהיינו י' בתחילה שהוא קדש, וו' בסוף דהיינו שמע, והויות דהיינו והיה כי יביאך, והיה אם שמוע, ה' ה', באמצע. ועל זה אמר הנביא, בזאת יתהלל המתהלל השכל וידוע אותי כי אני ה'. שהם כסדר הצירוף יה"הו (ועי' בהקדמת תקוני זהר דף ט, ע"ב) ומשום זה העמידו בעלי המשנה, שיש מקום בראש להניח ב' זוגות תפלין. וזה זוכה לב' מצוות. שהעמידו עליהם, לא כל אדם זוכה לב' שולחנות".

[יד] אדמו"ר כותב "כי יש דברים שעוד לא התירו להעלותם בכתב". והנה בטעם לאיסור הזה יש לדון, ועיין בספר מתן תורה במאמר גילוי טפח וכיסוי טפחיים מ"ע צי"ע מרן קוה"ק הרב יהודה הלוי אשלג בעל הסולם זיעוכי"א מבאר שיש ג' סיבות באיסור לגלות סודות התורה א) שאינו נחוץ, ב) אי אפשר, ג) סוד השם ליראיו, ועיין שם באריכות (והבאנו דבריו לעיל באות יב ועיין שם).

תוכן מכתב ה

- המשך ביאור על מכתב ד בענין קריעת ים סוף והמדרגה שזכו לה ישראל אז.
- יש ב׳ מיני דביקות: א) אדון עם עבדיו, ב) אדם עם מחשבתו.
- היהודים בקריעת ים סוף הגיעו למדרגה הב׳ בדביקות בה׳ משום מסירות הנפש שלהם.
- הדרכה בלימוד תורתינו הקדושה בקצרה.

תוכן ביאור אהובי נצח למכתב ה

הערה א

- מביא לשון הזהר בפרשת ויקרא בענין ראתה שפחה על הים כו׳. ובעוצם מעלת בני ישראל בשעת קריעת ים סוף.

הערה ב

- מביא לשון הזהר פרשת בראשית בענין אור הגנוז. וביאור הסולם עליו.
- מבואר בו גם בענין שהראה הקב״ה לאדם הראשון והי׳ צופה בו מסוף העולם עד סופו כו׳.
- ג׳ הירחים דמשה.
- בינה ומלכות - עולם הבא ועולם הזה.
- בפירוש מלת ״ויהי״ ע״ד הנסתר.
- ביאור רמזי הנקודות ״שורק״ ו״חיריק״.
- ביאור על הפסוק ״מגלה עמוקות מני חשך״.
- יחוד מחשבה קול ודיבור.
- בהנוטריקון של ״שבת״ ש׳ ב״ת.
- בהאיסור לדבר דברי חול בשבת.
- בפסוק ויבדל אלקים בין האור ובין החושך.

הערה ג

- מביא המקורות לדברי אדמו״ר על פסוק ״אז ישיר - שר לא נאמר אלא ישיר״, מזהר פרשת בשלח, ופירוש הסולם עליו. וזהר פרשת וילך.
- בו מבואר גם על פסוק אז ישיר ישראל את השירה הזאת.

הערה ד
- כותב צ"ע בדברי אדמו"ר כאן "שכולם היו כאיש אחד בלב אחד". הלא זה נאמר על עת מתן תורה, ומנין לומר שהיה כן גם בשעת קריעת ים סוף.

הערה ה
- כותב בענין אחדות ישראל שדוקא בזכות האחדות של תלמידי רבי שמעון בר יוחאי נתגלו כל הסודות של ספר הזוהר.

הערה ו
- מביא מקור לדברי אדמו"ר כאן שבשעת קריעת ים סוף "אפילו התנוקות אמרו שירה". ומוסיף מדברי הזהר ועוד מקורות שלא רק תנוקות כי אם גם עוברין במעי אמן אמרו שירה.

הערה ז
- מציין על דברי אדמו"ר כאן שיש ב' מיני אחדות, א' אדם עם מחשבתו, ב' אדון עם עבדיו.

הערה ח
- חוקר אם עפ"י דברי אדמו"ר כאן דומים ושוים הם אותם הדרגות הנעלות שהגיעו בניהם אליהם בשעת מ"ת ובשעת קריעת ים סוף, או שהם דרגות חלוקות.

הערה ט
- מבאר את פירוש אדמו"ר על מארז"ל "מי גילה רז זה לבני שאמרו נעשה ונשמע סוד שהמלאכים משתמשים בו עושי דברו והדר לשמוע". שמפרש כי הגמרא מתכוונת לומר שבני ישראל הגיעו למדרגה של דביקות בהשם יתברך כאדם עם מחשבתו וזהו ענין נעשה ונשמע שהם לא היו צריכים לשמוע את רצון הקב"ה ובכל זאת הם עשו את רצונו מיד. ומדייק שלפי ביאור זה לכאורה המלה "ונשמע" מיותרת. ומיישב זה.

הערה י
- מבאר את הקשר של מסירות נפש עם דביקות בהקב"ה.
- מביא מספרי תלמידי הבעש"ט שהדבר היחיד שמפריד בינינו לבין הקב"ה הוא הגאוה, ומקור הגאוה הוא הרצון לקבל לעצמו, וכדי להידבק לגמרי בהקב"ה צריך לבער כל טיפה של רצון לקבל לעצמו מתוכנו.

- אחרי זה הוא מוסיף לבאר שהאבות זכו לדרגת דבקות זו ולכן יכלו לעשות כל המצות אף שלא נצטוו.
- מבאר עפי"ז באר היטב לשון הפסוק וישלח את ידו ויקח את המאכלת גו'.

הערה יא

- מציין על לשון אדמו"ר כאן שכותב לאביו שליט"א "שזה משמח אותי כשמדברים לשומע ומבין". שכעין זה מובא בזהר פרשת תצוה בענין זכאה מאן דמליל על אודנין דשמעין.

הערה יב

- מביא המקור ללשון אדמו"ר כאן "ומה שלא תבין תבקש רחמים ממי שהחכמה שלו" מגמרא נדה דף ע, ע"ב.

הערה יג

- מבאר לשון אדמו"ר "כי רבים אשר עמנו מאשר עמהם". שכוונתו לכוחות העליונים ולא במספר אנשים בעוה"ז.
- ממשיך שמזה צריך לבוא לנו התעוררות שבעבודתנו אין אנו לבד.

הערה יד

- דן בדברי אדמו"ר כאן ע"ד הכוונה בעת לימוד התורה - אם צריך גם לכוון שהקב"ה יש לו נחת רוח כשלומדים תורתו ומבינים אותה.

הערה טו

- עוד שקו"ט בדברי אדמו"ר בענין לימוד התורה מתוך אמונה.

הערה טז

- כותב על דבר מדת התמימות שחשובה מאד בעבודת השם.
- מביא שני סיפורים מהבעש"ט בענין קירובו את האנשים הפשוטים ואיך שהראה בדרך נפלאה לתלמידיו הקדושים מעלת האנשים הפשוטים ואמירת התהלים שלהם.

ב"ה

יום א כ"ח שבט תשכ"ה תל-אביב

שפע ברכה והצלחה לכבוד ידיד נפשי חביב אדם מורינו הרב שרגא פייביל שליט"א.

אחר דרישת שלומו הטוב באהבה רבה, צלצלתי אמש במוצאי שבת קודש לראש העיר צפת תבנה ותכונן וענה לי שקיבל מכתבך וכבר הציע הדבר לפני חברי מועצת העיריה והענין הוא בטיפול והוא יהיה השבוע בתל-אביב ויבקר אצלי ויודיע לי פרטים על הענין המבוקש, הוא מקוה שהוא יגמר בכי טוב.

קבלתי גם המכתב בענין הדברי תורה מפרשת בשלח[1], הדברים הם כפי מה שאתה תפסת, ואין שום שייכות מפרשת נח לכאן, ורחוק מאד המצב של ימי המבול להמצב של קריעת ים סוף ומעמד הר סיני[2] שכתוב ראתה שפחה על הים מה שלא ראה יחזקאל הנביא [א] ובני ישראל זכו אז לאור הגנוז[3] שיאיר לנו בגמר כל התקונים [ב] שלכן כתוב[4] אז ישיר שר לא נאמר אלא ישיר[5] [ג], וכולם היו [ד] כאיש אחד בלב אחד[6] [ה] ואפילו התנוקות אמרו שירה[7] [ו] כי השכינה הקדושה שרתה עליהם ונתלבשה בהם ושרה מתוך גרונם.

ודבקות [ז] כזו הוא כדוגמת אדם עם מחשבתו[8], שמה שאדם חושב, כל אבריו מוכנים ועושים בלי שיגיד להם, מפני הקשר שהשם יתברך קשר בין אור השכל והמחשבה שהיא רוחניות עם אברי הגוף שהם גשמיים והם דבוקים יחד כל כך שלא מרגישים את זרימת המחשבה לתוך אברי הגוף.

ישנה מין דבקות אחרת במדרגה יותר נמוכה כמו אדון עם עבדיו ואפילו אם העבדים יהיו הכי נאמנים ומסורים עם כל זה לא יבוא האדון בטענה אליהם למה

---

1 מכתב ד, יא בשבט תשכ"ה.

2 מכילתא בשלח ב, פסיקתא זוטרתי טו, ב. זהר פרשת בשלח אות תלד ופרשת ויקרא אות שפו (נעתק לקמן בביאור הערה א).

3 עיין בזהר פרשת בראשית מאות שמח-שנז, ובהקדמה לתלמוד עשר ספירות אות י (נעתק לקמן בביאור הערה ב).

4 שמות טו, א.

5 סנהדרין צא, ע"ב, תנחומא צו, ז. זוהר פרשת בשלח אות רטז, ופרשת וילך אות מז (נעתק לקמן בביאור הערה ג).

6 שמות יט, ב במכילתא והובא ברש"י.

7 עיין סוטה ל, ע"ב, וירושלמי סוטה ה, ד. וראה לקמן בביאור הערה ו.

8 עיין בהקדמת תיקוני הזהר אות סט ובמעלות הסולם שם, ובמכתב יב מיום כד ניסן תשכ"ה.

שלא עשו מה שהוא חשב, הם עבדים נאמנים ועושים מה שהאדון מצווה להם בשלימות, אבל מה שהוא חושב אינם יודעים ואי אפשר להם לעשות.

ובמעמד קריעת ים סוף והר סיני היו בני ישראל דבוקים בהשם יתברך כאדם עם מחשבתו [ח], ועל זה אמרו חכמינו זכרונם לברכה[9] מי גילה רז זה לבני שאמרו נעשה ונשמע סוד שהמלאכים משתמשים בו-עושי דברו והדר לשמוע[10] [ט].

ולמצב כזה זוכים על ידי מסירת נפש על קדושת שמו יתברך. [י] וזה שאמר השם יתברך למשה[11]: דבר אל בני ישראל ויסעו, ובני ישראל קיבלו עליהם אז שיותר טוב להטבע בים מלהיות תחת השעבוד של המצריים, כפי שאתה הבנת את הדברים שזה משמח אותי[12] כשמדברים לשומע ומבין [יא].

ומה טוב שתלמוד ביחידות ומה שלא תבין תבקש רחמים ממי שהחכמה שלו (עיין במסכת נדה ע, ע"ב [יב]).

והנני מצפה ומקוה שלא תהיה יחידי, כי[13] רבים אשר עמנו מאשר עמהם [יג].

ותלמוד רק מתוך מצות השם יתברך [יד] ובאמונה פשוטה [טו] שהקדוש ברוך הוא יש לו נחת רוח אם לומדים תורתו ומבינים אותה, אז תראה כי[14] לא ימנע הטוב מהולך תמים. [טז] שלחתי לך היום עשרה כרכים מספר הזהר עם פירוש הסולם ואשתדל להשלים לך כל כ"א הכרכים.

יהודה צבי

---

9 עיין בגמרא שבת פח, ע"א.

10 תהלים קג, כ.

11 שמות יד, טו.

12 עיין בזהר פרשת תצוה אות קכז (נעתק לקמן בביאור הערה יא).

13 על פי הפסוק דברי הימים ב לב, ז.

14 על פי פסוק בתהלים פד, יב.

[א] אדמו"ר כותב "ראתה שפחה על הים מה שלא ראה יחזקאל הנביא". ויש להוסיף על ענין זה מדברי הזהר בפרשת ויקרא אות שפו: "דתנינן, חמאת שפחה חדא על ימא, מה דלא חמאת עינא דיחזקאל נביאה. אי אינון אתדבקו כל כך, נשיהון דישראל כ"ש. בנייהו כ"ש. גוברין כ"ש. סנהדרין כ"ש. נשיאים כ"ש, וכ"ש נביאה עלאה מהימנא משה, דאיהו על כלא. והשתא אלין טייעי מדברא מרחשין חכמתא כל כך, כ"ש חכימי דרא, כ"ש אינון דקיימי קמיה דר"ש, ואולפי מיניה בכל יומא. כ"ש וכ"ש ר"ש דהוא עלאה על כלא".

וזה לשון הסולם שם:

"שלמדנו, ראתה שפחה על הים מה שלא ראתה עין יחזקאל הנביא. ואם הן השפחות השיגו כל כך, נשיהם של ישראל לא כל שכן, ובניהם לא כל שכן, והאנשים לא כל שכן, וסנהדרין לא כל שכן, והנשיאים לא כל שכן, ולא כל שכן נביא העליון הנאמן משה,

שהוא על כולם. ועתה, אלו הסוחרים שבמדבר היו דובבים חכמה כל כך, מכל שכן חכמי הדור, ומכל שכן אלו הנמצאים לפני ר' שמעון, ולומדים ממנו בכל יום. ומכל שכן וכל שכן ר' שמעון עצמו, שהוא עליון על כולם".

ומבואר מהזהר עוצם מעלת בני ישראל בשעת קריעת ים סוף.

[ב] אדמו"ר כותב שבני ישראל בקריעת ים סוף "זכו אז לאור הגנוז שיאיר לנו בגמר כל התקונים". וענין אור הגנוז מבואר בזהר פרשת בראשית במאמר "אור הגנוז", וזה לשון הזהר מאות שמח-שנז: "ויאמר אלקים יהי אור ויהי אור, ודא איהו נהורא, דברא קב"ה בקדמיתא, והוא נהורא דעינא, והוא נהורא דאחזי קב"ה לאדם קדמאה. והוי חזי ביה מסייפי עלמא ועד סייפי עלמא, והוא נהורא דאחזי קב"ה לדוד, והוא משבח ואמר מה רב טובך אשר צפנת ליראיך, והוא נהורא דאחזי קב"ה למשה, וחמא ביה מגלעד ועד דן.

ובשעתא דחמא קב"ה, דיקומון תלתא דרין חייבין, ואנון: דרא דאנוש, ודרא דטופנא, ודרא דפלגה, גניז ליה, בגין דלא ישתמשון ביה, ויהב יתיה קב"ה למשה, ואשתמש ביה תלת ירחין, דאשתארון ליה מיומי עבורא דיליה, כד"א ותצפנהו שלשה ירחים.

ובתר תלת ירחין. עאל קמי פרעה, נטיל ליה קב"ה מניה, עד דקאים על טורא דסיני לקבלא אורייתא, והדר ליה ההוא נהורא, ואשתמש ביה כל יומוי. ולא יכלו בני ישראל, למקרב בהדיה, עד דיהב מסוה על אנפוי, כד"א וייראו מגשת אליו, ואתעטף ביה כטלית. הה"ד עוטה אור כשלמה.

יהי אור ויהי אור, כל מה דאתמר ביה ויהי, הוא בעלמא דין, ובעלמא דאתי. אמר ר' יצחק אור דברא קב"ה בעובדא דבראשית, הוה סליק נהוריה מסייפי עלמא עד סייפי עלמא, ואתגניז.

מאי טעמא אתגניז, בגין דלא יתהנון מניה חייבי עלמא, ועלמין לא יתהנון בגיניהון, והוא טמיר לצדיקיא, לצדיק דייקא דכתיב אור זרוע לצדיק ולישרי לב שמחה. וכדין יתבסמון עלמין, ויהון כלא חד, ועד יומא דיהא עלמא דאתי הוא טמיר וגניז.

ההוא נהורא נפק מגו חשוכא, דאתגלפא בקלפוי דטמירא דכלא, עד דמההוא נהורא דאתגניז, אתגליף בשביל חד טמירא, לחשוכא דלתתא, ונהורא שארי ביה. מאן חשוכא דלתתא. ההוא דאקרי לילה, דכתיב ביה ולחשך קרא לילה.

וע"ד תנינן מאי דכתיב מגלה עמוקות מני חשך, ר' יוסי אומר אי תימא מחשך סתים אתגליין, הא חזינן דטמירין אנון, כל אנון כתרין עלאין. וקרינן עמוקות, מהו מגלה, אלא, כל אנון טמירין עלאין לא אתגליין, אלא מגו ההוא חשוכא, דאיהו ברזא דליליא. ת"ח, כל אנון עמיקין סתימין דנפקי מגו מחשבה, וקלא נטיל לון, לא אתגליין, עד דמלה מגלה לון, מאן מלה היינו דבור.

והאי דבור אקרי שבת. ובגין דשבת אקרי דבור, דבור דחול אסור בשבת. וכך הוה עביד ר"ש כד חמי לאמיה דהות משתעיא, הוה אמר לה, אמא שתוקי, שבת הוא ואסיר. בגין דדבור דא בעיא לשלטאה, ולא אחרא. והאי דבור דאיהו אתי מסטרא דחשך, מגלה עמוקות מגויה. ומשמע מני חשך, ההוא דאתי מסטרא דחשך, דכתיב מני דייקא.

אמר ר' יצחק, אי הכי, מאי דכתיב ויבדל אלקים בין האור ובין

החשך, א"ל אור אפיק יום, וחשך אפיק לילה, לבתר חבר לון כחדא, והוו חד, דכתיב ויהי ערב ויהי בקר יום אחד, דלילה ויום אקרון חד, והאי דכתיב ויבדל אלקים בין האור ובין החשך, דא בזמנא דגלותא דאשתכח פרודא.

א"ר יצחק, עד הכא דכורא באור, ונוקבא בחשוכא, לבתר מתחברן כחדא למהוי חד. במאי אתפרשאן לאשתמודעא, בין נהורא ובין חשוכא, מתפרשן דרגין, ותרווייהו כחד הוו, דהא לית נהורא אלא בחשוכא, ולית חשוכא אלא בנהורא, ואע"ג דאנון חד, אתפרשן בגוונין ועכ"ד אנון חד. דכתיב יום אחד".

וזה לשון הסולם שם:

"ויאמר אלקים יהי אור וגו'. זה הוא האור שברא הקב"ה בתחלה, והוא אור העינים. והוא האור שהראה הקב"ה לאדם הראשון, והיה רואה בו מסוף העולם ועד סופו. והוא האור שהראה הקב"ה לדוד, והיה משבח ואומר עליו מה רב טובך אשר צפנת ליראיך. והוא האור שהראה הקב"ה למשה וראה בו מגלעד עד דן, דהיינו כל ארץ ישראל.

ובשעה שראה הקב"ה שיקומו שלשה דורות רשעים, שהם דור אנוש, דור המבול, ודור הפלגה, גנז את האור כדי שרשעים הללו לא ישתמשו עמו. ונתן הקב"ה את האור למשה, ושמש עמו בג' החדשים שנשארו לו מימי העיבור שלו כי נולד לששה חדשים ויום א' ונשארו לו ג' חדשים, עד ט' ירחי עיבור, שלא היה בעיבור, וע"כ כתוב ותצפנהו שלשה ירחים, דהיינו כמ"ש חז"ל (סוטה יב, ע"ב) שהמצרים חשבו שתלד אותו לט' חדשים כרגיל, וע"כ לא חפשו אחרי משה קודם ט' חדשים, ויכלה להצפינו. פירוש כי אמרו (נדה ל, ע"ב) בכל אדם, שבזמן עבורו נר דלוק על ראשו וצופה ומביט מסוף העולם עד סופו, והרבותא הוא אצל משה שאפילו אחר שנולד לאויר העולם, עוד נתן לו הקב"ה את האור הזה, דהיינו רק אותו זמן שעוד היה צריך להיות בעיבור, שהם שלשה ירחים, משששה חדשים ויום א' עד ט' חדשים שלמים, אבל אחר ט' חדשים לקח הקב"ה את האור ממנו כמ"ש הזהר לפנינו.

ואחר שלשה חדשים, דהיינו לאחר שלא נשאר לו כלום מימי עבורו, נכנס לפני פרעה, כלומר, שבת פרעה מצאה

אותו על שפת היאור, והביאתו לפני פרעה, ואז לקח הקב"ה את האור ממנו, עד שעמד על הר סיני לקבלת התורה, ואז החזיר לו הקב"ה את האור. ושמש עם האור כל ימיו ולא יכלו בני ישראל לגשת אליו עד שנתן מסוה על פניו, כמ"ש ויראו מגשת אליו וגו' והוא נתעטף בהאור כמו בטלית, וז"ש עוטה אור כשלמה וגו'.

יהי אור וגו'. כל דבר שנאמר בו ויהי, נוהג בעולם הזה ובעולם הבא. פירוש, שתי העולמות הן בינה ומלכות, הבינה נקראת עולם הבא, והמלכות עוה"ז. וכל הקדום במעלה נבחן ג"כ שקדום בזמן, וע"כ נחשב עוה"ב לבחינת קודם, דהיינו לעבר, להיותו בינה, הקודמת למלכות. ועוה"ז נבחן לבחינת אחר כך, דהיינו לעתיד. להיותו מלכות המאוחרת כלפי הבינה. והמלה ויהי, יש בה ב' משמעויות, כי יהי משמעותו עתיד, והו' שבתחילת המלה מהפך אותו לעבר, וע"כ יש בו שניהם, עבר ועתיד שהם עוה"ב ועוה"ז. וע"כ אומר שכל דבר שנאמר בו ויהי, נוהג בעולם הזה ובעולם הבא. כי שניהם מרומזים בהמלה ויהי.

אר"י האור שברא הקב"ה במעשה בראשית, היה מאיר מסוף העולם עד סוף העולם. והוא נגנז. שואל, מה הטעם שנגנז האור. ואומר, כדי שרשעי עולם לא יהנו ממנו, והעולמות אינן נהנים מהאור בסבת הרשעים, והוא צפון לצדיקים ובמדויק לצדיקים, שכתוב אור זרוע לצדיק וגו', ואז ימתקו העולמות ע"י התגלות אור הזה ויהיו כולם אחד, ועד היום שיתגלה הבינה הנקראת עולם הבא נמצא האור נסתר וצפון.

אור זה, המתגלה מעולם הבא, יוצא מתוך החשך שנחקק בחקיקותיו של הנסתר מכל, דהיינו בחקיקות שבבינה, שה"ס עולה"ב בסוד נקודת השורק אשר בה. כי בעת שהבינה עולה ומתייחדת בראש א"א, שבו חכמה בלי חסדים, יוצא החשך בז"ת דבינה, כי הז"ת דבינה שה"ס התכללות הזו"ן בבינה, כיון שעקרם מחסדים, אינם יכולים לקבל אור החכמה בלי לבוש החסדים, ונעשה בהם חשך, עד שנחקק שביל אחד נסתר מן אור הגנוז אל החשך שלמטה, שה"ס המסך דחירק, ואז שורה בו האור דהיינו שמתגלה אור הגנוז בהעולמות.

פירוש, כי נתבאר לעיל (דף טז ד"ה וזה) בביאור המסך דנקודת החירק, אשר בבינה. כי יוצאת בה קומת חסדים על המסך דבחי"א שבזו"ן שעלו להבינה, ואז מתלבשת החכמה

חלק ביאור אהובי נצח למכתב ה - ב א

בחסדים ויכולה להאיר ע"ש. והנה המסך הזה שבזו"ן היא בהנוקבא, כי היא נושאת המסך של ז"א. ונמצא שעל ידי המסך של הנוקבא האירו המוחין בהבינה, כי לולא קומת החסדים שיצאה על המסך שלה, היתה הבינה נשארת בהחשך מכח נקודת השורק. ולפיכך נבחן בזה שהמסך של הנוקבא נחקק ונעשה לשביל היוצא מאור הגנוז שבבינה, אל החושך שבהנוקבא עצמה, אשר בשביל הזה נמשך אור הגנוז מן הבינה אל הנוקבא. כי התחתון המשלים לעליון זוכה בעצמו בכל אותו השיעור שהשלים לעליון. וז"ש, דהיינו מאור הגנוז דמאיר בבינה נחקק ונמשך בשביל נסתר אחד, דהיינו שהאור נמשך ובא בהשביל שנתתקן במסך דנקודת החירק של הנוקבא כנ"ל, אל החשך שלמטה, דהיינו להחשך של הנוקבא עצמה, ומן הנוקבא, האור מתגלה בכל העולמות, וז"ש מי הוא החשך שלמטה, ואומר, שהוא החשך הנקרא לילה. כלומר הנוקבא של הז"א. וע"כ תנינן, מה דכתיב מגלה עמוקות מני חשך, רי"א, אם תאמר בפירוש הכתוב, שמחשך סתום, דהיינו מחשך דבינה, מתגלים העמוקות, הרי אנו רואים שכל אלו כתרים העליונים שבבינה, הם נסתרים, והכתוב קורא אותם משום זה, עמוקות, וא"כ מהו מגלה עמוקות, הלא אינם מתגלים כלל. אלא אר"י, כל אלו נסתרות עליונים אינם מתגלים, אלא מתוך אותו החשך, שהוא בסוד הלילה, שהיא הנוקבא, בוא וראה, כל אלו עמוקות הסתומות שיוצאות מתוך המחשבה, שהיא בינה, והקול, שהוא ז"א, לוקח אותם, אינן מתגלות עד שהמלה, מגלה אותן. שואל, מה היא מלה, ואומר שהיא דבור, דהיינו מלכות, כי ז"א במוחין דגדלות נק' קול, והמלכות במוחין דגדלות נקראת דבור.

ביאור הדברים: אלו ג"ר דבינה הנעלמים עם עליית המלכות אליה, נקראים עמוקות, ועליהן אומר הכתוב מגלה עמוקות מני חשך, שמסוד החשך שבנקודת השורק, שמשם נמשך החכמה, חוזרות ומתגלות הג"ר הללו. ואומר ר' יוסי אשר אין כוונת הכתוב על חשך דבינה דסתום, דהיינו בסוד נקודת השורק שבה, כי אין ענין גילוי אלא על ידי הארת החכמה, והבינה אע"פ שמקבלת חכמה אינה מקבלת בשביל עצמה, אלא בשביל המלכות, והיא עצמה נשארת לעולם בחסדים מכוסים, בסו"ה כי חפץ חסד

הוא. וא"כ איך אומר הכתוב עליה מגלה עמוקות מני חשך, הרי החשך אינו מגלה שם כלום.

אלא הפירוש הוא על חשך דלילה, דהיינו חשך הנוקבא שנקראת לילה, שהיא מקבלת חשך הזה מנקודת השורק דבינה, ובה נאמר מגלה עמוקות מני חשך, כי אחר שמקבלת חסדים מז"א, הרי החכמה שהיתה שרויה בחשך שלה בשמאל, בסוד נקודת השורק, מחוסר לבוש החסדים, מתגלה עתה ויוצא מתוך החשך, שמתלבש בחסדים שהשיגה והיא סוד היחוד דמחשבה קול דבור, מחשבה, היא מוחין דגדלות של הבינה. קול הוא ז"א בגדלות. דבור הוא הנוקבא בגדלות, כלומר, בעת שהזו"ן מקבלים המחשבה, שה"ס מוחין דגדלות, נעשה זווג ביניהם בסוד קול ודיבור. וכמו באדם הגשמי, אין מחשבתו ניכרת מטרם שנתלבשה בקול ודבור, וגם לא בקול, אלא רק בהדבור, כן כאן אין הארת החכמה מתגלית לא במחשבה שהיא בינה, ולא בקול שהוא ז"א, אלא רק בהדבור שה"ס הנוקבא דז"א. באופן שעיקר אצילת המוחין לכל פרטיהם יוצאת בהמחשבה, שהיא הבינה, והמחשבה עם כל אשר בה מתלבשת בהקול, שהוא ז"א,

ומהקול מושפעים כולם להדיבור, וכל מה שהיה מחשבה מתגלה ע"י הדיבור, וז"ש שאינם מתגלים עד שהנוקבא מגלה אותם.

ודבור זה, דהיינו בסוד היחוד דמחשבה קול ודבור, נקרא שבת. כי שבת ה"ס הנוקבא במוחין דגדלות, שהוא נוטריקון ש' ב"ת. ש רומזת על ג"ר, ב"ת היא הנוקבא, ובשביל שהשבת נקרא דבור, אסור לדבר בשבת דבורי חול, שהם פוגמים בזווג הגדול דקול ודבור, משום דדבור זה של שבת צריך לשלוט בעולם, ולא דבור אחר של ימות החול, שהם בחינת קטנות הנוקבא. ודבור זה, שהיא הנוקבא במוחין דגדלות, שהיא באה מצד החשך, מנקודת השורק כנ"ל, מגלה עמוקות בתוכה, כלומר עליה אומר הכתוב מגלה עמוקות מני חשך, כי הג"ר דחכמה מתגלים בתוכה, וזה משמע ממה שכתוב, מני חשך, שפירושו הבא מצד החשך, שכתוב מני בדיוק, פירוש, עצם החשך הוא בבינה, והחשך שבנוקבא מקבל מחשך דבינה, וכיון שהכתוב אומר מגלה עמוקות מני חושך, ואינו אומר מגלה עמוקות בחשך, משמע שהמדובר היא בהנוקבא שבאה מן

חשך דבינה, וע"כ אומר מני חשך, ולא בחשך עצמו, שהיא בבינה.

אר"י א"כ שמעלת החשך גדולה כל כך, למה אומר הכתוב ויבדל אלקים בין האור ובין החשך, שהמשמעות, שהבדיל בין חשיבות האור לפחיתות החשך. א"ל שמתחילה הוציא האור מדת יום, והחשך מדת לילה, ואז נאמר ויבדל וגו' דהיינו שהבדיל בין גודל חשיבות היום לפחיתות הלילה, ואח"כ חיבר את היום והלילה, שהם זו"ן, ביחד, ונעשו אחד, שכתוב, ויהי ערב ויהי בקר יום אחד. ואז נאמר מגלה עמוקות מני חשך, וגדלה מעלת החשך מאד. ומה שכתוב ויבדל וגו', היינו בזמן הגלות שהם נמצאים נפרדים זה מזה אז נאמר ויבדל ביניהם, כיתרון האור מתוך החשך, וכן מטרם הזווג כנ"ל.

אר"י, עד כאן, דהיינו עד הזווג, היה הזכר אור, והנוקבא חשך. ואח"כ מתחברים זו"ן כאחד, להיות אחד. פירוש, פרצוף הזכר נבנה מקו ימין שהוא חסדים, ופרצוף הנוקבא נבנה מקו שמאל, שהוא חכמה בלי חסדים, והוא חשך, משום שהחכמה אינה מאירה בלי לבוש החסדים. ושואל, במה נבדלים זה מזה, שהכתוב אומר עליהם, ויבדל בין האור ובין החשך. ואומר, כדי להכיר בין האור ובין החשך, נבדלות תחלה המדרגות זה מזה, ואז ניכרים המעלות והחסרונות של האור בפני עצמו ומעלות וחסרונות של החשך בפ"ע. כי אע"פ שיש יתרון גדול להאור כלפי החשך, אבל הוא מחוסר הארת חכמה, וכן אע"פ שיש מעלה להחשך שיש בו הארת חכמה, אמנם החכמה אינה מאירה בו מחוסר לבוש חסדים, וע"כ הוא חשך בין מאור חסדים ובין מאור חכמה, ואחר שניכר היטב המעלות והחסרונות של כל אחד בפני עצמו, אז נזדווגו ושניהם נעשו כמו אחד, כי נזדווגו, כי צריכים זה לזה, שהרי אין האור של הז"א שלם אלא אחר שנכלל בחשך של הנוקבא, כי אז נשלם האור גם בהארת חכמה, ואין החשך של הנוקבא שלם, אלא אחר שנכלל באור, כי אז השיג החסדים ממנו, ונתלבשה החכמה בחסדים ויכולה להאיר. ואע"פ שנזדווגו ונעשו אחד, מ"מ עוד נבדלים בחינותיהם זה מזה, שהרי זה חסדים וזה חכמה, ועם כל זה שההפרש ביניהם גדול כל כך, הם נעשו אחד, נכללים כאחד, שהרי כתיב ויהי ערב ויהי בוקר יום אחד, שהמשמעות שנעשו אחד. ונמצא שר' יצחק ביאר את הכתוב ויבדל אלקים

בין האור ובין החשך ג"כ על עת הזווג. לאפוקי מרבי יוסי, שביארו על עת הגלות דאשתכח פרודא".

ומ"ע צי"ע מרן קוה"ק הרב יהודה הלוי אשלג בעל הסולם זיעוכי"א בהקדמה לתלמוד עשר הספירות באות י' מבאר ענין זה, וזה לשונו: "וז"ש בזהר (בראשית דף לא, ע"ב) על הכתוב ויאמר אלקים יהי אור ויהי אור, "יהי אור לעוה"ז ויהי אור לעולם הבא". פירוש, כי מעשה בראשית בצביונם נבראו ובכל קומתם נבראו, כמ"ש חז"ל, דהיינו בתכלית שלימותם ותפארתם. ולפי זה, האור שנברא ביום א' יצא בכל שלימותו, הכולל גם חיי העולם הזה בתכלית העידון והנועם, כפי השיעור המתבטא בהמלות יהי אור. אלא כדי להכין מקום בחירה ועבודה, עמד וגנזו לצדיקים לעתיד לבא, כדברי חז"ל. ע"כ אמרו בלשונם הצח "יהי אור לעולם הזה", אמנם; לא נשאר כן אלא "ויהי אור לעולם הבא", כלומר, שהעוסקים בתורה ומצות לשמה, זוכים בו רק לעתיד לבא, שפירושו, בזמן העתיד לבא אחר גמר הזדככות גופם בדרכה של תורה, שכדאים אז לאור הגדול ההוא גם בעולם הזה, כמ"ש חז"ל עולמך תראה בחייך". ואדמו"ר אבי שליט"א הקשה על דברי מ"ע צי"ע מרן קוה"ק הרב יהודה הלוי אשלג בעל הסולם זיעוכי"א, ועיין במכתב טו מיום זך למטמונים תשכ"ה, איך ביאר אדמו"ר את ההקדמה לתלמוד עשר ספירות בטוב טעם.

[ג] אדמו"ר מביא "שר לא נאמר אלא ישיר". וזה לשון הזהר פרשת בשלח אות רטז: **"ישיר, שר מבעי ליה. אלא מלה דא תליא, ואשלים לההוא זמנא, ואשלים לזמנא דאתי, דזמינין ישראל לשבחא שירתא דא. משה ובני ישראל, מכאן אולפינא, דצדיקייא קדמאי, אע"ג דאסתלקו בדרגין עלאין דלעילא, ואתקשרו בקשורא דצרורא דחיי, זמינין כלהו לאחייא בגופא, ולמחי אתיין וגבורן דקא עביד קב"ה לישראל. ולמימר שירתא דא, הה"ד אז ישיר משה ובני ישראל".**

ועיין שם בפי' הסולם, וזה לשונו:

"שואל, כתוב ישיר משה, הלא שר משה היה צריך לומר. ומשיב, אלא דבר זה תלוי לעתיד לבא, שהשלים לאותו זמן והשלים לעתיד לבא, שעתידים ישראל לשבח שירה זו לעתיד לבא, משה ובני ישראל מכאן למדנו, שצדיקים הראשונים, אע"פ שנסתלקו במדרגות העליונות

שלמעלה ונקשרו בקשר של צרור החיים, הם עתידים כולם לעמוד לתחיה בגוף ולראות ולומר שירה זו, ז"ש אז ישיר משה ובני ישראל".

וזה לשון הזהר בפרשת וילך אות מז: **"תאנא, שירה משיך ברכאן מעילא לתתא, עד דישתכחון ברכאן בכלהו עלמין. א"ר אלעזר, זמינין אינון ישראל למימר שירתא, מתתא לעילא, ומעילא לתתא. ולקשרא קשרא דמהימנותא. דכתיב, אז ישיר ישראל את השירה הזאת. אז שר לא נאמר, אלא אז ישיר. וכן כלהו כהאי גוונא. את השירה הזאת, מתתא לעילא. עלי באר ענו לה, עלי באר, כלומר סק לאתריך, לאתאחדא בבעליך, דא הוא מתתא לעילא".**

וזה לשון הסולם שם:

"למדנו, שירה מושכת ברכות ממעלה למטה עד שתמצאנה ברכות בכל העולמות. אר"א, עתידים הם ישראל לומר שירה ממטה למעלה וממעלה למטה, ולקשר קשר של אמונה שכתוב, אז ישיר ישראל את השירה הזאת. אז שר, לא נאמר, אלא אז ישיר, דהיינו לעתיד. וכן כולם על דרך זה, שנאמרו בלשון עתיד. את השירה הזאת, הוא ממטה למעלה, כי השירה היא במלכות שמשוררת למעלה לז"א עלי באר ענו לה, עלי באר, כלומר, שאמרו למלכות הנקראת באר, עלי למקומך להתאחד בבעלך, בז"א. זה הוא ממטה למעלה. שמעלים המלכות לז"א".

[ד] אדמו"ר מביא שכולם היו "כאיש אחד בלב אחד". ויש לדון בכוונת אדמו"ר: אם כוונתו שגם בשעת קריעת ים סוף היו כאיש אחד בלב אחד. דהנה במכילתא איירי בשעת מתן תורה והוי חידוש לומר שגם בקריעת ים סוף היו במדרגה זו של אחדות, דמהיכי תיתי. ואולי אין כוונת אדמו"ר לזה אלא שכוונתו למתן תורה וכדברי המכילתא, אולם מלשון אדמו"ר נראה שכוונתו לקריעת ים סוף, שהביא מהמדרש את המאמר "אז ישיר, שר לא נאמר אלא ישיר", וזה ודאי נאמר בקריעת ים סוף, ומיד אחרי זה מביא מהמכילתא "וכולם היו כאיש אחד בלב אחד". ועוד, שמיד אחרי זה כותב אדמו"ר "ואפילו התנוקות אמרו שירה" וגם זה נאמר, בקריעת ים סוף. ונראה שאדמו"ר סובר שכל מה שנאמר במתן תורה אפשר ללמוד לקריעת ים סוף ואולי גם להיפך וילמד תחתון מעליון ועליון מתחתון, אך צריך עיון מהיכי תיתי. ואף על פי שאם כוונת אדמו"ר לקריעת ים סוף ודאי שדבריו נכונים,

אבל לדידן הדבר צריך תלמוד.

[ה] אדמו"ר כותב שהיהודים זכו לגילוי האור הגנוז והיו "כאיש אחד בלב אחד". ויש לעורר הא דמבואר בספרים שדוקא משום היות בני ישראל באחדות גמורה ושלמה כאיש אחד ממש, היו מסוגלים לקבל את התורה ואת האור הגנוז. וכעין זה מבואר בזהר הקדוש שבזכות האחדות של תלמידי רבי שמעון בר יוחאי נתגלו כל הסודות של ספר הזהר. וענין חיוב "ואהבת לרעך כמוך" כדי לקבל את התורה מבואר היטב בספר מתן תורה מאמר "מתן תורה" ועיין שם היטב, וזה ענין חשוב מאוד לעורר אותנו לעבוד להשיג את האחדות הזאת והאהבה הזאת בין כלל ישראל, והשם יהיה בעזרנו שנגיע לזה ואז נזכה "לאור הגנוז שיאיר לנו בגמר כל התיקונים".

[ו] אדמו"ר כותב "ואפילו התינוקות אמרו שירה". וזה לשון הגמרא בסוטה ל, ע"ב: "תנו רבנן דרש רבי יוסי הגלילי בשעה שעלו ישראל מן הים נתנו עיניהם לומר שירה וכיצד אמרו שירה עולל מוטל על ברכי אמו ותינוק יונק משדי אמו כיון שראו את השכינה עולל הגביה צווארו ותינוק שמט דד מפיו ואמרו זה אלי ואנוהו שנאמר מפי עוללים ויונקים יסדת עוז".

ויש להוסיף, דמבואר בדברי חז"ל שאפילו עוברין במעי אמן אמרו שירה, וזה לשון הזהר פרשת בשלח אות שמב: **"ואפילו אינון דבמעי אמהון, הוו אמרי שירתא כלהו כחדא, והוו חמאן כלהו, מה דלא חמא יחזקאל נביאה. ועל כך הוו כלהו מסתכלי, כאלו חמאן עינא בעינא. וכד סיימו מלין, כלהו מתבסמאן בנפשייהו, ותאבון למחמי ואסתכלא, ולא הוו בעאן לנטלא מתמן, מסיגאות תיאובתא".**

וזה לשון הסולם שם:

"ואפילו אלו שבמעי אמם, היו אומרים שירה כולם כאחד. והיו רואים כולם מה שלא ראה יחזקאל הנביא. ועל כך היו כולם מסתכלים, כאלו ראו עין בעין. וכשגמרו הדברים, כולם מתבשמים בעצמם, וחושקים לראות ולהסתכל ולא היו רוצים לנסוע משם מרוב השתוקקות".

וכן בגמרא סוטה ל, ע"ב איתא: "היה רבי מאיר אומר מנין שאפילו עוברים שבמעי אמן אמרו שירה שנאמר במקהלות ברכו אלקים ה' ממקור ישראל", וכן מובא בברכות נ, ע"א, כתובות ז, ע"ב, ירושלמי סוטה ה, ד, מדרש תנחומא פרשת בשלח

יא.

[ז] אדמו"ר מבאר שיש ב' מיני אחדות. א' אדם עם מחשבתו. ב' אדון עם עבדיו. ועיין במכתב יב מיום כד ניסן תשכ"ה ובביאור שם מה שהבאנו מהקדמת תיקוני הזהר.

[ח] אדמו"ר כותב "ובמעמד קריעת ים סוף והר סיני היו בני ישראל דבוקים בהשם יתברך כאדם עם מחשבתו". והנה לעיל באות ד חקרנו אם כוונת אדמו"ר לומר שכל מה שמוזכר לגבי קריעת ים סוף בדברי חז"ל נכון והתרחש גם בשעת מתן תורה וכן להיפך כל מה שמוזכר בדברי חז"ל שקרה בשעת מתן תורה התרחש גם בשעת קריעת ים סוף. ומדבריו כאן שמדמה את המדרגה שזכו בני ישראל והגיעו אליה בשעת מתן תורה וים סוף, ומבאר שהם ממש אותה המדרגה - משמע שכוונתו לדמות אותם לגמרי; ומסתבר אם כן שאפשר לומר שאותם דברים התרחשו בשני הזמנים, כיון שהמעלה הרוחנית היא אותה מעלה. ועיין לעיל, וצריך עיון.

[ט] אדמו"ר מביא מהגמרא בשבת פח, ע"א "מי גילה רז זה לבני שאמרו נעשה ונשמע סוד שהמלאכים משתמשים בו עושי דברו והדר לשמוע". אדמו"ר מפרש שהגמרא מתכוונת לומר שבני ישראל הגיעו למדרגה של דביקות בהשם יתברך כאדם עם מחשבתו, וזה ענין נעשה ונשמע שהם לא היו צריכים לשמוע את רצון הקב"ה ובכל זאת הם עשו את רצונו מיד כמו אדם שלא צריך לצוות לגופו לפעול אלא מיד כשמתעורר הרצון והמחשבה מיד נעשה המעשה על ידי גופו, ויש להעיר שלפי ביאור זה לכאורה המלה "ונשמע" מיותרת. ואולי אפשר לומר שאם לא היה כתוב נעשה ונשמע אלא רק נעשה היינו חושבים שבאמת באה שמיעה לפני העשיה, ולכן התורה כתבה "נעשה ונשמע" וברור אם כן ש"הנשמע" לא גרם ל"נעשה". וצריך עיון.

[י] אדמו"ר כותב "ולמצב כזה זוכים על ידי מסירת נפש על קדושת שמו יתברך". וצריך לבאר את ההמשך ממסירות נפש לדביקות הזאת בהקב"ה. והנה מבואר בספרים הקדושים מתלמידי הבעש"ט הקדוש שהדבר היחיד שמפריד בינינו לבין הקב"ה הוא הגאוה, ומקור הגאוה הוא הרצון לקבל לעצמו; וכדי להידבק לגמרי בהקב"ה צריך לבער כל טיפה של רצון לקבל לעצמו מתוכנו, ואז מורידים את המסך המפריד בינינו לבין הקב"ה, וכדברי הגמרא כל המתגאה הקב"ה אומר "אין

302

אני והוא יכולים לדור בדירה אחת". ולכן כאשר האדם מוכן למסור את עצמו על קידוש השם זה אומר שהוא מבטל את עצמו לגמרי, את גאותו ואת הרצון לקבל לעצמו כמבואר במכתב ד ובביאור שם, עיין שם היטב. ולכן מובן שאז האדם יכול להידבק לגמרי בהקב"ה. וזה ענין "והחכמה מאין תמצא" שרק מי שעושה את עצמו לאין יכול לזכות לחכמה האמיתית, והשם יזכנו.

ויש להעיר שלמדרגה זו זכו האבות ולכן הם יכלו לעשות את כל המצוות אף על פי שלא נצטוו, וכמו כן מבואר שגופם הזדכך כל כך והיה דבק כל כך ברצון השם כך שגופם מעצמו עשה את המצוות ולא יכל לעשות משהו נגד רצון הבורא. ולפי זה מבואר בספרים הקדושים הא דכתיב בעקדת יצחק "וישלח אברהם את ידו ויקח את המאכלת לשחוט את בנו", וקשה וידוע שהתורה מקפידה לא להשתמש במילים מיותרות וכאן נראה שחצי מהפסוק מיותר, שהיה יכול לכתוב רק "ויקח את המאכלת לשחוט את בנו", ואם כן מה התורה רוצה ללמדנו בכותבה "וישלח את ידו"; ולפי דברינו מבואר, שכיון שרצון הקב"ה לא היה לשחוט את יצחק כמבואר במפרשים ומוכח מהמשך הפרשה, אם כן אף על פי שאברהם שמע מהקב"ה לשחוט את יצחק וכך רצה לעשות, מכל מקום גופו הרגיש וידע שאין זה רצון השם ולכן ידו לא רצתה לאחוז במאכלת עד שאברהם הכריחה ממש ושלחה בכוח לקחת את המאכלת. ומובן לפי זה ייתור הפסוק "וישלח את ידו" שאברהם היה צריך ממש לשלחה נגד רצונה.

[יא] אדמו"ר כותב לאדמו"ר אבי שליט"א "שזה משמח אותי כשמדברים לשומע ומבין". וכעין זה מובא בזהר פרשת תצוה אות קכז: "**אשגח האי סבא בר' שמעון, וחמא ליה דזלגין עינוי דמעין. אמר רבי שמעון, אי היא שביעאה, אמאי מעשרין שנין ולעילא. אמר ליה, זכאה מאן דמליל על אודנין דשמעין**".

וזה לשון הסולם שם:

"הביט זקן ההוא ברבי שמעון, וראהו שעיניו נוזלים דמעות, אמר רבי שמעון, אם היא שביעית, למה היא דנה את האדם מעשרים שנה ומעלה, אמר לו, אשרי מי שמדבר לאזנים ששומעות".

[יב] אדמו"ר כותב "ומה טוב שתלמוד ביחידות ומה שלא תבין תבקש רחמים ממי שהחכמה שלו". וזה לשון הגמרא בנדה ע, ע"ב: "מה יעשה אדם ויחכם, אמר להן

חלק ביאור אהובי נצח למכתב ה - יב, יג, יד, טו א

(רבי יהושע בן חנניא לאנשי אלכסנדריא, כמבואר בדף סט, ע"ב שם) ירבה בישיבה וימעט בסחורה, אמרו הרבה עשו כן ולא הועיל להם, אלא יבקשו רחמים ממי שהחכמה שלו, שנאמר כי ה' יתן חכמה מפיו דעת ותבונה. תני רבי חייא משל למלך בשר ודם שעשה סעודה לעבדיו ומשגר לאוהביו ממה שלפניו מאי קמ"ל דהא בלא הא לא סגיא (כלומר שצריך גם להרבות בישיבה וגם לבקש את החכמה ממי שהחכמה שלו), מה יעשה אדם ויתעשר אמר להן ירבה בסחורה וישא ויתן באמונה, אמרו לו הרבה עשו כן ולא הועילו, אלא יבקש רחמים ממי שהעושר שלו שנאמר לי הכסף ולי הזהב מאי קמ"ל דהא בלא הא לא סגי, מה יעשה אדם ויהיו לו בנים זכרים אמר להם ישא אשה ההוגנת לו ויקדש עצמו בשעת תשמיש, אמרו הרבה עשו כן ולא הועילו, אלא יבקש רחמים ממי שהבנים שלו שנאמר הנה נחלת ה' בנים שכר פרי הבטן. מאי קא משמע לן, דהא בלא הא לא סגי. מאי שכר פרי הבטן א"ר חמא ברבי חנינא בשכר שמשהין עצמן בבטן כדי שתזריע אשתו תחילה נותן לו הקב"ה שכר פרי הבטן".

[יג] אדמו"ר כותב "והנני מצפה ומקוה שלא תהיה יחידי כי רבים אשר עמנו מאשר עמהם". ויש להעיר דלכאורה כוונתו לכוחות העליונים ולא במספר אנשים בעוה"ז, דלצערנו מספר האנשים שעוסקים בעבודת השם בכלל ובלימוד הקבלה בפרט קטן מהאנשים שאינם עוסקים בעבודת השם, ולכן נראה בכוונת אדמו"ר שהקב"ה וחייליו שהם רבים על כוחות הסטרא אחרא, עמנו. ולפי זה מובן ודאי שרבים אשר עמנו מאשר עמהם. ומזה צריך לבוא לנו התעוררות שבעבודתנו אין אנו לבד אפילו אם לפעמים אנו מרגישים בודדים - שכן הקב"ה וחייליו עמנו תמיד, ובאמת רבים אשר עמנו מאשר עם הכוחות שמנסים לעצור את עבודתנו מצד הסטרא אחרא.

[יד] אדמו"ר כותב "ותלמוד רק מתוך מצות השם יתברך ובאמונה פשוטה שהקדוש ברוך הוא יש לו נחת רוח אם לומדים תורתו ומבינים אותה". ויש לדון בדבריו אם כוונתו שהמחשבה בשעת הלימוד היא שהאדם לומד "מתוך מצות השם יתברך" בלבד, או שעליו לחשוב לפי דברי אדמו"ר בהמשך "שהקדוש ברוך הוא יש לו נחת רוח אם לומדים תורתו ומבינים אותה"; ומלשון רבינו משמע קצת כדרך הא' אבל באמת נראה ברור כדרך הב', והאמת יורה דרכו.

ועיין עוד מה שכתבנו בביאור למכתב א בענין לימוד התורה.

[טו] אדמו"ר כותב "ותלמוד רק מתוך מצות השם יתברך ובאמונה פשוטה

שהקדוש ברוך הוא יש לו נחת רוח אם לומדים תורתו ומבינים אותה". ויש לדון בכוונתו כשמזכיר "אמונה פשוטה" אם כוונתו לאמונה כמדרגה בפני עצמה, ואם כן רצונו לעורר לאמונה פשוטה, או אפשר לומר שכוונתו בענין לימוד התורה שהאדם צריך אמונה פשוטה ולהאמין שלהקדוש ברוך הוא יש נחת רוח מהלימוד של האדם, שהיצר הרע תמיד מנסה להקטין את עבודת האדם בעיני עצמו באומרו "האם אתה חושב שלהקב"ה איכפת מעבודת רשע כמוך?" ועל האדם לדעת שכל המחשבות האלו הם מחשבת היצר וצריך להאמין באמונה פשוטה, ש"הקדוש ברוך יש לו נחת רוח אם לומדים תורתו ומבינים אותה"; ובאמת נראה מדברי האדמו"ר כצד הב'. ולפי זה מוכרח כדברינו לעיל אות יד שכל המשך דברי אדמו"ר הם ציווי אחד. והשם יצילנו משגיאות, וענין אמונה פשוטה מבואר באריכות בספרי תלמידי הבעש"ט וע"ש.

[טז] אדמו"ר כותב "אז תראה כי לא ימנע הטוב מהולך תמים". ומקור הדברים מפסוק בתהלים פר, יב וזה לשון הפסוק "לא ימנע טוב להולכים בתמים", ומידת התמימות חשובה מאוד בעבודת השם, ומבואר באריכות בספרי תלמידי הבעש"ט, ונביא בכאן שני סיפורים מני רבים בענין זה, מתוך הספר "ספורי חסידים" של הרב שלמה יוסף זוין זצ"ל.

הבעש"ט הקדוש היה מקרב, כידוע, את האנשים הפשוטים יראי האלוקים, ומחבבם ביותר, ועל כן התרבו מעריצי הבעש"ט בתוך ההמון, בזמן קצר. אמנם גדולי תלמידי הבעש"ט, הצדיקים והגאונים לא נחה דעתם מהנהגה זו, ואף כי פעמים רבות שלחם מורם הבעש"ט ללמוד מאנשים פשוטים כמה ענינים שונים, כגון מידת התמימות, בטחון, אמונה פשוטה, אהבת ישראל וכדומה, בכל זאת לא יכלו לקבל הנהגה זו.

ואירע באחת משבתות הקיץ מאורע, שהרעיש את כל החבריא קדישא תלמידי הבעש"ט. לאותה שבת באו הרבה אורחים, וביניהם אנשים פשוטים: מוכסנים, עובדי אדמה, בעלי מלאכה, נוטעי כרמים וגנות, מגדלי בהמות ועופות, רוכלי שוק ודומיהם.

בסעודת הלילה של אותה שבת הראה הבעש"ט התקרבות גדולה להאורחים הפשוטים, להאחד נתן בכוסו מעט מן היין הנשאר מקידוש, להשני נתן הכוס המיוחדת שלו שהוא מקדש בה, לאלה נתן פרוסות לחם מן הלחם שבירך עליו

ברכת "המוציא", ולאחרים נתן דגים ובשר מן הקערה שלו, ועוד קירובים שונים שהפליאו את החבריא קדישא.

והמנהג היה אצל הבעש"ט, שהאורחים הבאים לשבת היו סועדים על שולחנו רק שתי סעודות משלוש הסעודות דשבת, וסעודה אחת, השניה, היתה מיוחדת רק בשביל התלמידים, החבריא קדישא, ואז לא הורשו האורחים לבוא, ואף לא לעמוד מרחוק ולראות. ולכן התקבצו האורחים הפשוטים של אותה שבת, אחרי אכלם סעודת שבת בביתם, בבית הכנסת של הבעש"ט, בזמן הסעודה השניה, ולהיותם אנשים פשוטים ביותר, שלא ידעו אלא אמירת חומש ותהלים, מבלי להבין פירושם, התחילו כל אחד ואחד לומר תהלים.

כשישב הבעש"ט לסעודה השניה, סידר את התלמידים איש איש על מקומו, בסדר נכון, כרגיל אצלו תמיד, ואחר כך התחיל הבעש"ט לומר דברי תורה והתלמידים יושבים ומתענגים בנועם אלוקי. וכראותם שרוחו של מורם הבעש"ט טובה עליו. גדלה שמחתם בחדוה וטוב לבב על כל הטוב והחסד אשר עשה ד' עמהם, שזכו להיות מתלמידי קדוש ד' הבעש"ט.

ואחדים מהחבריא היו מהרהרים אז בלבם: מדוע הבעש"ט מקרב את האנשים הפשוטים בקירובים נעלים ונשגבים, והם הלא אינם מבינים כלל מה שהבעש"ט אומר?!

עודם טרודים בהרהוריהם אלה, והנה פני הבעש"ט נעשו רציניים, והתדבק בדביקות רבה, ואמר: "במקום שבעלי תשובה עומדים, אין צדיקים גמורים יכולים לעמוד". ישנם שני דרכים בעבודת השי"ת: עבודת הצדיקים ועבודת בעלי תשובה; ועבודתם של האנשים הפשוטים היא במדרגה של בעלי תשובה, להיותם בהכנעה ושפלות בעצמם, בחינת חרטה על העבר וקבלה טובה להבא.

כשגמר הבעש"ט את דבריו, התחילו לזמר שירים וניגונים שונים, והתלמידים שהרהרו אחרי הבעש"ט בדבר התקרבותו להאנשים הפשוטים, הבינו שהבעש"ט הרגיש במחשבתם והרהורם. כאשר גמרו לזמר, פתח הבעש"ט את עיניו הקדושות, והסתכל הרבה בפני החבריא, ויצוה שכל אחד ואחד ישים יד ימינו על כתפו של חברו היושב אצלו, באופן שכל התלמידים היושבים משני עברי השולחן יהיו משולבים יחד. אחרי כן ציוה לזמר אילו ניגונים כשהם יושבים משולבים, וככלותם לזמר ציוה עליהם שיעצמו עיניהם, ולא יפתחו אותן עד אשר יאמר להם.

והבעש"ט שישב בראש השולחן, שם את שתי ידיו הקדושות, יד ימינו על כתף התלמיד שישב מימינו, ויד שמאלו על כתף תלמידו שישב משמאלו.

לפתע פתאום שמעו כל התלמידים קולות של זמרה נעימה וערבה, בלולים עם קולות תחנונים המרעידים את הנפש. הנה קול המזמר ואומר: "אוי רבונו של עולם, אמרות ד' אמרות טהורות כסף צרוף", וקול אחר מזמר ואומר: "אוי רבש"ע, בחנני ד' ונסני, צרפה כליותי ולבי", זה ישיר: "אבא יקר, חנני אלקים חנני, כי בך חסיה נפשי, ובצל כנפיך אחסה עד יעבור הוות", וקול אחד בוקע ועולה: "גוואלד, אבינו שבשמים, יקום אלקים יפוצו אויביו וינוסו משנאיו מפניו", זה צועק בקול מר: "הוי אבא, גם צפור מצאה בית ודרור קן לה". והלה מתחנן ואומר בקול תחנונים: "אב יקר, אב רחמן, שובנו אלקי ישענו, והפר כעסך עמנו".

החבריא קדישא בשמעם את קולות השיר והזמרה של אמירת התהלים בהשתפכות נפש נפלאה חלו ורעדו, ואם כי עיניהם היו עצומות, נזלו דמעות מעיניהם מעצמן, ולבם היה שבור ורצוץ מקולות תחנוני בעלי התהלים, וכל אחד מהחבריא התפלל בלבו, שהשי"ת יעזרהו שיזכה לעבוד את השם בעבודה כזו.

אז הסיר הבעש"ט את ידיו מעל כתפי שני התלמידים אשר ישבו מימינו ומשמאלו, ואטם אזניהם מלשמוע עוד בקולות השירה והזמרה של התהלים, וציוה להם לפתוח את עיניהם ולזמר אי אלו ניגונים שאמר להם.

והמגיד הגדול ממזריטש ז"ל, שהיה אז גם כן באותה מסיבה של החבריא קדישא, סיפר פעם לתלמידו, אדמו"ר הזקן בעל ה"תניא", שבאותה שעה היו לו כלות הנפש וגעגועים עזים בבחינת "אהבה בתענוגים" אשר לכמותם עדיין לא זכה עד אז בשום פעם, והסנדלים שעל רגליו היו רטובים מזיעה ודמעות של תשובה פנימית מעומקא דלבא.

כשפסקו לזמר נשתתקה כל החבריא, והבעש"ט היה משך זמן בדביקות גדולה, ואחרי כן פתח את עיניו ואמר: השיר והזמרה ששמעתם, הוא השיר והזמרה של אנשים פשוטים האומרים תהלים בתמימות, מקרב ולב עמוק, באמונה פשוטה. ואתם, תלמידי, הביטו נא וראו: ומה אנחנו, שאין אנו אלא רק "שפת אמת", כי הגוף אינו אמת ורק הנשמה היא אמת, וגם היא אינה אלא חלק מן העצם, ולכן נקראת "שפת אמת", בכל זאת גם אנחנו מכירים את האמת, מרגישים את האמת, ומתרגשים בהתפעלות עצומה, קל וחומר השי"ת שהוא אמת לאמתו, שמכיר את

האמת של אמירת תהלים של אנשים פשוטים.

וסיפר המגיד הגדול לאדמו"ר הזקן, אשר זמן רב אחרי זה היה בצער גדול על שהרהר אז אחרי רבו בדבר התקרבותו להאנשים הפשוטים, ועשה כמה תיקונים לתקן דבר זה, ולא יכול להרגיע את עצמו, עד אשר באחד הלילות ראה מחזה נפלא, שהרגיע את רוחו. הוא ראה בהיכלות הגן עדן היכל אחד, אשר תינוקות של בית רבן יושבים בו ולומדים חומש, ומשה רבנו יושב בראש השולחן. התינוקות למדו פרשת "לך לך", ואחד התינוקות אמר בקול רם הכתוב "ויפול אברהם על פניו ויצחק ויאמר בלבו", ומשה רבנו מסביר להם, שכל הפירושים שנאמרו ע"ז הם אמת, ובכל זאת אין מקרא יוצא מידי פשוטו, ואם תאמרו: איך אפשר הדבר, שאברהם אבינו יהיה מסופק במאמר השם, תדעו, אשר זהו מצד הגוף, וגם גוף קדוש בשר הוא. ואז, כששמע הרב המגיד, שמצד הגוף יכולים להיות כמה מחשבות והרהורים הבאים בדרך ממילא ומאליהם, שקטה רוחו על הרהורו אחרי הבעש"ט באותה מסיבה קדושה.

ועוד מסופר: פעם אחת ביקשו התלמידים מרבם הבעש"ט שיראה להם דבר חידוש. נעתר להם בתנאי שלא יצחקו והבטיחו לו שלא יצחקו, יהיה מה שיהיה.

הראה להם עני אחד, שעמד בתפילתו בליל שבת בהתלהבות גדולה ובשמחה עצומה. ואמר להם הבעש"ט: "לכו אחריו וראו גם את מעשיו בביתו". ראו שהוא עני מדוכא ולבוש בגדים קרועים ומטולאים, ועומד ומתפלל כאיש אשר אלפי אלפים בביתו, ועל פניו לא נראה שום צער. לאחר שסיים תפילתו הלך בשמחה לביתו, והתלמידים הלכו אחריו בלאט. בא האיש לביתו, והנה אשתו לבושה קרעים ויחפה בלא נעליים, ובבית דלוקים נרות קטנים עד שלא נראה כמעט אור, רק כמין ערפל, והבית מלא עשן. בירך האיש את אשתו בברכת שבת שלום מתוך הרחבת הלב, כאחד הנגידים, ואמר לה לאשתו: "אשתי אהובתי, תני קידוש". נטלה האשה שני לחם שחורים ונתנה על השולחן. אמר העני "שלום עליכם" וכו' בקול שמחה וצהלה. אחר כך נטל ידיו וקידש על הלחם. אחר כך אמר לאשתו: "תני את הדגים שהכינות לכבוד שבת". ואותה עניה לא הכינה אלא קצת פולים ולא יותר, והביאה מעט פולים ונתנה ואמרה: "הא לך דגים". אכל העני לתיאבון כאילו הם מעדני מלך, וכל פעם אמר: "מה טובו הדגים, טעמם כטעם גן עדן". לאחר שאכלו קטניות במקום דגים הגביה את קולו וזימר זמירות בקול ערב

ובשמחה. לאחר הזמירות אמר לאשתו: "אהובתי, הביאי את המרק שהכינות לכבוד שבת". נטלה האשה מעט פולים ונתנה לו ואמרה: "הא לך מרק ואכול". אכל האיש בשמחה עד אין לשער, וכל פעם היה מזמר "מה טוב ומה נעים המרק הזה". אחר כך אמר לאשתו: "תני לי הבשר", ונתנה לו שוב מעט פולים. ואחר כך ביקש עוד כמה מטעמים, והיא חילקה לו פולים לכמה מיני מטעמים ונתנה לו, ואכל מתוך תענוג ושמחה כאדם שאוכל מעדני מלכים. לאחר שסעד ובירך אמר לאשתו: "אשתי אהובתי, עתה בואי ונרקוד ונשמח יחד לכבוד שבת קודש לשם שמים". שמעה לו אשתו וריקדו כשהם יחפים ושמחים שמחה גדולה.
כאן לא היו התלמידים יכולים להתאפק וצחקו צחוק גדול. אמר להם הבעש"ט: "הלוא אמרתי לכם, אל תצחקו, הוא חשוב ומקובל מאוד לפני השם יתברך. שאין שמחה לפניו, יתברך, כשאדם אוכל מעדנים, כי השם יתברך רואה ללבב, ומעשה העני הזה חשוב לפניו עד למאוד.

תוכן מכתב ו

- תשובות לשאלות **אדמו"ר הרב שרגא פיביל שליט"א** בד' בחינות שברצון.
- כל בחינה היא עולם בפני עצמה ומי שנמצא בעולם א' לא יודע מה שיש בעולם אחר.
- תירוץ לפי זה לקושית **אדמו"ר הרב שרגא פיביל שליט"א** "שהאור דחכמה היה כל הזמן בעת התפשטות זו".
- מה שבבחינה א' יש אור דחכמה שלא משפיע על המלכות.
- ביאור התעוררות המלכות מאור דחכמה.
- צריך לבקש מהקב"ה על החכמה.
- בענין הרכוש בצפת.

תוכן ביאור אהובי נצח למכתב ו

הערה א

- מציין בדברי אדמו"ר כאן בענין ד' בחינות שברצון. מלשון מ"ע צי"ע מרן קוה"ק הרב יהודה הלוי **אשלג** בעל הסולם זיעוכי"א בענין הרצון וההשתוקקות וכלי של הנאצל לקבל את שפע חיותו מהמאציל.
- ארבע מדריגות המחוייבות להמצא בכל נאצל.
- הרצון להאציל.
- אור החכמה ואור החסדים.
- בביאור ענין הצמצום שענינו הסתלקות הרצון לקבל.
- דכר ונוקבא במאציל ונאצל.
- ההבחן בין עצמותו ית' לאור המתפשט ממנו ית'.
- בענין אורות וכלים.
- ארבע בחינות בהתפשטות אור אין סוף.
- במאמר קודם שנברא העולם היה הוא ושמו אחד.
- עשר ספירות בכל התפשטות של אור אין סוף.
- התהוות הבינה מן התעבות האור.
- התכללות הבינה מג' אורות.

חלק תוכן מכתב ו ותוכן ביאור אהובי נצח א

הערה ב

- בדברי אדמו"ר כאן "ד' בחינות שברצון הם יסוד כל החכמה והוא סוד שם הוי"ה הכולל הכל". ומאריך מדברי בעל הסולם זי"ע בסוד ד' אותיות של שם הוי' וקוצו של יו"ד.

הערה ג

- מציין על לשון אדמו"ר כאן עולם מלשון העלמה. מדברי בעל הסולם בענין זה ובמה שעיקר שם "עולם" מתחיל מעולם העקודים.

הערה ד

- על דברי אדמו"ר כאן בענין הד' עולמות. ומציין לדברי מ"ע צי"ע מרן קוה"ק הרב יהודה הלוי אשלג בעל הסולם זיעוכי"א על ההבחנה של עולמות אדם קדמון ואבי"ע שהוא בשיעור עביות של מסך הכלים שלהם.
- בענין עולם העשיה שאין בו הזווג עם אור העליון.

הערה ה

- בלשון אדמו"ר "ובזה יתורץ לך מה ששאלת האור דחכמה היה כל הזמן בעת ההתפשטות זו וכו'". מבאר מה היתה קושיית אביו שליט"א שעל זה בא התירוץ של אדמו"ר.
- מביא מדברי מ"ע צי"ע מרן קוה"ק הרב יהודה הלוי אשלג בעל הסולם זיעוכי"א בענין השתוקקות הנאצל והשתוקקות של ספירת המלכות לקבלת אור החכמה.

הערה ו

- ביאור לשון אדמו"ר כאן "בחינה ב' שנקרא בינה החפצה בחסדים ודוחה חכמה".
- מביא מלשונות מ"ע צי"ע מרן קוה"ק הרב יהודה הלוי אשלג בעל הסולם זיעוכי"א בענין הבחינות של התעוררות הרצון להשפיע במקבל.
- בענין שהרצון לקבל כלול כבר בכח אור ההתפשטות של המשפיע.
- הבינה חלק מהחכמה ונתעבתה וקנתה שינוי צורה.
- ג' אורות דבינה, אור עצמות דבינה, התעבות האור, אור החסדים שהגיע לה.

הערה ז

- מציין בלשון אדמו"ר "וכל שינוי צורה הוא עולם אחר לגמרי".

311

הערה ח
- בלשון אדמו"ר בענין השתלשלות הד' בחינות כו'.

הערה ט
- מוסיף על דברי אדמו"ר הקבלה לעצמו הוא שורש כל החטאים. דאפשר דגם חטא מחוסר ידיעה שורשו הוא מחמת הרצון לקבל לעצמו שלא מרשה לאדם ללמוד יותר.

הערה י
- בלשון אדמו"ר בענין בחינה הג' שהיא המשכת אור החסדים. ודברי מ"ע צי"ע מרן קוה"ק הרב יהודה הלוי אשלג בעל הסולם זיעוכי"א בענין זה.

ב"ה

מוצאי שבת קודש פרשת זכור[1] תשכ"ה תל-אביב

פורים שמח וכל טוב סלה למעלת כבוד חביב אדם הרבני היקר אוהב ה' ואוהב ישראל ואוהב תורה מורינו הרב שרגא פייביל שליט"א.

אחר דרישת שלומו הטוב באהבה רבה, קבלתי מכתבך מיום ג אדר ב ושמחתי מאד לשמוע משלומך ובעיקר בהשאלות בענין ד'[2] בחינות שברצון[3].

ובכדי שלא להאריך לא אכתוב את השאלה רק התשובה ואני מקוה שיספק אותך ואם לא תבקש עוד פעם, כי ד' [א] בחינות שברצון הם יסוד כל החכמה והוא סוד[4] שם הוי"ה הכולל הכל [ב] כי י' רומזת לבחינה א' אשר היא חכמה, ה' ראשונה רומזת לבחינה ב' שהיא בינה, ו' רומזת לבחינה ג' שהיא זעיר אנפין, ה' אחרונה שבשם רומזת לבחינה ד' שהיא מלכות. הרי לך שד' בחינות אלו הן כוללות השם הוי"ה וכל עשר הספירות[5].

ואתה צריך לדעת כי כל בחינה היא מדריגה בפני עצמה, וממש כמו עולם אחר. המשל בזה הוא שמה שיש בעולם הזה שאתה נמצא בו הנך יכול להשיג, ומה שיש בעולם אחר אינך משיג כלום שעל זה נקרא עולם מלשון העלמה[6] [ג], וד' בחינות אלו מתחלקות גם[7] לד' עולמות [ד] כי י' היא אצילות, והיא בחינה א' שברצון וה' ראשונה היא עולם הבריאה בחינה ב' שברצון, ו' היא בחינה ג' שברצון, והיא רומזת לעולם היצירה, וה' תחתונה שהיא בחינה ד' שברצון היינו מלכות היא רומזת לעולם העשיה.

ובזה יתורץ לך מה ששאלת: "האור דחכמה היה כל הזמן בעת ההתפשטות זו וכו'" [ה]. איפה הוא נמצא בהתפשטות שנקרא בחינה א' ולא בבחינה ב' שנקרא

---

1 אור ליום א, י אדר ב.

2 עיין בתלמוד עשר הספירות חלק א פרק א אות ג באור פנימי, ובהסתכלות פנימית, חלק ראשון מפרק ו אות כד, וחלק שני מפרק ב אות ט, בפתיחה לחכמת הקבלה מאות ה.

3 עיין במכתב ז' מיום שושן פורים תשכ"ה, ובמכתב ט' מיום ו' ניסן תשכ"ה.

4 עיין בתלמוד עשר הספירות הסתכלות פנימית חלק ראשון אות לא.

5 שז"א כולל ו ספירות כידוע.

6 עיין בתלמוד עשר הספירות חלק ג בלוח התשובות תשובה עה ד"ה עולם.

7 עיין בעץ חיים היכל אצילות בריאה יצירה עשיה שער דרושי אצילות בריאה יצירה עשיה פרק ב דף ש, ובתלמוד עשר הספירות חלק שני בהסתכלות פנימית פרק ב מאות ט-יג, וחלק ג פרק ח-ט ובספר בית שער לכונות מן אות ד עד אות כה.

חלק מכתב ו א

בינה החפצה[8] בחסדים ודוחה חכמה [ו] וכל שינוי צורה הוא עולם אחר לגמרי[9] [ז] שבחינה א' נקרא עולם אצילות, ובחינה ב' בריאה, וכל שכן בחינה ד' שהיא אחר שבחינה ג' יצאה[10] באור חסדים ובהארת חכמה שעל שם זה נקרא זעיר אנפין[11], מאין יש שם אור החכמה.

וכל ההשתלשלות של ד' הבחינות היא, ללמד אותנו איך נעשה ונולד ההשתוקקות לאור החכמה, שזה אפשר רק בעת שהאור איננו, אז אפשר להשתוקק אחריו וזהו בחינה הד'[12] [ח].

ובזה שכתבת "שמשום שאחר בחינה ג' היה לו רצון להשפיע וממילא התעורר רצון לקבל", זו טעות. איזה המשך יש שאחר שיש רצון להשפיע שהוא שורש כל התיקונים להיות משפיע, שיתעורר אחר כך רצון לקבלה, הלא הקבלה לעצמו היא שורש של כל החטאים [ט] ואיזה המשך יש לה עם הרצון להשפיע, הלא מצוה גוררת מצוה[13] ולא ההיפך חס ושלום, אלא הפירוש הוא: שאחר שנתגלה בחינה ג'[12] שהיא אור החסדים בהארת חכמה [י] שהוא סוד אור[14] החיה כי בלי[15] חיות אי אפשר לאור החסדים להתקיים דוגמאת הקב חרובין של רבי חנינא בן דוסא מערב שבת לערב שבת[16], אז נהיה המקום[12] להתעוררות להשתוקק לאור החכמה בשלימות [יא], כי אין תאבון אלא לפני האכילה, או בעת שאין לו איזה דבר שהוא חיוני אז אפשר שתתגלה ההשתוקקות שהיא הכלי הגמורה.

8 מיכה ז, יח. ועיין בתלמוד עשר הספירות חלק א פרק א אות נ באור פנימי, ובהסתכלות פנימית, חלק ראשון מפרק ו אות כד וחלק שני מפרק ב אות ט, ובפתיחה לחכמת הקבלה מאות ה.

9 עיין במכתב ז מיום שושן פורים תשכ"ה ובביאור שם, ובמכתב ט מיום ו ניסן תשכ"ה ובביאור שם, ובמכתב יב מיום כד ניסן תשכ"ה ובביאור שם.

10 עיין בתלמוד עשר הספירות חלק א פרק א אות נ, ובהסתכלות פנימית חלק ראשון פרק ח אות ל, ובפתיחה לחכמת הקבלה אות ה.

11 כלומר פרצוף קטן.

12 עיין במראה מקומות 2, 3, 8.

13 אבות ד, ב. אבות דרבי נתן כה, ד, תנחומא תצא א.

14 עיין בעץ חיים היכל א שער א ענף ב, ובתלמוד עשר ספירות חלק שני פרק ב אות ב ובאור פנימי שם אות ו.

15 עיין בתלמוד עשר ספירות חלק א פרק א באור פנימי אות ה ובפתיחה לחכמת הקבלה אות ה.

16 עיין בגמרא תענית י', ע"א, ובזהר פרשת פנחס אות סב.

דוק בדברים כי הם עומדים ברומה של עולם החכמה, ואם לא תבין, תבקש למי שהחכמה שלו[17] בלב נשבר ואז תזכה לחכמה [יב].

מענין הרכוש בצפת [יג] תבנה ותכונן[18] כתבתי לך שאתה צריך לשלוח יפוי כח מנוטריון שאתה עושה למי שהוא לבא כח לקנות ולתת הכסף בשמך, וידו כידך.

קבלתי המכתב של אנשי חסד של אמת, הייתי אצל מינהל המקרקעין בתל-אביב, ושלח אותי לחיפה, הייתי בחיפה אמרו לי בחיפה שאני צריך לפנות למועצה האיזורית מרום הגליל שבמירון, אני חושב שגם ענין זה כדאי למסור לעורך דין קלך מצפת תבנה ותכונן שיטפל בזה.

הננו מחכים ליום בואך, ופיניתי הבית בשבילך עד שתמצא דירה מתאימה.

והנני מסיים בברכה יהי נועם ה' בכל מעשה ידיך וכל אשר תעשה תצליח ותמצא חן וחסד בעיני אלקים ואדם.

פורים שמח.

יהודא צבי ברנדוויין

---

17 עיין בגמרא נדה ע, ע"ב.

18 עיין במכתב יד מיום כד למנין בני ישראל תשכ"ה.

[א] במכתב זה אדמו"ר מבאר כמה עניינים בד' בחינות שברצון ועיין עוד במכתב ז מיום שושן פורים תשכ"ה, ובמכתב ט מיום ו ניסן תשכ"ה ובביאור שם. וקודם צריך להבין את מקור דברים אלו. וזה לשון מ"ע צי"ע מרן קוה"ק הרב יהודה הלוי אשלג בעל הסולם זיעוכי"א בתלמוד עשר הספירות חלק א פרק א אור פנימי אות ו: "בהיות הנאצל מקבל את שפע חיותו מן המאציל, הנה בהכרח, שיש לו רצון והשתוקקות לקבל את שפעו זה ממנו ית', ותדע, אשר מדת הרצון וההשתוקקות הזו, היא כללות כל החומר שבנאצל. באופן, שכל מה שיש בנאצל זולת זה החומר, כבר אינו מיוחס לבחינת החומר שלו, אלא לבחינת השפע שלו שמקבל מן המאציל. ולא עוד, אלא שהחומר הזה, הוא המודד את גדלותו ושיעור קומתו של כל נאצל, ושל כל פרצוף, וכל ספירה. שהרי התפשטות אור העליון מן המאציל היא ודאי בלי שיעור ומידה, אלא רק הנאצל הוא העושה שיעור על השפע מכח עצמו, מפאת היותו מקבל לא פחות ולא יותר מכפי שיעור חשקו ורצונו לקבל, שזו היא אמת המידה הנוהגת ברוחניות, משום, שאין ענין הכפייה נוהג שם, והכל תלוי ברצון. ולפיכך אנו מכנים את "הרצון לקבל" הזה, שהוא כלי קבלה של הנאצל. והוא נבחן לבחינת החומר שלו, שמחמתו יצא מכלל מאציל להקרא בשם נאצל, מטעם היותו מוגדר במין חומר כזה, שאינו מצוי במאציל אף משהו ח"ו, כי הרצון לקבל אינו נוהג ח"ו במאציל בהחלט, שהרי ממי יקבל, והבן".

וזה לשונו שם באות נ' "וצריך שתדע, שד' מדרגות מחויב אור העליון להתפשט עד שמגלה בנאצל את הרצון לקבל הזה על שלמותו הקבועה וקיימת.

וטעם החיוב של ד' המדרגות הוא, כי הרצון לקבל הנ"ל, הנה הוא נכלל תכף עם התפשטות האור מהשורש, שהרי בזה נבחן, שיצא האור מהמאציל וקנה לו שם בפני עצמו, דהיינו התפשטות מהמאציל, וכל עוד שלא נכלל בו שינוי הצורה הזו של הרצון לקבל, הנה ודאי, שעדיין בחינת מאציל הוא, ולא בחי' התפשטות הנעתקת ויוצאת מהמאציל. כי ברוחני לא יצויר שום הבדל, זולת ע"י שינוי צורה. אמנם כל כמה, שאין גילוי לרצון הזה מכח הנאצל גופיה, אינו עדיין קבוע בנאצל, כלומר, שהנאצל צריך להשתוקק לקבלת השפע, שאז נבחן, שנגלה הרצון לקבל מכח הנאצל נכון?

והנה ההשתוקקות הזו אי אפשר שתהיה, אלא רק בעת שאין בו השפע, כי רק אז יתכן שישתוקק אחריו באופן שיתגלה בו מכוחו עצמו "הרצון לקבל". ואז, נשלמים

316

כלי הקבלה בקביעות. עוד אחת צריך שתדע, שכל התפשטות אור מהמאציל, כמו שהיא כלולה מבחינת רצון הקבלה כאמור, הנה היא מוכרחת להיכלל גם כן מבחינת רצון להשפעה, שאם לא כן, היה המאציל והנאצל בבחינת הפכיות הצורה, שהוא פירוד גמור ח"ו, כי הפכיות הצורה היתה מרחיקה אותם זמ"ז כרחוק מזרח ממערב ולפיכך מוכרח כל אור המתפשט מהמאציל להיכלל ג"כ מבחינת הרצון להשפיע, כדי שתהיה קרבת צורה בין המאציל לנאצל. ובשעה שמתגלה בנאצל הרצון להשפיע הזה, הנה נמשך לו אור גדול מהמאציל, המיוחס להתעוררות הרצון הזה, והאור הזה מכונה בכל מקום אור דחסדים. אמנם התפשטות הא' מהמאציל, אשר הרצון לקבל כלול בה כמבואר לעין, היא נקראת בכל מקום אור דחכמה או אור העצמות. וזכור היטב, ב' מיני אורות הללו. ותדע, שהאור הב' שהוא אור דחסדים, שפל הרבה מהאור הא' שהוא אור דחכמה, משום שנמשך עם התגברות והתעוררות הנאצל, מכח עצמו, להיותו רוצה להשוות צורתו עם המאציל, כי על כן מתגבר ומתעורר לבחינת הרצון להשפיע, כמבואר. משא"כ ההתפשטות הא', שהוא אור דחכמה, הנה הוא נמשך ישר מהמאציל, ואין לנאצל שום חלק בהמשכתו, וע"כ הוא נעלה ממנו לאין ערוך, וע"כ "אור החכמה" נבחן לעצמותו וחיותו של הנאצל, ו"אור דחסדים" נבחן רק לבחינת אור של תיקונים להשלמת הנאצל.

עתה תבין ד' בחינות והמדרגות המחויבות להימצא בכל נאצל כנ"ל. כי מתחילה מתפשט האור ויוצא מהמאציל כנ"ל בבחינת אור דחכמה, אשר "הרצון לקבל" בלבד כלול בו, וזו היא בחינה א'; ואחר כך מתגברת באור הזה בחינת הרצון להשפיע, וממשיך אור דחסדים כנ"ל, והתגברות זו נבחנת לבחינה ב'; ואחר כך מתפשט אור דחסדים הזה התפשטות גדולה, שעניינה יתבאר לקמן, וזו היא בחינה ג'. ואחר שיצאו ונתגלו ג' הבחינות הנ"ל במילואן, אז חוזר ומתעורר כח הרצון לקבל הכלול בהתפשטות א', וחוזר וממשיך אור החכמה.

וזו היא תכלית השלמות של קביעות הרצון לקבל בפרצוף, להיותו נגלה בבחינת השתוקקות, כלומר, בשעה שלא היה אור החכמה בפרצוף אלא אור דחסדים, דהיינו אחר בחי' ג' הנ"ל, שהיתה לו לנאצל מציאות להשתוקק לקבלת אור החכמה, אשר ההשתוקקות הזו קובעת בו הרצון לקבל, ומשלימה לו כלי הקבלה, מה שלא היה כן בהתפשטות הא'. ולפיכך, אין כלי הקבלה נשלמים, אלא בבחינה

הד' הזאת, המכונה ג"כ התגברות ב', ואחר שלימותה של הבחינה ד' הזאת בא"ס ב"ה, נתהוה בה הצמצום, שפירושו הסתלקות הרצון לקבל מן בחינה הד' הזאת, שזה גרם להסתלקות אור א"ס ב"ה משם.

והנה נתבארו, ד' הבחינות המחוייבות להמצא בכל נאצל, אשר בחינה א', מכונה התפשטות ראשונה או חכמה. ובחינה ב', מכונה התגברות ראשונה או בינה. ובחינה ג', מכונה התפשטות שניה או זעיר אנפין. ובחינה ד', מכונה התגברות שניה או מלכות. אשר ב' ההתפשטויות נבחנות לזכרים, להיותן בחינת השפע הנמשך מהמאציל. כי התפשטות א' היא שפע אור החכמה, והתפשטות ב' היא שפע אור דחסדים; וב' ההתגברויות, הן ב' נוקבין, להיותן בחינת התעוררות של הנאצל והתגברות הרצון מכח עצמו, אשר התגברות א' היא ההתעוררות שבנאצל אחר ה"רצון להשפיע", הנעשה שורש אל האור דחסדים כנ"ל. והתגברות ב' היא ההתעוררות שבנאצל אחר ה"רצון לקבל", הנעשה לבחינת כלי קבלה לפרצוף בכל השלמות הרצויה. והוא שנקרא בכל מקום בחינה ד'".

וזה לשונו בהסתכלות פנימית שם פרק ו' אות כד-כה: "ונרחיב מעט את העניין הזה, להבין היטב עניין הסוף שנעשה בדבר המלכות. ונקדים מתחילה לבאר, מה שגדרו לנו המקובלים, ומובא בזהר ותקונים, שאין לך שום אור גדול או קטן, הן בעולמות העליונים והן בעולמות התחתונים, שלא יסודר תחת סדר, של השם בן ארבע אותיות הויה.

וזה מותאם עם הכלל, המובא בעה"ח, שאין לך אור בעולמות שלא יהיה מלובש בכלי. פי', דכבר ביארתי ההבחן בין עצמותו ית', לאור המתפשט הימנו ית', שהוא רק מטעם הרצון להנות, שנכלל באורו המתפשט, שהוא בחי' שינוי צורה מעצמותו, שאין בו ח"ו הרצון הזה. ובזה נגדר אור זה המתפשט בשם נאצל, כי מסבת שינוי הצורה הזו, יוצא האור מכלל המאציל לבחי' נאצל. ומבואר ג"כ, שהרצון להנות הכלול באורו ית', הוא ג"כ מדתו של גדלות האור, והיא נק' מקום של האור, כלומר שמקבל שפעו ית' כפי מדת רצונו לקבל, וחשקו, לא פחות ולא יותר כנ"ל.

ומבואר ג"כ, שעניין זה של הרצון לקבל, הוא כל בחי' החידוש, שנתחדש בבריאת העולמות, על דרך המצאת יש מאין ממש. כי רק הצורה הזאת לבדה, אינה כלולה ח"ו כלל בעצמותו ית', ורק עכשיו המציא אותה הבורא ית' לצורך הבריאה. שז"ס

ובורא חושך, מפני שצורה זו, היא השורש לחושך, מפני שינוי הצורה שבה, וע"כ כהה היא מן האור המתפשט בתוכה ובסבתה.

ובזה תבין שכל אור המתפשט הימנו ית', תכף נבחן בזה ב' בחי'. בחי' א', היא עצמות האור המתפשט, טרם נגלתה בו הצורה של הרצון להנות. ובחי' ב', היא אחר שנגלתה בו הצורה של הרצון להנות, שאז נתעבה ונחשך מעט, בסבת הקנין של שינוי הצורה כנ"ל. והנה בחי' א', ה"ס האור. ובחי' ב', ה"ס הכלי. וע"כ נבחנות בכל אור המתפשט, ד' בחי', בדבר התפעלות הכלי. כי צורת הרצון לקבל, שנק' כלי אל האור המתפשט, אינה נשלמת בבת אחת, אלא בדרך פועל ונפעל. ויש ב' בחי' בפועל, וב' בחי' בנפעל, ונק' כח ופועל בפועל, וכח ופעולה בנפעל שהם ד' בחינות.

והענין, משום שהכלי הוא שורש החושך כנ"ל, אשר הוא הפוך מן האור, וע"כ הוא מחויב להתפעל לאט לאט, ע"ד המדרגה, בדרך עילה ועלול, שז"ס המים הרו וילדו אפילה (מד"ר שמות פ' כ"ב) כי החושך, הוא תולדה מהאור עצמו, ומתפעל הימנו ע"ד הריון ולידה, שה"ע כח ופועל. והיינו, כי בהכרח, שנכלל תכף בכל אור המתפשט בחי' הרצון לקבל כנ"ל, אלא שאינה עולה בשם של שינוי הצורה, עד שיקבע באור, זה הרצון להדיא. ולזה, לא די בחינת הרצון לקבל הנכלל באור מצד המאציל, אלא הנאצל בעצמו, מחוייב לגלות הרצון לקבל שבו, בפועל, מצד עצמו. כלומר, שמחוייב להמשיך שפע ברצונו, יותר מכפי שיעור האור של ההתפשטות שבו מצד המאציל. ואחר שנפעל הנאצל מכח עצמו בהגדלת שיעור רצונו, אז נקבעים בו החשק והרצון לקבל, ואז אפשר לאור להתלבש בכלי הזה בקביעות.

והן אמת, אשר אור א"ס ב"ה מתפשט, כביכול, ג"כ על ד' הבחי' הנ"ל, עד שיעור גדלות הרצון מצד הנאצל עצמו כנ"ל, שהוא הבחי' הד'. כי בלאו הכי לא היה יוצא כלל מבחינת עצמותו ית', להיות נקבע בשם לפי עצמו, דהיינו א"ס. אמנם, בכל יכלתו יתברך, לא נשתנתה הצורה כלל, מחמת הרצון לקבל, ולא נבחן שם שום שינוי, בין האור, ובין המקום של האור, שהוא הרצון להנות כנ"ל, והם אחד ממש.

והיינו דאיתא בפדר"א, שקודם שנברא העולם היה הוא אחד ושמו אחד, שבאמת קשה הלשון הכפולה הוא ושמו, כי קודם שנברא העולם מה ענין שמו לשם, והיה לו לומר קודם שנברא העולם היה הוא אחד. אלא הכוונה, על אור א"ס ב"ה, שהוא טרם הצמצום, כי אע"פ שיש שם בחי' מקום, ובחינת רצון לקבל השפע מעצמותו ית', אמנם בלי שום שינוי והבחן בין האור ובין המקום. והוא אחד, היינו

האור א"ס ב"ה. ושמו אחד, היינו הרצון להנות הכלול שם בלי שום שינוי ח"ו כלל וכלל. והבן את אשר רמזו ז"ל "אשר שמו" בגי' "רצון", דהיינו "הרצון להנות".

וזה לשונו שם בפרק ח' אות ל': "וע"כ יש בכל התפשטות של אור א"ס, עשר ספירות כי הא"ס שה"ס השורש והמאציל נקרא כתר, ואור ההתפשטות עצמו, נקרא חכמה. שהוא כל שיעור ההתפשטות של האור מלמעלה, מא"ס ב"ה. וכבר נודע, שבכל התפשטות אור מלמעלה כלול הרצון לקבל כנ"ל אלא אין הצורה של הרצון לקבל נגלית בפועל, עד שיתעורר הנאצל לרצות ולהמשיך אור, יתר מכשיעור התפשטותו. וא"כ, כיון שהרצון לקבל כלול בבחי' כח תכף באור ההתפשטות, ע"כ מחויב האור לגלות הכח אל הפועל. וע"כ, מתעורר האור להמשיך תוספת שפע, יותר משיעור שבהתפשטותו מצד הא"ס, ובזה מתגלה הרצון לקבל בפועל, באור ההוא, וקונה צורת החידוש בשינוי צורה במעט כנ"ל, כי נעשה בזה כהה מן האור, כי נתעבה מחמת חידוש הצורה הנ"ל, וזה החלק שנתעבה נקרא בינה. וז"ס אני בינה לי גבורה, שבאמת הבינה היא חלק מן החכמה, דהיינו עצם אור ההתפשטות א"ס כנ"ל, אלא משום שהתגברה ברצון, והמשיכה שפע יותר משיעור ההתפשטות שבה, מא"ס, מחמת זה קנתה שינוי צורה, ונתעבתה מעט מן האור, ויצאה בשם לפי עצמה, שהיא ספירת בינה.

והנה מהות תוספות השפע שהמשיכה מא"ס, בכח התגברות הרצון שלה, נק' אור של חסדים, או מים העליונים כנ"ל. מפני שאור זה לא נמשך ישר מא"ס ב"ה. כמו אור החכמה, אלא ע"י הסיוע של הנאצל, שהתגבר ברצון כנ"ל וע"כ עולה בשם לפי עצמו, להיות נקרא אור דחסדים, או מים. והנך מוצא עכשיו בספירת הבינה, שהיא כלולה מג' בחי' אורות: בחי' א', היא אור עצמות הבינה, שהיא חלק מאור החכמה כנ"ל, ובחי' ב', בחי' ההתעבות ושינוי הצורה שבה, שקנתה ע"י התגברות הרצון כנ"ל. ובחי' ג', היא אור דחסדים שהגיע לה, ע"י המשכתה עצמה מהא"ס ב"ה.

אמנם, עדיין לא נגמר בזה כלי הקבלה על שלמותו, להיות הבינה מעצם אור החכמה הנעלה מאוד. שהוא ההתפשטות הישרה מאור א"ס ב"ה, ע"כ נגלה בבינה, רק בחי' שורש לכלי קבלה, ובחינת פועל, לפעולת הכלי. כי אח"כ, אותו אור דחסדים, שהמשיכה בכח התגברותה, שוב התפשט הימנה, ונתוספה הארה מועטת מאור החכמה. והתפשטות אור דחסדים זה, נקרא זעיר אנפין, או חג"ת,

כמו"ש במקומו. והנה אור ההתפשטות הזה, ג"כ התגבר ברצונו, להמשיך שפע חדש, יתר מכשיעור הארת החכמה, שיש בהתפשטות שלו מן הבינה. ע"כ נבחנת התפשטות זו ג"כ לב' בחינות, כי אור ההתפשטות בעצמו נק' ז"א או ו"ק, ובחי' ההתגברות שבו, נק' מלכות, וז"ס עשר הספירות, כתר, ה"ס א"ס. חכמה, היא אור ההתפשטות מא"ס. בינה, ה"ס אור החכמה שהתגבר להוסיף שפע, שעל ידי כן נתעבה כנ"ל. ז"א, הכולל חג"ת נה"י, ה"ס אור דחסדים עם הארת החכמה המתפשט מן הבינה. ומלכות, ה"ס התגברות הב' לתוספת הארת החכמה, יותר ממה שיש בז"א".

[ב] אדמו"ר כותב "ד' בחינות שברצון הם יסוד כל החכמה והוא סוד שם הוי"ה הכולל הכל". וזה לשון מ"ע צי"ע מרן קוה"ק הרב יהודה הלוי אשלג בעל הסולם זיעוכי"א בתלמוד עשר הספירות חלק ראשון בהסתכלות פנימית פרק ח' אות לא-לב: "וז"ס ד' אותיות, דשם בן ארבע, דקוצו של יוד ה"ס א"ס, כלומר, כח הפועל הכלול במחשבת הבריאה, "כדי להנות לבריותיו", שה"ס כלי הכתר. ויו"ד, ה"ס חכמה, דהיינו הבחי' הא', שהיא בחינת הכח שבפועל, הכלול תכף באור ההתפשטות של הא"ס. וה"א ראשונה, ה"ס בינה, דהיינו בחי' ב', שהיא בחי' יציאת הכח אל בחי' פועל, דהיינו האור שנתעבה מן החכמה כנ"ל. ואו, ה"ס זעיר אנפין, או חג"ת נה"י, דהיינו, התפשטות אור דחסדים שיצא ע"י הבינה כנ"ל, שהיא בחי' ג', בחי' כח לגילוי הפעולה כנ"ל, ה"א תתאה שבהויה, ה"ס מלכות, דהיינו הבחינה הד' בחינת גילוי הפעולה בשלמות כלי הקבלה, שהתגבר להמשיך תוספת שפע יתר מכשיעור התפשטותו מבינה, ובזה נקבעה צורת הרצון לקבל, על היכנו, והאור מתלבש בכלי שלו, שהוא הרצון לקבל, הנגמר רק בהבחינה הרביעית הזו, ולא קודם הימנה. בזה תבין בפשטות, שאין לך אור בעולמות עליונים ותחתונים, שלא יהיה מסודר תחת סדר שם בן ארבע, שה"ס ד' בחי' הנ"ל. כי בלי זה לא נקבע הרצון לקבל, שצריך להיות בכל אור. כי הרצון הזה הוא המקום והמדה של האור ההוא כנ"ל.

ואין להקשות על זה הרי היוד רומזת לחכמה וה' לבינה, וכל עצמות האור, שאך יש בע"ס, הלא היא נמצאת בספירת החכמה, ובינה וזעיר אנפין ומלכות, המה רק לבושים בערך החכמה, א"כ היתה צריכה החכמה, לתפוש את האות היותר גדולה בשם בן ד'. והעניין הוא, כי האותיות של השם בן ד', אינן מורות ומרמזות על

שיעור וכמות האור שבע"ס, אלא שהן מורות ערכי התפעלות הכלי, כי הלבן שבקלף הס"ת, מרמז על בחי' האור, והשחור שהוא האותיות שבס"ת, מרמזות על בחי' איכות הכלים. וע"כ הכתר, כיון שהוא רק בחי' שורש דשורש לכלי, לכן מרומז רק בקוצו של יוד. והחכמה, שהיא בחי' הכח שטרם נתגלה לפועל, ע"כ נרמזת באות היותר קטנה שבאותיות, דהיינו הי'. והבינה, שבה יצא ונגלה הכח אל הפועל, נרמזת באות הרחבה שהיא ה"א. וז"א, כיון שאינו אלא בחי' כח לגילוי הפעולה כנ"ל, ע"כ נרמז באות ארוכה ודקה, שהיא ואו. שהדקות, מורה, שעדיין הויית כלי טמונה בו בכח בהעלם. ואריכות הקו, מורה שבסוף התפשטותו נגלה על ידו כלי גמור ושלם. כי החכמה לא הספיקה בהתפשטותה לגלות כלי שלם, כי הבינה איננה עדיין כלי ממש, אלא בחי' פועל הכלי כנ"ל. שע"כ רגל היוד קצרה, להורות שעדיין קצר הוא, שלא גילה ע"י הכח הטמון בו, וע"י התפשטותו, בחי' כלי שלם. וגם המלכות, נרמזת באות ה', כמו ספירת הבינה, שהיא אות רחבה, שנגלית בשלמות הצורה. ולא יקשה לך ע"ז, מה שהבינה והמלכות יש להן אותיות שוות, היינו משום שבעולם התיקון הן באמת דומות זו לזו, ושואלות כליהן זו לזו, בסו"ה ותלכנה שתיהן. כמ"ש במקומו".

[ג] אדמו"ר כותב "עולם מלשון העלמה". וזה לשון מ"ע צי"ע מרן קוה"ק הרב יהודה הלוי אשלג בעל הסולם זיעוכי"א בלוח התשובות לחלק שלישי אות עה: "עיקר שם "עולם" מתחיל מפרצוף ב"ן דא"ק, שנקרא עולם הנקודים. ונקרא כן, על שם שנעלמו הז"א ומלכות דכלים פנימיים דבחי"ד, והיו לכלים לאו"מ, המכונים לבוש והיכל. ו"עולם", פירושו העלם. אמנם השם עולם נשאל, לפעמים רחוקות, גם כלפי הפרצופין והספירות שקדמו לעולם הנקודים, והוא רק בדרך השאלה".

[ד] אדמו"ר כותב "וד' בחינות אלו מתחלקות גם לד' עולמות". וזה לשון מ"ע צי"ע מרן קוה"ק הרב יהודה הלוי אשלג בעל הסולם זיעוכי"א בתלמוד עשר הספירות הסתכלות פנימית חלק שני פרק ב' אות ט-יג: "ותדע שה' העולמות א"ק ואבי"ע דיושר, הנה עיקר ההבחנה שבין העולמות הללו, הוא בשיעור עביות שנמצא במסך של כלים שלהם, כי מסך שבכלים שבעולם אדם קדמון הוא עב מאד, דהיינו עביות דבחי"ד, שאין עביות יתרה ממנה בכל העולמות, ולפיכך עשר הספירות שלו שלימות דהיינו שכל אחת מהן בקומת כתר הסמוך לא"ס ב"ה, והוא העולם הראשון החשוב מכולם, המבריח מהקצה אל הקצה מא"ס ב"ה עד לעולם הזה.

ועל כן נבחן שעומד בפנימיות כל העולמות, כי כבר ידעת, שפנימיות ועביות היינו הך הם, וכיון שמסך שבכלים דאדם קדמון זה הוא בחי"ד, דהיינו עב מכולם, הרי הוא משום זה הפנימי מכולם.

ומסך שבכלים שבעולם האצילות, אינו עב כל כך כמו מסך שבעולם א"ק, כי עביות שבמסך דאצילות היא רק בחי"ג, ולפיכך עשר הספירות דיושר דאצילות, אין קומת כל אחת יותר מקומת חכמה, והן חסרי כתר, ונבחנות ע"כ לשפלות בערך עשר הספירות בקומת כתר שבעולם אדם קדמון. ונבחנים לחיצונים בערך ע"ס שבא"ק, כי עביות דבחי"ג היא חיצונית לעביות דבחי"ד, וזַכות וחיצוניות היינו הך הם כנ"ל. וע"כ נעשה עולם האצילות לבוש, שפירושו חיצוניות, המלביש לעולם הא"ק הפנימי ממנו.

ומסך שבכלים דע"ס עולם הבריאה הוא עוד זך יותר מבעולם האצילות, ואין בו אלא עביות דבחי"ב, וע"כ אין קומתן של ע"ס הללו יתירה מקומת בינה, ועל כן נחשב עולם הבריאה חיצון יותר, מעולם האצילות, ששם יש עביות דבחי"ג ועל כן הוא פנימי יותר מעולם הבריאה, שאינו אלא עביות דבחי"ב. וע"כ עולם הבריאה נבחן, לחיצון ולבוש על עולם האצילות.

ומסך שבעולם היצירה, אין בו אלא עביות של בחי"א הקלושה ביותר, ולפיכך עשר הספירות שבעולם היצירה קומתן קצרה, ואינן מגיעות אלא לקומת זעיר אנפין, וחסרות ג' ספירות ראשונות, שהן כתר, חכמה ובינה. ועל כן, עולם היצירה הוא עוד יותר חיצוני מעולם הבריאה, כי שם ישנה עביות של בחי"ב, שהיא פנימית לעביות דבחי"א שבעולם היצירה כנ"ל, וע"כ נבחן עולם היצירה, לחיצון ולמלבוש על עולם הבריאה.

ועולם העשיה, הנה המסך שבעשר ספירות דיושר שבו, זך לגמרי בלי שום עביות כלל, ועל כן אין בו ענין הזווג עם האור העליון, המעלה אור חוזר. ומתוך שאין בהם אור חוזר, אין בהם גם האור העליון, כי אין האור העליון נתפס בפרצוף בלי או"ח. ולפיכך אין בעשר הספירות הללו, אלא קומת מלכות בלבד, וחסרות מט' ספירות ראשונות, שהן: כתר, חכמה, בינה, וזעיר אנפין (הכולל שש ספירות חג"ת נה"י). ומתוך, שמסך שבהן זך יותר מבכל העולמות הקודמים, ממילא נבחנים עם זה, שהמה חיצוניים מכולם. כי כבר ידעת שהזכות והחיצוניות היינו הך הם כנ"ל. וע"כ עולם היצירה, שבכלים שלו יש מסך דבחי"א על כל פנים, נחשב לעולם

הפנימי כלפי עולם העשיה, ועולם העשיה, נבחן לחיצון וללבוש של עולם היצירה, ושל כל העולמות כולם, להיותו הזך יותר מכולם".

[ה] אדמו"ר כותב "ובזה יתורץ לך מה ששאלת 'האור דחכמה היה כל הזמן בעת ההתפשטות זו וכו'". ונראה שהקשה אדמו"ר אבי שליט"א דמבואר מדברי מ"ע צי"ע מרן קוה"ק הרב יהודה הלוי אשלג בעל הסולם זיעוכי"א בתלמוד עשר הספירות שמטרת הד' בחינות הוא שבחינה ד' תשתוקק לאור דחכמה ולכן צריך לעבור את הד' בחינות, ובבחינה ד' נעלם האור דחכמה לגמרי ואז המלכות משתוקקת לאור דחכמה והיא נעשית לכלי אמיתי לאור דחכמה, ובלשונו הקדוש "ואחר שיצאו ונתגלו ג' הבחינות הנ"ל במילואן אז חוזר ומתעורר כח הרצון לקבל הכלול בהתפשטות א' וחוזר וממשיך אור החכמה וזו היא תכלית השלמות של קביעות הרצון לקבל בפרצוף להיותו נגלה בבחינת השתוקקות כלומר בשעה שלא היה אור החכמה בפרצוף אלא אור דחסדים דהיינו אחר בחינה ג' שהיתה לו לנאצל מציאות להשתוקק לקבלת אור החכמה אשר ההשתוקקות הזו קובעת בו הרצון לקבל ומשלימה לו כלי הקבלה מה שלא היה כן בהתפשטות א' ולפיכך אין כלי הקבלה נשלמים אלא בבחינה הד' הזאת".

ועיין עוד מה שהבאנו באות א' בביאור. והנה היה קשה לאדמו"ר אבי שליט"א אם בחינה א' עדיין קיימת, מכיוון שאין העדר ברוחני, גם בשעת התגלות שאר הג' בחינות אם כן בכללות כל הפרצוף יש אור דחכמה תמיד ואף פעם לא נעלם, ואם כן איך נאמר שהפרצוף משתוקק לאור דחכמה כשמתגלה בחינה ד' – בשעה שעדיין יש לה אור דחכמה מכח בחינה א'? ולזה תירץ אדמו"ר "ואתה צריך לדעת כי כל בחינה היא מדרגה בפני עצמה וממש כמו עולם אחר. המשל בזה הוא שמה שיש בעולם הזה שאתה נמצא בו הנך יכול להשיג ומה שיש בעולם אחר אינך משיג כלום שעל זה נקרא עולם מלשון העלמה וד' בחינות אלו מתחלקות גם לד' עולמות וכו'". ולפי זה מתורצת קושיית אדמו"ר אבי שליט"א שהאור דחכמה שנמצא בבחינה א', עולם האצילות, אינו מושג בכלל לבחינה ב', עולם הבריאה, משום "שמה שיש בעולם אחר אינך משיג כלום" וודאי שאינו מושג לבחינה ד', עולם העשיה, ולכן מלכות משתוקקת לאור דחכמה כמבואר לעיל, וזה כוונת דברי אדמו"ר "איפה הוא נמצא בהתפשטות שנקרא בחינה א' ולא בבחינה ב' שנקרא בינה החפצה בחסדים ודוחה חכמה וכל שינוי צורה הוא עולם אחר לגמרי וכל שכן

בחינה ד'", והבן כל זה.

[ו] אדמו"ר כותב "בחינה ב' שנקרא בינה החפצה בחסדים ודוחה חכמה". וכדי להסביר את מהות ספירת הבינה נביא מדברי מ"ע צי"ע מרן קוה"ק הרב יהודה הלוי אשלג בעל הסולם זיעוכי"א וזה לשונו בתלמוד עשר הספירות חלק א' פרק א' אות נ' באמצע דבריו "ואחר כך מתגברת באור הזה בחינת הרצון להשפיע וממשיך אור דחסדים כנ"ל והתגברות זו נבחנת לבחינה ב'". וזה לשונו בפתיחה לחכמת הקבלה אות ה' באמצע דבריו "ואחריה באה בחינה ב' והוא כי כלי החכמה בסופו הוא מתגבר בהשוואת הצורה לאור העליון שבו דהיינו שמתעורר בו רצון להשפיע אל המאציל, כטבע האור שבתוכו שהוא כולו להשפיע ואז על ידי הרצון הזה שנתעורר בו נמשך אליו מהמאציל אור חדש הנקרא אור חסדים ומשום זה כמעט שנפרש לגמרי מאור החכמה שהשפיע בו המאציל, כי אין החכמה מקובל רק בהכלי שלו שהוא הרצון לקבל הגדול בכל שיעורו, באופן שהאור וכלי שבבחינה ב' משונים לגמרי מבחינה א' כי הכלי שבה הוא הרצון להשפיע והאור שבה נבחן לאור החסדים שפירושו אור הנמשך מכח הדבקות של הנאצל בהמאציל כי הרצון להשפיע גורם לו השוואת הצורה למאציל והשוואת הצורה ברוחניות הוא דבקות".

והנה בחינה ב' באמת נחלקת לג' בחינות ויש להבינם. וזה לשונו בתלמוד עשר הספירות חלק ראשון הסתכלות פנימית פרק ח' אות ל' באמצע דבריו "וכבר נודע שבכל התפשטות אור מלמעלה כלול הרצון לקבל, אלא אין הצורה של הרצון לקבל נגלית בפועל, עד שיתעורר הנאצל לרצות ולהמשיך אור, יתר מכשיעור התפשטותו, וא"כ, כיון שהרצון לקבל כלול בבחי' כח תיכף באור ההתפשטות, ע"כ מחוייב האור לגלות הכח אל הפועל. וע"כ, מתעורר האור להמשיך תוספת שפע, יותר משיעור שבהתפשטותו מצד הא"ס, ובזה מתגלה הרצון לקבל בפועל, באור ההוא, וקונה צורת החידוש בשינוי צורה במעט כנ"ל, כי נעשה בזה כהה מן האור, כי נתעבה מחמת חידוש הצורה הנ"ל, וזה החלק שנתעבה נקרא בינה. וז"ס אני בינה לי גבורה, שבאמת הבינה היא חלק מן החכמה, דהיינו עצם אור ההתפשטות א"ס כנ"ל, אלא משום שהתגברה ברצון, והמשיכה שפע יותר משיעור ההתפשטות שבה, מא"ס, מחמת זה קנתה שינוי צורה, ונתעבתה מעט מן האור, ויצאה בשם בפני עצמה, שהיא ספירת בינה. והנה מהות תוספות השפע

שהמשיכה מא"ס, בכח התגברות הרצון שלה, נק' אור של חסדים, או מים העליונים כנ"ל. מפני שאור זה לא נמשך ישר מא"ס ב"ה. כמו אור החכמה, אלא ע"י הסיוע של הנאצל, שהתגבר ברצון כנ"ל, וע"כ עולה בשם לפי עצמו, להיות נקרא אור דחסדים, או מים. והנך מוצא עכשיו בספירת הבינה, שהיא כלולה מג' בחי' אורות. בחי' א', היא אור עצמות הבינה. שהוא חלק מאור החכמה כנ"ל. ובחי' ב', בחי' ההתעבות ושינוי הצורה שבה, שקנתה ע"י התגברות הרצון כנ"ל. ובחי' ג', היא אור דחסדים שהגיע לה, ע"י המשכתה עצמה מהא"ס ב"ה".

[ז] אדמו"ר כותב "וכל שינוי צורה הוא עולם אחר לגמרי". ועיין במכתב ז מיום שושן פורים תשכ"ה ובביאור שם, ובמכתב ט מיום ו ניסן תשכ"ה ובביאור שם, ובמכתב יב מיום כד ניסן תשכ"ה ובביאור שם.

[ח] אדמו"ר כותב "וכל ההשתלשלות של ד' הבחינות היא ללמד אותנו איך נעשה ונולד ההשתוקקות לאור החכמה שזה אפשר רק בעת שהאור איננו אז אפשר להשתוקק אחריו וזהו בחינה הד'". ועיין בדברינו ובמה שהבאנו באות ה' ושם מבואר ענין זה בארוכה.

[ט] אדמו"ר כותב "הקבלה לעצמו הוא שורש של כל החטאים". ואפשר דגם אם האדם חוטא משום חוסר ידיעתו שורש החטא הוא הרצון לקבל לעצמו שלא מרשה לאדם ללמוד יותר ועומד כנגד היצר הטוב שמנסה לדחוף את האדם ללמוד יותר מה חובתו בעולם.

[י] אדמו"ר כותב "בחינה ג' היא אור החסדים בהארת חכמה". וזה לשון מ"ע צי"ע מרן קוה"ק הרב יהודה הלוי אשלג בעל הסולם זיעוכי"א בתלמוד עשר הספירות חלק א פרק א' באור פנימי אות נ' "ואחר כך מתפשט אור דחסדים הזה (דבינה) התפשטות גדולה וזו היא בחינה ג'". וזה לשונו בהסתכלות פנימית חלק ראשון אות ל' "אח"כ אותו אור דחסדים שהמשיכה בכח התגברותה שוב התפשט הימנה ונתווספה הארה מועטת מאור החכמה, והתפשטות אור דחסדים זה נקרא זעיר אנפין או חג"ת". וזה לשונו בפתיחה לחכמת הקבלה אות ה' "ואחריה (בחינה ב') באה בחינה ג' או תפארת והוא כי אחר שנתמעט האור שבנאצל לבחינת אור חסדים בלי חכמה כלל ונודע שאור החכמה הוא עיקר חיותו של הנאצל על כן הבחינה ב' בסופה התעוררה והמשיכה בקרבה שיעור מאור החכמה להאיר תוך אור החסדים שבה והנה התעוררות הזה המשיך מחדש שיעור מסוים מהרצון

לקבל שהוא צורת כלי חדשה הנקרא בחינה ג' או תפארת ובחינת האור שבה נקרא אור דחסדים בהארת חכמה כי עיקר האור הזה הוא אור חסדים ומיעוטו הוא אור חכמה".

[יא] אדמו"ר כותב "אז נהיה המקום להתעוררות להשתוקק לאור החכמה בשלימות". עיין באות א' ובאות ה' במה שהבאנו ובארנו.

[יב] אדמו"ר כותב "ואם לא תבין תבקש למי שהחכמה שלו בלב נשבר ואז תזכה לחכמה". עיין בדברינו בביאור למכתב ה' אות יא, ויש להעיר שאדמו"ר מוסיף כאן שצריך לבקש "בלב נשבר", וכמו שנאמר "לב נשבר ונדכא אלקים לא תבזה".

[יג] אדמו"ר כותב "מענין הרכוש בצפת תבנה ותכונן". סיפר לי אדמו"ר אבי שליט"א: שצי"ע אדמו"ר הרב יהודה צבי ברנדווין זיעוכי"א סיפר לו שאביו בא אליו בחלום ואמר לו שיש עליו טענה בבית דין של מעלה משום שפעם אחת לוה כסף מאדם אחד ולא היה לו את הכסף בשעת הפרעון ובמקום הכסף הוא נתן לו בנין בצפת שהיה שייך לו, אולם הרכוש לא נמכר על אף ניסיונותיו של המלווה, ולכן יש תביעה עליו שלא שילם את חובו כדבעי לאדם הזה, ולכן הוא מבקש מבנו אדמו"ר הרב לקנות בחזרה את הבניין מיורשי המלווה ואז בעזרת השם תתבטל התביעה ממנו בעולם העליון. וצי"ע אדמו"ר הרב יהודה צבי ברנדווין זיעוכי"א ביקש מאדמו"ר אבי שליט"א לקנות את הבניין הזה וכך היה, ועל רכוש זה מדבר אדמו"ר.

חלק תוכן מכתב ז ותוכן ביאור אהובי נצח א

תוכן מכתב ז

- הסבר אין העדר ברוחני.
- הסבר אור וכלי.
- הסבר הד בחינות.
- אין לקבוע מסמרות בג' בחינות הראשונות.

תוכן ביאור אהובי נצח למכתב ז

הערה א

- בלשון אדמו"ר כאן שאין העדר וחילוף ותמורה ברוחניות. ומביא באריכות מלשונות מ"ע צי"ע מרן קוה"ק הרב יהודה הלוי אשלג בעל הסולם זיעוכי"א בענין זה.
- במה שחכמת הקבלה מיוסדת על ענינים רוחניים שאינם תופסים לא מקום ולא זמן ואין העדר ושינוי נוהג בהם.
- חכמת הקבלה היא "שפת הענפים" כי ענינים הגשמיים משתלשלים מעולם העליון ולקחו להם חכמי האמת שמות הענפים שבעוה"ז כמורה באצבע על שרשו העליון.
- בטעם שחכמת הקבלה צריך לקבל מחכם מובהק.
- בענין זמן ותנועה ברוחניות.

הערה ב

- בלשון אדמו"ר כלים ואורות הם שני דברים מיוחדים ואין אחד יכול אף פעם להתערב בגבול השני.
- בענין מהותו של כלי רוחני. ומביא מלשון מ"ע צי"ע מרן קוה"ק הרב יהודה הלוי אשלג בעל הסולם זיעוכי"א בענין זה.

הערה ג

- מבאר דברי אדמו"ר שמציין ל"לוח התשובות".
- בענין אורות וכלים.
- על דבר הרצון לקבל שבנאצל שנקרא כלי.

הערה ד

- מציין בדברי אדמו"ר בהד' בחינות שברצון לקבל.

328

הערה ה

- בדברי אדמו"ר הנ"ל. ומביא מלשונות בעל הסולם זי"ע בענין זה.
- ביאור ע"ד ההגיון וע"ד הנסתר בסוגיית הגמרא בפסחים דף כ"ה בהנאה הבאה לו לאדם בעל כרחו.
- ביאור דרגות ב"חכמה" וב"כלי החכמה".
- בענין כתר דמלכות.
- מלכות דחכמה ומלכות דבינה.
- דרגות בבינה וקבלתה מהחכמה.
- בענין הרצון מתי החשב כלי לקבלה.

הערה ו

- מבאר לשון אדמו"ר שאסור לקבוע מסמרות בג' בחינות הראשונות.
- מביא לשון האריז"ל שאין אנו עוסקים כלל בבחינת עגולים רק בבחינת יושר.
- מדברי מ"ע צי"ע מרן קוה"ק הרב יהודה הלוי אשלג בעל הסולם זיעוכי"א בענין אורך הגשמי שהוא נבחן ע"פ ג' דברים קצהו העליון, קצהו התחתון, והמרחק שביניהם - שמזה נבין ג"כ באורך הרוחני בבחינת קצה התחתון במדריגה כו'.
- ענין ה"מרחק" ברוחניות.
- טעם לדברי האריז"ל הנ"ל שאין אנו עוסקים בבחינת עיגולים.
- דברי בעל הסולם זי"ע שבחינת הכלים דעיגולים עולים לאין ערוך על ג' ראשונות דיושר.
- מבאר דברי האריז"ל ומ"ע צי"ע מרן קוה"ק הרב יהודה הלוי אשלג בעל הסולם זיעוכי"א דקשה לכאורה מדוע אנו עוסקים בכלל בענין עיגולים דיושר וג' ראשונות.
- מיישב זה.

חלק מכתב ז א

ב"ה

יום שושן פורים תשכ"ה תל-אביב

ששון ושמחה וברכה והצלחה וכל טוב סלה לכבוד חביב אדם ואהובי מורינו הרב שרגא פייביל שליט"א.

בתשובה למכתבך מיום ז' אדר שני הנני להודיעך כמה כללים שלמדנו אותם.

א. צריכים לזכור תמיד שאין העדר ברוחניות[1], ואם יש חידוש צורה כל שהוא הרי הוא דבר נוסף על הצורה הקודמת, ואין זה גורם שום חסרון על הענין הראשון כי אין העדר וחילוף ותמורה ברוחניות [א].

ב. ענין כלים[2] ואורות שהם שני דברים מיוחדים ואין אחד יכול אף פעם להתערב בגבול השני [ב] כמו הנשמה והגוף, שהנשמה היא האור והגוף הוא הכלי. ורצון[3] הוא שם של כלי ולא של אור, בין רצון[4] להשפיע שהוא כלי להשפיע, ובין רצון לקבל שהוא כלי לקבלה, ואסור לנגוע באור בלי שום פחד ולשחק באור ולקבוע כי המהות של האור המתפשט להיות רצון להשפיע. עיין בלוח התשובות[5] תשובה א' [ג] מהו אור ותראה שמציין חוץ מחומר, אור[6] הוא "הטבה" או "שפע" או מילוי הרצון בכלים כי חומר[7] הכלים הוא הרצון לקבל.

ומה הם ד' בחינות שברצון לקבל?[8] [ד] עיין תשובה ס"ט[4], עיין היטב בדברים ותראה שאין שום סתירה, ואתה יכול לפרש [ה], שהפירוש[9] לצאת מכלל המאציל

1 עיין בתלמוד עשר הספירות בדף א' בדברי מ"ע צי"ע מרן קוה"ק הרב יהודה הלוי **אשלג בעל הסולם זיעוכי"א** בהתחלת אור פנימי, עיין בזהר פרשת תצוה אות סד בסולם, ועיין במכתב ו ממוצש"ק פרשת זכור תשכ"ה ובביאור שם, ובמכתב ט מיום ו ניסן תשכ"ה ובביאור שם, ובמכתב יב מיום כד ניסן ובביאור שם.

2 עיין בדברי מ"ע צי"ע מרן קוה"ק הרב יהודה הלוי **אשלג בעל הסולם זיעוכי"א** בתלמוד עשר הספירות חלק א' פרק א' אות ו' באור פנימי.

3 עיין בתלמוד עשר הספירות חלק א פרק א באור פנימי אות ל, מ, נ.

4 עיין בתלמוד עשר הספירות חלק א' פרק א' באור פנימי אות נ' בדברי מ"ע צי"ע מרן קוה"ק הרב יהודה הלוי **אשלג בעל הסולם זיעוכי"א**.

5 תלמוד עשר ספירות חלק א.

6 עיין בלוח התשובות חלק א תשובה ב.

7 עיין בלוח התשובות חלק א תשובה כה. ועיין בתלמוד עשר הספירות חלק א פרק א באור הפנימי אות ל ומ.

8 עיין עוד במכתב ו' ממוצאי שבת קודש פרשת זכור תשכ"ה, ובמכתב ט' מיום ו' ניסן תשכ"ה.

9 כפירוש מ"ע צי"ע מרן קוה"ק הרב יהודה הלוי **אשלג בעל הסולם זיעוכי"א** בתלמוד עשר ספירות חלק א פרק א אות נ, ובפתיחה לחכמת הקבלה אות א.

ולקנות שם נאצל, צריך לעבור ד׳ בחינות, רצוני לומר, דרך של ד׳ תחנות, ובכל תחנה מתרחקת המדרגה מן המאציל ומתקרבת להקרא בשם נאצל, בתחנה א׳ היא התחנה הראשונה, שכבר אי אפשר לקרוא למדרגה הזו בשם מאציל רק בשם בחינה א׳ של נאצל, אבל לא נאצל גמור; עד לבחינה הד׳, שאז[10] ישנה השתוקקות ורצון בלי אור, ואז נקבע השם של הנאצל.

ובזה תבין שאסור[11] לקבוע מסמרות בג׳ בחינות הראשונות[12] [ו], ואתה יכול לקרוא אותם בשם מאציל, בערך בחינה הד׳, שרק היא נקראת בשם נאצל ולא ג׳ הבחינות הראשונות, וכן אפשר לקרוא אותם בשם נאצלים, להיות שרק השורש שאין בו מרצון לקבל כלום, רק אותו אפשר לקרא בשם מאציל ולא נאצל, אבל בחינה א׳[13] שכבר הרצון לקבל כלול בה, כבר אפשר לקרוא אותה בשם נאצל ולא מאציל. בערך המאציל. והאמת הוא שג׳ בחינות הראשונות יצאו מכלל מאציל, ולא הגיעו לכלל נאצל רק בעת שהגיעו אל הבחינה הד׳, שרק היא נקראת בשם נאצל בקביעות.

אבקש שתודיע לי אם הענינים שלך מתקדמים.

והנני מסיים בברכה ובתקוה שתזכה לתורה ולגדולה שלאו כל אדם זוכה[14] [ז].

העיקר שתשתדל ותקיים כל מה שאמרתי לך.

יהודה צבי

---

10 עיין במראה מקומות 3, 4 ועיין בתלמוד עשר ספירות בהסתכלות פנימית חלק ראשון פרק ו אות כה.

11 עיין בתלמוד עשר הספירות חלק ב פרק ב אות ז ובאור פנימי שם, ובהסתכלות פנימית חלק ב פרק א אות א.

12 עיין בתלמוד עשר הספירות חלק שני בהסתכלות פנימית פרק א אות ה.

13 עיין במראה מקומות 3, 4.

14 עיין בגמרא ברכות ה, ע״ב, ובתוספות שם דיבור המתחיל ״לא כל אדם״, ובזהר פרשת פנחס אות תתעב, ודרך ארץ זוטא.

[א] אדמו"ר כותב ש"צריכים לזכור תמיד שאין העדר ברוחניות ואם יש חידוש צורה כל שהוא הרי הוא דבר נוסף על הצורה הקודמת ואין זה גורם שום חסרון על הענין הראשון כי אין העדר וחילוף ותמורה ברוחניות". וזה לשון מ"ע צי"ע מרן קוה"ק הרב יהודה הלוי אשלג בעל הסולם זיעוכי"א בתלמוד עשר הספירות חלק ראשון פרק א' בתחילת ה"אור פנימי": "צריכים לזכור, שכל חכמת הקבלה מיוסדת על ענינים רוחניים, שאינם תופסים לא מקום ולא זמן, ואין העדר ותמורה נוהג בהם כל עיקר, וכל השינויים הנאמרים בחכמה הזאת, אין זאת אומרת שהבחינה הראשונה נעדרת, ומקבלת צורה אחרת, אלא השינוי האמור הוא עניין תוספת הצורה לבד, וצורה הראשונה אינה זזה ממקומה. כי ההעדר וההשתנות המה מדרכי הגשמיים. וזהו כל הקושי למתחילים, כי תופסים הדברים בביטויים הגשמי בגבולים של זמן ומקום חילוף ותמורה, אשר המחברים השתמשו בהם רק לסימנים בעלמא על שרשיהם העליונים. ולפיכך, אתאמץ לפרש כל מלה ומלה בצביונה הרוחני, המופשט ממקום ומזמן ומתמורה. ועל המעיינים מוטל, לחקוק היטב בזכרונם את פירוש המלות ההן, כי אי אפשר לחזור עליהן בכל פעם", ועיין עוד במכתב ו ממוצש"ק פרשת זכור תשכ"ה ובביאור שם, ובמכתב ט מיום ו ניסן תשכ"ה ובביאור שם, ובמכתב יב מיום כ"ד ניסן ובביאור שם.

ויש בנותן טעם להביא את דבריו בהסתכלות פנימית לחלק ראשון בתחילתו ושם מבואר ענין שפת הענפים וזה לשונו: "ראשית כל צריכים לדעת, שבמקום שיש לנו עסק עם עניינים רוחניים, המופשטים מזמן, מקום ותנועה, ואצ"ל עם אלקיית, הרי אין לנו את המלות להגות ולהתבטא על ידיהן, שהרי כל אוצר המלות שלנו הוא לקוח מהרגשי החושים המדומים, ואיך אפשר להסתייע בהם במקום שחוש ודמיון אינם שולטים שם, כי למשל, אפילו אם תקח את המלה היותר דקה כגון "אורות", הרי היא ג"כ מדומה ומושאלת מן אור השמש או אור מורגש של נחת רוח וכדומה, אם כן איך יתכן להתבטא עמהן בעניני אלקות, אשר ודאי לא יציעו למעיין שום דבר אמת. ואין צריך לומר במקום שצריכים לגלות על ידי המלות ההן, בכתב על ספר, בעניני משא ומתן בחכמה, כנהוג במחקרי כל חכמה, אשר אז אם נכשלים, אפילו במלה אחת בלתי מוצלחת למטרתה, תכף יתבלבל המעיין ולא ימצא ידיו ורגליו בכל הענין כולו. ולפיכך בחרו להם חכמי הקבלה שפה מיוחדת, שאפשר לכנותה "שפת הענפים", להיות שאין לנו שום מהות או הנהגה של איזו מהות

בעולם הזה, שלא תהיה נמשכת משרשה שבעולם העליון, ואדרבה, התחלת כל ישות שבעולם הזה, הנה היא מתחילה מהעולם העליון, ואח"כ משתלשלת לעולם הזה. לפיכך מצאו להם החכמים שפה מוכנה בלי טורח, שיוכלו למסור ע"י איש לרעהו את השגתם, בעל פה ובכתב מדור לדור, כי לקחו להם את שמות הענפים שבעולם הזה, אשר כל שם מבאר את עצמו, כמורה באצבע על שרשו העליון, אשר במערכת העולמות העליונים.

ובזה תנוח דעתך, במה שתמצא לרוב בספרי הקבלה ביטויים מתמיהים, וגם זרים לפעמים לרוח האנושי. והוא, כי אחר שכבר בחרו להם שפה זו להתבטא על ידיה, דהיינו "שפת הענפים" כאמור, א"כ איך אפשר להם להשמיט על דרכם איזה ענף בלי להשתמש עמו מחמת נחיתות הדרגא שלו, שלא לבטא על ידיו את המושכל הרצוי, בה בעת, שלא נמצא בעולמנו איזה ענף אחר שיקחו אותו בתמורתו. כי כמו ששתי שערות אינן יונקות מנקב אחד, כן אין לנו ב' ענפים שיתיחסו אל שורש אחד. ואף גם זאת לא יתכן, להאביד את דבר החכמה המחויב אל הביטוי נחות הדרגא ההוא, ולא עוד, כי האבידה ההיא תגרום פגם ובלבול גדול בכל מרחבי החכמה, להיות שאין לנו עוד חכמה בכל חכמות העולם, שיהיו הענינים כל כך משולבים זה בזה, בדרך סיבה ומסובב גורם ונמשך, כמו חכמת הקבלה, שהענינים מלוכדים וקשורים זה בזה מראשה עד סופה, ממש כמו שרשרת אחת ארוכה. ולפיכך אין כאן חירות הרצון להחליף ולהמיר בין הכינויים הללו רע בטוב. אלא, מוכרחים להביא תמיד בדיוק אותו הענף המורה באצבע על שורשו העליון, וגם להרחיב בו הדיבור, עד להמציא ההגדרה המדויקת לעיני המשכילים המעיינים.

אמנם כן, אותם שעוד לא נפקחו עיניהם במראות השמים, ועדיין אין להם אותה הבקיאות של יחסי ענפי העולם הזה אל שרשיהם בעולמות העליונים, המה נמצאים כאן כעורים מגששים קיר, כי לא יבינו אף מלה אחת כמשמעה האמיתי. שהרי כל מלה היא שם של איזה ענף ביחס שורשו, זולת, אם שיקבלו הפירוש מפי חכם מובהק, הממציא את עצמו להסביר הענין בשפה המדוברת, שהוא בהכרח כמו מעתיק מלשון אל לשון, דהיינו משפת הענפים לשפה המדוברת. כי אז יוכל להסביר את המושג הרוחני, איך שהוא.

וזהו שטרחתי בביאורי זה, להסביר את עשר הספירות, כפי שהורה לנו החכם האלקי אריז"ל, על פי טהרתן הרוחנית, המופשטות מכל מושגים מוחשיים, באופן,

שיוכל כל מתחיל לגשת אל החכמה בלי להיכשל בשום הגשמה וטעות, אשר עם הבנת עשר הספירות האלו, יפתח הפתח גם להסתכל ולדעת, איך להבין ביתר הענינים בחכמה הזאת".

וכן ביאר ענינים אלו בהסתכלות פנימית חלק ראשון פרק ט אותיות לג-לד וזה לשונו: "עוד נשאר לבאר דבר הזמן והתנועה, שאנו נתקלים בהם כמעט בכל מלה בחכמה הזאת. אכן תדע, שהתנועה הרוחנית איננה כתנועה המוחשית ממקום למקום, אלא הכוונה היא על התחדשות הצורה, שכל חידוש צורה אנו מכנים בשם תנועה. כי אותו החידוש, דהיינו שינוי הצורה שנתחדשה ברוחני, במשונה מצורה הכללית הקודמת שבאותו הרוחני, הרי היא נבחנת, שנתחלקה ונתרחקה מרוחני ההוא, ויצאה בשם ובשליטה לפי עצמה. שבזה היא דומה לגמרי למהות גשמית אשר נפרד ממנה איזה חלק, ומתנענע והולך לו ממקום למקום. ולפיכך מכונה החידוש צורה בשם תנועה.

ודבר הזמן בהגדרתו הרוחני, תבין, כי כל עיקר מושג הזמן אצלנו, אינו אלא הרגש של התנועות. כי מוח המדמה שבאדם, מצייר ומרקם מספר מסויים של תנועות, שהרגיש בהן בזו אחר זו, ומעתיקם בדמיון "זמן" מסוים. באופן, שאם היה האדם עם סביבתו במצב של מנוחה מוחלטת, לא היה יודע אז ממושג הזמן ולא כלום. והנה כן הדבר גם ברוחנים, שסכום מסוים של חידושי הצורות, הנבחנות לתנועות רוחניות כנ"ל, המסובכות זו בזו בדרך סבה ומסובב, מכנים אותן בשם "זמן" ברוחניות. וענין "קודם ואח"כ" פירושו תמיד כמו סבה ומסובב".

[ב] אדמו"ר כותב "כלים ואורות הם שני דברים מיוחדים ואין אחד יכול אף פעם להתערב בגבול השני". ויש להבין מהו כלי רוחני. וזה לשון מ"ע צי"ע מרן קוה"ק הרב יהודה הלוי אשלג בעל הסולם זיעוכי"א בתלמוד עשר הספירות חלק א פרק א באור פנימי אות ו': "מהותו של כלי רוחני הוא, כי בהיות הנאצל מקבל את שפע חיותו מן המאציל, הנה בהכרח, שיש לו רצון והשתוקקות לקבל את שפעו זה ממנו ית', ותדע, אשר מדת הרצון וההשתוקקות הזו, היא כללות כל החומר שבנאצל. באופן, שכל מה שיש בנאצל זולת זה החומר, כבר אינו מיוחס לבחינת החומר שלו, אלא לבחינת השפע שלו שמקבל מן המאציל. ולא עוד, אלא שהחומר הזה, הוא המודד את גדלותו ושיעור קומתו של כל נאצל, ושל כל פרצוף, וכל ספירה. שהרי התפשטות אור העליון מן המאציל היא ודאי בלי שיעור ומידה, אלא רק הנאצל

הוא העושה שיעור על השפע מכח עצמו, מפאת היותו מקבל לא פחות ולא יותר מכפי שיעור חשקו ורצונו לקבל, שזו היא אמת המידה הנוהגת ברוחניות, משום, שאין ענין הכפייה נוהג שם, והכל תלוי ברצון. ולפיכך אנו מכנים את "הרצון לקבל" הזה, שהוא כלי קבלה של הנאצל. והוא נבחן לבחינת החומר שלו, שמחמתו יצא מכלל מאציל להקרא בשם נאצל, מטעם היותו מוגדר במין חומר כזה, שאינו מצוי במאציל אף משהו ח"ו, כי הרצון לקבל אינו נוהג ח"ו במאציל בהחלט, שהרי ממי יקבל, והבן".

[ג] אדמו"ר כותב "עיין בלוח התשובות תשובה א'", וכונתו ללוח התשובות בחלק א' של תלמוד עשר ספירות וזה לשונו: "**אור** היינו כל המקובל בעולמות בבחינת "יש מיש", שזהו כולל הכל, חוץ מחומר הכלים". ונביא כאן עוד מהתשובות שנוגעות לעניננו וזה לשונו בתשובה ב': "**אור וכלי** הרצון לקבל שבנאצל נקרא כלי, והשפע שמקבל נקרא אור". וזה לשונו בתשובה כה': "**כלי**: הרצון לקבל שבנאצל הוא הכלי שלו". וזה לשונו בתשובה לה: "**מקום** הרצון לקבל שבנאצל הוא ה"מקום" אל כל השפע והאור שבו".

[ד] אדמו"ר כותב "ומה הם ד' בחינות שברצון לקבל?". ואדמו"ר ביאר את הד' בחינות גם במכתב ו' ממוצאי שבת קודש פרשת זכור תשכ"ה, ובמכתב ט מיום ו ניסן ועיין שם בביאור, ולא נכפול הדברים.

[ה] אדמו"ר מבאר כאן את הד' בחינות, ויש בנותן טעם להביא את דברי מ"ע צי"ע מרן קוה"ק הרב יהודה הלוי **אשלג** בעל הסולם זיעוכי"א בתלמוד עשר הספירות חלק שני בהסתכלות פנימית פרק ד' וזה לשונו: "ובכדי ליתן בזה הסברה מדוייקת ורחבה, אבאר לך את זה, עם דברי חז"ל (פסחים כ"ה, ע"ב ע"ש) וז"ל, אתמר, הנאה הבאה לו לאדם בעל כרחו, אביי אמר מותרת, ורבא אמר אסורה, אפשר וקא מכוין, לא אפשר וקא מכוין, כולי עלמא לא פליגי דאסור. לא אפשר ולא מכוין כולי עלמא לא פליגי דשרי. כי פליגי דאפשר ולא מכוין, ופירש"י ז"ל "אפשר". אפשר לו ליבדל, "וקא מכוין" וקא מכוין להתקרב כדי להנות, כגון ריח של איסור, עיין שם.

הנך מוצא בדבריהם ד' בחינות, של קבלת הנאה: בחי"א היא "לא אפשר" לו להבדל "ולא קא מכוין" להתקרב ולהנות - שבקבלת הנאה של איסור בדרך כזו, כולי עלמא לא פליגי דשרי, משום דלא חשוב קבלה ורצון, בשעה שאין לו עצה

ובחירה שלא יקבל, וגם אין לו תשוקה להתקרב לאיסור כדי להנות ממנו.
בחי"ב היא "אפשר" לו להבדל, "ולא קא מכוין" להתקרב ולהנות. ובקבלת הנאה של איסור בדרך כזה, פליגי בה אביי ורבא, אביי סבר, אע"פ "שאפשר" דהיינו שיש לו עצה להתרחק ממנו, ולא להנות מהאיסור, מ"מ מותר לו להתקרב ולהנות ממנו, משום "דלא קא מכוין", כלומר, משום שאין לו תשוקה בלבו להתקרב לאיסור, ע"כ אינו חשוב קבלה, אע"פ שמתקרב ונהנה מהאיסור. ורבא אמר, כיון שאפשר לו, שלא להתקרב ולהנות מהאיסור, ע"כ אסור לו להתקרב ולהנות, אע"פ שאין לו תשוקה להתקרב לאיסור ולהנות.
בחי"ג היא "לא אפשר וקא מכוין" דהיינו "דלא אפשר" לו, להבדל ולהתרחק מן האיסור שלא יהנה ממנו, "וקא מכוין", הוא שיש לו תשוקה להנות מהאיסור. וקבלת הנאה של איסור באופן כזה, כולי עלמא לא פליגי דאסור, כי אע"פ שאי אפשר לו ואין לו שום עצה, להבדל מהאיסור ולא להנות, מ"מ, כיון שיש לו תשוקה בלבו, להנות ולהתקרב, הרי התשוקה הזו, נחשבת לו לקבלת הנאה מדבר האסור בהנאה, והוא חוטא. ואיכא דאמרי, שגם בזה סבר אביי שמותר, ע"ש.
בחי"ד היא "אפשר וקא מכוין", דהיינו, "שאפשר" לו להבדל ולהתרחק מן האיסור, ולא להנות ממנו, וגם "קא מכוין", שגם יש לו תשוקה להתקרב ולהנות מאיסור. וכאן, כולי עלמא לא פליגי דאסור, להיותו קבלת הנאה של האיסור, באופן הגס ביותר, כי חושק להנות, וגם אפשר לו להבדל ואינו עושה כן, לפיכך, הוא גדלות הרצון לקבל בבחינתו הסופית, שהוא אסור לדברי הכל, ואפילו אליבא דאיכא דאמרי אליבא דאביי שהתירו בבחי"ג, מודים כאן שאסור, ע"ש בגמרא.
והנה מצאנו מתוך דבריהם ז"ל הנ"ל, את הלשון המדוייקת, להגדיר בה כל בחינה ובחינה מד' הבחינות של "הרצון לקבל", באופן שיהיה קולע אל השערה, ולא יחטיא את המטרה הרצויה, כי נתנו לנו ד' מדרגות זו למטה מזו, בחטא של איסור הנאה, התלוי ב"רצון לקבל" של החוטא. ובג' מדרגות ראשונות, שהן: לא אפשר ולא קא מכוין, ואפשר ולא קא מכוין, ולא אפשר וקא מכוין, אין האיסור הנאה מוסכם לדברי הכל, אלא רק בבחי"ד בלבד. כמבואר.
ואנו רואים, שחז"ל הרכיבו ב' דברים זה בזה, שהם דבר "האפשרות" להבדל ולא לקבל ההנאה ודבר "ההשתוקקות" והמשכת לבו לרצות אותה ההנאה, שמצירוף שתים אלו, יצאו להם ארבעה הבחינות. ועתה נקבל הדברים האלו, ונדעם לעניננו

בעולמות העליונים, שהם השורשים לכל מיני הרצונות שישנם במציאות, ומתחתון ילמד העליון.

והנה בחי"א שנקראת חכמה, וגם "חיה" יש להבחין בה ב' הבחנות. הבחן א', הוא החומר הראשון שלה, וכבר ידעת, שהוא בחינת מלכות דעליון שלה, דהיינו מלכות דכתר, שקיבלה את צורת רצון לקבל, שבחידוש הצורה הזאת, קיבלה מלכות דכתר שם חדש, שהוא בחי"א. וכבר ידעת, שבשעה שהרוחני קונה לו צורה חדשה היא נבדלת לשליטה בפ"ע, כן המלכות דכתר, שהיא הרצון להשפיע שישנו במאציל, כשנולד בו כביכול הרצון להאציל, הרי ודאי, שאינו צריך לכלי מעשה ח"ו אלא הרצון שלו תיכף יצא אל הפועל, דהיינו, שקיבלה הצורה של "הרצון לקבל" שהוא חומר ראשון של הנאצל כנ"ל, והוא הנקרא בחינה א'.

וזכור כאן, שאין העדר ברוחני. ומה שנאמר שמלכות דכתר קבלה צורה דבחי"א, אין הכוונה שמלכות דכתר, ח"ו נעדרה ונחסרה מהכתר, אלא שהמלכות דכתר נשארה במעלתה הא' בלי שינוי, שהוא כמדליק נר מנר ואין הראשון חסר, ואותה המלכות דכתר שקבלה את בחינה א', לא חסרה בזה כלום מהכתר, אלא רק, שנוספה בחינה חדשה, כלומר, מלכות דכתר נשארה במקומה על כל שלימותה ומעלתה כמקודם, אלא, שנוספה עוד בחינה של מלכות דכתר, דהיינו, בחינת המלכות שקיבלה את בחי"א ונעשתה לחומר ראשון בספירת החכמה, וזכור זה לכל ההמשך ולא תתבלבל.

הבחן ב', הוא החומר של הכלי ההוא אחר שקיבל האור שלו, כי אז נשלם הכלי ונקרא "חכמה", כלומר, כי בטרם שקיבלה את האור שלה נקראת על שם הבחינה שלה לבד, דהיינו בחי"א, ואינה עדיין בחי' כלי חכמה, אלא מלכות דכתר. ואפשר לדמות זה, כמו עובר במעי אמו, שאינו עולה בשמו, בטרם שנולד וקיבל אור וחיות השייכים לו. כן החומר הראשון, בטרם שקיבל האור שלו, אינו עולה עוד בשם חכמה, אלא נכלל עוד במלכות דכתר, אלא אח"כ, כשהחומר המשיך האור שלו שנקרא "חיה", אז קונה הכלי את שמו המיוחד לו, דהיינו "חכמה". וב' הבחנות אלו, יש להבין בכל ספירה וספירה, שהן: הכלי בטרם שקבל האור, שנבחן עוד על השם העליון. והכלי אחר שקבל את האור, כי אז הוא נחשב בבחינתו עצמו.

עתה תבין, שבחי"א שהיא חכמה, נבחנת לבחינת "לא אפשר ולא קא מכוין": כי מצד החומר הראשון שלה, שהוא מלכות דכתר, שקבלה את חידוש הצורה

דבחי"א, בעת אשר ספירת החכמה, עדיין לא עלתה בשם לפני עצמה, כנ"ל, הרי ודאי גילוי "הרצון לקבל" הזה, נבחן ל"לא אפשר", כלפי ספירת החכמה גופה. וגם מצד המלכות דכתר, נחשבת "לא אפשר" כי אי אפשר לה להאציל את החכמה, בלי שיהיה לחכמה בחינת "רצון לקבל", כי קבלת השפע בלי רצון לקבל אותו, הרי היא כפיה וטורח, בהיפך מכוונת המאציל, שהיא להיטיב ולהנות, כנודע. וגם נבחנת אל "לא קא מכוין", שפירושו שאין לה המשכה והשתוקקות לקבלת האור. כי כבר ידעת, שאין שלימות ברצון בטרם שנתגלתה בו השתוקקות והמשכה אל האור. גם נתבאר שם היטב, שאין ענין ההשתוקקות מתגלה, רק בעת שאין האור והשפע בכלי, כי אז יתכן, שתשתוקק אחריו, אבל זה אינו יכול להתגלות בעוד שהכלי מלא מהאור שלה, עי' שם היטב. ולפיכך, כיון שכלי דחכמה האמור, הוא מלא באור שלו, אין בו עוד ההשתוקקות אל השפע, וע"כ נחשבת חכמה ל"לא קא מכוין", שפירושו, שאין לה המשכה והשתוקקות אחר השפע, כמבואר.

ובחי"ב שהיא בינה, נבחנת אל בחי' "אפשר ולא קא מכוין": כי מצד החומר הראשון שלה, שהוא מלכות דעליון שלה, דהיינו מלכות דחכמה, שקיבלה בתוכה את חידוש הצורה דבחי"ב, דהיינו על ידי ההתגברות שעשתה, הרי התגברות הרצון הזה, נבחן לבחינת "אפשר", כלומר, שהיה אפשר לה, שלא לעורר את התגברות הרצון הזה. ונבחנת ג"כ לבחינת "לא קא מכוין", משום דמלכות דחכמה הוא, והוא מלא מהאור שלה, וע"כ, אין התשוקה נגלית בה, כנ"ל. ותבין, שכל תוספות גילוי הרצון, שנעשו בבחי"ב יותר על בחי"א, הוא רק בחינת ה"אפשר", דהיינו התגברות הרצון שעשתה, שזהו מכח הנאצל עצמו.

ואין להקשות, הרי גם מלכות דכתר שנעשתה לבחינה א' בספירת החכמה, היתה לה ג"כ אותה האפשרות שלא לקבל בחינת חידוש דהרצון לקבל, ולמה נבחנת בחי"א ב"לא אפשר". אמנם יש כאן הפרש גדול כי המלכות דכתר, לא היתה לה אפשרות, להאציל את הנאצל בלי שיהיה לו "הרצון לקבל", כמ"ש לעיל, משא"כ מלכות דחכמה, שהיא בחינת הנאצל גופיה, היתה יכולה להסתפק לגמרי בבחינת "הרצון לקבל" שלה, בלי להתעורר ברצון להשפיע שהוא בחי"ב, ולהמשיך אור דחסדים, משום דאור החיה מספיק לגמרי בשביל הנאצל, ואינו צריך עוד לשום הוספה כל שהיא.

ובחי"ג, שהיא זעיר אנפין, נבחן ל"לא אפשר וקא ומכוין". "לא אפשר" הוא, מטעם

דאחר שהבחי' הב' נתעוררה והמשיכה האור דחסדים נעשה בזה בחינת עיכוב, על אור החכמה שבנאצל, כי בחינת הרצון להשפיע הוא הפוך מבחי"א, שהיא רצון לקבל, ששם אור החכמה. וכיון שאור החכמה הוא עיקר החיות של הפרצוף, דע"כ מכונה האור הזה, בשם חיה, כנ"ל, לפיכך חזרה המלכות דבינה, והמשיכה הארת אור החכמה לתוך אור החסדים שלה, וכשמלכות הבינה המשיכה ועשתה חידוש צורה זאת, יצאה מבחינה ב' ונעשתה לבחינה ג', שנקרא זעיר אנפין.

ובהמשכה זו, שהיא בחי"ג, יש עלינו להבחין שני דברים: הא' הוא "דלא אפשר", דהיינו, שאין לה עצה אחרת, מחמת שאור החיה היה חסר בנאצל. והב' הוא, "דקא מכוין" כי יש כאן השתוקקות אחר הארת החכמה שהמשיכה, מחמת שהמשיכה אותו, בעת שהיתה ריקנית ממנו, כי בחי"ב היתה מכסה על אור החכמה כנ"ל, ויש בה רק אור דחסדים בלי חכמה, לכן המלכות שלה, שהמשיכה הארת החכמה, הנה המשיכה זאת בבחינת השתוקקות, שנקראת "קא מכוין" כנ"ל. וע"כ נקראת בחינת ז"א, "לא אפשר וקא מכוין", כמבואר.

ובחי"ד שהיא המלכות, נבחנת ל"אפשר וקא מכוין": "אפשר" הוא, מטעם שכבר ישנה הארת חכמה בז"א, דהיינו בבחי"ג כנ"ל, והמלכות דז"א, אינה מוכרחה לעשות ההתגברות הזאת מחדש, כדי להמשיך אור החכמה בשיעור יותר גדול מבחי"ג. "וקא מכוין הוא", מפני שההתגברות הזו, אחר אור החכמה, עשתה בבחינת השתוקקות, דהיינו בשעה שלא היה לה אור החכמה, שאז מתגלה התשוקה, כנ"ל.

ואין להקשות כאן, הרי בבחינה ג' יש הארת חכמה, כנ"ל, דעל כן נקראת בחינה ד' בבחינת "אפשר" וא"כ איך מתגלה בבחי"ד התשוקה לאור החכמה, אמנם תבין מאד כי יש הפרש גדול, בין הארת החכמה לבין אור החכמה. כי הארת החכמה, משמעותה, שעצמות המדרגה היא אור דחסדים, אלא שמקבלת הארה מאור החכמה, משא"כ אור החכמה, הרי כל עצמותו של האור כולו חכמה, ולא כלל חסדים. והנה לבחינת חיותה של המדרגה, מספיקה ג"כ הארת החכמה כמו שיש בבחי"ג שהיא ז"א, וע"כ המלכות דז"א, שהתגברה ברצונה להמשיך אור החכמה, לא היתה מוכרחה לזה, אלא שהיתה בחינת השתוקקות בה אחר עצמות אור החכמה, הנעלה הרבה על בחינת הארת החכמה שבבחי"ג. כי כלפי אור החכמה האמור, נבחנת שהיא ריקנית מהאור הזה, ויתכן ע"כ שתתגלה אחריה התשוקה,

חלק א ביאור אהובי נצח למכתב ז - ה, ו

כמבואר.

והנה נתבאר שלא כל הרצונות נחשבים לכלי קבלה, אלא רק בחי"ד בלבד, כי אין הרצון נחשב לבחינת קבלה, זולת בב' התנאים "אפשר" ו"קא מכוין", דהיינו: שלא יהיה מוכרח לקבלה, ושתתגלה בו "השתוקקות לקבל". לאפוקי בחי"ג, אע"פ שיש שם השתוקקות לקבל, דהיינו "דקא מכוין" מ"מ כיון דמוכרח לקבל, שהוא חיותו המוכרחה כנ"ל, ע"כ אינו נחשב לכלי קבלה, ולאפוקי בחי"ב, שאע"פ שאינה מוכרחת לקבל, מ"מ כיון דאין שם השתוקקות, אינה נחשבת לכלי קבלה ואין צריך לומר בחי"א, שאין בה לא זה ולא זה, כי היא מוכרחת לקבל האור שלה שהוא חיותה, וגם אין בה השתוקקות, ע"כ ודאי הוא רצון קלוש לגמרי".

[ו] אדמו"ר כותב "שאסור לקבוע מסמרות בג' בחינות הראשונות". ויש להעיר שבכלל אין לנו באמת עסק בג' הראשונות, וזה לשון האר"י המובא בתלמוד עשר הספירות חלק ב' פרק ב' אות ז: "אמנם בתחילה יצאו יוד ספירות דרך עגול, אלו תוך אלו, ואחר כך בתוך העגולים, נמשך דרך יושר כציור אדם אחד, באורך כל העגולים הנזכרים לעיל, ואין אנו עוסקים כלל בבחינת עגולים, רק בבחינת יושר לבד". וזה לשון האור פנימי שם באותיות ג-ה: "כבר נתבאר לעיל שהעגולים נתגלו תכף עם הצמצום והסתלקות האור, ואחר כך נתגלה היושר באופן שהעגולים נבחנים לסבה ולגורם לאור הקו. שע"כ נבחנים לקודמים אליו".

ועל דברי האר"י ז"ל "נמשך דרך יושר כציור אדם אחד באורך כל העגולים הנזכרים לעיל", כותב מ"ע צי"ע מרן קוה"ק הרב יהודה הלוי **אשלג** בעל הסולם זיעוכי"א באור פנימי: "היינו מהקצה העליון עד הקצה התחתון, כנ"ל. והתבונן באורך הגשמי המדומה, ותלמד על ידו את שורשו הרוחני. כי האורך המדומה, מובן לנו על פי ג' הבחנות, שהן: קצהו העליון, קצהו התחתון, המרחק שביניהם. וממש על דרך זה, תבחין את האורך הרוחני, שמתחילה תבחין את הקצה התחתון שבמדרגה, דהיינו את הבחינה האחרונה שלה היותר עבה, שאין למטה ממנה בעביות, ומתוך הקצה התחתון שתדע, תלמד עמו תכף גם את קצהו העליון, כי על פי מידת העביות שבבחינה האחרונה, היא מידת קומתו של אור חוזר. כי למשל, העביות של בחינה ד' שבבחינה ד' מגיעה לקומת כתר דכתר, ועביות דבחינה ג' שבבחינה ד' מגיעה רק לקומת כתר דחכמה, ובחינה ב' שבבחינה ד' מגיעה רק לקומת כתר דבינה וכו', הרי שעם ידיעת הקצה התחתון, תכף יתודע עמו קצהו

העליון. ואחרי שידעת שני הקצוות שבמדרגה, מתודע לך מאליו גם המרחק שביניהם, כי מרחק רוחני, פירושו שינוי הצורה שבין שתי הבחינות, שלפי גדלה של השתנות הצורה כן המרחק שביניהן. ולמשל, אם קצהו התחתון, הוא בחינה א' שבבחינה ד', נמצא, שקצהו העליון הוא רק עד קומת כתר דז"א; הרי שהמרחק אינו מרובה כל כך. אבל אם קצהו התחתון הוא בחינה ב', נמצא שקצהו העליון הוא קומת כתר דבינה; הרי המרחק שביניהן הוא ב' בחינות של עביות, שהם בחינה א' ובחינה ב'. ואם קצהו התחתון הוא עביות דבחינה ג' שבבחינה ד', נמצא קצהו העליון כתר דחכמה; הרי כאן המרחק באורך של ג' בחינות וכו' עד"ז. והבן היטב".

ועל דברי האר"י ז"ל "ואין אנו עוסקים כלל בבחינת עיגולים רק בבחינת יושר לבד", כותב מ"ע צי"ע מרן קוה"ק הרב יהודה הלוי אשלג בעל הסולם זיעוכי"א "והוא, משום שהעגולים מסבבים בחינת ג' ספירות ראשונות דיושר, ונודע, שמבחינת הכלים שלהם, עוד הם עולים לאין ערוך על ג"ר דיושר, כנ"ל. וכבר ידעת, שאסור לנו לדבר ולעסוק בג"ר, וע"כ, אין לנו רשות לעסוק בשום בחינות עגולים". ומבואר שאין לנו ענין לעסוק בג' ראשונות ולפי זה צריך ביאור מדוע אנו עוסקים בהם בכלל? וזה לשון ההסתכלות פנימית חלק שני פרק א אות א': "הנה בעשר ספירות העגולים, דיבר בם הרב מעט מאד, וגם הדברים המועטים האלו הם לכאורה מלאים סתירות, אולם להרחיב בהם הדיבור אי אפשר, משום שהמה בחינת ג"ס ראשונות, שאסור לנו לעסוק בהם, אמנם אותם הדברים המעטים שכתב הרב צריכים לבאר אותם עכ"פ עם הסבר רחב ובהיר, באופן שיספיקו למטרתם שהרב רצה בה דהיינו עד כמה שצריכים בהכרח לקשרי החכמה". ויוצא מדבריו שאנו עוסקים בג' ראשונות רק כדי להבין את "קשרי החכמה", וכיון שאפילו בכתבי האר"י ז"ל אין הסבר רחב על הג' ראשונות וגם מה שנמצא לא מובן לנו לגמרי, מובן ש"אסור לקבוע מסמרות בג' בחינות הראשונות".

[ז] אדמו"ר כותב "והנני מסיים בברכה ובתקוה שתזכה לתורה ולגדולה שלאו כל אדם זוכה". ועיין מה שכתבנו בביאור למכתב ד' מיום יא שבט תשכ"ה באות יג.

תוכן מכתב ח

- דיוק בדברי האריז"ל שאמר שכל הנזהר ממשהו חמץ בפסח, מובטח לו שלא יחטא כל השנה.
- מבואר שצריך להזהר ממשהו חמץ בפסח אולם לאכול.
- חשיבות עשיית המצות בשמחה כמבואר בדברי האריז"ל.

תוכן ביאור אהובי נצח למכתב ח

הערה א

- מביא דברי אדמו"ר כאן בשם האריז"ל דהנזהר ממשהו חמץ מובטח לו שלא יחטא כל השנה. וכותב מקורות על זה.
- בארוכה מתשובות הרדב"ז בטעם החומרות בחמץ בפסח יותר מכל שאר איסורי התורה.
- בהמשך מביא מהזהר בפרשת תצא שהנשמר מחמץ הוא שמור מיצר הרע.
- מספרים הקדושים בשם הבעש"ט בענין הנהגתו בחומרות בעניני פסח.

הערה ב

- סיפורים מהרה"ק ר' יחזקאל מקוזמיר בגודל זהירותו באיסור חמץ בפסח, ומה שביאר הטעם על זה.

הערה ג

- כותב המקור ללשון אדמו"ר "כשאינם אוכלים כו' הם בכלל מבזים את המועדות". מזהר פרשת צו בענין כל המבזה את המועדות וכו' וביאור הסולם ע"ז.

הערה ד

- בדברי אדמו"ר כאן שאלו שלא אוכלים בפסח מבטלים את המצוה של ושמחת בחגך.
- מאריך מדברי הראשונים בפרטי מצות ושמחת בחגך.
- שקו"ט בארוכה בדברי אדמו"ר כאן שמצות ושמחת בחגך קאי על כל מיני שמחה, ומוכיח שאין זה מוסכם לכל הראשונים.

- בהמשך מביא דברי השאגת אריה במצות ושמחת בחגך בזמן הזה אף שאין לנו שלמי שמחה שמאריך ע"פ דרכו בראיות עצומות מש"ס ופוסקים דמצות שמחה נוהג מן התורה בזמן הזה בכל מיני שמחות.
- מסיק שאדמו"ר כאן סובר כהשאגת אריה.
- אחרי זה מביא דיון הפוסקים אם גם אשה מחוייבת במצות ושמחת בחגך.

הערה ה

- ביאור לשון אדמו"ר בענין סוד הפסוק "תחת אשר לא עבדת את ה' אלקיך בשמחה ובטוב לבב וגו'".

הערה ו

- מבאר דברי אדמו"ר כאן בענין שמחה של מצוה שהאור שהאדם מקבל מעשיית המצוות תלויה בכמות השמחה והוי ממש כמו מאזנים כגודל השמחה כך גודל האור המקבל.

הערה ז

- מציין על מה שכתב אדמו"ר בשם האריז"ל אשר בעת שעוסק בתורה שיהיה בחשק גדול נמרץ בהתלהבות עצומה כאלו עומד לפני המלך כו'. ומוסיף כי גם מי שלא זכה לעסוק בתורה ומצוות מתוך התלהבות הנזכרת הרי מכל מקום חייב הוא לקיים את המצוות וללמוד תורה וסוף ההתלהבות לבוא.

הערה ח

- מדייק בלשון אדמו"ר "בהתלהבות עצומה" ומציין אשר בכתבי האריז"ל הוא בלשון זכר "בהתלהבות עצום". ומוסיף אשר בכל כתבי האריז"ל נראה שלא מקפיד להבדיל בין לשון זכר לנקבה.

הערה ט

- מציין בענין דברי אדמו"ר בשם האריז"ל על דבר כוונת המצוות לכוון בכל מצוה ומצוה לקיים מצות בוראו ולא לסיבת עצמו.
- בענין קיום המצות שלא על מנת לקבל שכר כי אם לייחדא שמא דקודשא בריך הוא עם שכינתיה.

הערה י

- מעורר במה שכתב אדמו"ר שכדאי לחזור על הדברים עד שיהיו כמו טבע שני. שצריך לשנן על הדברים האלו עד שנזכה שהשמחה בשעת העסק בתורה ומצוות תהיה כמו טבע שני והשם יזכנו.

הערה יא

- מציין על דברי אדמו"ר בחשיבות השמחה בעבודת השם.
- בהמשך מביא מאמרים מספרי תלמידי הבעש"ט בענין חשיבות עבודת ה' בשמחה - מס' בן פורת יוסף בפ' נח, ומס' מעשה אורג במס' עוקצין.

הערה יב

- מציין עוד בענין חשיבות השמחה בעבודת ה'.

הערה יג

- מציין על דברי אדמו"ר כאן בענין ההתלהטות לעבודת ה'.
- מאריך בענין זריזות בעבודת ה' - מדברי הרמח"ל בס' מסילת ישרים.
- מסיק שגם למי שאין התלהטות הדרושה הזאת צריך להתחיל להתנהג בזריזות ואז החיצוניות תעורר את הפנימיות.

ב"ה

יום כ"ה אדר שני תשכ"ה תל-אביב

כבוד חביב אדם אהובי הנצמד בקירות לבי מורינו הרב שרגא פייביל שליט"א.

אחר דרישת שלומו הטוב באהבה רבה אחר שדיברת עמי ביום ראשון, שלחתי תכף לירושלים תבנה ותכונן במהרה שישלחו לך את המצות, והודיעו לי שהכל בסדר ואני שמח מאד על זה שאתה תאכל מצה שמורה כראוי.

כי כתוב בשם רבינו האריז"ל[1] כל הנזהר ממשהו חמץ מובטח לו שלא יחטא כל השנה [א], ויש לדייק בדבר כי לא אמר כל מי שלא אוכל משהו חמץ, רק כל "הנזהר" ממשהו חמץ.

כי לא לאכול משהו חמץ אין זה ביד האדם כי "משהו" אין לו שיעור ואם הוא שואף אויר יכול להיות שבאויר יש משהו חמץ, והוא בולעו בנשימתו ונכנס בו משהו חמץ. ולכן כתוב "הנזהר" ממשהו חמץ, שאנו מצווים על הזהירות, ואם אנו נזהרים ושומרים עד כמה שבאפשרות שלנו אז אנו בטוחים שהשם יתברך ישמור אותנו [ב] לא רק ממשהו חמץ בפסח כך שלא נחטא כל השנה.

ולכן טעות היא שיש לכאלה הנוהגים שלא אוכלים בפסח מאומה כדי שלא לבוא לידי אכילת משהו חמץ, כי לא די זה שאינם נזהרים לא לאכול משהו, כי כשאינם אוכלים אז ממילא אין להם לדייק בזהירות והרי הם בכלל מבזים את המועדות[2] [ג] ומבטלים את המצוה של[3] ושמחת בחגך [ד]. אלא אדרבה יש לאכול כדי הצורך אבל בזהירות.

ובכלל יש לשים לב בכל המצוות ובפרט בצדקה שהעיקר הוא השמחה של המצוה ולא מספיק המצוה עצמה. ויש בספר שער המצוות דף א טור ב שמאריך בזה ושואל שהרי מצינו בדברי חכמינו זכרונם לברכה[4] שאמרו כל העושה מצוה אחת

---

1 עיין בזהר פרשת כי תצא מאות קלד, ופרשת תצוה אות עז, ועיין בתשובת הרדב"ז סימן תתקעז, והרמ"ז בפרשת כי תצא, ובסידור האר"י ז"ל קול יעקב מהרה"ק ר' יעקב קאפיל זצ"ל בכוונות ביעור חמץ, ועיין בספר דברי שאול חולין דף לז.

2 זהר פרשת צו אות סו, אבות ג, יא, פסחים קיח, ע"א.

3 דברים טז, יד, ומובא ברמב"ם בספר המצוות עשין נד, ובהלכות חגיגה פרק א והלכות שביתת יום טוב פרק ו, סמג עשין רכט, טור אורח חיים תקכט, ובספר החינוך מצוה תפח.

4 קדושין לט, ע"ב.

מטיבין לו ומאריכין ימיו, וכיוצא בזה אמרו[5] כל המקיים מצוה פלונית יש לו כך וכך.
והנה אנחנו ראינו כמה וכמה מצוות שעושים בני אדם ואינם מתקיימים דברי רבותינו חס ושלום בענין גודל שכרם אפילו בעולם הזה.
אבל השורש שהכל נשען עליו הוא שבעשיית המצוה אל יחשוב שהיא עליו כמשא וממהר להסירה מעליו. אבל יחשוב בשכלו כאלו בעשותו אותה המצוה ירויח אלף אלפים דינרי זהב ויהיה שמח בעשותו אותה המצוה בשמחה שאין לה קץ מלב ומנפש ובחשק גדול כאלו ממש בפועל נותנים לו אלף אלפים דינרי זהב אם יעשה אותה מצוה. וזה סוד הפסוק[6] תחת אשר לא עבדת את ה׳ אלקיך בשמחה ובטוב לבב וגומר [ה].
וכפי גודל שמחתו באמת ובטוב לבב הפנימי כך יזכה לקבל אור עליון, ואם יתמיד בזה אין ספק שישרה עליו רוח הקודש [ו]. וענין זה נוהג בקיום כל המצוות כולם, בין בעת [ז] שעוסק בתורה שיהיה בחשק גדול נמרץ בהתלהבות עצומה [ח] כאלו עומד לפני המלך ומשרת לפניו בחשק גדול למצוא חן בעיניו לקבל ממנו מעלה יתירה וגדולה [ט], עד כאן לשונו.
אתה תעיין בהדברים הלא הספר לפניך וכדאי [י] לחזור על הדברים [יא] עד שיהיו כמו [יב] טבע שני ותזכה [יג] לכל הנ״ל[7].
הנני חותם בברכת חג כשר ושמח. מצפה לשמוע ממך תמיד בשורות טובות אמן.
גם בחג הפסח תאכל הרבה בזהירות ותזכה לבריאות ולנחת כל השנה ותמיד.
יהודה צבי

---

5 ויקרא רבה טו, ו, פסיקתא דר״כ קפו, ספרי ופס״ז שלח טו, לט, ירושלמי ברכות א, ב, שבת קיח, ע״א.

6 דברים כח, מז.

7 עיין במכתב י׳ מיום הנשיא גמליאל בן פדהצור תשכ״ה.

חלק ביאור אהובי נצח למכתב ח - א א

[א] אדמו"ר מביא "בשם רבינו האריז"ל כל הנזהר ממשהו חמץ מובטח לו שלא יחטא כל השנה", וכך כתב הרמ"ז בפרשת כי תצא בשם האר"י ז"ל "דכל איש השומר פסח כהלכתו אין שולט בו יצר הרע. ובזה פירש דברי הזהר הקדוש שכתב שם וזה לשונו: כלהו צריכים למהוי שמורים ונטור מחמץ ושאור בכל שהוא, וכל מאכלים ומשקים כלהו נטורין, ומאן דנטיר לון מחמץ ושאור, גופיה איהו נטיר מיצר הרע לתתא ונשמתא לעילא, ואיתמר ביה לא יגורך רע, בגין דהא איתעביד גופיה קודש ונשמתיה קודש קדשים, ואיתמר ביצר הרע וכל זר לא יאכל קודש", עכ"ל. וכן הביא הרה"ק ר' יעקב קאפיל זצ"ל בסדורו קול יעקב בכוונות ביעור חמץ וזה לשונו: "כתב האר"י ז"ל, שיזהר האדם בחמץ במשהו בכל החומרות, והוא אחד מעשרה דברים המביאים את האדם לידי קדושה. וסוד משהו הוא הנקודה שיש בחמץ יותר מן המצה, כמ"ש". וכעין זה כתב הרדב"ז בתשובותיו סימן תתקע"ז וזה לשון התשובה: "שאלת ממני, אודיעך דעתי מה נשתנה חמץ בפסח מכל איסורין שבתורה שהחמירה עליו תורה להצריכו בדיקה ושרוף וכלה וגם ביטול, והוסיפו חכמים להצריכו בדיקה בחורין ובסדקין ולחפש אחריו ולשרש אותו מכל גבוליו, ועובר עליו בבל יראה ובבל ימצא, ואסרוהו בכל שהוא, ואינו מתבטל כלל, וחומרות כאלו לא נמצאו בכל האיסורין שבתורה, דאי משום דאית ביה כרת, הרי חלב ודם; ואי משום דאסור בהנאה, הרי כלאי הכרם ושור הנסקל וכמה איסורי הנאה שלא החמירה תורה בהם כל כך; ואי משום דלא בדילי מיניה כולא שתא, הרי יין לנזיר דלא בדיל מיניה, והחדש דלא בדילי מן התבואה כולה שתא, ולא חמירי כולא האי.

תשובה. שני דברים נאמרו בתשובת דבר זה: אחת, שלא נמצאו בכל האיסורין שבתורה שיצטרפו בו כל ג' תנאים הללו, שהוא איסורי הנאה והוא בכרת ולא בדילי אינשי מיניה כולה שעתא, אלא חמץ בלבד; וכיון שיש בו החומרות הללו, החמירה עליו תורה חומרות אחרות, ובאו חכמים והוסיפו חומרות על חומרות כמו שעשתה התורה. ותו, דחמץ בפסח הוי כדבר שיש לו מתירין, שהרי איסורו תלוי בזמן, ואחר ימי הפסח יהיה החמץ מותר, ואע"פ שזה החמץ שהוא מבער, אי אפשר שיהיה לו היתר אלא א"כ יעבור עליו בבל יראה ובבל ימצא, סוף סוף הא איכא חמץ שיהיה מותר לו, דהיינו אותו שלא עבר עליו.

וק"ל עליה, דהאי טעמא נהי דסגי לענין דאפילו באלף לא בטיל כדבר שיש מתירין

דאמרינן דאפילו באלף לא בטיל, אבל לחפש אחריו ולשרפו ולשרשו ולהוציא מרשותו, לא ידענו למה. גם על טעם ראשון יש לי קצת גמגום: ומי עדיף מע"ז דאמרה תורה ולא ידבק בך מאומה מן החרם וכל המודה בו ככופר בכל התורה כולה, ולא מצינו שהצריכה תורה בה בדיקה ובטול, אלא שבארץ ישראל מצוה לרדוף אחריה עד שנאבד אותה מארצנו, אבל בח"ל אין אנו מצווין לרדוף אחריה אלא כל מקום שנכבוש אותו נאבד את כל עכו"ם שבו, עכ"ל הרמב"ם ז"ל, מ"מ הרי אתה רואה שלא החמירה תורה בעכו"ם כמו בחמץ, הלכך עדיין צריך טעם.

ועל כן אני סומך על מה שאמרו חז"ל במדרשות, כי חמץ בפסח רמז ליצה"ר והוא שאור שבעיסה, ולכן כלה גרש יגרש אותו האדם מעליו, ויחפש עליו בכל מחבואות מחשבותיו ואפילו כל שהוא לא בטיל, והרי זה אמת ונכון והנלע"ד כתבתי".

וזה לשון הזהר המובא ברמ"ז פרשת כי תצא אות קלד: **"רעיא מהימנא, מאני דפסחא, בזמנא דשליט עלייהו ליל שמורים, כלהו צריכים למהוי שמורים, ונטורים מחמץ ושאור בכל שהוא, וכל מאכלים ומשקים כלהו נטורין. ומאן דנטיר לון מחמץ ושאור, גופיה, איהו נטיר מיצה"ר לתתא, ונשמתא לעילא. ואתמר ביה, לא יגורך רע. בגין דהא אתעביד גופיה קדש, ונשמתיה קדש קדשים. ואתמר ביצר הרע וכל זר לא יאכל קדש, והזר הקרב יומת".**

וזה לשון הסולם שם:

"רע"מ, כלים של חג הפסח, בזמן ששולט עליהם ליל שמורים שהוא השכינה. כולם צריכים להיות שמורים, שיהיו שמורים מחמץ ושאור בכל שהוא, וכל המאכלים והמשקים צריכים להיות שמורים. ומי ששומר אותם מחמץ ושאור, גופו, הוא שמור מיצר הרע למטה, ונשמתו שמורה למעלה, ונאמר בה לא יגורך רע. משום שגופו נעשה קדש, ונשמתו קדש קדשים. ונאמר ביצר הרע, וכל זר לא יאכל קדש. והזר הקרב יומת".

וכמו כן מצינו בשם הבעש"ט הקדוש זיע"א שהקפיד בפסח, וכך כתוב בספר כתבי קודש רמ"מ ז"ל אות יט': "הרה"ק ר' פנחס מקוריץ זצ"ל אמר בשם הבעש"ט זי"ע, ער האט ניט גיוואלט ליידען קיין חומרות, נאר לענין פסח ולענין שבת (הוא לא רצה לסבול חומרות, אלא לענין פסח ושבת). וביאור לזה נמצא בספר אבני נזר על

התורה עמוד קי' וזה לשונו: "האר"י ז"ל כתב, שהנזהר ממשהו חמץ בפסח מובטח לו שלא יחטא כל השנה, ביאור הדברים, דמצינו בזהר (תצוה) כי אכילת מצה בשבעת ימי פסח מהווה רפואה לנפש, והוא כדי שהחמץ של כל ימות השנה לא יהא בכחו להרע לנפש, והרמב"ם (הלכות שבועות פ"ה ה"כ) פסק, שכל הנשבע שלא יאכל שבעה ימים, הריהו עובר על איסור שבועת שוא, שכן מן הנמנע הוא שיוכל אדם לחיות שבעה ימים בלא אכילה ושתיה, יוצא איפוא, שאם הוא נזהר בשבעת ימי החג שלא להכשל ממשהו חמץ, הרי לא ינק הגוף כי אם ממצה, אזי הרי זו באמת רפואה לכל ימות השנה שלא תהא לחמץ שום שליטה עליו ויהי ניצול מיצה"ר".

ובענין זה מצאתי דבר נחמד מהספר דברי שאול חולין דף לז וז"ל: "שתירץ מה שהקשתה בת הגאון מוהר"ר יוקל ז"ל על מה שאמרז"ל השתא בהמתן של צדיקים אין הקב"ה מביא תקלה על ידן, צדיקים עצמם לא כ"ש. וכתבו התוס' בכמה מקומות דעיקר הוא במאכל איסור, דא"כ האיך כתב האריז"ל דמי שנזהר ממשהו חמץ מובטח שלא יבא חטא לידו, והא אין הקב"ה מביא תקלה, ובלי ספק הצדיקים לא אכלו משהו חמץ, והרי כתיב כי אדם אין צדיק בארץ כו', ותירץ דבאמת משהו חמץ אין בו בעצם איסור, רק משום דלא מבדל מיניה גזרו אף במשהו, או משום דהוי דבר שיש לו מתירין. ולכל הטעמים, בעצם המאכל אין בו איסור, דבטל בששים, רק דגזרו על זה – ובכהאי גוונא לא שייך דאין הקב"ה מביא תקלה, דזה דוקא במאכל איסור, ועוד דבחמץ אין איסור בעצמותו, רק דהזמן גורם האיסור". עכ"ל

[ב] אדמו"ר כותב "כתוב הנזהר ממשהו חמץ שאנו מצווים על הזהירות, ואם אנו נזהרים ושומרים עד כמה שבאפשרות שלנו אז אנו בטוחים שהשם יתברך ישמור אותנו", כלומר שכל אדם מחוייב להזהר לפי מדרגתו וערכו. ומובא בהגדה של פסח אשי ישראל "פעם אחת ביום הכפורים כשהיה מלובש הרה"ק ר' יחזקאל מקוזמיר זצ"ל בקיטל, נתנו לו כסא לשבת עליו ולהנפש, שאל אם אין עליו פרורי חמץ, כי צריך ללבוש את הקיטל גם בפסח. החיטים של שמורה היו מונחים בשק, ואת השק הכניסו לתוך חבית ואת החבית נתנו בשק שני, את השק קשרו בחבל וקשרו אותו על התקרה. והיה מעשה, כשרצה לשלוח את השק עם החיטים אל הריחים, והיו צריכים לחתוך החבל שהיה השק קשור בו, הוציא אחד מכיסו סכין

של חמץ, נבהל וצעק: חס וחלילה, קחו סכין של פסח, והיה עומד שם איש אחד שהיה מהרהר ותמה על החומרות הרבות, אמר לו הרה"ק: הלא אמרו חז"ל שחמץ אסור במשהו. במשהו פירושו, במה שהוא, כלומר: כל אדם כפי מה שהוא ולפי ערכו, כן החומר של איסור חמץ אצלו, להיות צריך זהירות יתרה".

[ג] אדמו"ר כותב "כשאינם אוכלים כו' הם בכלל מבזים את המועדות". וזה לשון הזהר פרשת צו אות סו: "**ומאן דמחלל שבת חייב סקילה. והכי מאן דאשתמש בתגא, חלף. והכי הוא המשתמש במי ששונה הלכות, דמחלל תורתיה. וכ"ש המבזה ליה, כאילו מבזה שבתות ומועדות. ואוקמוה מארי מתניתין, כל המבזה את המועדות, כאלו כופר בעיקר**".

וזה לשון הסולם שם:

"ומי שמחלל שבת חייב סקילה וכך מי שמשתמש בעטרה, חלף. וכך הוא המשתמש במי ששונה הלכות שמחלל תורתו. וכ"ש המבזה אותו, שהוא כאלו מבזה שבתות ומועדים. והעמידו בעלי המשנה, כל המבזה את המועדות כאלו כופר בעיקר".

והכי איתא בפרקי אבות פרק ג' משנה יא: "רבי אלעזר המודעי אומר: המחלל את הקדשים, והמבזה את המועדות, והמלבין פני חברו ברבים, והמפר בריתו של אברהם אבינו עליו השלום, והמגלה פנים בתורה שלא כהלכה, אף על פי שיש בידו תורה ומעשים טובים – אין לו חלק לעולם הבא". ובגמרא פסחים קיח ע"א איתא שהמבזה את המועדות כאילו עובד עבודה זרה.

[ד] אדמו"ר כותב "אלו שלא אוכלים בפסח מבטלים את המצוה של ושמחת בחגך". וזה לשון הרמב"ם בספר המצות, מצות עשה נד: "היא שצונו לשמוח ברגלים, והוא אמרו יתעלה ושמחת בחגך, והיא מצוה שלישית מן השלש מצות שנוהגות ברגל. וענין הראשון הרמוז אלינו בצווי זה הוא שנקריב קרבן שלמים על כל פנים. ואלו השלמים נוספים על שלמי חגיגה והם הנקראים בתלמוד שלמי שמחה, ומהקרבת שלמים אלו יאמרו נשים חייבות בשמחה. וכבר בא הכתוב וזבחת שלמים וגו'. וכבר התבארו משפטי מצוה זו גם כן בחגיגה, ובכלל אמרו ושמחת בחגך מה שאמרו גם כן לשמוח בם במיני שמחה ומזה לאכול בשר ולשתות יין וללבוש בגדים חדשים ולחלק מיני פירות ומיני מתיקה לקטנים ולנשים.

ולשחוק בכל ניגון ולרקד במקדש לבד והיא שמחת בית השואבה, זה כולו נכנס באמרו ושמחת בחגך. ומה שיתחייב מהם יותר שתיית היין לבד, כי הוא יותר מיוחד בשמחה. ולשון גמרא (פסחים ק"ט) שחייב אדם לשמח בניו ובנותיו ברגל במה משמחן ביין, ושם אמרו תניא רבי יהודה אומר בזמן שבית המקדש קיים אין שמחה אלא בבשר שנאמר וזבחת שלמים עכשיו אין שמחה אלא ביין שנאמר ויין ישמח לבב אנוש. וכבר אמרו גם כן (שם) אנשים בראוי להם ונשים בראוי להן, ולשון התורה הוא שנכלל בשמחה זו האנשים החלושים והעניים והגרים באמרו יתברך והלוי והגר והיתום והאלמנה".

וזה לשון ספר החינוך מצוה תפח: "לשמוח ברגלים, שנאמר [דברים טז, יד], ושמחת בחגך. והענין הראשון הרמוז בשמחה זו הוא שנקריב שלמים על כל פנים בבית הבחירה וכענין שכתוב וזבחת שלמים, והדר ושמחת בחגך, ובשביל הקרבת השלמים אמרו זכרונם לברכה [חגיגה ו, ע"ב] נשים חייבות בשמחה, לומר שאף הן חייבות להביא שלמי שמחה. ועוד אמרו זכרונם לברכה [שם ח' ע"א] שמח בכל מיני שמחה, ובכלל זה הוא אכילת הבשר ושתיית היין וללבוש בגדים חדשים וחילוק פירות ומיני מתיקה לנערים ולנשים, ולשחוק בכלי שיר במקדש לבד, וזו היא שמחת בית השואבה הנזכרת בגמרא [סוכה נ', ע"א]. כל זה שזכרתי בכלל ושמחת בחגך. ואמרו זכרונם לברכה במסכת פסחים [קט ע"א] חייב אדם לשמח בניו ובני בניו ברגל, ושם נאמר, תניא רבי יהודה בן בתירה אומר בזמן שבית המקדש קיים אין שמחה אלא בבשר שנאמר [דברים כז, ז] וזבחת שלמים ואכלת שם וגו', עכשיו אין שמחה אלא ביין שנאמר [תהלים קד, טו] ויין ישמח לבב אנוש. ואמרו עוד, במה משמחם, אנשים בראוי להם ביין ונשים בראוי להן בבגדים נאים. והזהירתנו התורה כמו כן להכנים בכלל השמחה העניים והגרים והחלושים, שנאמר אתה וגו' והלוי והגר והיתום והאלמנה. משרשי המצוה, לפי שהאדם נכון על ענין שצריך טבעו לשמוח לפרקים כמו שהוא צריך אל המזון על כל פנים ואל המנוחה ואל השינה, ורצה האל לזכותנו אנחנו עמו וצאן מרעיתו וציונו לעשות השמחה לשמו למען נזכה לפניו בכל מעשינו. והנה קבע לנו זמנים בשנה למועדים לזכור בהם הנסים והטובות אשר גמלנו, ואז בעתים ההם ציונו לכלכל החומר בדבר השמחה הצריכה אליו. וימצא לנו תרופה גדולה בהיות שובע השמחות לשמו ולזכרו, כי המחשבה הזאת תהיה לנו גדר לבל נצא מדרך היושר יותר מדאי.

ואשר עמו התבוננות מבלי החפץ בקטרוג ימצא טעם בדברי. מדיני המצוה כתבתי קצתן למעלה, ויתר פרטיה במסכת חגיגה ובמקומות מן התלמוד בפיזור. ונוהגת מצוה זו לענין השמחה אבל לא לענין הקרבן בכל מקום ובכל זמן, בזכרים ובנקבות. ועובר על זה ואינו משמח עצמו ובני ביתו והעניים כפי יכולתו לשם מצות הרגל ביטל עשה זה. ועל הדרך הזה יאמרו זכרונם לברכה [אבות פ"ב מי"ב] יהיו כל מעשיך לשם שמים".

וזה לשון הרמב"ם הלכות יום טוב פרק ו' הלכות יז-יח: "שבעת ימי הפסח ושמונת ימי החג עם שאר ימים טובים כולם אסורים בהספד ותענית. וחייב אדם להיות בהן שמח וטוב לב הוא ובניו ואשתו ובני בניו וכל הנלוים עליו שנאמר ושמחת בחגך וגו'. אף על פי שהשמחה האמורה כאן היא קרבן שלמים כמו שאנו מבארין בהלכות חגיגה, יש בכלל אותה שמחה לשמוח הוא ובניו ובני ביתו כל אחד כראוי לו. כיצד, הקטנים נותן להם קליות ואגוזים ומגדנות. והנשים קונה להן בגדים ותכשיטין נאים כפי ממונו. והאנשים אוכלין בשר ושותין יין שאין שמחה אלא בבשר ואין שמחה אלא ביין. וכשהוא אוכל ושותה חייב להאכיל לגר ליתום ולאלמנה עם שאר העניים האמללים. אבל מי שנועל דלתות חצרו ואוכל ושותה הוא ובניו ואשתו ואינו מאכיל ומשקה לעניים ולמרי נפש אין זו שמחת מצוה אלא שמחת כריסו. ועל אלו נאמר זבחיהם כלחם אונים להם כל אוכליו יטמאו כי לחמם לנפשם. ושמחה כזו קלון היא להם שנאמר וזריתי פרש על פניכם פרש חגיכם".

והנה אדמו"ר כותב בפשטות שמצות "ושמחת בחגך". קאי על כל מיני שמחה. - ובאמת הוי מחלוקת ראשונים. וזה לשון המנחת חינוך במצוה תפח ב': "ודיני מצוה זו מבוארים בר"מ פ"א ופ"ב מחגיגה ובפ"ו מיום טוב. והנה דעת הר"מ והרב המחבר דמצות שמחה מן התורה לאו דוקא בשלמי שמחה, אלא כל עניני שמחה הן אכילה ושתיה ובגדים כל דבר המשמח, אך בזמן שבית המקדש היה קיים מצוה מן המובחר לאכול בשר שלמים, אבל באותם אנשים שלא יכולים לאכול קדשים כגון טמא וערל וכו' חלה עליהם המצוה בכל מין שמחה, על כן גם בזמן הזה שבעוונותינו אין מקדש נוהגת מצוה זו מן התורה, עיין בר"מ, פ"ו מיום טוב הל' יז-יח. אבל התוס' במועד קטן יד ע"ב בד"ה עשה כו', דעתם דשמחת יום טוב בזמן הזה רק דרבנן, והמצוה מן התורה דוקא בשלמי שמחה בזמן המקדש, וכן בזמן המקדש באותם שלא יכולים לאכול שלמים כגון טמא כו' אינם חייבים במצוה זו מן

התורה, דמן התורה אינו רק בשלמי שמחה". והר"ן והריטב"א בסוכה מב ע"ב סוברים כרמב"ם ובעל החינוך.

וזה לשון השאגת אריה סימן סה: "שאלה. אי מצות עשה דושמחת בחגך נוהג נמי בזמן הזה מן התורה, או דילמא אינו נוהג מן התורה כיון דאין לנו שלמי שמחה. תשובה. בר"פ אלו מגלחין (יד ע"ב) גבי הא דאבל אינו נוהג אבילות ברגל, כתבו התוס' [ד"ה עשה]: נ"ל דשמחת הרגל דרבנן ושמחת היינו בשלמי שמחה כדאיתא בחגיגה ע"כ. ולכאורה יש לי להביא ראיה לדבריהם מהא דאמרינן בפ"ו דפסחים (ע"א ע"א): אמר עולא אמר ר' אלעזר שלמים ששחטן מעי"ט אינו יוצא בהן לא משום שמחה כו' דכתיב [דברים כז, ז] וזבחת ושמחת, בעינן זביחה בשעת שמחה וליכא, ואמרינן לימא מסייע ליה והיית אך שמח [שם טז, טו] לרבות ליל יום טוב אחרון לשמחה, אתה אומר ליל י"ט אחרון או אינו אלא ליל י"ט ראשון, תלמוד לומר אך שמח חלק, מאי טעמא לאו משום דאין לו במה לשמוח. ואיכא למידק שהרי בתר הכי אמר מתיב רבא ההלל והשמחה שמונה ואי אמרת בעינן זביחה בשעת שמחה הא זימנין סגיאן דלא משכחת לה אלא שבעה כגון שחל י"ט ראשון להיות בשבת, ומסיק רב פפא דמשמחו בכסות נקייה ויין ישן. אם כן מאי קאמר מ"ט לאו משום דאין לו במה לשמח אמאי לא משמחו בכסות נקיה ויין ישן, אלא על כרחך מן התורה אינו נוהג מצות שמחה אלא בשלמי שמחה לחוד, והא דאמר רב פפא משמחו בכסות נקייה היינו מדרבנן דוודאי מדרבנן מצות שמחה נוהגת בכל מיני שמחות כדאמר בכולה גמרא ואתא למנעי משמחת י"ט. אבל אין זה ראיה דאכתי לא אסיק אדעתיה הא דר"פ כמו דלא אסיק רבא אדעתיה הא דר"פ.

וגם אין להביא ראיה להיפוך שהרי דחי הגמרא שם הא דבעי לסיועא לעולא מהא מ"ט דאין לו במה לשמוח לא כדקתני טעמא מה ראית לרבות ליל י"ט אחרון ולהוציא ליל י"ט ראשון מרבה אני ליל י"ט אחרון שיש שמחה לפניו ומוציא אני ליל י"ט ראשון שאין שמחה לפניו, והשתא יש להקשות לר"א דאמר בעינן זביחה בשעת שמחה למה לי' טעמא דמוציא ליל י"ט ראשון משום שאין שמחה לפניו, תיפוק ליה דאין לו במה לשמוח, אלא על כרחך דושמחת כל מיני שמחות במשמע ואפשר לקיומי מצות שמחה בליל יו"ט ראשון בשאר מיני שמחות הלכך קאמר טעמא משום דאין שמחה לפניו. דאין זה ראיה די"ל דהא דקאמר מרבה אני ליל י"ט אחרון שיש שמחה לפניו, באמת הכי פירושו למאי דאר"א בעינן זביחה בשעת

שמחה דכיון דיש שמחה לפניו אם כן איכא לקיומי ביה זביחה בשעת שמחה שיזבח בשביעי של חג שנוהג בו שמחה לצורך ליל י"ט אחרון ומוציא אני ליל י"ט ראשון של חג שאין שמחה לפניו וליכא לקיומי ביה זביחה בשעת שמחה ובשאר מיני שמחות אין יוצא ידי חובת שמחה מה"ת אלא בשלמי שמחה לחוד.

שוב ראיתי בתוס' שכתבו בד"ה לאו משום דאין לו במה ישמח: וא"ת א"כ תיפוק לי' מאידך קרא דבעינן זביחה בשעת שמחה. וי"ל דאי מהתם הוה אמינא דלא בעינן זביחה בשעת שמחה אלא בחגיגה של יום טוב שיכול לשוחטה בו ביום, אבל הכא שאין יכול לשוחטה בלילה לא, להכי איצטריך אך למעט ע"כ. מכל מקום מה שפירשתי הוא נכון.

אבל הרמב"ם כתב בפ"ו מה' י"ט [הי"ז-י"ט]: ז' ימי הפסח וח' ימי החג עם שאר י"ט כולן אסורין בהספד ותענית, וחייב אדם להיות בהן שמח וטוב לב הוא ובניו ואשתו ובני ביתו וכל הנלוים עליו שנאמר ושמחת בחגך כו' אף על פי שהשמחה האמורה כאן היא קרבן שלמים כו' יש בכלל אותו שמחה לשמח הוא ובניו ובני ביתו כל אחד כראוי לו, כיצד הקטנים נותנין להם קליות ואגוזים ומגדנות, והנשים קונה להן בגדים ותכשיטין נאים כפי ממונו, והאנשים אוכלין בשר ושותין יין שאין שמחה אלא בבשר ואין שמחה אלא ביין וכו', אע"פ שהאכילה ושתיה במועדים מצות עשה לא יהא אוכל ושותה כל היום כו' ע"כ. וכ"נ מדברי הר"ן שכתב ברפ"ד דסוכה אהא דתנן התם ההלל והשמחה שמונה, והשמחה לאכול בשר שלמים כו' ואף על גב דכי מקלע יום ראשון בשבת אי אפשר בשלמים כו' אפילו הכי איתא לשמחה בבשר של חולין או בשאר מיני שמחות שלא אמרו אין שמחה אלא בבשר אלא למצוה מן המובחר אבל לא לעכב ע"כ. ונראה לי ראיה ברורה לזה דבשאר מיני שמחות נמי יוצא ידי חובת מ"ע זו מה"ת, מהא דאמרינן בפרק כיצד צולין (פ' ע"א) איתמר היו ישראל מחצה טמאים ומחצה טהורים אמר רב מטמאין אחד מהן בשרץ ועולא אמר משלחין אחד מהן לדרך רחוקה. ויטמאנו בשרץ, קסבר שוחטין וזורקין על טמא שרץ. ויטמאנו במת, מדחיהו אתה מחגיגתו. השתא נמי מדחיהו אתה מפסחו, אפשר דעביד בשני. במת נמי אפשר דעביד בז' דהוה לי' ח' שלו, קסבר עולא כולן תשלומין דראשון נינהו. דחזי בראשון חזי בכולהו, וכל היכא דלא חזי בראשון לא חזי בכולהו, ואיכא למידק מנא לי' למימר קסבר כולן תשלומין דראשון דילמא ס"ל כולן תשלומין זה לזה ואע"ג דלא חזי בראשון חזי בכולהו

ודקא קשיא ליה ויטמאנו במת, משום דא"כ אתה מדחיהו משלמי שמחה כל ששת ימי הפסח ואי אפשר לו לקיים מ"ע של ושמחת בחגך בהן, אלא על כרחך מ"ע זו של ושמחת אפשר לקיים בכל מיני שמחות מה"ת, ואע"ג דאיכא מצוה מן המובחר בשלמי שמחה דווקא, מ"מ תקנתא זו ניחא כיון שאינו נעקר לגמרי מ"ע זו של שמחה מתקנתא דעולא כדאקשי עליה רב נחמן התם מאן צייַת דעקר סיכיה ומשכני' ורהיט, ואפילו עולא לא קאמר לתקנתא דידי אלא משום דס"ל דא"א בענין אחר משום שאתה מדחיהו מחגיגתו דס"ל כולן תשלומין דראשון הן.

ואין לדחות דהיינו טעמא דפשיטא ליה להגמרא דסבר עולא כולן תשלומין דראשון הן דכיון דס"ל שוחטין וזורקין על טמא שרץ מדלא מטמאין אותו בשרץ על כרחך כר' נתן ס"ל דאמר בפרק מי שהיה טמא (צג, ע"א) פסח שני תשלומין דראשון ולא כרבי דאמר רגל בפני עצמו הוא, דהרי כתבו התוס' בפרק אלו דברים (סט, ע"א ד"ה שוחטין) וא"ת אי שוחטין וזורקין על טמא שרץ אמאי כתב רחמנא טמא אין עושה פסח פשיטא דהכי כתיב איש לפי אכלו תכסו לעכב דבענין גברא דחזי לאכילה כדמוכח בפרק כיצד צולין, ונראה לרשב"א דאיצטריך לאשמעינן דחייב בפסח שני דלא נימא דמיפטר משום דשני תשלומין דראשון הוא דחזי בראשון חזי בשני דלא חזי בראשון לא חזי בשני כדאמר לקמן גבי חגיגה בכיצד צולין ע"כ. ולפ"ז עולא דס"ל שוחטין וזורקין על טמא שרץ על כרחך ס"ל נמי דשני תשלומין דראשון, ומשמע להגמרא דכמו דפסח שני תשלומין דראשון הכי נמי אמרינן לענין חגיגה נמי כולן תשלומין דראשון, דכמו דלגבי פסח נתנה תורה תקנה שמי שלא עשה את הראשון יעשה את השני הכי נמי לענין חגיגה דנוהג כל שבעה לתשלומין כדאמר בפ"ק דחגיגה (ט, ע"א) תשלומין דראשון הוא כדס"ל גבי פסח דאין סברא לחלק בין שני תשלומין הללו של פסח וחגיגה דלענין פסח תשלומין דראשון ולענין חגיגה תשלומין זה לזה, וכיון דס"ל לעולא דפסח שני תשלומין דראשון ה"נ על כרחך סבירא לי' הכי גבי חגיגה, משום הכי משני קסבר עולא כולן תשלומין דראשון, ואע"ג דהוה מצי לשנויי דמהאי טעמא אין מטמאין אותו במת מפני שאתה מדחהו משלמי שמחה, מ"מ כיון דבעל כרחך מוכרח לומר אליבא דעולא כולן תשלומין דראשון, חד מתרי טעמי נקט. דבשלמא אם אפשר לומר אליבא דעולא דס"ל כולן תשלומין זה לזה, א"כ וודאי קשה מנ"ל דלא ס"ל הכי והא דלא מטמאין ליה בשרץ י"ל שא"כ אתה מדחהו משלמי שמחה, אבל למש"כ

דבלאו ההיא קושיא מוכרח לומר דס"ל לעולא כולן תשלומין דראשון אע"ג דהוה מצי למימר נמצא אתה מדחהו מחגיגה ומשלמי שמחה ולא קאמר אלא חגיגה לחוד, בהא שפיר י"ל חדא מתרי טעמי נקט.

אבל אי אפשר לומר כן דודאי אפילו תימא פסח שני תשלומין דראשון, אפ"ה א"ל לגבי חגיגה כולן תשלומין זה לזה. וראיה לדבר מהא דפ"ק דחגיגה דאמר התם אותו אתה חוגג ואי אתה חוגג כל ז' א"כ למה נאמר שבעה, לתשלומין. מאי תשלומין ר' יוחנן אמר תשלומין דראשון ור' אושעיא אמר תשלומין זה לזה, מאי בינייהו אמר ר' זירא חיגר ביום א' ונתפשט ביום השני איכא בינייהו, רי"א תשלומין דראשון כיון דלא חזי בראשון לא חזי בשני, רא"א תשלומין זה לזה אע"ג דלא חזי בראשון חזי בשני. ופריך ומי אמר ר' יוחנן הכי והא שמעינן לי' גבי נזיר שנטמא בלילה נמי מביא, אלמא אע"ג שלא נראה לקרבן מחמת טומאה יש לו תשלומין, אמר ר' ירמי' שאני טומאה דיש לה תשלומין בפסח שני. מתקיף לה רב פפא הניחא למ"ד פסח שני תשלומין דראשון הוא אלא למ"ד פסח שני רגל בפני עצמו הוא מאי איכא למימר, אלא אמר ר"פ כו'. והשתא אי ס"ד דמאן דס"ל בפסח שני דרגל בפני עצמו הוא על כרחך דלענין חגיגה נמי דכולן תשלומין זה לזה, והכי נמי אמרינן להפך דאם פסח שני תשלומין דראשון, גבי חגיגה נמי תשלומין דראשון, א"כ שפיר שני ר"י שאני טומאה הואיל ויש לו תשלומין בפסח שני ודקא ק"ל לרב פפא למ"ד פסח שני רגל בפני עצמו מאי איכא למימר, הא מדס"ל לר"י גבי חגיגה דכולן תשלומין דראשון בעל כרחך הכי נמי סבירא לי' גבי פסח דשני תשלומין דראשון ולאו רגל בפ"ע הוא. והא וודאי שפיר קאמר ר"י שאני טומאה הואיל ויש לו תשלומין בפסח שני דעל כרחך תשלומין דראשון הוא לר"י כמו דס"ל גבי חגיגה דכולן תשלומין דראשון, אלא וודאי שמע מינה דתשלומין דפסח ודחגיגה תרי מילי נינהו. ואפשר דבהא תשלומין דראשון ובהא תשלומין זה לזה, והנ"מ מהא דעולא גופיה מדקאמר קסבר עולא כולן תשלומין דראשון כו' ומדס"ל מאן דלא חזי בראשון מחמת טומאה לא חזי בכולהו ש"מ דפסח שני לאו תשלומין דראשון הוא דאם לא כן הא מצינו בפסח שני אע"ג דלא חזי בראשון מחמת טומאה חזי בשני, אלא וודאי פסח שני רגל בפ"ע הוא דס"ל ואפ"ה גבי חגיגה אית לי' דכולן תשלומין דראשון, וש"מ דאין פסח וחגיגה שוין בהא מלתא דתשלומין, וא"כ הדרא קושי' לדוכתיה מנ"ל להגמרא דקסבר עולא כולן תשלומין דראשון דלמא ס"ל כולן

תשלומין זה לזה, והא דלא מטמאין לי' במת משום שאתה מדחהו משלמי שמחה כל ששת ימי פסח. וגם הרמב"ם פסק בפ"ה מהל' קרבן פסח [ה"א] דפסח שני רגל בפ"ע הוא, ובפ"א מה' חגיגה [ה"ד] פסק דלענין חגיגה כולן תשלומין דראשון הוא. ומכאן נ"ל תשובה לדברי הרשב"א [הובא בתוס' פסחים ס"ט, ע"א ד"ה שוחטין] שפירש דלמ"ד שוחטין וזורקין על טמא שרץ בעל כרחך ס"ל דפסח שני תשלומין דראשון דאל"כ טמא דכתב רחמנא גבי פסח למה לי, דא"כ למאי דקאמר קסבר עולא שוחטין וזורקין על טמא שרץ על כרחך ס"ל פסח שני תשלומין דראשון הוא, לפ"ז הנדחה בפני הטומאה יש לו תשלומין כמו שמצינו גבי פסח שני דאע"ג דתשלומין דראשון הוא אפילו הכי טמא יש לו תשלומין בפסח שני, והוא הדין נמי בנטמא בראשון גבי חגיגה יש לו תשלומין אפילו למאן דאמר כולן תשלומין דראשון דשאני טומאה הואיל ויש לה תשלומין בפסח שני. א"כ תקשה היאך תופס הגמרא אליבא דעולא את החבל בתרין ראשין, דכיון דס"ל שוחטין וזורקין על טמא שרץ על כרחך ס"ל דפסח שני תשלומין דראשון ואפ"ה טמא עושה את השני אע"ג דלא חזי בראשון, וא"כ אכתי תקשה ויטמאנו במת, מאי אמרת מדחהו אתה מחגיגתו משום דכולן תשלומין דראשון, מ"מ אפשר דעביד בז' שהוא ח' שלו דאע"ג דכולן תשלומין דראשון הא שאני טומאה דיש לה תשלומין בפסח שני כיון דס"ל שני תשלומין דראשון, אלא ודאי על כרחך אע"ג דס"ל שוחטין וזורקין על טמא שרץ אפ"ה א"ל פסח שני רגל בפני עצמו ודלא כסברת הרשב"א, ולא מצינו הנדחה מפני הטומאה יש לו תשלומין ושפיר קאמר מדחהו אתה מחגיגתו משום דס"ל כולן תשלומין דראשון, וא"כ כיון דליתא למאי דדחינן ש"מ דמצות שמחה נוהג מן התורה בכל מיני שמחות הלכך לא קאמר מדחהו אתה משלמי שמחה וכדאמרן. ולענין מה שהקשה התוס' שם דלמ"ד שוחטין וזורקין על טמא שרץ אמאי כתב רחמנא טמא אינו עושה את הפסח פשיטא, שמפני לחץ קושיא זו לחצו להרשב"א לומר סברא זו שכתב בשמו, הא תירץ שם התוס' בענין אחר שכתב א"נ איצטריך למימר שצבור עבדו בטומאה כדדרשינן ואיש כי יהיה טמא איש נדחה ואין צבור נדחין ע"כ.

ועוד אני אומר שודאי דברי רבותינו בעלי התוס' תמוהין מאוד ואבות העולם יאמרו דבר זה דלמ"ד שוחטין וזורקין על טמא שרץ הא דכתב רחמנא טמא אין עושה פסח לגופיה לא צריך אלא לאשמעינן דצבור אינן נדחין אי נמי דחייב בפסח

שני הוא דקמ"ל קרא, הא מאן דלית לי' שוחטין וזורקין על טמא שרץ יליף לה בפסחים פרק האשה (צ, ע"ב) דס"ל כר' יצחק דאמר טמאי מת מצוה שחל ז' שלהם להיות בערב פסח כו' ואמר רחמנא נדחו, מכלל דמ"ד שוחטין לא ס"ל כר"י אלא עדיין לא היה יום שביעי שלהם בע"פ אלא ששי או קודם לו, א"כ אמאי נסתפק משה רבינו ע"ה כדכתיב (ויקרב משה את משפטן לפני ה') [עמדו ואשמעה מה יצוה ה' לכם, במדבר ט, ח] הא על כרחך לא ידעו מדין פסח שני כלל שהרי בתשובת שאלתם נאמרה פרשת פסח שני ובעל כרחך לא נסתפק אלא אם יכולין לעשות פסח ראשון ואמאי מבעיא ליה הא ודאי לא דהא איש לפי אכלו כבר נאמר בפסח מצרים, ובודאי פרשת טמאים אלו צריך ביאור, וכבר נסתבכו בה רבים אלא שאין זה מקומו.

ונחזור לענינינו. כבר נתברר בראיה ברורה דמצות עשה זו דושמחת נוהג בכל מיני שמחות, ולפ"ז אפילו בזמן הזה שבעונותינו אין לנו שלמי שמחה נמי מצוה זו נוהגת בשאר מיני שמחות והנ"מ מדברי הגאונים והרי"ף ושאר פוסקים [עי' ברי"ף ורבינו יונה ברכות טז, ע"ב] דס"ל דאבילות יום ראשון הוי מן התורה ואפ"ה אמרינן בההוא דמ"ק [יד, ע"ב] אבל אין נוהג אבילותו ברגל משום דאתי עשה דושמחת ודחי לעשה דאבילות דיחיד, ואי אין עשה של שמחה מה"ת אלא בשלמי שמחה לחוד אם כן היאך אתי עשה דשאר שמחות דרבנן ודחי לעשה של תורה דאבילות בקום ועשה, ואפילו קדם רגל לאבילות אין כח לרגל לדחות את אבילות של תורה, אלא שמע מינה דס"ל דעשה דושמחת נוהג מה"ת בכל מיני שמחות הלכך אפילו קדים אבילות לרגל אתי רגל דרבים ודחי לאבילות דיחיד.

וטעמו של דבר דמ"ע של שמחה נוהג מה"ת בכל מיני שמחות, אע"ג דאמרינן בפרק ערבי פסחים [קט, ע"א] דבזמן שבית המקדש קיים אין שמחה אלא בבשר שלמים ואמרינן נמי בפ"ק דחגיגה [ו, ע"ב] שלש מצות נצטוו כו' והשמחה, והיינו שלמי שמחה וכדמוכח בכל פרקא קמא דחגיגה ובהרבה מקומות דשלמי שמחה דאורייתא הן, נראה לי משום דמצות שמחה שנצטווינו ברגל אינה שמחה פרטית אלא שמחה כללית שמחויב לשמוח, בי"ט בכל מיני שמחה שיכולת בידו לשמוח, ולא דמי לשאר מצות ששוין בכל אדם העשיר לא ירבה והדל לא ימעיט אבל שמחה זו כל אדם ואדם מחויב לשמוח כפי יכולתו ולפי רוב עושרו, וכן אנשים בראוי להן ונשים בראוי להן והכי נמי קטנים כדאמרינן התם בפרק ערבי פסחים,

וכיון דאשתכחן דכתב רחמנא שמחה אצל הר גריזים והר עיבל גבי שלמים אם יש יכולת בידו להביא שלמים ברגל חייב בהן נוסף על כל שאר מיני שמחות כיון שמצינו בהן שמחה, אבל אם הוא טמא או בזמן הזה שאי אפשר בשלמי שמחה הרי הוא יוצא ידי חובתו בשאר מיני שמחות שיש יכולת בידו לקיימן וסגי ליה בהכי. הלכך לא אכפת לן בהא דמטמאין א׳ מהן במת ואי אפשר לו בשלמי שמחה בו׳ ימי הפסח דהא אין מצות שמחה חלה עליו בשלמי שמחה כיון דנטמא קודם הרגל ויכול לקיים מצות שמחה בשאר כל מיני שמחות שבידו לקיימן, וכ״כ הרמב״ם בספר המצות חלק העשין סימן נ״ד וענין השמחה הוא שנקריב שלמים על כל פנים כו׳ בכלל אמרו ושמחת בחגך מה שאמרו ג״כ לשמוח בהם בכל מיני שמחה ומזה לאכול בשר ולשתות יין וללבוש בגדים חדשים ולחלק מיני פירות ומיני מתיקה לקטנים ולנשים ולשחוק בכל מיני נגון ולרקד במקדש לבד כו׳ ע״כ, וכן נראה מדבריו בחבורו שכתבתי למעלה, וכ״כ הרמב״ן ואכתוב דבריו לקמן. והרי כתב הר״ן והמרדכי ושאר פוסקים בפ״ק דביצה [יב, ע״א] דהא דשרו בית הלל להוציא קטן בי״ט לרשות הרבים, היינו כדי לטייל התינוק שיש בזה משום שמחת י״ט, שמע מינה דכל אדם מצות שמחה מוטלת עליו בראוי לו ובמה שנהנה ממנו והיינו דאמרינן בגמרא הרבה פעמים דלמא אתי לאמנועי משמחת י״ט. הרי נתברר דמצות שמחה נוהג מן התורה בזמן הזה בכל מיני שמחות״. ומובן לפי זה שאדמו״ר סובר כשאגת אריה.

והנה יש כאן הרבה ענינים ואין כאן מקום להאריך, רק נוסיף שיש דיון בין הפוסקים אם גם נשים מחוייבות במצוה זו. וזה לשון המנחת חינוך מצוה תפח אות ח: ״ודעת הר״מ והרב המחבר דנשים חיבות במצוה זו מן התורה, וכ״כ הר״מ כאן פ״א ה״א ובפי״ב מעבודה זרה ה״ג. אבל דעת הראב״ד דנשים פטורות ממצוה זו, רק אשה בעלה משמחה, היינו דמצוה על הבעל לשמחה או השרוי אצלה. והוא פלוגתא בקידושין לד ע״ב, ועיין בר״ה ו, ע״ב בסוגיא דבל תאחר ובר״מ פי״ד ממעשה הקרבנות הי״ד, והר״מ פוסק כר׳ זירא, והראב״ד פוסק כאביי, ועיין בשו״ת שאגת אריה סי׳ ס״ו שמפלפל בזה באריכות. והנה לשיטת הר״מ [לעיל אות ב׳] כל אישי ישראל חייבים במצוה זו, הן בשאר מיני שמחות בכל זמן, והן בשלמי שמחה בזמן המקדש, מאותן שאינם ראוים לאכול בקדשים וחוץ מחרש שוטה וקטן שפטורים כמו שפטורים מכל המצוות. ולדעת הראב״ד נשים ועבדים פטורים דהוי

מצות עשה שהזמן גרמא. וטומטום ואנדרוגינוס חייבים מספק, ומי שחציו עבד וחציו בן חורין חייב מצד חירות ואין כאן מקומו להאריך יותר". והשאגת אריה בסימן סו דן בזה וכתב להלכה "נתברר לנו בראיה ברורה דאשה נמי חייבת במצות שמחה דרגלים כאיש".

[ה] אדמו"ר מביא מהאר"י ז"ל "וזה סוד הפסוק תחת אשר לא עבדת את ה' אלהיך בשמחה ובטוב לבב וגומר", ומיד מתחיל אחרי זה "וכפי גודל שמחתו" וכו'. אולם בכתבי האר"י ז"ל כתוב עוד אחרי הפסוק וזה לשונו: "וזה סוד רב ברונא דחד יומא סמך גאולה לתפלה ולא פסק חוכא מפומיה כל ההוא יומא" (ברכות ט ע"ב, שער רוח הקודש דף י ע"ב ד"ה "הנה"), וזה יורה על היות אמונת בטחונו בבורא יתברך בתכלית האחרון יותר משאם היה השכר מזומן לפניו בפועל, ואז ממשיך "וכפי גודל" וכו'.

[ו] אדמו"ר מביא מהאר"י ז"ל "וכפי גודל שמחתו באמת ובטוב לבב הפנימי כך יזכה לקבל אור עליון ואם יתמיד בזה אין ספק שישרה עליו רוח הקודש". ונראה בכוונתו שהאור שהאדם מקבל מעשיית המצוות תלויה בכמות השמחה והוי ממש כמו מאזנים כגודל השמחה כך גודל האור המקובל, ודבריו צריכים לעורר אותנו שנבין שכדי לקבל אור מהמצוות אנו חייבים לעשותם בשמחה, וככל שנגדיל את שמחתנו כך יגדל כמות האור שנקבל מעשיית המצוות, והשם יעזרנו ברוב חסדיו. וזה לשון האר"י ז"ל בשער הכוונות חלק א דף ב: "אסור לאדם, להתפלל תפילתו בעצבון, ואם נעשה כך, אין נפשו יכול לקבל האור העליון הנמשך עליו בעת התפילה. אמנם בעת שמתודה הוידוי, ומפרט חטאיו, אז טוב להתעצב בלבד. אבל בשאר התפילה, נמשך לו נזק נפלא גדול ע"י עצבותו. אבל צריך להראות לפניו יתברך הכנעה גדולה, באימה ויראה, אמנם תהיה בשמחה יתירה וגדולה בכל האפשר, כדמיון העבד המשמש את רבו בשמחה יתירה. ואם משמשו בעצבות, עבודתו נמאסת לפניו. וכמעט שעיקר המעלה והשלמות והשגת רוה"ק תלויה בדבר זה, בין בעת תפלתו, ובין כשעושה איזה מצוה משאר המצות, וכמ"ש בגמרא מההוא דהוה קבדח טובא כו', ואמר תפילין קא מנחנא, ואל תבוז לענין זה, כי שכרו גדול מאוד".

[ז] אדמו"ר מביא מהאר"י ז"ל "בעת שעוסק בתורה שיהיה בחשק גדול נמרץ בהתלהבות עצומה כאלו עומד לפני המלך ומשרת לפניו בחשק גדול למצוא חן

בעיניו לקבל ממנו מעלה יתירה וגדולה". ויש להעיר שודאי אפילו אם האדם לא מרגיש את ההתלהבות הזאת המוזכרת בדברי האריז"ל חייב לקיים את המצוות וללמוד תורה, וסוף ההתלהבות לבוא, אבל צריך לזכור כל הזמן שעדיין חסרה לו מדרגה גדולה ויתפלל ויתחנן להקב"ה שיעזרהו לזכות לזה ולא לשקוע בהרגשה שזה מספק אותו, והשם יזכנו.

[ח] אדמו"ר מביא מהאר"י ז"ל את המלים "בהתלהבות עצומה", ויש להעיר שלפנינו בכתבי האריז"ל שאדמו"ר הכין ופיסק והביא לבית הדפוס כתוב "בהתלהבות עצום", ולפי הדקדוק איך שאדמו"ר כותבו הוא הנכון, אולם בכל כתבי האר"י ז"ל נראה שלא מקפיד להבדיל בין זכר לנקבה, וצ"ע.

[ט] אדמו"ר מביא את תחילת דברי האר"י ז"ל, וזה לשונו שם בהמשך: "גם העושה מצוה, אין די לו עשייתה, אבל צריך שיקיים משז"ל, שיכוין בעשיית המצוה, שהוא עושה אותה לשם עושיהן, שהוא השי"ת. המשל בזה: בעת שמסתפר ראשו, לא די לו במה שלא ישחית הפאות, אבל צריך שיכוין שהוא מונע עצמו מלהשחיתם, וכדי לקיים מצות בוראו, שציוהו על כך. וכן בכל מצווה ומצווה, יהיה זהיר וזריז לכוין כוונה זו. וכן בעת שמתפלל לפניו יתברך על איזו שאלה מן השאלות, כמו מזונות ועושר ובניו וכיוצא בזה, לא יתפלל לסיבת עצמו, שצריך לשאול אותה השאלה, אלא לקיים מצותו יתברך, שנצטוינו שנתפלל אליו בעת צרותינו, להורות כי הוא אלהינו, ואנחנו עמו ועבדיו, ואליו עינינו תלויות, כעיני עבדים אל יד אדוניהם, ואין לנו שום עזר אם לא ממנו יתברך, וישים כל בטחונו עליו.

גם כוונה גדולה מכולם, והיא הנזכרת בהקדמת ספר התיקונים ובמקומות אחרים רבים, כי יכוין האדם שאינו עושה אותה המצוה, כעבד המשמש את רבו ע"מ לקבל פרס, אלא כבן שכל כוונתו לעשות רצון ונחת רוח לאביו שבשמים. ואין ענין זה מתקיים, אלא במי שיודע כוונת התפילה והמצוות, ומכוין בעשייתם לתקן עולמות העליונים, וליחדא שמא דקב"ה עם שכינתיה. ואין כוונתו לקבל שכר העוה"ז, ואף לא לתועלתו הנמשך לו לעוה"ב. וכמ"ש בזהר פרשת משפטים, בר"מ דף קיד, ע"ב, על מרע"ה, וז"ל, בתר דהדרת בתיובתא, אסתלקת בבינה, אילנא דחיי. ובגינה את זכי לאת ה', בגין דאשפילת גרמך אבתרהא בתיובתא לאהדרא לה למארה, ולסלקא לה מגלותא, ולא לקבלא אגרא אנת אגרך כו'. גם שם דף קיח, ע"א,

אמר בוצינא קדישא, ר"מ, זכאה אנת, בג"ד אנת מתקן בחבורא חדא דרמ"ח פקודין, לאמלכא ליה לקב"ה על כל איברים דשכינתא, בכל פקודא ופקודא, ולית את חייש ליקרך, זכאה חולקך. דכגונא דאנת מליך לקב"ה בכל אברים כו', הכי עביד קב"ה לשריא שמיה עלך, וימלכינך על כל עילאין ותתאין כו'. ואף גם בעסק התורה, אל יחשוב שעוסק בתורה כדי שידע מה שיש בה, אלא שעוסק בה כשור לעול וכחמור למשאוי, לקיים מצות בוראו, וליחדא קב"ה בשכינתיה, ע"י מצות עסקו בתורה".

[י] אדמו"ר כותב על דברי האר"י ז"ל הנ"ל: "וכדאי לחזור על הדברים עד שיהיו כמו טבע שני ותזכה לכל הנ"ל". וצריך להתעורר מדבריו לשנן ולחזור על הדברים האלו עוד פעם ועוד פעם עד שנזכה שהשמחה בשעת העסק בתורה ומצוות תהיה כמו טבע שני ונזכה לכל הנ"ל והשם יזכנו.

[יא] אדמו"ר מבאר במכתב זה את חשיבות השמחה בעבודת השם, וידוע ומפורסם שהבעש"ט הקדוש החשיב את השמחה מאוד מאוד, וכן מבואר בכל ספרי תלמידי הבעש"ט ותלמידי תלמידיו. ונביא בכאן שני מאמרים מני רבים. וזה לשון בן פורת יוסף לר"פ נח די"ט ע"ד: "בשם מורי כי מבשרי אחזה אלוה (איוב יט) כמו בזווג הגשמיי אינו מוליד כי אם המשמש באבר חי בחשק ובשמחה, כך בזווג הרוחניי הוא הדיבור בתורה ובתפלה, כשהוא באבר חי בשמחה ותענוג אז הוא מוליד וכו', אם כן זה העוסק בתורה ובעבודת השם יתברך לשם שמים לעשות נחת רוח להשם יתברך בלי שום תשלום שכר, אז זוכה לטעום מתיקות ועריבות ותענוג בתורה ובעבודת השם יתברך, ועל ידי זה הוא מוליד ברוחניי, כמו בזווג כשהוא בתענוג ושמחה, מה שאין כן העוסק בתורה ובעבודת ה' שלא לשם שמים, ואין לו נחת ותענוג אינו מוליד". וזה לשון המעשה אורג במסכת עוקצין: "שמעתי מידידי הרב החסיד המפורסם מו"ה שלמה מדאלינא שאמר משם הרב הקדוש מו"ה משה ברבי דן, ששמע מרבו מרן הקדוש הריב"ש טוב שדקדק במשנה [מס' עוקצין פ"ג משנה א, שזה לשון המשנה, יש צריכין הכשר ואינן צריכין מחשבה, מחשבה והכשר, מחשבה ולא הכשר, לא הכשר ולא מחשבה] למה לא סידר כסדרן, הכשר ולא מחשבה, מחשבה ולא הכשר, מחשבה והכשר לא הכשר ולא מחשבה:

ואמר אף שעיקר עבודת האדם, החיות והדבקות והשמחה, ואור אלוקי זיו השכינה

חלק ביאור אהובי נצח למכתב ח - יא א

השופע על נשמת הצדיק בעת תורה ותפלה ומצוות, אשר נועם זה לא ישוער אהבה בתענוגים, וכל זה, כשאדם נזדכך בתכלית הזיכוך, אז בחד קטירא אתקטרנא ביה בקודשא בריך הוא (לשון זהר הקדוש פ' האזינו דרפ"ח ע"א) ואין צריך הכנה ויגיעה לזה, אבל מי שעדיין לא הזדכך, צריך הכנה והכשר מעשים טובים וכפיות הרע הרבה, כולי האי ואולי, שיזכה לראות עולמו בחייו; ולכן יש צריכין לתקן נפשם בכפיות הרע לבא להכשר מעשה, לעשות מצוות ללמוד תורה ולהתפלל וכל זה הם מצריכין לנפשם, ודוחקין עצמן לזה, ואינן צריכין לעצמן לבא למחשבה לאהבה וליראה, ולזיו נועם השכינה כל"ת נפ"ש באש להבה שלהבת, אלא מתפללין עם פירוש המלות ומניחין תפלין, בלי הרגש חיות אלהות ונועם זיוו והדרו ומוחין הקדושים, ולומדים תורה באהבה זוטא, בלתי נועם מתוקים מדבש ונפת צופים, ופעמים הרבה הוא מחמת שאין נשמתם מסוגל לזה, או לא זכו עדיין, ולכן הקדוש ברוך הוא מעלה עליהם מחשבה והכשר כאילו השיגו כל המראות עליונים, כי עשה מה שביכלתו בכל כחו;

אבל מחשבה ולא הכשר אינו כלום, ואין לו לא מחשבה ולא הכשר, כי אף שבאמת עיקר הוא המחשבה, ועסק היחודים גדול הרבה מעסק התורה, כי ממש ממשיך אור אין סוף ומחיה כל העולמות, ועושה נחת רוח ליוצרו לשכינה הקדושה לסעדה בגלות; אבל אין זה אלא לקדושי עליונים, עיין שער הקדושה, אמנם לא יתנועעו העליונים במחשבת אדם התחתון, זולתי בהיותו ראוי להמשיך האור העליון עליהם, ולהחיות אותם בחיות חדש, מאין, מאור אין סוף. ואז בשמחה זאת גם הם ימשיכו מאותו האור עליו, עד שיהיה מקושר ומדובק ממש באור אין סוף ובנועם זיו השכינה, עד שיצא נפשו בדברו, ואז כלה ממנו כח הדיבור מגודל האור והזיו והנועם, אבל אם אין בו יכולת להמשיך עליהם אור עליון אור אין סוף, לא יחשיבוהו כלל, ולא יתרצו להתקרב אליו, לעזרו, ולהמשיך מחשבתו למעלה, כי מחשבתו הבל הוא ואין בה מועיל ולא שום תועלת (עיין שער הקדושה חלק ג' שער ה'), ובזה איש פשוט שלא נזדכך ונתקדש לגמרי, מחשבתו הבל ואין בה תועלת, ולכן אם הולך ומבלה ימיו במחשבה בלא הכשר תורה ומצוות, מעלה עליו הקדוש ברוך הוא לא הכשר ולא מחשבה, וערום ישוב שמה. ועוד יש בזה סכנה חשש מינות של הערל הפלשתי אריסטו ימח שמו שביזה כל מעשה תורה ומצוות, ולא דיברה תורה במתים, אבל צריך להזהיר להשרידים שבעמנו, שמחשבתם יביאו

להכשר תורה ומצוות, כי גם מרן האר"י שמחשבתו עלה עד אין סוף, אמר, שלא השיג כל כך השגה אלא על ידי שמחה ואור המצוות, כי צריך להכנים מחשבה בהכשר תורה ומצוות, עד כאן אמרי קודש מרן חיות נפשינו רבינו הקדוש הריב"ש טוב בתוספות ביאור".

[יב] אדמו"ר מבאר במכתב זה את חשיבות השמחה בעבודת השם, ועיין בהוספת אדמו"ר למכתב זה במכתב י' מיום הנשיא גמליאל בן פדהצור תשכ"ה.

[יג] אדמו"ר מבאר את ענין ההתלהטות לעבודת השם, ונביא כאן את דברי הרמח"ל במסילת ישרים פרק ז' בבאור חלקי הזריזות: "אך הזריזות אחר התחלת המעשה הוא, שכיון שאחז במצוה ימהר להשלים אותה, ולא להקל מעליו כמי שמתאוה להשליך מעליו משאו, אלא מיראתו פן לא יזכה לגמור אותה, ועל זה הרבו להזהיר זכרונם לברכה ואמרו (בראשית רבה פה, ג): כל המתחיל במצוה ואינו גומר אותה, קובר אשתו ובניו. ואמרו (שם): אין המצוה נקראת אלא על שם גומרה. ואמר שלמה המלך, עליו השלום (משלי כב, כט): "חזית איש מהיר במלאכתו לפני מלכים יתיצב, בל יתיצב לפני חשוכים". וחכמים זכרונם לברכה יחסו לו השבח הזה על שמיהר במלאכת בנין הבית ולא נתעצל בה לאחר אותה. וכן דרשוהו על משה, עליו השלום, על שמיהר במלאכת המשכן, וכן תמצא כל מעשיהם של צדיקים תמיד במהירות. אברהם כתוב בו (בראשית יח, ו-ז): "וימהר אברהם האהלה אל שרה ויאמר מהרי", "ויתן אל הנער וימהר לעשות אותו". רבקה (שם כד, כ): "ותמהר ותער כדה אל השקת". וכן אמרו במדרש (במדבר רבה י, ה): "ותמהר האשה ותרץ ותגד לאישה" (שופטים יג, י) – מלמד שכל מעשיהם של צדיקים במהירות, אשר לא יתנו הפסק זמן לא אל התחלת המצוה ולא אל השלמתה. ותראה שהאדם אשר תלהט נפשו בעבודת בוראו, ודאי שלא יתעצל בעשיית מצותיו, אלא תהיה תנועתו כתנועת האש המהירה, כי לא ינוח ולא ישקט עד אם כלה הדבר להשלימו.

ואמנם התבונן עוד, שכמו שהזריזות הוא תולדת ההתלהטות הפנימי, כן מן הזריזות יולד ההתלהטות, והיינו כי מי שמרגיש עצמו במעשה המצוה כמו שהוא ממהר תנועתו החיצונה, כן הנה הוא גורם שתבער בו תנועתו הפנימית כמו כן, והחשק והחפץ יתגבר בו וילך. אך אם יתנהג בכבדות בתנועת איבריו, גם תנועת רוחו תשקע ותכבה. וזה דבר שהנסיון יעידהו. ואמנם כבר ידעת שהנרצה יותר

בעבודת הבורא יתברך שמו, הוא חפץ הלב ותשוקת הנשמה. והוא מה שדוד המלך מתהלל בחלקו הטוב ואומר: "כאיל תערוג על אפיקי מים כן נפשי תערוג אליך אלהים. צמאה נפשי לאלהים לאל חי מתי אבוא ואראה פני אלהים" (תהלים מב, ב-ג). "נכספה וגם כלתה נפשי לחצרות ה'" (שם פג, ג). "צמאה לך נפשי כמה לך בשרי" (שם סג, ב). ואולם האדם אשר אין החמדה הזאת לוהטת בו כראוי, עצה טובה היא לו שיזדרז ברצונו כדי שימשך מזה שתולד בו החמדה בטבע, כי התנועה החיצונה מעוררת הפנימית ובודאי שיותר מסורה בידו היא החיצונה מהפנימית. אך אם ישתמש ממה שבידו יקנה גם מה שאינו בידו בהמשך, כי תולד בו השמחה הפנימית והחפץ והחמדה מכח מה שהוא מתלהט בתנועתו ברצון. והוא מה שהיה הנביא אומר (הושע ו, ג): "ונדעה נירדפה לדעת את ה'", וכתוב (שם יא, י): "אחרי ה' ילכו כאריה ישאג".

ויוצא לנו מדבריו לימוד חשוב שאם אין לנו את ההתלהטות הזאת צריך להתחיל להתנהג בזריזות ואז החיצוניות תעורר את הפנימיות, ונזכה להתלהבות פנימית.